ケースブック

保全・執行のための 不動産の調査
――仮差押え・差押えに活かす探索・調査・評価の実務――

不動産鑑定士 曽我一郎 著

発行 民事法研究会

は し が き

　時間と費用をかけてせっかく訴訟に勝っても、肝心の債権回収に功を奏することができなければ、まさに「骨折り損のくたびれ儲け」となり、判決は「絵に描いた餅」に帰することになります。そこで訴訟にあたっては債務者の責任財産に対して、仮差押え、仮処分の民事保全によって後日の判決に備えておくことが常態となります。

　保全をするにあたって、対象となる不動産をどのように探索し、見つけ出せるかがまず第一となりますので、債務者所有の不動産探索についての知識が法律実務家に求められます。

　第二として、探索により見つけ出した不動産について、保全対象として問題はないか、特に判決に基づいて強制執行を申し立てるにあたって阻害要因となる権利、未登記附属建物等が存在していないかの調査が必要となります。

　さらに第三として、対象不動産の価格はどの程度なのか、将来、強制執行した場合の売却基準価額はどの程度になるのかといった評価に関する知識が法律実務家に求められます。

　法律事務所は、証拠収集等の探偵業的な側面を少なからず有しており、しかも業務内容が高度になればなるほど、探索・探知・捜索・捜査・調査等、リサーチのテクニックが要求されることになります。債権者本人任せでは限界があります。民事保全の必要性について、裁判所は原則、債権者が提出する文書証拠により判断しますし、訴訟では証拠資料の収集能力が勝敗を分ける場合は少なくありません。探索、調査が円滑にできず、債権者に無駄な費用と労力を費やさせることになれば、弁護士は信用を失うことにもなります。現在のところ民事では裁判所は債務者財産を探してくれないので、自力探索主義により債権者自ら債務者の財産を探索し特定しなければなりません。

　すでに判決等の債務名義をもっている債権者の立場というものは保護されてしかるべきで、金融機関や税務署等から債務者の財産についての何らかの情報探知、捜索の手段を債権者に与える必要があるとされています。判決で勝っても判決内容を実現できないようでは、一般の司法制度に対する不信を助長する結果にすらなりかねません。

　法務大臣は、裁判所が債務者の預金口座情報を銀行等に照会できる制度の

はしがき

検討を始め、民事執行法の見直しを法制審議会に諮問しましたので、預金口座情報については民事執行法改正へと大きく舵が取られていくことと思われます。一方において、不動産についての照会制度は特に用意されていない状況となっています。

以上のことから、本書は日頃の法律事務、民事訴訟、民事保全、民事執行における法律実務家に必要とされる不動産の調査、評価に関する実践的な知識をケースを基にして解説してあります。

具体的には不動産仮差押えのための債務者所有不動産の探索・調査と、それに続く本訴による債務名義取得後の差押え時における不動産についての調査・評価について解説しています。

仮差押えのための調査・評価は、迅速性、密行性、暫定性のもとでなすことになりますので、本格的な調査、正規の鑑定評価ではなく、隠密・迅速・簡易にできる簡易調査、簡易評価を中心に解説していきます。ただし、本格的な調査、鑑定評価についても視野に入れていますので、レベルの高さは一定以上に保たれるように配慮してあります。

なお、本書においては仮差押え、差押えの場面を中心に解説していますが、不動産について限定しており、民事保全の中でも仮処分については少ししか触れていません。さらに、民事執行法による強制換価は強制執行だけではなく、担保権実行の競売を含みますが、本書においては、担保権実行の競売ではない強制執行を中心に解説しています。

また、本書の不動産調査にあたっての解説は、一般の民事事件における不動産に関する証拠資料収集としても使用することができるように配慮してあります。ただし、本書は法律書、法律解説書ではないので、法律的な債権回収方法について解説したものではありません。

当然、迅速性、暫定性、密行性のもとでの探索・調査となると、大きな成果は期待できない場合が多くなることと思われますが、本書を参考にして、可能な限りの探索・調査・評価をしていただければ、存外の喜びと感じます。

本書で多く触れられなかった仮処分、強制管理、担保不動産収益執行についてや、不動産に関する証拠収集に関するマニュアル的要素を含んだものについては、機会があれば整理したいと考えています。

はしがき

　最後になりましたが、民事法研究会の田口信義社長、松下寿美子さんには大変お世話になりました。

平成29年 7 月吉日

　　　　　　　　　　　　　　　曽　我　一　郎

目　次

『ケースブック保全・執行のための不動産の調査』

目　次

第1章　不動産鑑定・評価の基礎知識

第1　法律実務と不動産の価格査定

Q1　仮差押え、仮処分において不動産価格の査定をするのはどの
ような場合ですか……………………………………………………… 2
　　コラム1　差押えは民事法の起原／7
Q2　強制執行ではどのようにして売却基準価額が決まるのですか……… 8
Q3　証拠収集にはどのような方法がありますか…………………………11

第2　不動産価値と鑑定評価の知識

Q4　不動産とは何ですか……………………………………………………14
Q5　不動産の価値とは何を意味するのでしょうか………………………15
Q6　不動産の価値は、誰がどのようにして判断するのでしょうか………17
Q7　鑑定と評価はどのように違うのですか………………………………20
Q8　不動産の経済価値にはどのような性格がありますか………………23

第2章　訴訟の相手方不動産の探索・調査方法

第1　財産調査と不動産探索

Q9　訴訟における財産調査には、どのような意味がありますか…………28
　　コラム2　戦争に勝って講和で負ける／29
Q10　不動産と不動産以外の財産調査の違いとは何ですか………………31
Q11　不動産探索において留意すべき点は何ですか………………………33

4

目 次

第2 財産開示制度

Q12 財産開示制度とは何ですか……………………………………………35

Q13 財産開示制度の現状と法改正への動きは、どのようになっていますか…………………………………………………………………37

第3 不動産探索の具体的方法

Q14 不動産探索はどのようにすべきですか………………………………39

Q15 不動産登記記録からどのように探索できますか……………………41

Q16 共同担保目録から何がわかりますか…………………………………43

Q17 不動産登記記録はどこを確認すればよいですか……………………45

Q18 抵当権登記、仮差押登記がされているときはどうすればよいですか……………………………………………………………………49

Q19 固定資産税関係資料からどのような情報が取得できますか………51

Q20 法人所有不動産の探索方法はどのようにするのですか……………53

Q21 民間の調査会社に依頼するうえでの留意点は何ですか……………57

Q22 弁護士法23条の2の照会制度はどのように利用すればよいですか……………………………………………………………………58

Q23 不動産探索をするためには他にどのような資料がありますか………63

Q24 探索できないとはどのような場合をいい、また違法な探索とはどのようなことを指すのですか………………………………………65

第4 不動産探索の具体的ケース

Q25 名義が債務者のものではない場合はどうすればよいですか…………68

Q26 共有持分、権利能力なき社団、地縁団体についての不動産探索はどのようにすればよいですか…………………………………………70

Q27 未登記不動産の探索はどのようにするのですか……………………73

Q28 借地権等の敷地利用権の探索はどのようにするのですか…………75

第5 不動産調査の総論

Q29 探索後の不動産調査はどのような手順で行うのですか……………78

5

目　次

第３章　土地調査の留意点

第1　土地調査の総論

Q30　調査対象不動産の確定はどのようにするのですか……………………84

　コラム3　人肉裁判と執行／89

Q31　調査対象土地についての最低限の調査事項とは何ですか…………90

Q32　地目はどのようにして調べるのですか………………………………92

Q33　執行官による土地の現況調査はどのようにするのですか…………95

Q34　裁決手続開始登記等があった場合はどうするのですか……………96

第2　土地調査の具体的ケース

Q35　調査対象土地に都市計画道路予定がある場合の調査はどのよう
　　　にするのですか……………………………………………………………99

Q36　埋蔵文化財包蔵地に該当している場合の調査はどのようにする
　　　のですか…………………………………………………………………… 101

Q37　地中埋設物の疑いがある場合の調査はどのようにするのですか… 103

Q38　土壌汚染が疑われる土地の調査はどのようにするのですか……… 105

Q39　軟弱地盤や液状化についての調査はどのようにするのですか…… 107

Q40　画地規模によって調査は異なりますか………………………………… 110

Q41　セットバックについての調査はどのようにするのですか………… 113

Q42　災害危険性の調査はどのようにするのですか……………………… 117

Q43　農地、山林の調査はどのようにするのですか……………………… 120

Q44　法定外公共物とは何ですか…………………………………………… 122

Q45　航空法、電波法、東京都建築安全条例等にはどのような規制が
　　　ありますか………………………………………………………………… 123

Q46　建築行政による調査の限界とはどのようなことですか…………… 129

Q47　上下水道やガスの調査をするうえでの留意点は何ですか………… 133

目 次

第3 借地権等調査の具体的ケース

Q48 借地権とは何ですか……………………………………………………… 137

Q49 借地契約の中で発生する一時金にはどのようなものがありま
すか……………………………………………………………………… 142

Q50 借地権をめぐる紛争にはどのようなものがありますか………… 144

Q51 底地とは何ですか…………………………………………………… 146

Q52 借地権以外の土地利用権にはどのようなものがありますか……… 148

第4 法定地上権

Q53 法定地上権とは何ですか…………………………………………… 152

Q54 民事執行法上の法定地上権とはどのようなものですか………… 154

Q55 民事執行法上の法定地上権の成立要件は何ですか……………… 155

Q56 法定地上権成否の判断基準とは何ですか………………………… 158

Q57 区分所有建物の法定地上権はどのような取扱いになりますか…… 161

Q58 その他の法定地上権および類似の制度には何がありますか……… 164

第4章 建物調査の留意点

第1 建物調査の総論

Q59 建物調査の基本事項にはどのようなものがありますか…………… 168

> コラム4 古代差押えと債権者の権利／173

Q60 占有者認定にあたって、どのような問題がありますか………… 174

Q61 内覧制度とはどのような制度ですか……………………………… 178

第2 建物調査の具体的ケース

Q62 旧耐震基準と新耐震基準はどのように違うのですか……………… 182

Q63 アスベスト含有の可能性がある建物調査は、どのようなこと
に気をつければよいですか………………………………………… 184

Q64 建築中や解体中の建物でも仮差押えをすることができますか…… 186

7

目　次

Q65　違反建築かどうかの調査はどのようにすればよいですか………… 189

Q66　建物床面積に関する問題にはどのようなものがありますか……… 191

Q67　中古住宅市場を取り巻く環境にはどのような変化がみられま
すか…………………………………………………………………………… 193

Q68　被災建物の調査はどのようにするのですか…………………………… 198

Q69　ソーラーパネルが設置されている場合は、どのような点を考
慮しなければなりませんか…………………………………………… 200

第3　未登記建物と建物認定要件

Q70　未登記附属建物とは何ですか………………………………………… 202

Q71　未登記建物の調査はどのようにすべきですか……………………… 205

Q72　未登記建物の所有権はどの程度立証すべきですか………………… 207

Q73　建物認定要件とは何ですか…………………………………………… 209

第4　建物賃借権と対抗問題

Q74　抵当権と建物賃借権の調整はどのように図られるのですか……… 216

Q75　抵当権のない不動産についても建物賃借権は適用されますか…… 220

第5章　マンション調査の留意点

第1　区分所有建物の総論

Q76　区分所有建物の調査項目にはどのようなものがありますか……… 224

Q77　区分所有建物で留意する二つの形態とは何ですか………………… 225

Q78　区分所有建物の土地持分の調査で留意する点は何ですか………… 227

第2　区分所有建物調査の具体的ケース

Q79　老朽化が著しい区分所有建物の調査をする場合、どのような
ことに留意すればよいですか………………………………………… 230

Q80　居宅部分の専有部分以外の調査で留意すべき点は何ですか……… 233

Q81　管理費等の滞納額があるかどうかの調査はどのようにすれば

8

よいですか……………………………………………………………………… 235

第6章　特殊不動産調査の留意点

Q82　特殊な地域に存する不動産を調査するうえでの留意点は何で
すか…………………………………………………………………………… 238
Q83　暴力団事務所等の反社会的勢力の施設を調査するうえでの留
意点は何ですか…………………………………………………………… 240
Q84　事故物件の調査をするうえでの留意点は何ですか……………… 245
Q85　風俗営業施設の調査をするうえでの留意点は何ですか………… 250
Q86　宗教関連不動産を調査するうえでの留意点は何ですか………… 258
Q87　ゴルフ場、旅館、リゾート施設を調査するうえでの留意点は
何ですか…………………………………………………………………… 261
Q88　信託の調査をするうえでの留意点は何ですか…………………… 267
Q89　共有持分の調査をするうえでの留意点は何ですか……………… 270
Q90　私道の調査をするうえでの留意点は何ですか…………………… 274
Q91　借家権を調査するうえでの留意点は何ですか…………………… 278
Q92　工場抵当と工場財団の調査をするうえでの留意点は何ですか…… 282
Q93　慣習法上の権利を調査するうえでの留意点は何ですか………… 286
Q94　外交特権を有している可能性のある物件の調査をするうえで
の留意点は何ですか……………………………………………………… 292

コラム5　仲裁裁判と強制力／294

第7章　不動産鑑定・評価の簡易手法

第1　不動産鑑定・評価の簡易的手法概説

Q95　不動産の簡易評価と鑑定評価の違いは何ですか………………… 300
Q96　仮差押えのための評価とはどのようなものですか……………… 304
Q97　価格等調査ガイドラインとはどのようなものですか…………… 307
Q98　宅地建物取引業者による価格資料の精度はどのようなもので

目　次

すか……………………………………………………………………… 311

コラム6　価格の論理／313

第2　民事執行法に基づく評価

Q99　仮差押え時の評価と民事執行法適用の法定評価ではどのように違いますか　314

Q100　民事執行規則に基づく評価とはどのようなものですか ………… 317

Q101　民事執行法の「無剰余」と「超過」とは何ですか ……………… 321

Q102　評価の単位・評価の順番により生じる違いとは何ですか ……… 325

第3　土地の鑑定・評価の簡易手法

Q103　「地価公示価格との規準」とはどういう意味ですか…………… 329

Q104　路線価方式による簡易査定はどのようにするのですか ………… 333

Q105　固定資産税路線価でも価格情報として利用することができますか……………………………………………………………………… 335

Q106　大規模画地と多数画地の簡易評価にはどのような方法がありますか……………………………………………………………………… 336

コラム7　リスクとリターン／338

Q107　不動産業者の価格査定とはどのようなものですか ……………… 340

Q108　価格査定にあたり取引事例はどのように活用されていますか … 341

Q109　不動産鑑定業者への依頼はどのようにするのですか …………… 343

第4　借地権等の鑑定・評価の簡易手法

Q110　借地権における権利割合はどのように違うのですか …………… 345

コラム8　店舗と住居／347

Q111　税務上の借地権とそれ以外の借地権の簡易評価における違いは何ですか……………………………………………………………… 350

Q112　借地権以外の敷地利用権の権利割合の査定はどのようにするのですか……………………………………………………………… 353

Q113　法定地上権の簡易評価はどのようにするのですか ……………… 356

Q114　簡易評価をするうえで、借地権の一時金の取扱いにはどのよ

うな違いがありますか……………………………………………………… 358

第5　建物の鑑定・評価の簡易手法

Q115　建物の簡易評価はどのような点に注意すればよいですか ……… 362

Q116　固定資産評価証明書の価格が利用されるのはどのような場合
ですか……………………………………………………………………… 365

Q117　建物の鑑定評価に必要な資料および調査とは何ですか ………… 365

Q118　老朽家屋の評価についてはどのような点に注意すればよいで
すか………………………………………………………………………… 368

Q119　借家権価格の簡易査定はどのようにするのですか …………… 372

Q120　買受人に対抗できる建物賃借権の評価はどのようにするので
すか………………………………………………………………………… 375

Q121　買受人に対抗できない建物賃借権の評価はどのようにするの
ですか……………………………………………………………………… 378

Q122　借家人が留置権を主張した場合の評価はどうなりますか ……… 380

第6　区分所有建物の鑑定・評価の簡易手法

Q123　区分所有建物の価格査定はどのようにするのですか ………… 381

Q124　中古マンションの査定において比較するのはどの価格ですか … 382

Q125　階層別・位置別の価値格差とは何ですか ……………………… 386

Q126　滞納管理費の控除はどのようにするのですか ………………… 389

第7　特殊な物件の鑑定・評価の簡易手法

Q127　事故物件の評価はどのようにするのですか …………………… 392

Q128　農地の評価はどのようにするのですか ………………………… 395

Q129　山林の評価はどのようにするのですか ………………………… 397

Q130　被災地の評価はどのようにするのですか ……………………… 398

第8　その他の留意事項

Q131　賃料の鑑定・評価はどのようにするのですか ………………… 399

Q132　収益還元法にはどのような方法がありますか ………………… 402

11

目　次

Q133　開発利益と開発不利益とは何ですか …………………………… 405

Q134　付帯費用にはどのようなものがありますか ………………… 407

Q135　執行妨害とはどのようなことをいうのですか ………………… 410

Q136　民事保全法・民事執行法の不服申立制度にはどのようなもの
　　　　がありますか…………………………………………………… 412

Q137　競売市場の売却率の状況はどのようになっていますか ……… 414

Q138　競売制度改革はどのようになっていますか ………………… 419

Q139　海外の競売制度はどのようになっていますか ……………… 421

　　コラム9　国際訴訟とデポジション／424

Q140　不動産の環境性能を評価する基準にはどのようなものがあり
　　　　ますか…………………………………………………………… 425

Q141　強制執行における市場性減価にはどのようなものがありま
　　　　すか……………………………………………………………… 426

　　コラム10　森友学園問題にみる土地価格の減価／430

Q142　仮差押えと配当に関する事例にはどのようなものがありま
　　　　すか……………………………………………………………… 430

　　コラム11　戸長制度と強制執行／433

事項索引……………………………………………………………………… 434

著者略歴……………………………………………………………………… 438

凡　例

＊ゴシック体＝略称

【法　令】(50音順)

- 会　　社＝会社法
- 河　　　＝河川法
- 河　　令＝河川法施行令
- 鑑定評価＝不動産の鑑定評価に関する法律
- 鑑定評価規＝不動産の鑑定評価に関する法律施行規則
- 刑　　　＝刑法
- 建　　基＝建築基準法
- 鉱　　業＝鉱業法
- 航　　空＝航空法
- 工　　抵＝工場抵当法
- 自　　治＝地方自治法
- 自　治　規＝地方自治法施行規則
- 借地借家＝借地借家法
- 宗　　法＝宗教法人法
- 商　　登＝商業登記法
- 信　　託＝信託法
- 宅　建　業＝宅地建物取引業法
- 建物区分＝建物の区分所有等に関する法律
- 地価公示＝地価公示法
- 地　　税＝地方税法
- 鉄　　抵＝鉄道抵当法
- 電　　波＝電波法
- 都　　計＝都市計画法
- 都　　再＝都市再開発法
- 都　再　令＝都市再開発法施行令
- 都　再　規＝都市再開発法施行規則
- 土　収　法＝土地収用法
- 農　地　規＝農地法施行規則
- 風　　俗＝風俗営業等の規制及び業務の適正化等に関する法律
- 風　俗　令＝風俗営業等の規制及び業務の適正化等に関する法律施行令
- 不　　登＝不動産登記法
- 部落差別規制等条例＝大阪府部落差別事象に係る調査等の規制等に関する条例
- 文　化　財＝文化財保護法
- 法　　税＝法人税法
- 法　税　令＝法人税法施行令
- 暴　対　法＝暴力団員による不当な行為の防止等に関する法律
- マンション建替＝マンションの建替え等の円滑化に関する法律
- マンション建替規＝マンションの建替え等の円滑化に関する法律施行規則
- 民　　　＝民法

凡 例

- 民　　執＝民事執行法
- 民 執 規＝民事執行規則
- 民　　訴＝民事訴訟法
- 民　　保＝民事保全法
- 民 保 規＝民事保全規則

- 立 木 法＝立木ニ関スル法律
- Ｐ Ｆ Ｉ 法＝民間資金等の活用による公共施設等の整備等の促進に関する法律

【文　献】

- 民　　録＝大審院民事判決録
- 民　　集＝最高裁判所民事判例集
- 集　　民＝最高裁判所裁判集民事
- 行　　集＝行政事件裁判例集
- 下 民 集＝下級裁判所民事裁判例集
- 判　　時＝判例時報

- 判　　タ＝判例タイムズ
- 金　　判＝金融・商事判例
- 金　　法＝金融法務事情
- 日経新聞＝日本経済新聞
- 裁判所ＨＰ＝裁判所ウェブサイト裁判例情報

第1章

不動産鑑定・評価の基礎知識

第1 法律実務と不動産の価格査定／2

第2 不動産価値と鑑定評価の知識／14

第1章　不動産鑑定・評価の基礎知識

第1　法律実務と不動産の価格査定

> **Q1　仮差押え、仮処分において不動産価格の査定をするのはどのような場合ですか**
>
> **A**　不動産に関する仮差押えと仮処分の局面にあたって不動産価格の査定を要する場面としては、不動産仮差押えの申立て時、担保金額の算定時、解放金の算定時の三つがあります。
>
> 　一方において、民事保全の段階においても、将来における本差押え時における換価を見据えた概算評価は、回収額の把握や剰余の判断に必要となります。

解説

１　不動産仮差押えの申立て

　不動産仮差押えの申立ては、債権者が不動産仮差押命令申立書を管轄裁判所に提出して行います（民保規1条1号）。申立記載事項としては、当事者の表示、申立ての趣旨、申立ての理由、疎明方法、そして添付書類を要します。

　添付書類としては、①登記がされた不動産については、登記事項証明書および登記記録の表題部に債務者以外の者が所有者として記録されている場合にあっては、債務者の所有に属することを証する書面、②登記がされていない土地または建物については、債務者の所有に属することを証する書面、当該土地についての不動産登記令2条2号に規定する土地所在図および同条3号に規定する地積測量図、当該建物についての不動産登記令2条5号に規定する建物図面および同条6号に規定する各階平面図並びに同令別表の32の項の添付情報欄ハまたはニに掲げる情報を記載した書面、不動産の価額を証する書面（民保規20条1号）と定められています。

　そのうちの「不動産の価額を証する書面」は、実務上、登記された不動産については、固定資産評価証明書を添付することが標準となっていますが、条文上、必ずしも固定資産評価証明書をもって不動産の価額を証する書面と

第1　法律実務と不動産の価格査定（Q1）

しなければならないという規定はありません。

　固定資産評価証明書を「不動産の価額を証する書面」として添付書類とする実務となっていますが、それと異なる、たとえば、不動産鑑定評価書等の書面も「不動産の価額を証する書面」に代えることができるか否かについて、東京地方裁判所の担当部署である民事第9部に問い合わせたところ、実例がほとんどないか少ないので、裁判官が個別に判断するとのことでした。

　固定資産評価証明書は、市町村が発行した公的証明書であり、証明力が高い一方で、記載価格は時価水準との乖離があり、しかも底地である等の権利を反映した価格ではないことから、固定資産評価証明書が唯一無二の不動産の価額を証する書面に該当すると判断することは妥当性を欠くことになります。

　未登記不動産のように固定資産評価証明書がない不動産の場合には、固定資産評価証明書に代えて、不動産鑑定評価書、対象物件の売買価格、住宅ローンの金額、土地の公示価額、近隣土地の取引価格等を証する書面、法務局作成の新築建物価格認定基準表および減額限度表等の提出が考えられるとしています（注1）。なお、仮差押えの目的が建物であるときはその敷地の、土地であるときは地上建物または立木の登記記録も提出を要する取扱いが実務ではとられています。

　添付書類として、固定資産評価証明書に代わる不動産価額を証する書面作成のための簡易評価についてはQ95以下で解説しています。評価は申立てに必要なだけではなく、本訴後の強制執行が無剰余となるか否かの判断予想等のためにも必要となるので、申立て時における概算評価は不可欠となります。

②　不動産仮差押えの担保金額

　不動産仮差押えの申立てがなされると、裁判所は申立てが相当であるか審理します。審理の結果、申立てが相当であると認められた場合には担保額が決定されます。担保を立てさせることなく、保全命令を発することも可能ですが（民保14条1項）、担保を立てさせる取扱いが原則となります。担保の金額については、被保全債権額を基準とする説（請求債権基準説）と目的物価格（目的物基準説）を基準とする説があります。東京地方裁判所では目的物基準説を原則基準として、請求債権基準説を考慮する場合もあるという折衷的な立場に立っています。

3

第1章　不動産鑑定・評価の基礎知識

　不動産の場合の担保金額の算定基準としては、目的物の価額が請求債権額より低額な場合は、実務上請求債権額が基準とされ、目的物価額が請求債権額より高額の場合は原則として目的物の価額が基準とされ、例外的に請求債権額を基準とすることがあります。

　不動産仮差押えのための担保金額の基準としては、手形小切手10〜20％、貸金・賃料・売買代金等10〜20％、損害補償のうち交通事故5〜10％、損害補償（その他（離婚慰謝料を除く））15〜30％、詐害行為取消権15〜30％、離婚に伴う財産分与・慰謝料5〜15％とされています。

　目的物基準説に立つまでもなく、目的物の価格の把握は重要かつ必要となります。

　なお、担保金額算定のための時価についても、固定資産評価証明額をもって目的不動産価額とみなす取扱いがありますが、必ずしも固定資産評価証明書をもって不動産価額を証する書面としなければならないわけではなく、不動産鑑定評価書や不動産価格査定書等の固定資産評価証明書以外の書面も不動産価額を証する書面に代えることができるとされています。

　むしろ積極的に不動産鑑定評価書や不動産鑑定士作成レポート等を活用するべきことは、固定資産評価額は時価と乖離していることが明白であることからも首肯されます。

　たとえば、「固定資産税評価額をもって目的不動産の価額とみなす取扱いが多いが、これは、鑑定などによる評価を全く許さないというわけではない。固定資産評価額は市場価額に比べれば低額である場合も多いので、事案によっては、不動産業者などによる鑑定書を用いて疎明を行うことも検討すべき」（注2）としています。

③　不動産仮処分の担保金額

　不動産処分禁止の仮処分の担保金額の基準としては、被保全権利が所有権等の場合10〜15％、詐害行為取消権20〜40％、財産分与10〜25％、土地賃貸借終了15〜30％となっていますが、土地賃貸借終了の場合、処分禁止の対象となるのは建物のみで、債務不履行原因のときは賃貸借終了の可能性が高いので低い方の基準に近くなり、正当事由あるいは一時使用を理由とするときは、高い方の基準が用いられることになります。

　不動産の占有に関する仮処分には、占有移転禁止と引渡しがあります。引

4

渡しの場合や債権者使用の場合は担保金額は高額に、債務者使用や当事者継続を実質的な目的としているときは低い基準とされる傾向にあります。

仮処分対象が土地の場合、基本的に借地権価額が基準とされ、対象が建物の場合で借家権価格を算定できる場合は借家権価格を基準とし、借家権価格算定が困難な場合は月額賃料を基準とすることが多いようです。

仮の地位を定める仮処分については、占有使用妨害禁止の場合は目的物の5〜20％、建築妨害禁止は目的物の5〜30％、抵当権実行禁止は目的物の30％〜、建築禁止は建築費の30％程度の基準となります。

保全異議の担保額の基準としては、不動産明渡執行の場合、不動産時価の20％程度、賃貸借の場合は賃料相当額の1年分程度となっています。

不動産仮処分の担保にあたっても、不動産の時価を把握することが、担保金額算定に不可欠となります。

④　仮差押解放金の決定基準

仮差押解放金は、債務者が仮差押えの執行の停止またはすでにした仮差押えの執行の取消しを得るために供託する金銭のことをいいます（民保22条1項）。

仮差押解放金の決定基準としては、①被保全債権の元本、利息のほか、執行費用も含めた額、②被保全債権の額、③執行の目的物価額、④執行の目的物の価額が請求債権を下回る場合は目的物の価額による、以上4つの見解があります。

実務においては、被保全債権額（元本のほか利息も含めるが、訴訟費用、執行費用は含めていない）を基準としています。ただし、執行の目的物価額が被保全債権額をかなり下回っている場合には、目的物価額を基準として解放金額を定める考えもできるとされています。

いずれにせよ、目的物価額の把握は必要となります。

⑤　仮処分解放金の決定基準

「裁判所は、保全すべき権利が金銭の支払を受けることをもってその行使の目的を達することができるものであるときに限り、債権者の意見を聴いて、仮処分の執行の停止を得るため、またはすでにした仮処分の執行の取消しを得るために債務者が供託すべき金銭の額を仮処分命令において定めることができる」（民保25条1項）としていますが、この金銭の額を解放金といいます。

第1章　不動産鑑定・評価の基礎知識

　仮処分において解放金が定められるのは、仮処分債権者の究極目的が金銭的満足である場合であり、詐害行為取消権に基づく抹消登記請求権保全のための仮処分がその例となります。

　仮処分解放金は、仮処分債務者がこの解放金額を供託することによって、保全命令の執行は停止ないし取消しがなされることになります（民保57条）が、これは、解放金の執行金は仮処分の目的物に代わるものであるので、仮処分の効力は、この供託された解放金に対して存続します。

　仮処分の解放金額は、解放金は仮処分の目的物に代わるものであることを前提として、被保全権利の性質、目的物価額、その他の事情を総合的に考慮して定める決定基準によることになります。

　具体的には、仮処分債権者が勝訴によって取戻権を行使した場合と平仄が合うような額が決定されることになります。

6　強制管理

　不動産に対する仮差押えの執行方法は、仮差押えの登記をする方法と、強制管理をする方法の二つがあり、二つを併用することも可能です（民保47条1項）。ただし、強制管理による仮差押えはほとんど使われていません。

　強制管理は、目的不動産が稼得する賃料等収益について、債権者が処分することを禁じ、裁判所選任の管理人が賃料等を徴収、管理して、将来の本執行のために供託する執行方法です（民保47条1項・4項）。

　強制管理には、本執行における強制管理と、仮差押え方法としての強制管理とがありますが、どちらも利用頻度は少なく、仮差押えの強制管理はより少ない保全方法となっています。

　その理由の一つには、賃借人の正式名前を全入居者分把握しなければならない等のハードルがあるためです。

　　　（注1）最高裁判所事務総局民事局監修『条解保全規則〔改訂版〕』131頁〔司法協会〕、法曹会編『例題解説民事保全の実務（1）改訂版』100頁〔法曹会〕。

　　　（注2）東京弁護士会法友全期会保全実務研究会編『ガイドブック民事保全の実務』94頁〔創耕舎〕。

コラム1

差押えは民事法の起原

　古代法においては、債権者が債務者の家に行って、弁済を得るに至るまで絶食し、もし弁済を受けなかったときは、その門前において餓死すべき決意を示すという断食催促法のようなものも民事的私力制裁の一種にして、民事執行なる公力制裁の端をなしているという興味深い話は、穂積陳重博士の「差押は民事法の起原なり」に収録されています（『復讐と法律』263頁［岩波文庫]）。

　博士は、「民事制裁の起原は、刑法の復讐における如く、被害者の自力報復にあり。民事における被害者の自力報復にして刑事の復讐に相当するものは差押なり」と述べています。現代の法的解釈からみるとやや違和感を拭いきれませんが、さらにもっと凄まじい差押えの光景を描いています。すなわち、「差押は財産に関する私闘なり。原始的社会において、他人より損害を受けたる者がその賠償を要求せんとし、または他人が自己に対する義務を果たさざるときにおいて、その履行を強要せんとするときは、強力によりてその対手の妻子または財物を押奪し、あるいはその妻子を殺戮し、またはこれを奴隷となし、あるいはその財物を毀損し、またはこれを押領して自用に供し、これにより憤怒を慰めんとしたるものにして、差押が民事制裁の起原をなしたるは、復讐が刑法の起原をなしたると好対をなすものなり」。

　この「差押は民事法の起原なり」は、『復讐と法律』に所蔵されていることからも、差押えは復讐と近い本質をもっており、博士は、差押えとは復讐の民事版であると考えていたことがうかがわれ、むしろ、博士の主張は「民事法は差押えの起原」と言い換えるべき側面があると思われます。

　差押えが復讐に代わるものかどうかの議論はさておき、重要なことは差押えを民事法の中核としていること、差押えなくして民事法は成り立たないことを正に指摘したことは核心をついているといえるでしょう。

第1章　不動産鑑定・評価の基礎知識

Q2　強制執行ではどのようにして売却基準価額が決まるのですか

A　仮差押えによって保全した後、本訴によって債務名義を得た強制執行においては、執行官と評価人が不動産調査を、評価人が評価をなし、評価人による評価額をもとに執行裁判所が売却基準価額を定めます。

解説

①　不動産調査

　仮差押えのための調査は、債権者本人、代理人が密行性、暫定性、迅速性のもとでなし、簡易評価も併せてすることとなりますが、本差押え移行後の強制執行においては、執行裁判所による手続が進行し、その一環として現況調査がなされます。現況調査とは、執行官が競売手続において目的不動産の形状、占有関係その他の現況について調査することをいいます（民執57条1項・188条）。

　現況調査の目的としては、物件明細書作成のため、目的不動産評価のため、引渡命令発令対象か否か執行裁判所が判断するため、3点セットの一つである現況調査報告書として買受希望者に情報提供することとされています。

　なお、3点セットとは、買受希望者に対する情報提供のために一般の閲覧に供する物件明細書、現況調査報告書および評価書の写しの三つを示しています。評価人は、目的不動産の評価のために調査をしますが、執行官との同行によって調査する場合が多いという実務となっています。

②　評　価

　強制執行のための評価は、仮差押えのための簡易評価とは異なり、執行裁判所が発する評価命令に基づいて、評価人候補者が個々の事件ごとに評価人として選任され、評価にあたることになります。評価人による評価は、評価書を執行裁判所に提出することによってなされることになり、執行裁判所はこの評価書による評価額に基づいて売却基準価額を決定します。

　評価人以外の者がなした鑑定書や価格査定書を評価書に代えることも、評価人以外の者が評価することもできません。

　評価書は3点セットの一つとして一般の閲覧に供せられることになります。

③　強制管理

　民事保全法が用意した強制管理は、民事執行法においても規定されています（民執93条）。強制管理とは、不動産から生ずる収益を金銭、債権の満足に供する強制執行であり、具体的には、不動産の差押債権者のために当該不動産の管理人が選任され、管理人が不動産の管理、収益収取、収益換価を行って得られた金銭を配当する手続です。この強制管理は、強制執行の一つとして、「担保権の実行としての競売」については準用されていませんでしたので、担保権実行としては抵当権実行による売却しか方法がなかったことから、たとえば、大規模テナントビルにおいて、抵当不動産売却には時間を要し、賃料等の収益が見込まれる場合には抵当権者が抵当不動産の収益から優先弁済を受けることができる制度を求める要望が強くなっていました。

　そこで、民事執行法は平成15年改正法により、担保不動産収益執行を創設しました。

④　担保不動産収益執行

　平成15年改正民事執行法は、抵当権実行方法の多様化等の観点によって、抵当権者その他の担保権者が担保不動産の収益から優先弁済を受けるための強制管理類似制度として担保不動産収益執行の手続を新たに規定しました（民執180条1項2号）。

　手続としては、原則として、担保不動産競売手続と共通していますが、異なる重要な点としては、東京地裁民事執行センターにおいては「収益執行物件情報シート」を申立人に交付して、物件の種類、現況、判明している占有・管理の状況、係属中の法的手続等について記載して提出することを求めることと、管理人を選任することです。

　管理人は、担保不動産の管理、収益の収取および換価することで、執行裁判所の監督の下で担保不動産の賃料等を回収し、建物の価値保存のために必要な管理・修繕を行い、賃貸借契約の締結・解除、火災保険契約の締結等を行うことになります。

⑤　形式的競売

　強制執行、担保権の実行としての競売以外にも、形式的競売があります。

　民事執行法195条は「留置権による競売及び民法、商法その他の法律の規定による換価のための競売については、担保権の実行としての競売の例による」

第1章　不動産鑑定・評価の基礎知識

と規定しています。

　形式的競売としては、共有物分割のため、遺産分割のため、相続財産換価のため、区分所有法59条に基づく申立て、破産法184条2項に基づく別除権目的換価のための競売申立て、弁済供託のための競売申立て（自助売却）、留置権による競売申立てがあります（注1）。

　形式的競売は、担保権実行としての競売、強制執行と比較しても件数は圧倒的に少ないのですが、マンション管理組合や管理組合法人による管理費滞納による申立ては増加傾向にあります。

　形式的競売に限らず、極めて効率的で優れた競売市場をもっと有効に利用する提案をしたいのですが、その点についてはQ137で解説しています。

　形式的競売であっても、通常の競売と同様に差押えがなされ、買受人に対抗できる賃借権、法定地上権成否について判断されることになり、異なる点は当事者を申立人、相手方とし、申立債権者、債務者とは言いません。なお、法定地上権については成立を否定した裁判例（福岡高判平成19・3・27判タ1250号335頁）が参考になります。

　また、判決は共有物分割のための競売について、民事執行法59条の消除主義（形式的競売においても担保不動産競売と同様に、不動産上の担保権等を消滅させる考え方）が準用されることを前提として、同法63条の剰余主義（無益執行の禁止、Q101参照）が準用されるものとした原審の判断は正当として是認することができるとしました（最三小判平成24・2・27集民240号1頁〔担保不動産競売手続取消決定に対する執行抗告棄却決定に対する許可抗告事件〕）。

　したがって、売却代金が手続費用および優先債権者の債権を弁済するに足りない場合には、民事執行法63条2項の要件を満たさない限り、手続は取り消されることになります（注2）。

　　（注1）東京地方裁判所民事執行センター実務研究会編『民事執行の実務〔第3版〕不動産執行編（下）』368頁〔金融財政事情研究会〕。
　　（注2）東京地方裁判所民事執行センター実務研究会編・前掲（注1）382頁。

10

第1 法律実務と不動産の価格査定（Q3）

Q3 証拠収集にはどのような方法がありますか

A 　民事保全の場合に限らず、裁判においては、証拠収集は勝敗を分かつ極めて重要な作業であり、証拠収集に奔走する法律事務所も多く、法律事務所職員は、証拠収集ノウハウが求められることになります。一方において、裁判上の証拠収集に特化した探偵事務所も最近は多く、探偵事務所が裁判関連分野に参入してきている傾向と法律事務所が探偵類似業務に参入してきている傾向の両面があると指摘できます。

　いずれにせよ、法律事務所においては探偵的要素は不可欠であり、証拠をかき集めてくる能力が求められていることは否定できないことと思われます。裁判官が法律の解釈、判断をなす職業的立場であることに対して、弁護士は、主張し、そして、証拠を集めて裁判所に提出する職業であり、両者の役割分担は明確に分かれていることを意識すべきこととなります。

解説

① 民事事件と証拠

　民事事件の証拠調べには、証人尋問、当事者尋問、鑑定、検証、書証があり、書証とは、文書を閲読してこれに記載された意味内容を証拠資料にとるためになされる証拠調べをさし、その文書とは文字、その他の記号の組合せによって思想的意味を表現している有形物をいいます。証拠には公文書と私文書、処分証書と報告文書の区別があります。

　民事訴訟において裁判所は、訴訟関係を明瞭にするため、調査を嘱託することができ（民訴151条6号）、また、調査の嘱託として、必要な調査を官庁もしくは公署、外国の官庁もしくは公署または学校、商工会議所、取引所その他の団体に嘱託することができる（同法186条）とする規定がありますが、証拠収集は原則として当事者がなすことになります。

　なお、証拠収集にあたっては、急速なIT化、インターネットおよびスマートフォンの普及に注視する必要がありますし、インターネットや官公庁の対応も日々刷新が目覚ましく、少し前の情報、情報取得方法はすでに古くなっている等の急速なスピードによる改変に留意すべきとなります。

11

第1章　不動産鑑定・評価の基礎知識

② 証拠収集方法

かつては、官公庁等の施設に直接赴いて調査し、証拠資料を収集することが一般的であり、かつ、そのようにすることが望ましいとされ、窓口で実際に職員と対面し話を聞くことがもっとも有効かつ成果があるとされていました。ところが最近では、窓口に直接行かなくても、インターネット、郵便、電話、ＦＡＸ、メール等の各種の方法で情報を得ることができるようになってきており、直接窓口に赴くよりもこれらの方法による方が効率よく効果を得られることが多くなっており、むしろ対面式の窓口対応よりも推奨されている場合も少なくないことに配慮するべきこととなります。少なくとも施設に行く前には電話等により事前調査の準備をしておくことが重要となります。

また、官公庁へ調査に行くときはトレーシングペーパーやデジカメを持っていくことも視野に入れるべきで、閲覧資料の写しの交付はしていなくても、トレースや撮影を許可しているところもあります。

最近では、道路台帳等については調査に来た人にパソコンのモニターを見せて説明するという方法も多く、場合によっては何も証拠として残らない場合もあるので相応の対応が必要です。

③ 写真、ビデオ、録音、録画等

民事においては、無断収録したものについて、証拠能力が無条件で否定されることはありませんが、無断収録が推奨されるわけでも、免責されるわけでもないことはいうまでもありません。一方において、地方公共団体職員との「言った、言わない」等のトラブルが後日起きることもあるので、相応の準備はしておくことになります。

現地調査においては、写真が圧倒的に有力な証拠資料となりますが、場合によっては、ドローン等による航空写真撮影、ビデオ撮影も有用な場合もあります。

現地でカメラ、ビデオ等を使用する場合には、地域周辺住民、通行人のプライバシー等について相応の配慮を要することになりますし、不動産だからといって、他人の敷地にさえ入らなければ他人の私財を何の承諾もなく自由に撮影してよいと言い切れないことは承知しておくべきです。

④ 証拠収集のノウハウ

証拠収集のノウハウとは、どこでその資料を入手できるか、どのようにし

12

て入手できるかといったことだけではなく、より証拠力の高い資料を収集すべきであり、証拠力の低い資料を多数収集するよりも、1点でも有力な資料を探知すべきこととなります。迅速かつ効率的に、費用、労力、時間を最小限にして資料を入手すべきことは重要な課題です。

　また、たとえば、登記事項証明書を取得する代わりに固定資産物件証明を取得すると、証明内容は同一なのに、手数料は固定資産物件証明の方が400円と登記事項証明書の600円より200円安く入手可能ですし、手数料の支払を要する官公庁資料も情報開示請求で取得するとコピー代の実費のみの負担と安くすむこともあります。同じ資料であっても地方公共団体によって、保管、閲覧体制、手数料が大きく異なる場合もありますし、特に建築関連資料は地方公共団体によって対応に大きな差があることも知っておくべきこととなります。

　さらに、民事裁判記録は、通常の公開事件であれば、事件の係属中、確定済みであるかどうかを問うことなく誰でも記録を閲覧することができます（民訴91条1項）。また、公証役場では公正証書およびその附属書類についての閲覧ないし謄本の交付の手続をとることができますが、一定の要件を要します。不動産に関する資料については、以下でそのつど解説していきます。

第1章　不動産鑑定・評価の基礎知識

第2　不動産価値と鑑定評価の知識

Q4　不動産とは何ですか

A　土地や建物が不動産として代表的ですが、必ずしも土地、建物だけではなく、借地権、不動産の共有持分、財団なども不動産として扱われることがあります。

解説　不動産は単に土地や建物を意味すると考えがちですが、厳密にはそう単純ではありません。民法86条1項では不動産を土地とその定着物と規定していますので、建物に限らず、定着物は不動産になりますし、工場財団や鉱業財団の一定の財団も不動産同様の取扱いになります。他にも借地権、借家権等の権利は不動産同様の取扱いになっていますし、立木法上の立木も不動産とされています。また、法令によっても取扱いが異なります。特に、建物の一部を構成している建築設備や外構、塀はどうなのかという問題もありますし、建物か動産か区別のつきにくい物置のようなものもあります。

さらには、海に浮かぶ岩礁を土地と見なせるか、土地には表土が含まれるか、林地とは樹木を含むかどうか、細かくみていくと、不動産の定義、範囲も簡単ではないことになります。

工場財団や不動産かどうかの判断基準については後で詳しく解説しますが、ある建物を対象物とする場合にその敷地の範囲はどのように判定すべきなのか等、意外に不動産を定義づけることは複雑であるということは、あらかじめ指摘しておくべきであると考えています。

単純に文字通り、動かないもの、または動産との対義として不動産を定義づけることもひとつの方法ですが、本書では、仮差押えと強制執行における差押えの局面を中心に不動産を扱うことを念頭に考えていきます。

なお、民事執行法では、登記することができない土地の定着物を不動産か

第2　不動産価値と鑑定評価の知識（Q5）

ら除外し（民執43条1項）、金銭の支払を目的とする債権についての強制執行については、不動産の共有持分、登記された地上権および永小作権並びにこれらの権利の共有持分は不動産とみなしています（民執43条2項）。

　さらに、不動産に対する仮差押え対象の不動産については上記民事執行法上の不動産の定義が引用されています（民保47条1項）。

Q5　不動産の価値とは何を意味するのでしょうか

A　不動産の価格は、一般にその不動産に対して認める効用、相対的な稀少性、有効需要の三つの相関結合によって生ずる不動産の経済価値を貨幣額をもって表示したものです。

解説

1　不動産の価値

　不動産の価格は、上記のように不動産の経済価値を貨幣額で表示したものです。したがって、売りたい価格と買いたい価格とが一致するところで決まる、または、需要と供給が一致するところで決まるというだけではないことになります。たとえば、赤字経営の旅館やゴルフ場はその経営状況等を基礎にした収益価格はマイナスに計算されてしまいますが、価格はマイナスになることはありません。マイナスの価格ということは、買った方が金銭をもらい、売った方が金銭を払うという状態のことですが、マイナス金利はありえても、マイナスの価格はありえないこととなります。

　不動産の鑑定評価においては、①原価を積み上げていく方式の原価法による積算価格、②周辺地域において実際に取引がなされた市場価格と比較する方式の取引事例比較法による比準価格、③不動産の収益を基礎に元本価値を還元する方式の収益還元法による収益価格、以上①〜③の三つの試算価格によって不動産の鑑定評価額を決めることが原則になっています。

2　価格と価額

　不動産の価値と一口にいっても、「価格」といったり、「価額」といったり、紛らわしいことがあります。不動産に限らず、日常用語においても、税務や

15

第1章　不動産鑑定・評価の基礎知識

法律用語においてもそうです。明確な区別や使い分けは、一見ないかのようですが、一応、使用方法は分別されているようです。

「価格」というときは、総額ではなく単価を意味することが多く、計算の過程において使用されることが多く、抽象的な価値概念を示しているといえます。

一方、「価額」というときは、単価ではなく総額を意味することからも、結論的には、最終的な価値総額というニュアンスが強く、抽象的ではない具体的、現実的な金額を示しています。

価格と価額の概念の相違は以上のとおりですが、現実的には、あまり分別されずに使用されていることも多く、紛らわしい感が払拭しきれないのも事実です。厳密な使用方法の分別よりも慣行的に浸透していった感が強いといえるでしょう。

ところで、賃料である地代や家賃については、価格と価額に相当する分別がありません。月額、年額とはいいますが、月格、年格とはいいません。

③　坪あたりという考え方

不動産の世界では長らく「坪あたりいくら」、という思考で価値が考えられてきました。現代では、その傾向がある程度稀薄になってきているといえ、長らく慣行として染みついてきたことからか、今でも坪あたりいくらという思考は生きています。「あそこは2万円だからね」とか言ったりしますが、その意味は、あそこのビルの賃料は坪2万円であるという意味だったりするので、意味がわからないと全く話が進まないことになります。土地価格だけではなく、地代、家賃、共益費も坪で考えたりするのです。

ちなみに、1坪は明治24年（1819年）の度量衛法で「6尺平方」、すなわち3.30578平方メートルと決められました。これによって1坪を平方メートル換算するには3.30578を乗じ、1平方メートルを坪換算するには0.30250を乗ずればよいことになります。

よく1坪は畳2畳分といったりしますが、この畳も、田舎間、京間でサイズは異なり、さらに、近年の集合住宅の畳は、簡易畳等さまざまなサイズがあるので、畳のサイズをもとにすることは不正確になります。さらに、容積率100％あたりを1種あたりとして、「この土地は1種あたり100万円だ」と言ったりするので、何が何だかわからなくなる人もいます。これは、「容積率100％

16

あたりの土地価格は、坪100万円」という意味です。

④ 元本と果実

土地や建物の価格を元本とすると、賃料という果実があります。不動産の価値というとどうしても価格が中心になりますが、使用料、賃料も不動産の価値の一側面です。

この元本と果実の関係は密接で、価格から賃料が導き出されると同時に、賃料から価格が導き出されるという両面性をもっています。「鶏が先か、卵が先か」の議論のようですが、不動産の場合は、賃料はとれないが価値はある、というケースが圧倒的に多いのです。山林や原野がその代表ですが、逆に賃料はとれるが価値はない、というケースはほとんどないでしょう。賃料という果実が得られるならば有償で欲する人はいるでしょう。ただし、通行料のように使用料は得られるものの、通行権自体の価値は、きわめて少額で限りなくゼロに近いという場合もあるので、一概にはいえないことになります。いずれにしろ、不動産の価値はこの元本と果実の両面性を見極めて、判定することとなります。

Q6 不動産の価値は、誰がどのようにして判断するのでしょうか

Ａ　不動産の価値を決めるのは、他の財と同様に市場です。取引市場における時価、実勢が不動産の価値、価格であると言い換えてもいいでしょう。

---

① 不動産の価値判断

不動産の価値、すなわち、価格や賃料は誰がどのように決めるのかについては、売主や家主が決める場合もあるし、仲介業者が決める場合もあると考えることもできます。また、競売のように最高価で落札する制度においては落札者自らが決めることになります。しかし、よく考えると、そう単純ではないようです。つまり、売主、家主、仲介業者が一応の価格、賃料を決めて募集しても、買い手や借り手がつかなければ、下げざるを得ないし、買い希望等が殺到したら、上げざるを得ないでしょう。

第1章　不動産鑑定・評価の基礎知識

　不動産の価値を決めるのは、売り手や買い手、貸し手や借り手、仲介業者でもないのです。そのときの市場の趨勢によって決まるのです。需要と供給のバランス、均衡といってもよいでしょう。

　もう少しわかりやすくいうと、不動産の価値は市場が決めるということになります。アダム・スミスのいう「神の見えざる手」に近いものといってもよいでしょう。その意味においては取引相場のある株価と似ているといえます。

　ただし、不動産の場合は株価ほど完成された市場とはいえないので、株価ほどの市場性の指摘は困難であるといえましょう。不動産投資信託（Ｊリート）とは、不動産を株式のように市場取引の対象とした点で画期的ではありますが、抵当証券や不動産の小口化、証券化等は、実は相当前からなされていました。一方、不動産の市場性は市場整備が急速に進められてきていることにより一層高まってきています。インターネットの普及で不動産の募集状況がよくわかり、売り手にとっても、買い手にとっても理想的な状況に近づきつつあります。そのほかにも国土交通省は、土地総合情報ライブラリーというサイトにおいて取引事例を公開していますし、不動産デリバティブ市場の整備や不動産上場構想も進んでいます。

② 価値判断と市場代行機能

　マーケットが「神の見えざる手」のように不動産の価値を決めてくるのであれば、誰かが主体的に価値判定を行うとなれば、それは神に背くことにもなりそうですが、不動産価値を判定せざるを得ない局面は少なからずあります。不動産の価値判定を業となす不動産鑑定業という業種もあり、不動産鑑定士という国家資格、職業もあります。

　不動産鑑定士でなくとも、簡易的に不動産の価値を判定しなくてはならない場面は少なくなく、それぞれに価値判断をしていることになります。そこで、マーケットにより決められる不動産の価値を誰かが決めるということは、当然マーケットの情勢を見つめながら決めていくことになりますが、人間は市場そのものではないので、完全に市場動向を把握できるはずありません。

　そこで、価値判定をすることは、市場に成り代わって価値判定をすることに他なりません。これを価値判定主体の市場代行機能といいます。不動産鑑定とは、市場代行機能として、不動産鑑定士が市場に成り代わって価値判定

18

第2　不動産価値と鑑定評価の知識（Q6）

をしているにすぎないということになります。

　なお、地方公共団体が固定資産税の評価額を決めることは、市場代行機能ではなく、地方公共団体職務の一環として、法令に基づいて行っている事務です。したがって、固定資産税評価額は時価との乖離が是認されているのです。

③　一物四価

　不動産に関する解説には、土地価格は一物四価であることが指摘されていることが定番となっています。すなわち、一般の財は、一つの財に対して一つの価格がつくという一物一価であるのに対して、土地は4種類の価格指標があり、一物一価ではなく一物四価であるというのです。この四つについて、それぞれみていきます。

(1)　実勢価格

　これは要するに時価を意味します。この水準は、公示価格ベースよりも高いと一般的にいわれていますが、経済状況や地域によっても異なり、均一ではありません。当然、土地の規模や形状等によっても大きな差があります。公示価格ベースが実勢価格である場合や、公示価格ベースよりかけ離れて、相当高い水準が実勢である場合もあります。

(2)　公示価格

　地価公示法に定められた価格であり、地価公示価格といいますが、主に、公共用地買収における補償額の算定基準となります。国土交通省によるわが国唯一の全国的な整備された土地価格指標として、重要な指標です。さらに、地価公示価格と似たものとして、都道府県地価調査基準価格もありますが、その性格は、基準時点を除いてほとんど地価公示価格と同じです。

(3)　相続税路線価

　相続税、贈与税課税の際に用いられる価格で、毎年発表されます。主に税務上の要請からの価格ですが、道路（路線）ごとに付設されている点で有用性は高いといえます。価格水準はおおむね公示価格の8割程度の水準となっていますが、これも地域や経済情勢によって異なることとなります。

(4)　固定資産税評価額

　固定資産税課税のための価格であり、課税客体の不動産ごとに評価されることにその特色があります。価格水準はおおむね公示価格の7割程度の水準

19

第1章　不動産鑑定・評価の基礎知識

となっていますが、その不動産の立地、形状等によって異なることはいうまでもありません。

　以上の4つの価格が土地には存していることから一物四価といわれたりしますが、それぞれ用途が異なっており、矛盾もせず、社会的混乱もないので、一物四価というべきかどうかには疑問があります。

　ともかく、一応の水準の目安としては、①公示価格ベースを100とすると、実勢価格は100以上（100〜120程度）、②相続税路線価80、固定資産税評価額70ということになりますが、地域や経済状況、その土地の形状等の個別的要因によっても大きく異なります。

Q7　鑑定と評価はどのように違うのですか

Ⓐ　不動産の価値判断については、鑑定、評価、鑑定評価、査定などと言ったりするため、用語の使用区別もわかりにくく、紛らわしいようですが、鑑定と評価は区別されています。

　一人の鑑定主体によってなされる判断が「鑑定評価」であり、略して「鑑定」ということもあります。対して、「評価」とは、税務上の土地評価のように誰がやっても同じ結果になるような価値評定を意味します。「査定」とはもっと簡単に、宅地建物取引業者が売り出し価格を決める際の値付け等の簡易的な価格付けを指すことが多いようです。

---

① 不動産の鑑定評価とは何か

解説

　不動産の鑑定評価とは、不動産の鑑定評価に関する法律に規定されているもので、同法2条1項によれば、「不動産の鑑定評価」とは「不動産（土地若しくは建物又はこれらに関する所有権以外の権利をいう）の経済価値を判定し、その結果を価額に表示すること」としています。なお、この不動産の鑑定評価は、不動産鑑定士等以外の者はすることができません（鑑定評価規36条）。

　この場合の不動産鑑定評価とは、不動産の客観的価値に作用する諸要因（価格形成要因）に関して調査または分析を行うことを含んでいるとされ、特定の

20

物件に関する物理的、法的、経済的側面の詳細な調査（デューデリジェンス）、取引事例や賃料事例の調査、分析等の市場の調査、分析をいうとされています。

したがって、上記の調査、分析を不動産鑑定士（不動産鑑定士補を含む）以外の者がすると不動産鑑定評価に関する法律に違反することになり、罰則の対象になります。

鑑定評価とは、要するに高度な専門知識と経験を有した専門家による価格、または賃料等の不動産の経済価値に関する意見であるので、誰にでもできることではありません。骨董品、書画の鑑定と似ているところがあり、いわゆる「目利き」が重要ということになりますが、骨董品の鑑定と異なるのは、鑑定主体は国が定めた国家資格者でなくてはならないことと、この有資格者以外による鑑定の禁止が規定されていることです。骨董品や書画については、評価とは言わずに鑑定と言うのは、価値判定主体による目利き、判断であるからです。

② 評価とは何か

たとえば、相続税課税のための土地評価は、土地鑑定とは言わずに「評価」と言います。鑑定が専門家による主体的判断であり、意見であることに対し、評価とは、誰もができ、誰がやっても同じ結論になるマニュアルどおりの作業ということです。この評価とは、評価主体によって、評価額が一致すること、または、それほどズレないことを目的としています。すなわち、公平の観点によって、マニュアルどおりにやると、誰がやっても同じ結論になることを目的とした価値算定事務のことを「評価」といいます。

評価という語感からは、人事評価、評点という言葉が連想され、採点というニュアンスもありますが、この趣旨は公平という視点であり、評価主体によるバラツキをなくす、もしくはバラツキは最小限にとどめたいという要請が背後にあります。

評価を鑑定評価の軽いもの、簡易鑑定と扱う場合も多いでしょうが、厳密には主旨が異なっており、簡易か厳密かの分別を示しているものではありません。

なお、執行裁判所による競売の評価書は、「評価書」とされ、「不動産鑑定評価書」とは区別されています。これは、競売の評価書が民事執行法58条お

第1章　不動産鑑定・評価の基礎知識

よび民事執行規則29条の2に規定されているので、不動産の鑑定評価に関する法律に規定された鑑定評価ではないことによっています。したがって、競売評価は実務上はともかく、法律上、不動産鑑定士の独占業務とはされていません。ただし、競売評価にあたって、評価人が不動産鑑定士以外の者である場合も、できる限り不動産鑑定評価基準に従って行うことが望ましいとされています（注）。

③　鑑定と評価の相違

不動産の鑑定、評価という言葉は、日常、特に区別を意識することなく使っていることが多いようです。さらに、価格査定、価格意見、評定といった用語もあり、鑑定、評価、鑑定評価という用語の使用と明確な区別がないままとなっているようです。鑑定は、鑑定評価の略語として使用としている場合もありますが、骨董品の鑑定は、鑑定評価という用語は使用しませんし、また、民事訴訟法212条以下には鑑定、鑑定人に関する規定がありますが、民事訴訟法には、「鑑定評価」という用語はありません。

民事訴訟法の鑑定人は、「鑑定に必要な学識経験を有する者」と規定されています（民訴212条1項）ので、鑑定は前述のとおり、専門家によるものであることが、ここでも規定されています。

もっとも民事裁判の鑑定は、不動産鑑定士による不動産の鑑定に限りませんし、不動産鑑定士である鑑定人が裁判所に提出する鑑定結果は、「不動産鑑定評価書」ですので、鑑定と鑑定評価の用語の区別については一部に曖昧な部分もあるようです。

固定資産評価証明書に記載された価格は、土地については不動産鑑定士による鑑定評価を基礎として、地方公共団体が定めたものであり、建物については不動産鑑定士の関与なく地方公共団体が定めたものですし、主に税務上の価格算定は、「評価」として整理されています。ただし、その評価は土地については、不動産鑑定士による鑑定評価が基礎になっていることは、固定資産税でも相続税路線価においても同様です。

公共用地取得のための価格については、補償費として取り扱われていますが、これも土地や借地権については不動産の鑑定評価が基礎となっています。この場合の価格は評価額といわずに補償費となります。

　　（注）最高裁判所事務総局民事局編『条解民事執行規則』151頁〔司法協会〕。

第2　不動産価値と鑑定評価の知識（Q8）

Q8　不動産の経済価値にはどのような性格がありますか

A　不動産の経済価値には、他の財にはみられないような特殊な性格がいろいろありますが、それは、不動産によって異なります。ここでは、不動産価値についての特殊な性格について、以下で簡単にみてみることにしましょう。

解説

1　マンション価格の特殊性

借地権付きマンションとは、敷地権が所有権ではなく、借地権（賃借権または地上権）の区分所有建物およびその敷地利用権を指しますが、敷地利用権が所有権ではなく借地権であると、所有権のマンションよりは底地がない分、そして土地公租公課負担がない代わりに地代支払義務があることにより、低廉な額となるはずですが、取引実勢は、所有権マンションとほとんど差がないという特殊性があります。

したがって、土地に借地権割合を乗じて借地権価格に建物価格を加算していくという原価法による積算価格では低く試算されますが、同一マンションの取引事例は、より高額であり、結局、借地権付きであるというマイナス要因が顕在化されることはほとんどなく流通しています。これは、住んでいる人からみると、借地権付きマンションであろうが、所有権であろうが、住む快適性は変わらないというのが理由のようです。

2　私道価格の特殊性

私道には、1筆で一人の所有者がもっている場合、筆が分かれて筆ごとに別人が所有している場合や、何名かの共有者となっている場合、筆が分かれつつも筆ごとに共有になっている場合等、さまざまな形態がありますが、私道（私道持分を含む）は、主たる宅地に付随して取引がなされることが一般的であり、私道単独で取引の対象になることはありません。したがって、私道の経済価値は主たる宅地の従たるものとして顕在化することなく、主たる宅地の経済価値に吸収され、潜在化しています。

なお、仮差押えにおいてもっとも注意すべきことは、主たる宅地の他に同一所有者が所有している私道、私道持分を見逃さないことです。もしも私道

23

第1章　不動産鑑定・評価の基礎知識

持分があるのにそれを見逃し、主たる宅地や建物のみに仮差押えをなしたときは、本差押え後の売却によって、債務者所有の私道、私道持分のみが永遠に登記上残存するという事態になります。この私道は、筆が分かれている場合においては、主たる宅地部分から離れたところにある場合等、予想外のところにある場合があるので要注意となります。

③　老朽家屋の価格

建築後相当年を経た老朽家屋については、経済価値があるのかないのか悩ましいことは少なくありません。固定資産税上は価値が評価されつつも、経済的耐用年数が経過し、もはや経済的残存価値は認めがたいほど老朽化、陳腐化している場合においては、建物の価値よりも取壊費用の方が高額になる等、経済価値の判断は悩ましいことになります。空中に浮遊したような建物、土地を離れた建物だけの取引等はなく、すなわち、土地とは無関係の老朽建物単体の取引事例がないことから、相場との比較もできないことになります。宅地建物の取引慣行としては、耐用年数が半分以上超過したら、建物価値はゼロとして土地値で取引するという慣行が根強いのですが、近年の中古住宅取引活性化の流れは、その慣行を変えるものとして期待されています。ただし、現存の老朽化した日本家屋の大半が日本固有の気候対策、すなわち、防湿をメインに木と紙でつくられた堅牢なものではない以上、その流れの定着にはまだ時間がかかりそうです。

地上既存建物を取り壊すことが最高最善の使用方法であると判定するという「取り壊し最有効使用」という思考も鑑定評価には欠かせないものであり、その判断は容易でない場合があります。

④　無道路地の価格

建築基準法上の道路への接道がない都市計画区域または準都市計画区域内の土地は、建物を建てることができない無道路地となります。この状態の土地は、建築基準法上の道路への接道のための隣地買収等の道路開設費用、隣地借入等に要する費用等を勘案して、接道要件を満たすために要する費用、時間、労力等を、接道要件を満たしていると仮定した場合の宅地の価格から控除することによって、経済価値を測定することになります。

通常は、接道要件を満たしている宅地と比較して、4割から5割程度低い価格水準になることが多いようです。一方、すでに接道要件を充足している

24

第2　不動産価値と鑑定評価の知識（Q8）

隣地がこの無道路地を買収する場合には、無道路地であることの減価要因が解消される取引となるので、減価分が縮小される価格になるべきことになります。

現地においては、明らかに公道に接していると見える宅地であっても、公図によると宅地と公道との間に細長い第三者私有地が介在し、建築基準法上の接道要件を満たさない場合があるので、その場合には無道路地となります。

逆に、このような場合において、その第三者私有地は公道に認定されていないものの、建築基準法上はその第三者私有地を含めて建築基準法上の道路としている場合もあり、紛らわしいのですが、これらについては市区町村の建築課等の窓口で確認する他ありません。

⑤　土地利用権の価格

建物のための土地利用権原としては所有権、借地権、地上権、使用借権等があり、借地権や地上権等の土地利用権は経済価値を認めることが一般的です。

一方において、地上に存している物件が建物ではないときはどう考えるべきかについては、借地借家法の規定が参考になります。借地借家法は借地権を「建物の所有を目的とする地上権又は土地の賃借権」と定義していますので（借地借家2条1号）、地上物件が建物であることが借地権の要件であると解することになります。したがって、地上物件が建物認定要件を欠くスチール式物置等の動産であった場合には、その物置のための土地利用権は借地権とはみなせないことになります。建築中や解体中についても同様の問題が生じます。建物認定要件についてはQ73で解説しましたので、ここでは立木についてみることとします。

「立木」は、一般用語としては「たちぎ」と読むことが多いのですが、立木ニ関スル法律といった法律用語として読むときは「りゅうぼく」と読みます。立木は立木ニ関スル法律により、不動産とされますので、所有権保存登記や抵当権設定登記の客体となり得る等、建物類似の機能を有しています。建物と異なるのは明認方法という対抗要件を認められていることであり、明認方法により登記なくして対抗要件を備えたことになります。明認方法とは立木に所有者の住所氏名を記載して明示することで、立木についてはこの記載を「墨書」といっています。

第1章　不動産鑑定・評価の基礎知識

　氏名等の墨書であれば、登記するよりははるかに手間が省け、無料で簡単にできるので、この方法は土地収用等の反対運動に大いに活用されました。要するに収用対象の土地上の立木1本1本に氏名等を記した札等をかざして、物件所有者として収用地の権利者となり、反対の意思表示をして収用事業の進行を阻止するという方法で、この方法を「立木トラスト」といいます。

　問題となったのは、この立木にも建物同様の土地利用権を認めるべきかということです。もしも借地権のように立木のための土地利用権を認めるのであれば補償金額も多額になります。立木ニ関スル法律の趣旨に照らすと、地上の立木にも一定の独立した不動産として建物同様の保護を与えるようにも解することは可能であるかのようですが、裁決例はこれを否定しています。

　裁決例の一つは、立木に係る権利譲渡禁止や○○線建設が中止になった場合の契約失効があることによって立木のための転使用借権の補償はなしとする起業者申立てに基づき、トラスト対象立木の敷地に対する権利についての補償はなしと裁決しました（平成7・11・1長野収用委員会裁決）。

　ほかにもトラスト対象立木のための土地に対する権利を使用借とし、権利価格割合を0％をもって相当とした裁決例があります（平成16・5・17東京都収用委員会裁決）。

　　（注1）公共用地補償研究会「損失補償関係裁決例集」67頁〔大成出版社〕。
　　（注2）公共用地補償研究会・前掲（注1）68頁。

26

第2章

訴訟の相手方不動産の
探索・調査方法

第1　財産調査と不動産探索／28

第2　財産開示制度／35

第3　不動産探索の具体的方法／39

第4　不動産探索の具体的ケース／68

第5　不動産調査の総論／78

第2章　訴訟の相手方不動産の探索・調査方法

第1　財産調査と不動産探索

Q9　訴訟における財産調査には、どのような意味がありますか

A　訴訟に勝っても債務者の財産がなく、事実上の勝訴の意味が失われることを避けるため、訴訟の相手方の財産をあらかじめ把握しておき、仮差押え等の民事保全をするために、相手方（債務者）の財産調査はなされます。

解説

１　財産調査の意義

訴訟において、相手方（債務者）の財産を保全するため、すなわち仮差押え等をなすために、あらかじめ相手方（債務者）の財産を把握することが、財産調査の主旨です。

これは、訴訟の相手方が、敗訴のときのために財産隠蔽、売却、換価、分散等により差押えを逃れようとすることを防止するための措置です。

訴訟で勝っても、現実に相手方（債務者）から何もとれないような事態を放置することは、勝訴した本人だけでなく、裁判所にとっても、国家にとっても望ましい事態とはいえないため、一定の要件の下で、あらかじめ相手方（債務者）の財産を保全すること、すなわち仮差押え等をなすことになります。

そして、仮差押えをなすための財産をみつけることが財産調査であり、探索、捜査といってもよいと思われます。本書においては、財産といっても不動産に限定して話を進めることとします。

第1　財産調査と不動産探索（Ｑ９）

コラム2

戦争に勝って講和で負ける

　　22万にものぼる死傷者を出した大激戦の日露戦争は華々しい大勝利という結末をわが国にもたらしましたが、その勝利の歓喜も束の間、屈辱条約の講和という戦争終結は、国民の不満を一挙に噴出させるのに充分でした。日比谷焼き討ち事件では、警察署2箇所、交番219箇所、教会13箇所、民家53軒、電車15台が焼き払われ、東京は無政府状態になり政府は戒厳令を敷きました。

　　この事件で世論を誘導したのが、黒龍会等の壮士と野党同攻会等の政治家等であり、軍部激励派としてわが国における地下指導者として大きな発言力を有するに至り、それが太平洋戦争開戦への道を切り開く原動力になったともいえるでしょう。そもそも日露戦争自体が臥薪嘗胆、怨恨のための戦闘でした。

　　戦争に勝って講和で負けること、すなわち、訴訟で勝って執行で負けること、そのダメージの大きさは歴史を紐解くまでもなく、身近な問題として解決しなければならない喫緊の重要課題であるといえます。

---

②　財産調査の対象

　調査する財産の対象は、民事執行法に規定する差押え禁止財産以外の財産になります。民事執行法で差押えが禁じられているものに対しては、仮差押命令においてもその対象とすることができません。また、不動産と一口に言っても資産価値が極めて低額なもの、私道持分のように市場における換価価値を認めがたいものもあり、資産価値がないと財産として保全していく意味がないため、資産価値の判定が必要となってきます。

　専門家による鑑定評価までは必要がないとしても、ある程度の簡易査定、目利きが要求されるということになります。財産のうち不動産について、これから順次詳しくみていきます。

　たとえ当事者が非常に価値があると認識しているものであっても、客観的価値がほとんどないものも多いので、注意が必要になります。このような例

29

は、骨董品や絵画、書画、美術品等に多く、本人が高額で購入したにもかかわらず、現実には客観的価値がほとんどないものも少なくありません。いずれにせよこの財産調査は、仮差押え等の民事保全のためだけではなく将来における勝訴後の差押え、つまり、強制執行による換価を念頭においてすべきこととなります。わが国の民事執行法による競売制度の中で換価し、配当を受けられないような資産の調査は、財産調査の対象から除外されることとなります。

なお、民事保全法では動産を除いて、対象物の特定が要求されていますので、対象物が不動産の場合には特定しなければなりません（民保21条、民保規19条ただし書）。

③　**海外資産**

海外にある債務者の財産について仮差押え、差押えができるか否かについては、民事保全法11条により「保全命令の申立ては、日本の裁判所に本案の訴えを提起することができるとき、又は仮に差し押さえるべき物若しくは係争物が日本国内にあるときに限り、することができる」と規定されており、海外資産は民事保全の対象にはなりません。

民事訴訟法118条は、次の①～④の要件すべてを具備するときは外国裁判所の確定判決は効力を有するとしています。

①　法令または条約により外国裁判所の裁判権が認められること

②　敗訴の被告が訴訟の開始に必要な呼出しもしくは命令の送達（公示送達その他これに類する送達を除く）を受けたことまたはこれを受けなかったが応訴したこと

③　判決の内容および訴訟手続が日本における公の秩序または善良の風俗に反しないこと

④　相互の保証があること

なお、「確定した執行判決のある外国裁判所の判決」は債務名義の一つとして強制執行を行うことができます（民執22条6号）。民事執行法24条は、「外国裁判所の判決についての執行判決を求める訴えは、債務者の普通裁判籍の所在地を管轄する地方裁判所が管轄し、この普通裁判籍がないときは、請求の目的又は差し押さえることができる債務者の財産の所在地を管轄する地方裁判所が管轄する」とし、外国裁判所による判決の執行について規定していま

す。

　わが国の裁判の判決によって、海外資産に対して強制執行ができる場合は限られており、アメリカ等の相互主義の対象国の場合には、外国判決承認手続を経て外国での強制執行申立てが可能となります。相互主義の対象となっていない国においては、強制執行をなすにはその国の法律に従ってその国で訴訟判決を得るしかないことになりますが、時間と費用がかかることや代理人の問題等、超えるべきハードルは高いといえます。

　筆者が経験した国際訴訟では、不動産価格について日本の企業と米国の金融機関とが争った事案で、筆者はアメリカ大使館にて証言録取（デポジション）の証人となったことがありますが、言語、通貨単位の問題だけではなく、鑑定評価制度が海外でも一定の有効性を有するか等の高いハードルの問題がありました（後掲「コラム9」参照）。

　筆者の説明が功を奏したのかどうかはわかりませんが、結果としては和解が成立し一件落着となりました。これはもう15年程前の体験ですが、あの日以外、後にも先にもアメリカ大使館に入ったことはありません。

Q10　不動産と不動産以外の財産調査の違いとは何ですか

A　不動産は、動産と異なって物理的に隠しにくい特性がある反面、別荘や地方の物件等、所有物件が発見しにくいという特性があります。

　たとえば、500㎡の土地を、木造2階建100㎡の戸建住宅敷地、駐車場、未登記物置の敷地、家庭菜園、貸し駐車場の5つに区分して使用している場合、どのように不動産を特定し、評価するかについては動産にはない不動産特有の問題となります。

　さらに、動産と異なり、土地については範囲の特定を要するという重要な課題があります。

第2章　訴訟の相手方不動産の探索・調査方法

① 財産特定の必要性

解説

　民事保全法では、仮差押えの申立ておよび発令は、原則とし
て、特定の物についてなされなければならないとしています（民
保21条、民保規19条1項本文）。これにより、財産を特定する必要性、すなわ
ち、相手方（債務者）の資産（財産）を探し出す必要があることになります。

　これは民事保全法の改正により明文化されたことですが、改正前において
は、特定する必要は少なくとも条文には明記されておらず、実務上、特定が
要請されていたということが背景にあります。ただし、この特定の必要性は
動産にはなじまないとされており、動産については、例外的に対象物として
特定する必要はないものとされています（民保21条ただし書、民保規19条1項
ただし書）。

　以下では、不動産に限定した財産調査について解説します。不動産の特定
とは、必然的に範囲の特定を意味しますので、地続きの土地においては範囲
の特定が重要になってきます。

　さらに、1筆の土地の一部や建物の一部について、仮差押えができるかと
いう問題もありますが、建物の一部が独立した区分所有建物の対象として登
記されている場合を除いて、建物の部分や1筆の土地の部分は仮差押えをす
ることができません。

② 不動産調査の特性

　不動産はその名のとおり動かない財産として、動産とは異なって隠しにく
く、また、登記制度があることから、探索・調査が比較的容易のようにみえ
ますが、その実は、意外に探しにくい面があります。それはまず、ある人が
どこにどんな不動産を所有しているか、一発で探し出す方法はないこと、す
なわち、国内の不動産保有状況を一元管理しているようなシステムも部署も
ないということです。不動産登記記録はコンピュータ化されていますが、そ
のデータベースから不動産所有者の氏名で検索して不動産を探し出すという
機能はありません。名前ごとに資産保有状況を整理した「名寄帳」も、国単
位ではありませんので、探索・調査する必要があることになります。

　また、不動産と一口に言っても、土地の他に建物もあり、未登記もあり、
建物かどうか不明の建築物、土地内の動産等があり、意外にその探索・調査
は容易ではありません。

32

第1　財産調査と不動産探索（Q11）

Q11　不動産探索において留意すべき点は何ですか

A　仮差押え、仮処分等の民事保全のための不動産探索、捜査、調査において留意すべき点は、民事保全の特性である迅速性、密行性、暫定性に従った配慮を要することです。

解説

① 仮差押え等のための不動産調査

仮差押え等の民事保全のための不動産調査は、本格的な差押えや換価に至る前の段階における保全のための措置ですので、予備的、暫定的な措置として、何よりも迅速さが要求され、精緻に時間をかける正規の本格的な調査よりも、簡易的にかつ迅速にすべきことになります。さらに、債務者による財産隠匿、費消等を回避する目的ですので、債務者に知られることなく調査をするという密行性も重要な要件となっています。

したがって、有償の専門家による不動産の鑑定評価の活用には消極にならざるを得ないことも多いことでしょう。将来の差押え、競売による換価も踏まえなければならないことと、担保価値把握のためにも簡易評価を要するものの、この段階では将来の保全のためであることから、探索や簡易価格査定等の調査に費やせる時間、費用、労力は限られたものとなります。まず、このことをわきまえることが肝要になってきます。

一方、迅速さ優先のため見落としがちなこともあります。土地建物の登記を調べたものの、建物登記がなかったので、土地のみを仮差押えしたケースがありましたが、建物は存在しないわけではなく、未登記であっただけで、その後建物について第三者が所有権保存登記をなしたため、土地は底地となり、土地のみを仮差押えしたにもかかわらず、土地価値が底地価格に急落してしまったというケースがありました。

② 仮差押え後の不動産調査

不動産を特定し、仮差押えした後は、その不動産の現況をある程度把握しておく必要があります。定期的に見回って、増築や取壊しがないか、占有者が入れ替わっていないか等の確認、そして、登記記録を確認して、新たに担保に供していないか等の新たな登記がなされていないか等の状況を確認する

33

第2章　訴訟の相手方不動産の探索・調査方法

ことが必要になってきます。

仮差押えが本差押えに移行した場合の担保価値に影響があることについて、監視することが必要になります。

③　差押え時の不動産調査

仮差押え後に判決が確定し、債務名義を得て差押えになると、競売による換価のために、執行官による現地における現況調査と評価人による評価がなされることになりますが、それらは差押え後の執行官と評価人による現地臨場時点の現況が基準となりますので、その不動産の仮差押え時の現況を把握しておくべきこととなります。そうすると、仮差押え時点と差押え時点の現況の違いがわかります。

これは、後で説明する執行妨害等を防止する意味でも重要になってきます（Q135参照）。

換価は仮差押え時ではなく、差押え後の執行官と評価人の現況調査時点の評価額によりますので、仮差押え時と仮差押え後とでは現況が異なっていることがあっても、本差押え後の状況が基準となることに留意すべきことになります。たとえば、仮差押え時には更地であって、更地として担保評価したところに、後で建物が建ち、抵当権が設定されていない場合は民事執行法81条により差押え時点が基準となって法定地上権の成否が判定されますので、法定地上権付底地として更地評価の20％～40％に下落する可能性があるので要注意となります。これについても後述（第3章第4）します。

34

第2　財産開示制度（Q12）

第2　財産開示制度

Q12　財産開示制度とは何ですか

A　債務名義を得た後の相手方（債務者）の財産を明らかにすべき要請により、平成16年の民事執行法改正によって、財産開示が創設されました（民執196条以下）。

これは、訴訟における権利実現の実効性保全の見地により、債務名義を有する債権者または一般先取債権者の申立てにより、裁判所が財産開示手続の実施決定をして債務者を呼び出し、非公開の期日において、債務者に宣誓のうえで自己の財産について陳述させる手続です。

さらに、この制度の実効性確保のために、債務者の虚偽陳述等に対しては過料の制裁を科するとともに、債務者のプライバシーの不当侵害防止の観点により、申立人等が財産開示手続において得た債務者の財産等に関する情報の目的外使用を禁止し、その違反に対しても過料の制裁を科しています。

この財産開示制度が機能すれば、相手方（債務者）財産を探し出すという労苦はなくなり、訴訟における権利実現の実効性は格段に確保できることになります。

解説

1　財産開示手続の実施

財産開示手続の申立てをすることができるのは、金銭債権についての債務名義を有する債権者および一般の先取特権を有する債権者に限られています（民執197条1項・2項）。

なお、債務名義であっても、仮執行宣言付きのもの、執行証書および確定判決と同一の効力を有する支払督促については、財産開示手続の申立てをすることはできません。

財産開示手続の実施決定の要件としては、執行力のある債務名義の正本に基づく強制執行を開始することができる場合でなければならず（民執197条1

35

第2章　訴訟の相手方不動産の探索・調査方法

項ただし書）、この財産開示手続を行う必要があること、つまり、強制執行または担保権の実行における配当等において申立人が完全な弁済を得ることができなかったこと、知れている財産に対する担保権の実行を実施しても申立人が完全な弁済を得られないことの疎明があったことを要するものとされています。

　また、過去3年以内に財産開示手続によって陳述した債務者については、原則として、財産開示手続をすることはできません。

　② **財産開示期日における陳述義務**

　陳述すべき義務を負う者は、債務者本人が原則ですが、法定代理人、そして債務者が法人である場合にはその代表者が開示義務を負うとされています（民執199条1項）。

　陳述すべき財産の範囲としては、有する積極財産について、最高裁判所規則で定める事項を明示して陳述すべき義務を負います（民執199条1項・2項）。

　差押禁止財産とされている衣服等生活必需品および、債務者の生活に必要な1月間の食料、燃料は陳述不要とされています（民執199条1項かっこ書）。

　一方において、陳述義務には一部免除規定があります（民執200条）。申立人が債務者の財産の一部のみの開示で、その他の開示免除に同意した場合や債務者財産の一部開示で申立人の完全な弁済に支障ないことが明らかな場合がそれに該当します。これらの場合には、債務者のプライバシーをできる限り保護する観点から、開示義務者の申立てによる執行裁判所の許可によって陳述一部免除が可能となります。

　③ **財産開示期日**

　開示義務者は、営業を許可された16歳未満である場合や宣誓の趣旨を理解することができない場合を除いて、財産開示期日において宣誓しなければなりません（民執199条7項、民訴201条）。

　執行裁判所と申立人は、開示義務者に対し質問を発することができますが、申立人の質問は、執行裁判所の許可を得た事項に限られています。

　財産開示期日に開示義務者が出頭しなかった場合は、執行裁判所は続行期日指定も手続を終了することもできます。

　なお、財産開示期日における手続は、債務者のプライバシー保護のため非公開とされています（民執199条6項）。

④ 開示された情報の取扱い

財産開示手続により開示された記録については、利害関係人のうち、①申立人、②申立資格を有する他の債権者、③債務者および開示義務者のみ、記録の閲覧を請求することができるとしています（民執201条）。

さらに、記録閲覧によって得られた債務者財産、債務に関する情報について、目的以外の利用・提供はできません。これに違反すると30万円以下の過料に処せられることになります（民執206条2項）。

なお、財産開示事件の記録中で、実施決定の確定までの手続に関する部分については、利害関係人は、記録の閲覧、謄写、謄本の交付等を請求することができます（民執17条）。

Q13 財産開示制度の現状と法改正への動きは、どのようになっていますか

A　財産開示制度の利用状況については、平成27年度司法統計によると次のようになっています。

　　下記のように財産開示制度の利用状況は少数に留まっており、しかも減少傾向が続いています。これは民事執行法197条の財産開示手続には、執行不奏功要件があること、回答拒否に対する制裁が弱い等が主な理由であると考えられています。債務者が開示に応じないときは30万円以下の過料の規定があります（民執206条1項各号）が罰則ではないため、制裁機能は脆弱です。

財産開示請求の要件たる不奏功とは、①強制執行または担保権の実行における配当等の手続（申立ての日より6月以上前に終了したものを除く）において、申立人が当該金銭債権の完全な弁済を得ることができなかったとき、②知れている財産に対する強制執行を実施しても、申立人が当該金銭債権の完全な弁済を得られないことの疎明があったとき（民執197条1項）において、はじめて財産開示を申立てできるということです。

「財産開示制度の改正及び第三者照会制度創設に向けた提言」（平成25年6月21日、日本弁護士連合会）等がなされている一方、韓国では財産開示制度を強

第2章 訴訟の相手方不動産の探索・調査方法

化しても目に見えて実効性が高まったとはいえず、ドイツでは財産開示制度によって有効な財産が発見されることはまれであり、アメリカでも同様の意見をもつ人が多いといった財産開示制度の限界も指摘されています。

このような趨勢に鑑みて、裁判所が金融機関に口座照会ができるようにする民事執行法の改正が諮問されています

〔資料1〕財産開示制度の利用状況

平成27年度財産開示件数	区分	件数
全国総数	新受	791
	既済	817
	未済	170
東京高裁管轄総数	新受	405
	既済	413
	未済	88
東京	新受	175
	既済	179
	未済	47
横浜	新受	68
	既済	65
	未済	15

年度	件数
H17	1,182
H18	789
H19	663
H20	884
H21	893
H22	1,207
H23	1,124
H24	1,086
H25	979
H26	919
H27	791

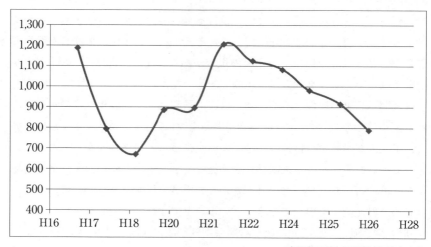

(平成27年度司法統計より)

38

第3　不動産探索の具体的方法（Q14）

> ## 第3　不動産探索の具体的方法

Q14　不動産探索はどのようにすべきですか

A　不動産探索の具体的な方法としては、不動産登記記録、固定資産税情報、調査機関による方法等がありますが、債務者が個人か法人かによって異なりますし、不動産によっても異なります。日頃から相手方（債務者）に関する情報を収集しておくことが重要になってきます。

解説

1　個人と法人とでは異なる

訴訟等における相手方（債務者）が不動産を所有しているかどうか、所有しているとしたら、どこに、どんな不動産を所有しているのか、といった不動産を探す方法、調査する方法について説明します。

まず前提として、不動産探索方法は、個人と法人では異なります。すなわち、相手方（債務者）が個人である場合と株式会社等の法人である場合とでは、探索方法が同じではないということです。ただし、法人と一口に言っても、誰もが知っている大企業から、その実体は個人と同じ規模の形式的な法人まであり、一概にはいえないのですが、法人のほうが比較的、資料の公開が進んでいますので、調査しやすいことがあります。個人に関しては、個人情報漏洩防止の対策が興じられているのに対して、法人は個人ほどには、厳格に取り扱われていないことがその原因です。マイナンバーは法人の場合は公開されていますが、個人の場合は厳重に取り扱われていることは、その一例です。

また、後述するように法人格否認の法理もあるので、その点は注意が必要になります（Q20③参照）。

39

第 2 章　訴訟の相手方不動産の探索・調査方法

② 違法な調査は許されるか

　違法な方法による財産の探索・調査、たとえば、盗聴器をしかけたり、他人の住居に侵入して資料を見つける等の違法行為が許される余地はありません。

　探索者本人が違法調査をせずとも、依頼した人や業者が違法調査をすることも許されないことはいうまでもないのですが、相手方（債務者）がどんなに違法なことをして財産秘匿をなした、または、なそうとした場合においても、それに対応するかのようにこちらが違法な調査をすることは許されないと解するべきです。

　なお、差別につながるような土地調査は禁じられています（Q24②参照）ので、そのような視点への配慮も不可欠となります。他人のプライバシーを探索することになるわけですので、何でも許されるわけではないことはいうまでもないことになります。

③ 不動産探索の方法

　仮差押えのための不動産探索は、迅速さが要求されることは、前述したとおりです。一方、ある人が全国に点在して所有している不動産を瞬時に探しあてる便利な方法はないので、後述するように、登記や固定資産税等のいろいろな情報源を頼って探しあてるという、地味で地道な作業を要することになります。これは、すなわち、ある程度の労力、費用、時間の費消を要するということです。

　そこで威力を発揮するのが、日頃から相手方（債務者）の情報を収集しておくということになります。関係者や周囲の人、本人からの会話も重要な情報になるでしょうから、これらのヒアリング、会話の中に不動産探索のヒントがあることが少なくないので、日頃からの接触が重要となってきます。金融機関から借入している場合には、金融機関がある程度の情報を掴んでいることが考えられるので、そちらからの情報も有用となる場合があります。

　日頃から相手方（債務者）の住まい、家族構成、職業、勤務先、資産保有状況等について情報を得ようとすることが重要となります。

　なお、不動産を所有していたら、次のような文書が所有者に届くことになります。水道ガスの請求書や領収書、固定資産税や都市計画税の納税通知書、更地なら草むしりのお願い、マンションなら理事会や総会のお知らせ、ロー

ン関係書類、火災保険や地震保険等の保険関係書類、町会費請求書や町会だより、消防点検のお知らせ、仲介不動産会社や管理会社からの連絡文書等です。また、不動産収入があればその申告書の控えや、不動産登記済証（権利証）、登記識別情報は自宅に保管されているはずです。

ただし、仮差押えの場合には、債務者に知られずに調査するという密行性の前提があるので、調査は容易でないこととなります。

④ 不動産探索の具体的な方法

以下においては、不動産探索の具体的な方法を項目ごとにみていくこととします。不動産探索はまず本人、関係者、周囲の人からの情報が重要となりますが、これらの情報が入手できない場合、本人との接触ができない場合等も多いので、他のルートから探索すべき場合が多いことと思われます。

そのような場合の不動産探索の具体的な方法としては、登記記録、固定資産税情報、調査機関による方法等がありますので、それらの項目を一つずつみていくこととします。

なお、生活保護者は経済的困窮者であって、不動産を所有していることなどないと決めつけるのは早計です。生活保護者も不動産所有はできます。生活保護者が自宅とは別にマンションを保有しているという事案がありました。しかも、賃貸に供しており、月額125,000円の家賃を受け取っていました。さらに、その賃貸に供しているマンションの固定資産税は、「生活保護減免」としてゼロでした。

Q15　不動産登記記録からどのように探索できますか

A　不動産調査は、まず、登記を調べることから始まります。ただし、わが国の登記制度には公信力がないことから、登記を過信することはできませんし、登記と現況が異なる場合は極めて多いという事実は否定できないという、登記調査の限界があることをわきまえる必要があります。

41

第2章　訴訟の相手方不動産の探索・調査方法

① 不動産登記記録でわかること

解説

相手方（債務者）の資産保有状況がわからないときは、まず、自宅の住所情報、すなわち、相手方（債務者）が住んでいる居所の不動産登記を調べることとなります。

ある法務局の不動産登記情報を、所有者の名前だけで探し出すことはできません。すなわち、住所情報すらないと調べようもないのですが、住所がわかれば、その居所の不動産の名義や担保権の設定状況を調べることができます。住所があるところの不動産の登記記録を取得することによって、その不動産が相手方（債務者）名義になっているかどうかがわかります。自宅の所有権名義、担保権設定状況や差押登記の有無が判明できますし、自宅を賃借しているかどうかについてもわかります。

なお、現在の住所だけではなく、前住所、前々住所がわかれば、当時の居所が保有不動産である場合もありますので、住所を遡って探すという方法も必要な場合があります。特に、転々と居所を変えているような人は、何か目的があって引越しを繰り返している場合もあります。

富裕層の中には、自宅は他人所有不動産を賃借し、自宅以外に不動産をあちこちに保有しているという人も多いのですが、そのような例外を除くと、多くの不動産を所有している人は、自宅も所有していることが普通ですので、自宅の不動産登記を確認することは、まず、不動産探索の第一歩ということになります。なお、不動産登記記録は建物だけでなく、その敷地である土地についても取得する必要があります。そうすることによって、借地権付建物かどうかがわかることになります。

また、代表取締役以外の取締役の住所は法人登記からは知りえません。ただし、会社法125条により株主名簿の閲覧謄写が可能であれば、取締役で株主でもある者の住所を調べ、住所地の不動産の登記事項を調査ができることになります。

② 住所と地番の相違

不動産登記記録は、その地域を管轄する法務局に行けば取得できますし、インターネットのオンラインで請求することもできます。オンライン請求の場合は、操作するだけで即日郵送で届くという迅速な対応がなされていますので大変好評です。

42

第3　不動産探索の具体的方法（Q16）

　ただし、一つ注意があって、不動産登記記録を取得する際には、その不動産の所在地、すなわち地番を特定しなければならないのですが、この地番は住所とは別のもの（同じ場合もある）ですので、住所がわかっていても地番がわからなければ、地番を探さなくてはなりません。

　住所と地番の対応が一目でわかる「対応表」等の気の利いたものはないので、法務局に備えてある住居表示地番対照住宅地図（ブルーマップ）を見て、地番を探すことになります。ブルーマップは常に最新の状態が保たれているわけではないので、付近の地番から公図をまず取得し、その公図と住宅地図を照らし合わせて、不動産を特定していくという作業を要する場合も少なくありません。

　また、建物の登記記録は、所在、家屋番号等が判明していないと取得できないのですが、土地（敷地）は分筆後の新地番になったのに、地上建物は分筆前の旧地番として登記されていることがあり、建物登記記録の取得は相当な労力を要することもあります。法務局で建物登記記録がないと言われたからといって、未登記と早合点してしまうと、旧地番上にある現存建物の登記を見落とすことになりますので要注意です。このような場合は、法務局に尋ねながら請求することとなります。

　要するに、相手方（債務者）に関する情報が少なければ少ないほど不動産探索も困難になり、労力、費用、時間を要することになるということです。

Q16　共同担保目録から何がわかりますか

Ａ　　　共同担保目録は、共同担保にとった不動産の明細なので、複数の不動産に共同の抵当権設定登記をなしたときに、ある不動産だけではなく、その不動産以外の別の不動産も共同担保にとった場合のその目録です。

　なお、共同担保とは、同一債権担保のため数個の不動産に関する権利に担保権が成立している状態をいい、共同担保目録とは、登記官が共同担保の関係にある数個の不動産および当該権利を明らかにするために作成する記録をいいます。

第2章　訴訟の相手方不動産の探索・調査方法

解説

1　共同担保目録とは何か

　ある人がどこに不動産を保有しているかどうかを調べるのに、現行制度の中でもっとも有効な方法が、登記記録の全部事項証明書を取得して共同担保目録を確認するという方法です。土地や建物の登記記録の全部事項証明書を取得する際に「共同担保目録」を請求することができます。

　不動産登記法83条1項では、先取特権、質権もしくは転質または抵当権の登記の登記事項の一つとして、第4号で「二以上の不動産に関する権利を目的とするときは、当該二以上の不動産及び当該権利」を掲げ、2項では、「登記官は、前項第4号に掲げる事項を明らかにするため、法務省令で定めるところにより、共同担保目録を作成することができる」としています。

　さらに、不動産登記規則167条1項では、「登記官は、共同担保目録を作成するときは、次に掲げる事項を記録しなければならない。1　共同担保目録を作成した年月日、2　共同担保目録の記号及び目録番号、3　担保権が目的とする二以上の不動産に関する権利に係る次に掲げる事項、イ　共同担保目録への記録の順序に従って当該権利に付す番号、ロ　当該二以上の不動産に係る不動産所在事項、ハ　当該権利が所有権以外の権利であるときは、当該権利、ニ　当該担保権の登記（他の登記所の管轄区域内にある不動産に関するものを除く。）の順位番号」としています。これが、共同担保目録の記載事項です。

2　共同担保目録で何がわかるか

　共同担保目録を見ると、たとえば、自宅の他に別荘や山林等の不動産が、同じ共同担保として登記されている状況を確認することができます。さらに、共同担保目録は現に効力を有するものだけでなく、抹消されたものも請求により見ることができるので、たとえば、今はローンを払い終えて担保権が抹消された不動産があることも確認することができるので、有用です。

　不動産登記規則28条6号によると、共同担保目録は、共同担保目録に記録されているすべての事項を抹消した日から10年間保存されるので、過去10年分は確認することができます。

　ただし、この共同担保目録には、現に効力がある共同担保目録、または、抹消された共同担保目録を見たいと請求しなければなりませんし（請求用紙

44

の該当箇所にチェックを入れる)、そのように請求すると、場合によっては登記事項証明書の枚数がかさみ、費用が高くなることもあるので注意が必要です(通常1通あたり600円(オンライン請求では窓口交付480円、送付500円)ですが、1通の枚数が50枚を超える場合には、その超える枚数50枚までごとに100円が加算されます)。

　この共同担保目録には、地番や家屋番号も明記されていますので、容易にその共同担保目録に記載されている不動産の登記記録の全部事項証明書を取得することができるので大変便利です。

　また、共同担保目録は、同一債権の担保のため、不動産だけではなく、地上権、立木についても不動産と共同担保とすることができますが、反面、船舶は不動産と共同担保を構成することはできないこととされています。また、不動産に担保権設定登記がないとき、または、担保権設定登記をなしていても共同担保としていないときは、共同担保目録はないので、この方法は探索に使用することができないということになります。

Q17　不動産登記記録はどこを確認すればよいですか

A　ある不動産の登記記録を確認すると、所有者、地目・種類、規模などのいくつかの情報を得ることができます。
以下では、取得した登記記録の見方について解説していきます。

①　所有権名義

　仮差押えにあたっては、相手方(債務者)本人の名義になっていることが前提となっていますので、本人と異なる名義になっている不動産については、仮差押えができないことが原則となります。

　ただし、被相続人が死亡したにもかかわらず、相続登記が未了の状態で被相続人の名義のままとなっている場合があるので、この場合は、実体上は相続人の不動産として仮差押えをなすことができます。

　その手続としては、債権者は、裁判所書記官が仮差押えの登記の嘱託をする前に、仮差押命令を代位原因として債権者代位権により、債務者名義への

相続による所有権移転登記を申請する、という流れになります。探索した不動産が債務者名義ではないといって直ちに諦めることはないということです。また、債務者名義になっていた不動産が、無資力状態に陥った後で、第三者名義へと所有権移転登記されていた場合には、債務者が将来の強制執行でその不動産が剥奪されることを危惧して、債務者が無資力状態に陥った後で第三者へ譲渡したとなると、民法423条の詐害行使取消権の要件を充足していないかの検討を要する場合もあります。

さらに、債務者名義の不動産が第三者へと移転しているのであれば、その譲渡代金が債務者に入っていることになりますので、その代金についても保全対象になります。

② 共有であったとき

債務者名義の不動産を探しあてて、登記記録の全部事項証明書を取得したら共有であったということがあります。その場合は、法定地上権の成否について考える必要があります。すなわち、土地が共有であったときは地上建物がどうであれ、法定地上権が成立しない場合が多いので、それを前提にした評価をなすべきことになります。

さらに、将来の差押えと競売による換価の局面においては、共有であると売れにくいことから、競売評価は一定の減価をなすことが一般的であるので、その市場性減退分を考慮することが必要となってきます。具体的には対象不動産が共有でない場合と比較すると、2割から3割程度低くなるといえます。

一方、私道やマンションの敷地は共有であることが常態ですので、その場合は市場性減価の考慮は不要となります。

他に入会地のような総有、合有もあり、複雑な問題がからむことがあります。

なお、共有減価等については、後記Q141④も参照してください。また、持分が極めて少ない場合は、持分あたりの価値が少額になり、市場性の想定自体が不自然、すなわち、売れることが見込めず、または換価しても少額過ぎて意味がなく、仮差押えの目的が達成できないという場合もあります。

③ 現況と登記が相違するとき

登記は必ずしも不動産の現況と一致しません。山林や畑といった地目で登記されていても、現況、宅地であるならば、その不動産は宅地ですので、登

記ではなく現況で判断されます。建物についても種類、構造、床面積が現況と一致しないことはよくあることです。したがって、登記のみで対象物を特定するのではなく、現況を現地で確認し、さらに、固定資産税評価証明書で現況を確認する作業も必要となります。

建物の場合、登記と現況との乖離が著しいときは、そもそもその登記建物を対象物として認定してよいか、という問題もあります。たとえば、登記はそのままで、債務者名義の本来の建物はすでに取り壊しており、別の建物を建てているというときなどです。この場合の登記記録に記載された登記情報は、もはやあてにすることはできないことになります。

なお、差押え後の競売による換価は、登記ではなく現況を基礎にすることになります。

④ 未登記の物件

仮差押えは、未登記不動産に対してもなすことができます。建物が未登記だった場合、仮差押えをなすことができますが、その建物が居住者、利用者ではなく、本当に債務者所有のものであるかを確認する必要があります。未登記とは要するに所有権登記がされていない状況ということですので、固定資産税等の現況状況を把握する必要があります。民事保全規則20条1項ロにおいては、仮差押命令の申立書に、債務者の所有に属することを証する書面、地積測量図、建物図面等の添付を規定しています。

そのうえで、その未登記建物が債務者の所有であることが判明すれば、仮差押登記の嘱託により登記官は職権で不動産の表示登記および所有権保存登記をなしたうえで仮差押登記をするという流れによって仮差押えをなすこととなります（不登76条2項）。

土地が未登記である状態はあまり多くないかもしれませんが、もしもそのような状態があれば建物と同様の方法で仮差押えをなすこととなります。

一方、建物のうち主である建物は登記されているが、脇にある物置は未登記である場合もあります。そのような場合については、Q70以下を参照してください。

なお、未登記とは逆に、現況は更地であるのに、地上の建物が登記上のみ残存しているケースもよくあります。実態のない建物登記が残存していることに気づかない場合も多いのですが、差押え物件の買受人は、当該残存建物

登記を滅失しなければ新しい建物登記ができないので、滅失登記という余計な費用を要することになるので、その分の考慮は必要となります。

　さらに、表示登記のみなされ、所有権登記はなされていないような建物も多いのですが、仮差押登記は所有権登記（甲区）にするものなので、その場合は、未登記建物と同様に仮差押えをなすこととなります。

⑤　建物のための敷地利用権

　債務者の不動産が見つかり登記の全部事項証明書を取得したら、建物は債務者名義であったが、その敷地は全く別の人の名義であったということも多いですが、その場合には、地上建物のための敷地利用権を推定する必要があります。

　いうまでもなく、多いのは借地権ですが、土地と建物の名義が異なっていることをもって、借地権であると即断することはあまりにも危険です。地代授受を伴わない使用借権や、何ら契約もないケース、不法占拠もありますし、すでに係争中であることもあります。借地権と借地権以外の建物のための敷地利用権とでは権利価値（価格）に相当な開きがあるので要注意です。

　借地契約書等、他に情報を入手できればもっともよいのですが、土地賃借権登記はなされないことが一般的であるので、このような場合は、債務者等からの情報入手に努めるよりほかないことになります。また、定期借地権かどうかによっても、また、定期借地権の場合は残存期間によっても、価値は大きく異なりますが、土地賃貸人（土地賃借人）か債務者からの情報提供がないと、見ただけでは定期借地権か普通借地権か判別できません。

　さらに、債務者所有の土地を見に行ったら、資材置場になっていたような場合には、一時使用の借地権、すなわち、借地権ではない民法上の賃借権が設定されているかどうかの確認も必要ということになります。土地のうち一部だけ木材が置いてある場合や、建物かどうか判別困難な物置がある場合のように、賃借権の設定を見落としやすい場合も多いので要注意です。

第3　不動産探索の具体的方法（Q18）

Q18　抵当権登記、仮差押登記がされているときはどうすればよいですか

Ⓐ　不動産登記情報を確認すると、担保権の設定状況、仮差押登記や仮処分その他の保全登記、参加差押えの状況が判明するほか、現所有者が目的不動産を競売で取得したのか、相続したものであるか等についてもわかります。

以下ではそれぞれの場合の対処法について解説します。

解説

① 担保権の設定状況等

登記の全部事項証明書を見ると、担保権等の担保権設定状況、先行事件の仮差押登記、差押え、参加差押え等の状況がわかります。

たとえば、1,000万円の時価と見込まれる不動産に1,000万円以上の債権額の担保権設定登記が最近なされている場合には、もはや、仮差押えすべき価値はないかのようにみえますが、借入金はほとんど返済しているような場合もありますので、必ずしも担保権に後れることが不利というわけではないことがあります。特に、一つの不動産にいくつもの担保権登記、差押え、参加差押え、仮差押えの登記がすでになされているということがよくありますので、その場合は、慎重に仮差押え等の民事保全をすべきかどうかを検討することとなります。

また、先行事件の仮差押登記、差押登記があったときは、当該事件の記録を閲覧できるかどうかが問題となります。

民事訴訟法91条1項では、「何人も、裁判所書記官に対し、訴訟記録の閲覧を請求することができる」としていますが、同条2項では、「公開を禁止した口頭弁論に係る訴訟記録については、当事者及び利害関係を疎明した第三者に限り、前項の規定による請求をすることができる」とされていますので、先行事例の競売評価や仮差押えの状況については、民事保全、執行の非公開事件に該当するため、事件の継続中、確定済みを問わず当事者および利害関係を疎明した利害関係人のみが記録を閲覧することができるとされています。

49

第2章　訴訟の相手方不動産の探索・調査方法

② 古い仮差押登記と抹消方法

　新たに仮差押えの登記をなそうとしているときに、先行する古い仮差押えの登記がなされていることを発見したときの、その古い差押えの登記の抹消方法について解説します。

　まず民事保全法38条には、事情の変更による保全取消しが規定されています。これは、すでに発令された仮差押命令を、その後の仮差押え存続を不当とする事情が発生したことにより、または、仮差押えの要件がその後消滅した場合において、債務者の申立てに従って、仮差押命令を取り消すことができることの規定を説いています。

　一方、そうではなく、古い仮差押登記が単に残存している場合には、債権者またはその相続人の協力を得て、保全命令の申立ての取下げをなし、裁判所から仮差押えの登記の抹消嘱託をなしてもらうことになります。

　相続人を調べる等、時間も費用も手間も要するものの、結局はこの方法しかないので、地道に手続をするしかありません。なお、この抹消手続の最大の難関は、当時の仮差押えの裁判所における事件番号が不明であることです。

　保全命令から10年以上経過している仮差押命令の取下げの場合には、仮差押命令決定正本とその写しを提出することになっていますが、仮差押命令決定正本がもはやない場合においては、紛失等の理由を記載した上申書を添付することによって取下げを申請することになります。

③ 休眠担保権と抹消方法

　仮差押えの申立てをなそうとしているときに、先行する古い抵当権があり、その抵当権者がすでに死亡している場合、どのようにして休眠担保権を抹消すればよいかについては、抹消登記に関する登記権利者による単独申請を規定した不動産登記法69条および70条に照らして手続を行うことになります。

　これには、以下の方法があります。

　　⑴　死亡または解散による抹消の場合

　抵当権が人の死亡、法人解散により消滅する旨の登記がなされている場合は、登記権利者が単独で抵当権抹消登記をなすことができます。

　　⑵　除権決定、弁済証明等による抹消で抵当権者の行方が知れない場合

　①　公示催告の申立てをし、非訟事件手続法106条1項に規定する除権決定があったとき、登記権利者単独で抵当権抹消登記できます。

第3　不動産探索の具体的方法（Q19）

②　抵当権の被担保債権が消滅したことを証する情報を提供することにより、登記権利者単独で抵当権抹消登記できます。

③　被担保債権の弁済期から20年経過し、かつ、その期間を経過した後に、当該被担保債権その利息および債務不履行により生じた損害の金額に相当する金銭を供託し、その供託要件を証明する書面を添付することにより、登記権利者単独で抵当権抹消登記できます。

Q19　固定資産税関係資料からどのような情報が取得できますか

A　　固定資産税課税のための情報には、登記情報と異なる現況、価格の情報が記載されており、また、登記記録では記載のない建物の建築年の情報が記載されていることがあり、きわめて有用な情報源となります。ただし、登記記録と異なって、一般に公開されているわけではないので、その入手方法に限界があります。

解説

①　固定資産税課税情報から得られる情報

　固定資産税、都市計画税の課税情報では、登記記録より細かい項目がわかります。すなわち、登記記録と異なる不動産の現況を知ることができます。これは、課税は登記上ではなく、現況の不動産の状況を基礎とするためです。固定資産税課税にあたっては、不動産の現況把握のための飛行機による空からの撮影を行っており、この空撮による課税情報により登記との齟齬が確認できます。さらに、登記記録では記載のなかった建築年が記載されていることも多く、価格、課税標準額、軽減措置、税額等の価格や税情報を知ることができます。競売申立て、訴訟提起等においては、この課税情報の提出を要することになるのも、地方公共団体による信用度の高い情報が高く評価されていることによります。翻っていうと、登記記録は現況と一致していない場合も多く、課税情報より情報の精度は劣ることになります。もっとも、課税情報をもってしても、現況と一致していない場合は少なくないので、課税情報を全面的に信用することはできないこととなります。

51

第2章　訴訟の相手方不動産の探索・調査方法

　この課税情報中、債務者の財産探索にあたってもっとも効果的なのが、「名寄帳」です。これは、課税管轄の地方公共団体に存している、ある人が所有している不動産のすべてが掲載されている文書であり、その地方公共団体の管轄区域内において、特定の人が所有しているすべての不動産の明細を見ることができます。すなわち、自宅以外にも不動産を所有していること等が判明することになります。ただし、その地方公共団体内に存する不動産しか判明しませんので、別の地方公共団体の管轄地域に存する不動産については、名寄帳には表示されません。

　なお、この文書の名称は、「名寄帳」と呼ばれているとは限らず、固定資産課税台帳ともいい、地方税法382条の2第1項等に規定されています。

② 固定資産税情報の限界

　固定資産税情報の限界としては、前述したとおり、必ずしも現況どおりではないことがあること、他の市町村の管轄区域内の不動産の情報はわからないこと、固定資産税課税上の価格とは時価ではないこと等が指摘できますが、最も大きな障害は、情報を入手できるのは原則、本人だけということです。

　登記制度と異なり、手数料さえ支払えば誰でも情報を入手できるのと異なり、固定資産税の課税情報はプライバシー情報として、取扱いは堅牢で厳重になっています。

　なお、仮差押えおよび仮処分の申立書の添付資料として固定資産評価証明書は取得可能ですが、その場合には申立書および証拠書類が必要となります。したがって、仮差押え前の段階で債権者は財産探索のために、債務者に気づかれないように固定資産税関係の情報を入手することはできないことになります。

③ 固定資産の証明と閲覧

　固定資産税に関する情報として一般に公開されている情報としては、誰でも閲覧できる情報と、申請できる人が決められている情報に分けられます。固定資産物件証明と地籍図は誰でも閲覧可能ですが、評価証明書等は納税義務者や賃借人等の一定の人しか申請できません。

　参考として、東京都主税局による証明発行および閲覧申請できる人を整理した表を掲載します（http://www.tax.metro.tokyo.jp/shitsumon/tozei/index_t.htm）。

52

第3　不動産探索の具体的方法（Q20）

		証明の申請		閲覧の申請	
		固定資産評価証明	固定資産関係証明	固定資産課税台帳	土地家屋名寄帳
固定資産税の納税義務者 （共有者も含みます）、相続人		○	○	○	○
借地人・借家人等、賃借権その他の使用又は収益を目的とする権利（対価が支払われるものに限る。）を有する方		○	×	○	×
訴えを提起する方		○	×	×	×
法令等に基づく正当な理由を有する方（総務省令で定められている方）	所有者の方（賦課期日後に所有者となられた方）	○	△	○	△
	その他の方	詳しくは都税事務所までお問い合わせください			

○ 申請できます。　△納税義務者となる年度から申請できます。　×申請できません。
上記の方の代理人も、上記のものについて申請することができます。

Q20　法人所有不動産の探索方法はどのようにするのですか

A　法人所有不動産の探し方は、個人所有不動産を探す場合と異なります。それは個人情報保護の取扱いの相違によっています。たとえば、マイナンバーは個人ではみだりに他人に教えてはならないとされていますが、法人では法人番号として、原則として公表され、誰でも自由に利用できることとなっており、また、国税庁の法人番号公表サイトで検索できる等、個人と法人とでは取扱いが大きく異なっています。

解説

① 法人所有不動産の探索方法

法人情報については、個人とは異なり、個人情報保護の範疇から外れ、個人ほどには情報漏洩に厳格ではないという特性があります。

したがって、法人情報のうち公開されている情報も少なくはなく、それらの公開情報をどこまで信用できるかという問題はあるものの、個人とは比較にならない公開情報があります。すなわち、ホームページ、会社パンフレット、事業案内リーフレット等による情報開示です。広告、宣伝の意味で誇張、脚色はあるので、その公開情報すべてを信用することはできないものの、足

53

がかりにはできます。そこには、支店、寄宿舎、社宅、寮、工場、配送セン
ター、倉庫、投資物件、開発案件、プロジェクト等をはじめ、関連会社や関
係会社情報も掲載されていることは珍しくありません。さらに、有価証券報
告書においては、より詳細かつ正規の情報が記載されているので有用です。

　また、前述したとおり、法人においては、調査会社、リサーチ会社による
有料調査の利用も特別なことではないことも指摘しておくべきであろうと思
います。信用調査、与信調査等、さまざまな取引にあたっては多方面の調査
が必要とされることがあり、それらの調査が頻繁になされていることは、ま
れなこと、特別なことではありません。

　さらには、法人といってもその実態は個人であったり家族経営であったり、
中には怪しげな団体、実態が不明な集団もあることはあらためて指摘するま
でもないですが、調査対象法人の規模等の事情に応じた調査方法を慎重に選
択して、不動産探索方法を検討し実践するという配慮を要することになりま
す。

② 商業登記とIR情報

　履歴事項全部証明書等の商業登記事項証明書（商登10条1項）を取得する
と、登記された本店・支店がわかりますので当該情報により本店・支店所在
地の不動産登記記録を取得すると、債務者（債務会社）所有であるか否か判明
します。

　ただし、登記された支店は、実際に存している支店のすべてではなく、ま
た、支店移転登記前の旧所在地のままとなっている場合もありますので、不
動産探索にあたって、商業登記情報の活用は、限定的になすこととなります。

　なお、取締役住所としては、代表取締役以外の役員は登記から判明するこ
とはありませんが、株主名簿の閲覧謄写（会社125条）が可能であれば、株主
でもある取締役の住所を調べて、住所所在地における不動産の調査ができる
ことになります。

　企業が株主や投資家の投資判断のために公開している財務状況等の公開情
報（IR）を活用して、法人所有不動産を調べる方法は、商業登記よりも有用
性が高い場合が一般的ですが、IR情報を公開していない企業においては、商
業登記等の情報により不動産探索をなすことになります。

　債務者会社の計算書類および附属明細書等の入手は特別なルートでもない

限り不可能であることが通常となるので、それに代わる資料の入手を要することになります。

なお、「上場有価証券の発行者の会社情報の適時開示等に関する規則」においては、固定資産（法税2条22号に掲げる固定資産）の譲渡または取得、リースによる固定資産の賃貸借について、会社情報開示が義務づけられており、インターネット等によって「固定資産の譲渡に関するお知らせ」が公開されていますので、検索等により確認することができます。

ここで「法人税法第2条第22号に掲げる固定資産」とは、「土地（土地の上に存する権利を含む。）、減価償却資産、電話加入権その他の資産で政令で定めるものをいう」としており、さらに、法人税法施行令12条は、固定資産の範囲として、「法第2条第22号に規定する政令で定める資産は、棚卸資産、有価証券及び繰延資産以外の資産のうち次に掲げるものとする。1　土地（土地の上に存する権利を含む。）、2　次条各号に掲げる資産、3　電話加入権、4　前3号に掲げる資産に準ずるもの」としています。

また、二　「次条各号に掲げる資産」とは、建物およびその附属設備（暖冷房設備、照明設備、通風設備、昇降機その他建物に附属する設備）、構築物（ドック、橋、岸壁、桟橋、軌道、貯水池、坑道、煙突その他土地に定着する土木設備または工作物）、機械および装置、船舶、航空機、車両および運搬具、工具・器具および備品、無形固定資産、そして、牛、馬、りんご樹、オリーブ樹等の生物が規定されています（法税令13条）。この規定によると、牛馬はもとより樹木等も固定資産とされていることになります。

③　法人格否認の法理

最判昭和44・2・27民集23巻2号511頁は、わが国で初めて法人格否認法理を適用した判例として有名であり、その中で「会社形態が単なる藁人形に過ぎない」という「藁人形」理論は法人格否認法理を的確に例えています。

この判例は、法人格否認法理場面を「法人格が全くの形骸にすぎない場合」と「法人格が法律の適用を回避するために濫用されるが如き場合」の二つがあるとし、前者を法人格の形骸化、後者を法人格の濫用として区別しています。

執行においては、個人所有物件に対して法人が占有していると主張する場合や、その逆の主張、または、個人所有物件に対して個人と法人の双方表札

第 2 章　訴訟の相手方不動産の探索・調査方法

が掲げられ双方の占有を主張するケース等の占有認定において、問題となる
場合がほとんどです。債務者が代表者である法人が占有しており、その法人
について法人格が否認された場合には、物件明細書の任意的記載としては備
考欄に「本件債務者（所有者）を代表者とする甲会社が占有している」と記
載することになりますが、これは、法人格が形骸にすぎないと認定できる場
合には、占有権原を主張する会社につき所有者と同視して、引渡命令の相手
方となるとする裁判例があり（東京高決昭和61・7・2判時1204号106頁）、債務
者も債務者を代表とする会社双方とも引渡命令の相手となることを意味して
います（注1）。

　執行事件に関して、法人格否認法理が適用された裁判として、次の二つを
紹介します（注2）。

　一つは、子会社に対する仮差押え決定に基づき、親会社の財産に仮差押執
行した場合において、法人格否認法理が適用されるときは、親会社は第三者
異議の訴えの「第三者」にあたらないとされた事例（仙台地決昭和45・3・26
判時585号52頁）です。

　もう一つは、A所有マンション一室が競売実行され、占有者Y社（代表者
A）を相手方として引渡命令の申立てをしたところ、執行裁判所はこれを認
めて発令しました。これに対して、Y社（代表者A）は競売差押登記前に所有
者Aとの間で短期賃貸借契約を締結し、事務所として使用継続してきたから、
民事執行法83条1項にいう差押えの効力発生前から「権原により占有してい
る者」として執行抗告の申立てをなし、抗告裁判所ではY社の法人格が形骸
化しているかが争われたという事案です。抗告審は、Y社は株式会社とはい
うものの、その実質はAの個人企業であってY社の法人格は形骸に過ぎず、
占有関係についてみる限り、Y社をAと同視するのが相当であり、Y社に対
し本件建物の引渡しを命ずることは許容されるとしました（東京高決昭和61・
7・2判時1204号106頁）。

　　　（注1）裁判所職員研修所『不動産執行事件等における物件明細書の作成に
　　　　　　関する研究──裁判所書記官実務研究報告書』76頁〔司法協会〕。
　　　（注2）出典：二宮照興＝永野剛志『ケーススタディ法人格否認の法理と実
　　　　　　務』411頁他〔新日本法規〕。

56

第3　不動産探索の具体的方法（Q21）

Q21　民間の調査会社に依頼するうえでの留意点は何ですか

A　債務者の財産探索をリサーチ会社等の調査会社に依頼する場合には、調査方法、時間、費用等について充分に話し合っておくべきです。国民生活センターに寄せられている苦情も多く、かつ苦情件数は増加傾向にありますので、有料の調査機関を使用することのデメリットをよくわきまえることが必要になります。

解説　帝国データバンク、商工リサーチといった法人情報会社が特に有名ですが、その他にも興信所や探偵等、多くの調査会社がありますが、中には怪しげな業者、悪徳業者もいるようですので、充分な注意が必要です。違法調査を認容できる余地はありませんし、高額な費用の割には調査結果が期待できないケースもありますし、調査結果が正しいと限らない場合もあります。また、調査方法は明かさず、秘匿にしている場合も少なくないようですから、依頼にあたっては、よく話し合うことが必要となります。

　興信所や探偵は、電話番号、携帯電話番号、車両のナンバープレートから住所、居所を調べ、そこから不動産を割り出すようです。また、メールアドレスやインターネット通信履歴、クレジットカード等からも住所や個人を特定できるようですが、その方法はわかりません。

　一方で、個人ではない会社関係の調査においては、資産状況や経済状況等の把握のための信用調査等、調査会社の活用は、特別なことではないようですから、調査機関の活用を控える必要もないという意見も少なくありません。すなわち、調査会社等の活用にあたっては、債務者が個人か法人かによっても異なるといえます。

57

第2章　訴訟の相手方不動産の探索・調査方法

> **Q22　弁護士法23条の2の照会制度はどのように利用すればよいですか**
>
> **A**　「弁護士法23条の2の照会」とは、依頼者より弁護士が依頼を受けた事件について、証拠や資料を収集して事実を調査することにより、職務を円滑に行うために弁護士法23条の2に規定された照会制度で、単に「弁護士会照会」ともいいます。個々の弁護士ではなく、それぞれの弁護士会が照会を行います。
>
> 参考までに、弁護士法第23条の2の条文をあげると、次の通りです。
> 「弁護士は、受任している事件について、所属弁護士会に対し、公務所又は公私の団体に照会して必要な事項の報告を求めることを申し出ることができる。申出があつた場合において、当該弁護士会は、その申出が適当でないと認めるときは、これを拒絶することができる。
> 2　弁護士会は、前項の規定による申出に基き、公務所又は公私の団体に照会して必要な事項の報告を求めることができる」。
>
> 以下では、照会の現状、具体的手続から対応等について解説します。

解説

1　弁護士照会制度の現状

弁護士会照会の受付件数は下記のとおり年々増加の一途をたどっており、事件解決のために重要な制度であること、重要さが増してきていることがわかります（数値は日本弁護士連合会のHPによる）。

さらに、たとえば、第一東京弁護士会であれば「第一東京弁護士会照会手続規則」等、各弁護士会は弁護士法23条の2の照会のための照会手続規則等を規定し、手引き等の書籍を刊行しています。

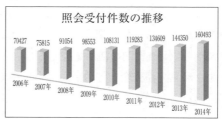

照会受付件数の推移

2006年	2007年	2008年	2009年	2010年	2011年	2012年	2013年	2014年
70427	75815	91054	98553	108131	119283	134609	144350	160493

なお、執行裁判所が金融機関に対して口座照会をなすことができるような民事執行法改正が検討されていることから、当該照会制度以外にも大きく道が開けてくる可能性があります。

また、弁護士法の照会制度によらなくても、情報開示請求によって資料入

手可能なケースも少なくありませんので、照会制度が規定されていない司法書士、行政書士、債権者本人等においては、情報開示請求制度が利用できる場合においては、情報開示制度を利用することになります。

2 具体的な照会手続の流れ

まず、依頼者から事件を依頼された弁護士はその所属する弁護士会に対して、質問事項（照会事項）と申請の理由を記載した照会申出書を提出します。そして、照会申出書を受けた弁護士会は、弁護士会が定めている様式を充たしているか、照会を必要とする事情と照会を行うことの相当性について審査し、照会の必要性と相当性が認められたものについて、官公庁、企業、団体に対して照会がなされます。そして、照会先から弁護士会に対する報告がなされると弁護士会から照会申請した弁護士に対して報告事項が通知されるという流れになります。

仮差押えのための調査においても、この弁護士法23条の2の照会制度は極めて有力な探索手段になります。

なお、弁護士会照会の入門レクチャーとして、行方不明になった債務者の所在調査の例としては、住民票上の住所移転調査、日本郵便株式会社への照会で郵便物転居届の提出を調べ、NTTへ照会をして債務者名義の電話移転先を問い合わせる方法があり、さらに、携帯電話会社に対して携帯電話番号から加入者である債務者の住所を照会する方法、そして、債務者の車のナンバープレートが判明しているときは、運輸局の各運輸支局・自動車検査登録事務所に対して照会することが考えられるとしています（注1）。

3 照会されたら回答すべきか

弁護士会から照会があったときは、照会の必要性と相当性が充分でない場合を除いて、回答すべきものとされています。ただし、照会の必要性と相当性の判断が照会先に課せられているのは、弁護士会の審査を経ているとはいうものの、照会先にとってやや酷であるようにも思えます。

なお、照会先からよくあるQ＆Aを紹介します（注2）。

照会があったときに相手方の同意書を要求することができるかについては、原則要求することはできません。照会があったときに依頼者の委任状や印鑑証明書を要求することもできません。

照会があったとき不明な点については、まず照会申出弁護士に問い合わせ

て、それでも解決できなかったときは弁護士会に質問してもよいとされています。

他にもありますが、中でも最も重要なQ＆Aを二つ紹介します。

一つは、「照会に応じないことで照会先が不利益を被ることがあるか」という質問です。

これについては、照会先は損害賠償請求を受ける可能性があり、そのため、訴訟提起され得るリスクも覚悟しなくてはならず、現に訴訟が提起されるケースは最近増えつつあります。

もう一つは、「照会に応じなくても罰則はないため、応じなくてもよいか」という質問です。

これについては、原則、報告義務がありますので、顧問弁護士が報告しなくても大丈夫と言っても、損害賠償請求される可能性は消えませんし、訴訟されるリスクもなくありません。罰則がないことが、報告義務を否定する根拠とはならないので、「弁護士会照会によって得られる公共的利益」と「これに対立する報告を拒否すべき法益」との比較衡量によって判断されるべきとされています。

言い換えると、照会を受けた公務所等は、報告を拒否するだけの正当事由があるか否か、すなわち、弁護士会照会制度の公共的性格を上回るだけの報告を拒否すべき具体的な法益があるか否かを検討し、そのような正当事由がある場合に初めて弁護士会照会に対しての回答を拒否できることになります。

④　個人情報、プライバシーとの関係

弁護士法23条の2の照会制度は、訴訟に至らずとも活用できますが、強い公共性を有しているため、個々の弁護士には権限はなく、弁護士会に権限が委ねられています。したがって、弁護士会は個々の弁護士からの照会申出を拒否することも可能となります。

弁護士会照会制度は、その公共的性格と個人情報保護の必要性とを個別具体的な事案の中で比較衡量し、後者を優先させるべき一定の場合においては、報告義務を免除し、回答を拒絶することを認めています（注3）。

これに関しては、前科照会事件（最判昭和56・4・14判時1001号3頁）が有名です。

この事件は、地方公共団体が弁護士会から照会されるがままに個人の前科

を報告したことが違法と判断され、報告した地方公共団体の長の損害賠償責任が認められた事件で、「市町村長が漫然と弁護士会の照会に応じ、犯罪の種類、軽重を問わず、前科等のすべてを報告することは公権力の違法な行使にあたる」と判示しています。この事件は、照会申出書の理由が不充分な場合に、他人に知られたくない前科情報を漫然と回答したことに対するものでしたが、弁護士会照会制度の公共性により照会の必要性と相当性が認められる場合においては、回答者は本人から損害賠償請求があっても不法行為責任を負うことはないとした事件があります（広島高岡山支判平成12・5・25判時1726号116頁）。

加えて、大阪高裁の判例を一つ紹介します（大阪高判平成26・8・28判時2243号35頁）。

これは弁護士会照会によって、ある税理士に対して直近10年分の確定申告書および総勘定元帳の送付を求め、照会を受けた税理士法人がこれに回答し、回答した税理士個人に対して、プライバシー侵害にあたるとして慰謝料請求等をした事件です。控訴審は、健康状態の立証目的に10年間にわたる確定申告等の送付を求める照会は必要性、相当性を欠く不適切なものと言わざるを得ないとし、確定申告書はプライバシーに関する事項を多く含むものであり、「みだりに開示されないことに対する控訴人の期待は保護すべき法益である」とし、「開示されることによる不利益は看過しがたく、被控訴人が本件照会に応じて確定申告書を送付したことは守秘義務に違反する違法な行為というべき」としました。

もとより、弁護士会照会制度は個人情報の保護に関する法律に規定している本人の同意がなくても第三者に情報を提供できる場合としての法令に基づく場合に該当するとされており、また、行政機関の保有する個人情報保護に関する法律、独立行政法人等の保有する個人情報の保護に関する法律についても同じように解されています。

一方において、個人情報保護を盾に回答を拒絶するケースも多くありますが、弁護士会照会の照会先は公務所、公私団体とされ、個人は除外されています。ただし、弁護士、税理士、司法書士、個人経営の病院、探偵事務所、商店等は個人であっても照会先となります。

第2章　訴訟の相手方不動産の探索・調査方法

5　照会制度の今後

　弁護士会照会は、法律に規定された照会制度であり、債務者所有財産の調査にあたっては極めて有力な手段である一方、他方では必要性と相当性の判断いかんという部分もあり、さらに、照会先の対応もまちまちで、社会の反応、対応は日々刷新されている感があります。

　金融機関の対応については、大阪弁護士会と三井住友銀行との取組みが有名ですが、すでに開示をしている三菱東京UFJ銀行、三井住友銀行に続き、みずほ銀行も確定判決や和解調書等、債務の存在を確認できる文書を示し、弁護士を通じて照会することを条件に、民事裁判の支払義務を果たさない債務者の預金口座情報について、債権者からの請求に応じて開示することを始めました（日経新聞平成29年1月19日版）。

　最近の判例として、日本郵便の事件（最判平成28・10・18判タ1431号92頁）を紹介します。

　これは平成23年、未公開株詐欺の被害者が、和解金を払わない相手の財産を差し押さえるため弁護士会を通じて日本郵便に転居先を照会したところ、守秘義務を理由に回答を拒まれたため、愛知県弁護士会が裁判に必要な住所照会の回答を拒んだ日本郵便に対し、損害賠償を求めて提訴した事件です。

　上告審判決で、最高裁第三小法廷は、「23条照会を受けた公務所又は公私の団体は、正当な理由がない限り、照会された事項について報告をすべきものと解される」が、「23条照会に対する報告を拒絶する行為が、23条照会をした弁護士の法律上保護される利益を侵害するものとして当該弁護士会に対する不法行為を構成することはない」として、損害賠償責任を否定しました。日本郵便に賠償を命じた二審の名古屋高裁判決を破棄、被上告人の控訴を棄却、報告義務確認請求に関する部分については、名古屋高裁に差し戻されました。

　なお、この判決内容は前記2の債務者所在調査の入門レクチャー例を否定するかのようですが、判決文では、「転居届に係る情報は、信書の秘密ないし通信の秘密には該当しないものの、郵便法8条2項にいう『郵便物に関して知り得た他人の秘密』に該当し、日本郵便はこれに関し守秘義務を負っている。この場合、23条照会に対する報告義務の趣旨からすれば上記報告義務に対して郵便法上の守秘義務が常に優先すると解すべき根拠はない。各照会事項について、照会を求める側の利益と秘密を守られる側の利益を比較衡量し

て報告拒絶が正当であるか否かを判断するべきである」としています。

> （注1）第一東京弁護士会業務改革委員会第8部会編『弁護士法第23条の2
> 　照会の手引き〔6訂版〕』214頁〔第一東京弁護士会〕。
> （注2）第一東京弁護士会業務改革委員会第8部会編・前掲（注1）26頁。
> （注3）第一東京弁護士会業務改革委員会第8部会編・前掲（注1）18頁。

Q23　不動産探索をするためには他にどのような資料がありますか

Ⓐ　　不動産を探索するためには、前記のように、登記情報と固定資産税課税情報が最も有効ですが、その他にも参考となるべき資料がありますので、以下で紹介します。

　これらは所有者情報を掲載したものではありませんが、それに準ずる資料として参考になる場合があります。

解説

① 法務局で入手可能な登記関連情報

　不動産登記制度は、地租改正以来の課税のために整備した土地台帳を基礎としたもので、この旧土地台帳を見ると、不動産登記制度に移行する前の地目、規模、所有権等の権利者名等の土地に関する情報がわかります。

　旧土地台帳は、不動産登記制度より前の情報ですので、明治期における情報が掲載され極めて貴重な情報源ですが、古すぎる情報でもあるので、不動産探索という視点からは有用性は希薄であることになります。この旧土地台帳は、法務局で請求すると無料で交付を受けることができます。さらに、この旧土地台帳と現在の登記事項証明書との間に閉鎖登記簿があります。この閉鎖登記簿では、現在の登記事項の前の経緯がわかることになりますが、閉鎖登記簿は旧土地台帳と異なり有料です。また、法務局には旧公図が備え付けられており、これも誰でも写しの交付を受けることができます。この旧公図では、現公図の前の状態がわかり、当時の画地の形状や、水路や赤道（あかみち）があったこと等が判明します。ただし、この旧公図は、明治期に作成したものを基に、その後、書き換え、加筆、修正していったものですので、いつの時点

のものか確定できないこと、所有者情報を示したものではないので不動産探索という意味においては、重要性は高くないということになります。

② 開発や建築に関する情報

市区町村等の地方公共団体の担当部署の窓口においては、開発や建築等に関する資料を一般の閲覧に供することとされ、手数料を納付して、それらの写しの交付を得ることができます。

まず、都市計画法46条に基づく開発登録簿を見ることができます。これは、開発行為をした場合の必要事項を記した書面ですが、都市計画法47条により、①開発許可の年月日、②予定建築物等（用途地域等の区域内の建築物および第一種特定工作物を除く）の用途、③公共施設の種類、位置および区域、④前記③に掲げるもののほか開発許可の内容、⑤41条1項の規定による制限の内容、⑥前記①～⑤に定めるもののほか国土交通省令で定める事項が図面とともに掲載されています。調査対象の土地が開発行為を経ている場合には、参考となります。

それに、建築確認を受けている場合には、閲覧可能年度内のものであれば「建築計画概要書」の閲覧、台帳証明の交付を受けることができます。逆に、これらを申請しても、建築計画概要書、台帳の記載がないということであれば、その建物は建築確認を受けずに建築した可能性が高いことがわかります。建築計画概要書には、建築に関与した者、すなわち発注者、設計者、施工業者の氏名が記載されており有用です。この建築計画概要書に関しては、民事保全法上の未登記不動産の所有者情報の立証に関する判例がありますが、所有者情報の証拠資料としては消極に解されることとなります（Q72参照）。

都市計画区域または準都市計画区域内においては、建築にあたっては建築基準法上の道路に2m以上接道していなければ建築することができない（建基43条1項）ので、その土地が接している道路が、建築基準法上の道路か否か、建築基準法上の道路に該当するなら建築基準法第何条の道路に該当するか調査することが必要となりますが、その道路に関する資料には、道路位置指定図、中心線確定図、道路台帳平面図、道路境界図、告示建築線指定図等があります。

③ 森林簿・森林計画図

山林や森林については、不動産登記よりも森林簿のほうが情報量が多くか

第3 不動産探索の具体的方法（Q24）

つ信用性は高く精度も高いとされています。すなわち、森林簿には、森林の種類、面積、林齢、材積、成長量、伐期材積、施業方法等が記載され、付属図として、森林基本図、森林施業図、森林位置図があります。

　森林簿や森林計画図等の森林情報は、都道府県の窓口で入手することができますが、閲覧の供し方は都道府県によって異なり、情報開示請求手続を要する都道府県もありますので、具体的な閲覧方法や閲覧にあたっての制限は都道府県窓口への直接確認を要することになります。

　また、森林所有者の委任状等を要することから、債務者に知られずに行う密行調査の場合は、採用できない場合があります。森林簿については、Q43②も参照してください。また、森林法39条の2による保安林台帳の閲覧も可能です。

Q24　探索できないとはどのような場合をいい、また違法な探索とはどのようなことを指すのですか

Ⓐ　債務者の協力なしに、または、債務者に関する情報の量と質によっては、全く不動産探索ができないこともあります。また、被差別部落に関する土地調査は条例によって禁じられています。

解説　　　① 不動産探索の限界

　債務者の情報が限られている場合には、不動産探索が功を奏さないことがあることは言うまでもなく、たとえば債務者の情報は住所くらいしかなく、住所地の不動産登記を調べたらそこは借家であった場合には、債務者からの情報聴取等がない限り、不動産に限っていうと、財産探索はできないことになります。民事保全が債務者に知られずになす密行性を備えている以上、不動産探索にあたって有効な手段は少なく、おのずと探索方法にも限界があることになります。

　特に、法人ではない個人の場合は、個人情報の管理が不動産探索の大きな障害となっており、マイナンバー制度において、その傾向は一層に高まってきているといえます。市区町村によっては、個人情報保護の名の下に、地図上に明記されている個人宅の住居表示すら照会に応じてくれない場合もあり

65

第2章　訴訟の相手方不動産の探索・調査方法

ますので、個人情報保護の気運は今後ますます強化されていくことと思われます。

　一方においては、マイナンバー制度は、個人に関する情報の一元管理が趣旨となっていますので、現在のところ、税や社会保障の局面を中心に整備が進められていますが、将来的には、マイナンバーは多くの情報を一元管理していく可能性があります。

　ただし、資産情報の公開化、一元管理化等が進めば進むほど、パナマ文書にみられるような資産隠しが横行し、資産隠し産業が花盛りになるという矛盾が生じてしまうので注意が必要になります。

　②　被差別部落に関する土地調査

　禁じられた土地調査としては、被差別部落に関する土地調査があります。大阪府、徳島県、香川県、福岡県等の多くの地方自治体は、独自に条例を制定し、被差別部落に関する土地調査を禁じています。これらは、結婚や雇用にあたって、相手方や雇入側が、その人が同和地区出身者であるか否かの調査をすることを、差別を助長するものとして禁じるという趣旨であり、個人を対象としているというよりは、主に依頼を受けた興信所、探偵、調査会社等の業者を規制することを念頭においているようです。

　ここでは、「大阪府部落差別事象に係る調査等の規制等に関する条例」を例にとって解説します。まず、2条4項で、「土地調査等」の定義を、「府の区域内の土地の取引に関連して事業者が自己の営業のために土地に関する事項を調査し、または報告することをいう」としています。

　そしてこの「土地調査等」は、“本来の目的である営業行為に関連・付随して行われる土地調査”を指し、“調査（報告）の対象となる土地およびその周辺地域に関する調査”のことで、本来の営業活動に関連して行われる土地調査が対象になり、事業者の行う「土地調査等」そのものを規制するものではありません。

　次の①、②の遵守事項に違反した場合に限って規制されます（部落差別規制等条例12条1項）。

　①　調査または報告の対象となる土地およびその周辺の地域に同和地区があるかないかについて調査し、または報告しないこと

　②　同和地区の所在地の一覧表等の提供および特定の場所または地域が同

第3　不動産探索の具体的方法（Q24）

和地区にあることの教示をしないこと

「土地調査等」を行う者が遵守事項に違反した場合には、知事が、勧告や事実の公表を行うことができることとしています。

③　調査対象不動産

不動産探索の目的が仮差押え等の民事保全であるならば、将来の本差押えと強制執行による換価を見据えなければなりませんので、当然、強制執行可能不動産のみを探索すべきこととなります。

すなわち、海外不動産は除外されますし、日本政府が認めていない島の領有権も除外されることになります。

民有地として日本政府が認めていない海岸や島しょの土地等も不適格ということになりますし、後述する建物認定要件を満たさない工作物、構築物、固定資産等も対象外となります。一方において、未登記不動産、共有持分、私道の一部、借地権は有効な不動産となります。厳密にいうと、ここには権利そのものは該当しないことになるので、地上権ではない借地権は建物を対象物とした場合においてそれに付随するものとして対象になるに過ぎず、借家権や通行権等は、権利価格の顕在化が客観的に認められる程度に熟成していたとしても、不動産探索の対象とはなりえないことになります。また、土地一筆の一部や建物の一部を仮差押えすることができないことは、不動産の範囲を特定しなければならない要請と表裏の関係にあります。

第2章 訴訟の相手方不動産の探索・調査方法

第4　不動産探索の具体的ケース

Q25　名義が債務者のものではない場合はどうすればよいですか

A　民事保全法は、仮差押えをなすべき対象物は債務者のものでなくてはならないという所有者要件を課しています。したがって、未登記不動産の場合には、所有者情報を添付して証明しなくてはならないことになっています。なお、未登記不動産の所有者が債務者であることについては、疎明では足りず証明が必要とされています（民保規20条1号ロ（1））。

　債務者の名義であると予想して不動産登記を調べたら、債務者名義ではなく、別人の名義であった場合には、仮差押えができないことになることが原則ですが、必ずしもすべての場合において諦めるべきであるとは限りません。

解説

①　相続登記が未了の場合

　ある不動産の所有者であった被相続人が亡くなり、相続が開始され、相続人が不動産所有者になったにもかかわらず、相続登記が未了で被相続人名義のままになっている場合がありますが、この場合には、相続登記による移転をなして仮差押え登記をなすことができます。遺産分割協議が整わなくて、相続登記ができないときも、とりあえず法定相続持分で登記することができますので、その共有持分に対して仮差押え登記をなすことができます。登記名義が債務者と同じ姓なら、見当がつきやすいのですが、異なる姓であっても相続人と被相続人の関係である場合があるので、検討を要します。

②　過去に債務者名義であった場合

　登記記録を調べたら、その不動産は、現在は債務者名義ではないが、過去に債務者名義であったことが判明したという場合、すなわち、債務者が別の

68

人に不動産を売った等により所有権を移転させていた場合には、検討すべきことがいくつかあります。所有権移転の時期、所有権移転登記の原因、移転先の名義を登記記録で確認することになります。

移転時期が直前であったり、移転先が同じ姓であったりした場合は、仮差押え逃れの財産隠し、仮装譲渡である可能性があります。無資力に陥ってからの譲渡なら詐害行為取消権の行使も検討してしかるべきとなります。また、登記原因が信託によって信託会社や信託銀行へ所有権が移転している場合もありますが、この場合には信託受益権につき仮差押えをなすこととなります。さらに、リースバックのように、登記上他人名義に所有権を移転しつつも、自分はそのまま占有を継続するというケースもあります。これは形式上の所有権移転、占有改定ということになりますが、仮差押え申立て時点において、債務者名義になっていない不動産については仮差押え登記は認められないこととなりますので、他の方法で保全を検討することとなります。

③　信　託

平成18年に信託法が大改正され、一挙に身近なものとなりましたが、その改正点の中には、自己信託と信託宣言があります。信託法は英米法を源泉とする原理で、慣行上の信認、信頼を法的に規定したもので、市民生活に浸透した日常的な慣行、しきたりであった信認、信頼を、わが国では商業銀行を中心に商業ベースとして輸入してしまったことにその不幸があります。すなわち、本来の信頼、信認の意味から離れ営利目的としての信託が定着したということです。平成18年の大改正によって、民事信託への活用が急速に普及し、商業信託からの脱皮がなされようとしていますが、すでに海外では活用されていた自己信託と信託宣言については、わが国の改正点として導入するかどうかについては、法制審議会において議論がありました。

すなわち、これらが、強制執行逃れのツールとして利用されることを危惧したためです。したがって、改正信託法では、自己信託については弊害防止のために規定を設け、公正証書によらなければ自己信託は成立せず、また、悪質な場合には委託者の債権者が詐害行為取消権の行使を要さずに、信託財産に強制執行を行うことが認められ（信託23条2項本文）、さらに、公益確保のため裁判所が信託の終了を命じることができるといった防止策を講じることによって可能となりました（信託166条1項各号）。

第2章　訴訟の相手方不動産の探索・調査方法

　現在のところ、自己信託の利用は多くありませんが、将来的には脱法目的で利用されることがないわけではないので、法改正も視野に入れて、慎重に見ていく必要があります。

　パナマ文書で海外への資産隠しが世間で取り沙汰される前は、ケイマン諸島におけるペーパーカンパニー設立が租税回避策として極めて多用されたこと、そしてその種明かしは、慈善信託（チャリタブル・トラスト）と信託宣言という信託ツールであったことは記憶に新しいことと思われます。今のところ、自己信託の活用は積極的にはされていませんが、今後、自己信託登記が多用されるようになると、資産保全の観点からも対抗措置を講じることが必要になることと思われます。

　4　真実の所有者と登記名義

　このほか、登記名義が真実の所有者と異なる場合があります。時効取得はその旨の登記を経ないと仮差押えできませんし、登記名義が事実上の所有者と異なるからといって名義の異なる不動産に対して仮差押え登記をなすことはできません。

Q26　共有持分、権利能力なき社団、地縁団体についての不動産探索はどのようにすればよいですか

　A　ある土地について共有持分であれば、その共有持分割合が小さいと資産価値が極めて低廉になること、共有であると売れにくく市場での換価が困難であること、法定地上権の成否等について考えなければなりません。

　また、ある土地に付随する私道が共有持分の対象となっていることもありますし、権利能力なき社団、入会地もあります。なお、マンション等の区分所有建物の敷地は、共有持分であることが一般的ですので、共有であることに対して特別な配慮は不要となります。

解説

　1　私道と私道持分の探索

　ある土地を対象不動産として確定したとき、その土地の前面道路が私道であるとき、私道についての登記記録を取得して、

その私道に債務者名義の土地があるかないかを調べることが必要となります。調査対象土地の登記済権利証が手元にあれば、瞬時に判明することですが、それがないと各筆の登記記録を取得して確認しなければならず、費用も多額になります。

仮差押え時にこの調査をして、債務者所有不動産の一つとして特定しておかないと、永遠にこの私道（持分）のみが登記上残存してしまうことがあります。

すなわち、私道（持分）を仮差押え申立てから脱漏してしまうと、将来の本差押えと、それによる換価からも漏れてしまい、私道は地方税法348条2項5号により固定資産税、都市計画税は非課税扱いであることから、債務者名義のまま永遠に残ってしまうということです。

後で気がついても、私道のみで売れず、債務者とも連絡が取れないであろうこと、仮に連絡が取れたとしても債務者の協力が得られないことがあるので、どうにもならないという事態となる可能性があります。こういう私道があることは、所有者不明土地の問題同様に世間にとって望ましいはずがないばかりか、道路の掘削、私道変更等の局面で合意形成がなされず、地域にとっても大きな障害となりますので看過できない大きな問題です。

強制執行の際に、私道持分が申立て不動産に含まれていないので、後日、後行事件として私道持分のみを別途評価し、先行事件と併合して一括売却をなしたという事案がありましたが、一方において、申立て不動産から脱漏していたまま強制執行、売却が進んでしまったという事案もあります。抵当権ならこのような担保漏れが発生してしまうことは多くないでしょうが、仮差押えのときは調査不足によって容易にこのような事態が発生してしまいますので要注意です。

② 権利能力なき社団

旧民法43条では権利能力なき社団について規定していました。法人登記を経ていないPTAや地域住民の任意団体は、権利能力なき社団として登記名義となることはできないとされています。

この場合は、その団体の会長等の代表者の個人名で登記がなされることになりますが、実態は、その代表者の個人資産ではなく、団体の所有ということになります。この場合には、代表者名義の不動産、つまり第三者名義の不

動産として仮差押えができないと考えられがちですが、その代表者名義不動産が権利能力なき社団の総有であれば、総有に属する不動産について、強制競売開始決定に基づく差押え、または仮差押命令に基づく仮差押え登記の保全措置ができることになります。もっともその団体の総有であることを証明（疎明）しなければなりません。

　なお、この不合理を是正する趣旨によって、地縁団体については登記の道が開かれました。

　③　**地縁団体**

　地域社会における重要な役割を担っている団体として、自治会・町内会がありますが、これらの団体も権利能力なき社団として、団体名義での登記等はできず、代表者の個人名で登記するしかなく、代表者の個人財産との区別が困難であり、代表者の死亡によって相続が開始されてしまうといった不都合がありました。そこで地域団体の地域における重要性に鑑み、地方自治法は平成３年の改正により、自治会や町内会等の団体に法人格を付与する制度を創設しました。

　地方自治法260条の２第１項では、「町又は字の区域その他市町村内の一定の区域に住所を有する者の地縁に基づいて形成された団体（以下本条において「地縁による団体」という）は、地域的な共同活動のための不動産又は不動産に関する権利等を保有するため市町村長の認可を受けたときは、その規約に定める目的の範囲内において、権利を有し、義務を負う」と定め、その認可を受けた地縁による団体を「認可地縁団体」ということとしました（自治260条の２第７項かっこ書）。

　この地縁団体は市町村長の認可を受けることでのみ法人格を取得するので、一般法人のような法人登記手続はなく、地縁団体の法人登記はありません。

　認可地縁団体が不動産を取得した場合には、所有権の登記名義人になることができますし、この地縁団体の認可を受けるための認可にあたっては、「その区域に住所を有するすべての個人は、構成員となることができるものとし、その相当数の者が現に構成員となっていること（自治260条の２第２項３号)」が条件の一つであり、認可申請には、構成員の名簿の添付を要します（自治規18条１項３号）。

　地縁団体は法人格を有しており、規約に定める目的の範囲内において権利

第4　不動産探索の具体的ケース（Q27）

を有し、義務を負うことから、債務者、抵当権設定者となり得、仮差押え登記等をなすことができます。

④　その他の共有団体

上記のほか、現実には多くの共有地、共有団体等の所有地があり、または登記上存在しているケースがあります。入会権や温泉権は民法講義に登場する有名な共有ですが、それ以外にも、多くの共有、総有およびそれらに類似する団体の登記名義が残存しています。主なものとして、記名共有地、共有惣代地、字持地、町内会または部落会があります。

また、何代か前の相続未了地や解散等をした法人名義が登記上残存している場合もあります。これらについては、「所有者の所在の把握が難しい土地に関する探索・利活用のためのガイドライン」として、国土交通省が平成28年3月に公表しています。このガイドラインは題名のとおり、所有者の所在把握困難な土地の登記上の解決のためのものであって、本書における仮差押え等をするための調査のためのものではないのですが、参考にすることができます。

Q27　未登記不動産の探索はどのようにするのですか

A　未登記不動産についても、仮差押えをすることができることは、前述のとおりですが、未登記である以上、不動産登記を調べても判明しないので、①未登記不動産が存在している・現存している（不動産が未登記である）ことと、②その未登記不動産の所有者が債務者のものであることの二つを調べなくてはならないことになります。

解説

①　未登記不動産の探索方法

ある不動産が未登記なのかどうかは、その不動産の登記記録を探せばわかることですが、その未登記不動産が現存していることを調べることも必要になります。ある土地が債務者名義となっていて、その土地上の建物登記を請求しても、建物登記が見つからないときがあります。すなわち、土地は土地分筆後の新しい地番となっていますが、建物の所

73

在は分筆前の旧地番のままだったときには、家屋番号でも判明していないと、建物登記が見つからないことがあります。この場合、未登記ではなく建物登記は元地番上になされているので、法務局に調べてもらうことになります。要するに、建物登記記録が見つからないことは建物登記がないことを意味しておらず、建物所在地につき分筆前の元地番、元々地番へとさかのぼって調査をしてもらうことになります。

また、現地に行くと、木造2階建ての新築建物が建っているが、登記上は昭和初期に建てられた木造平家建であるという場合があります。この場合は登記建物と現況建物との同一性が問題になりますが、古い建物を増改築等を繰り返して現在に至っているようなケースは少なくなく、既存家屋を完全に取り壊して、基礎から新たに築造でもしない限り、同一建物との認定が覆されることは多くないこととなります。さらに、最近は新築そっくりに見えるリフォーム施工もあり、新築家屋とリフォームした老朽家屋は見ただけでは区別がつかないことも少なくありません。

また、登記されている建物は一つだけであったが、航空写真を見ると、債務者所有土地上に登記建物とは別にもう1軒建っていたことが判明したという場合もあります。2軒の建物のうち一つは未登記建物となります。また、建物といえるか疑わしい物置等の附属建物があることもありますが、この未登記附属建物についてはQ70で解説します。

民事保全のための調査の場合は、密行性の前提のもとで、債務者所有の敷地の中に立ち入って存在する建物の現況を確認することはできないことが常態となるでしょうから、航空写真等の活用は便利なアイテムとなります。インターネットのGoogle地図等で航空写真を見ることができますが、国土地理院のサイトでも、国土地理院関東地方測量部測量成果閲覧室においても、過去の航空写真を無料で確認することができます。有料の空中写真撮影もありますが、人口密集地での許可なきドローン（小型無人機）による空撮は認められていません。ドローンについては、Q45①の航空法も参照してください。また、最近では高所撮影ロッド等、高所撮影に便利なアイテムも各社から販売されています。

② 未登記土地の調査

驚くべきことに、債務者名義の建物の敷地の一部が未登記（無地番）とい

第4　不動産探索の具体的ケース（Q28）

う例は少なくありません。未登記、すなわち、公図上の地番がない土地があることがあります。この無地番の土地が道路や水路としてただ存しているだけでは、無地番の道路や水路として問題がないことも多いのですが、建物の敷地の全部または一部であったときは、複雑な問題が生じることになります。この無地番地については、地方公共団体または財務省財務局に照会して、その所有者を確認する必要があります。

　国有財産なら、国有財産台帳に記載されているはずですが、平成12年の「地方分権の推進を図るための関係法律の整備等に関する法律」により、国から地方公共団体へ移管がなされている場合がほとんどです。また、ごくまれではありますが、埋立地等では、土地の表示登記もない未登記の土地というのもあります。この場合は、領土にも関係してくるので、私人が自由に登記することはできず、国による土地表示登記を要することになります。無地番地に関しては、Q44も参照してください。

Q28　借地権等の敷地利用権の探索はどのようにするのですか

（A）　債務者名義の建物を探しだしたが、その敷地の名義が債務者の名義とはなっていなかったときは、債務者名義の建物のための敷地利用権を考慮しなければなりません。建物に対する仮差押えや差押えの効力はその敷地利用権にも及ぶからです。老朽化が著しく残存価値がないようにみえた小さな廃屋でも、借地権の価値は数億円という実態があるので、この調査は不可欠となります。

解説　　敷地利用権原には建物所有のための借地権や使用借権があります。また、建物所有目的ではなく駐車場、資材置場等の民法上の賃借権もあります。仮差押え、差押えの効果は建物のみならず、その敷地利用権にも及ぶことになりますので、その敷地利用権が借地権か否か、借地権といっても地上権か定期借地権か、旧法上の借地権か等の区分がありますので、それにつき調査をすることになります。最も確実なのが、債務者から土地賃借権契約書等を提出してもらうことですが、債務者へ

75

の接触を避けた密行調査では、それもかないません。

　なお、借地の場合、土地につき借地権（賃借権）登記がなされているケースはほとんどなく、賃借権登記がないことが通常であることに留意が必要です。

　賃貸借契約等の土地利用に関して約定した契約書がないと、建物登記によって推測せざるを得ません。見るところは、建物登記の建築年月日と土地の所有権です。

　まず、建物登記の建築年月日を見ると、その借地契約がいつから始まったか推定することができます。昭和初期なら、その頃から借地契約が続いている可能性がありますし、平成４年８月１日以後なら、借地権者により建て替えられた場合を除いて、改正後の借地借家法による借地権ということになります。また、建物閉鎖登記簿を参照すると、現存建物の前にも借地契約があったことが判明するケースがあります。

　次いで、土地名義です。土地所有者が寺社や不動産会社であれば、敷地利用権は借地権であると推測できます。無料で貸すとは思えないからです。土地所有者が債務者と姓が同じ人であった場合は、親族関係とみて、地代の授受なき使用借権の可能性が高くなりますし、建物名義が個人の場合で土地が法人所有の場合、またはその逆のときは、法人とその代表者の関係があります。また、関係会社間、関連会社間の場合もありますが、その場合は商業登記、有価証券報告書を参照して法人とその役員、関連会社等を確かめることになります。

　また、税務上の相当な地代の授受により、意図的に借地権価格の発生をおさえている場合等もありますが、このような税務上、どのような認定を受けているか等については、債務者からの情報提供に依存するしかなく、登記や公開資料、現地外観からはわかりようがありません。

　一方で正当な権原によらない場合、たとえば、更地上の一角に掘っ立て小屋のようなものが、こっそりと一夜で建築されたかのようにみえるときは、不法占拠の可能性もありますし、執行妨害を目的としたものである可能性もあります。

　資材置場については、賃借権の設定があるか否かについては、資材置場として利用している会社等の名前が明示されていれば推測もできますし、駐車

場については、舗装があり、白線で区画割りされている等の一定の整備状態を伴っているはずですので、この視点から推測が可能となります。

なお、資材置場や駐車場の利用権は仮差押え後の本差押え、換価にあたっては、土地の買受人に対抗できない場合がほとんどですので、特に神経質になる必要はないといえます。

もっとも、屋根を備える等の家屋的な使い方をしている資材置場や駐車施設はこの限りではなく、実質、まぎらわしいケースも多いので留意を要します。

第2章　訴訟の相手方不動産の探索・調査方法

第5　不動産調査の総論

Q29　探索後の不動産調査はどのような手順で行うのですか

A　探索によって債務者所有の不動産を発見したら、仮差押え等の適否を判断したうえで、仮差押えのための不動産調査、価格査定という手順で進めることになります。

解説

１　調査場所と調査順序

探索によって債務者所有不動産を発見できたときは、その不動産の調査をし、その調査手順を踏まえて価格査定をすることになりますが、その調査をする場所としては、法務局、地方公共団体窓口、現地、周辺地域の四つをあげることができます。大きく分けると、官公庁と現地の二つになります。この二つの調査を、どちらを先になすべきか悩ましいことがありますが、探索によって発見できた不動産の情報量にもよります。官公庁や現地に何度も行くのは避けたいので、効率的な調査スケジュールを立案することになります。

まずは、インターネットのストリートビュー（Google）等により現地の状態を机上で閲覧できる場合は、それにより確認します。その際、航空写真でも確認しておくことになります。次いで、登記関係書類（登記事項証明書、公図、建物図面・各階平面図、地積測量図等）を取得します。窓口請求交付、郵送請求、オンライン請求の三つの請求方法があります。他にも一般財団法人民事法務協会による有料の登記情報提供サービスがありますが、政府の規制改革推進会議では不動産所有情報の無料公開が検討されています（日経新聞平成29年4月5日版）。

登記関係書類が揃ったら、現地へ行って調査し、その後、市区町村に行って調査することになりますが、インターネット等で現地の様子がある程度閲覧できる場合には、現地に行く前に市区町村へ行って調査するという順序でもよい場合もあります。ただし、市区町村窓口担当者に現地の様子を聞かれ

78

ることもあるので、現地と市区町村、どちらの調査を先にするべきかは、対象不動産の事前情報量、特性によって異なるといえます。すなわち、ある程度現地の様子が事前にわかるのであれば、まずは市区町村、次に現地という順序でも差し支えない場合が多いといえますが、現地の様子が皆目わからないようであれば、まず現地調査をするという順序になります。

② 法務局での調査

法務局調査は、現地調査や市区町村調査より優先させるべき調査となりますので、まず、法務局調査から不動産調査を始めることになります。

法務局では、対象不動産の登記全部事項証明書、公図、建物図面・各階平面図、地積測量図を申請し、取得します。その際、共同担保目録の欄で、「現に効力を有するもの」か「全部（抹消を含む）」（全部事項か現在事項）のチェックマークを入れておくことが重要になります。「抹消を含んだ全部」を請求すると過去の抹消済みの共同担保目録も見ることができますが、枚数が嵩んで手数料が高額になる可能性もあります。また、信託原簿については、オンライン請求であれば、信託目録（全部目録か現在目録）を選択しておくと、後日の信託原簿を再申請する手間が省けます。

地積測量図がない土地も多く、また、地積測量図があったとしても、対象不動産そのものの地積を証明しているものと、隣地を測量した結果、対象不動産の地積も残地として記載されているに過ぎないものとの2種類がありますが、どちらであっても有用なので取得することになります。

他に旧土地台帳、閉鎖登記簿謄本、旧公図、信託原簿等があります。さらに、地上建物が未登記の可能性もあり、登記事項証明書交付請求書を法務局の窓口に出して、その物件の登記がないと、「不見当」として交付請求書が返されますので、その返された交付請求書は登記がないことの証明にもなりますので、破棄せずに証拠書類の一つとして保存しておくべきこととなります。

なお、対象不動産が土地のみであっても地上建物の登記や建物図面・各階平面図も取得するべきですし、対象不動産が建物のみであっても土地登記、公図、地積測量図も取得するべきです。

③ 密行性と現地調査

仮差押え等のための不動産の現地調査は、密行性が前提でなされます。債務者に知られずに調査することになるため、いくつかの注意を要することに

なります。

たとえば、債務者居住中の自宅前でうろうろしたり、巻尺等で音を立てて測定したり、何名かで話し声を立てる等の行為も控えるべきです。仮差押え等を要するに至ったという事情だけに、債務者は神経質になっていることが一般的ですし、債務者だけでなく近所の人の目も気になります。

この密行性のもとでの調査は、迅速・簡潔にする必要があります。そのために、道具を使わない調査方法等も有益となります（Q30②参照）。

成人男性の大股の一歩の幅はおおむね１メートルですし、慣れてくると、１メートル程度の歩幅を自分で意図的に歩くこともできますので、歩測によって道路幅員等を現地で測ることができます。

写真撮影は、周囲の状況を確認しながら充分な注意をして撮影することとなります。ただし、隠し撮りのようなことはしないほうがよいでしょう。

密行性を前提とした調査においては、大体において、秘密裏にコソコソしがちですが、必要以上にコソコソするとかえって目立ち、「何をしているのか」と問い詰められたら言い訳できないという事態になるということは承知しておくべきと思われます。最悪の場合には110番通報されることもありますし、そのような場合にはどのようにして説明するかをあらかじめ考えておくことも重要です。なお、密行調査の大敵は番犬です。都内では滅法少なくなりましたが、地方では番犬がいる家もまだまだあるので、ビーフジャーキーくらいは持っているといいかもしれません。

一方、対象不動産が空家、空地、更地、原野等であった場合には、逆に安心して、全く緊張しないで現地に長くいることもあるでしょうが、その場合でも、迅速、簡潔を旨とする調査の基本は変わらず、特に空地等であっても必要以上に他人の土地への立ち入りは慎むべきです。また、塀や柵を乗り越えて、他人の土地に立ち入る等の行為はもってのほかというしかないでしょう。市街地においては、誰かが見ている、どこかの建物の２階の窓から見られているかも知れないことを忘れないようにしなくてはなりません。

地域の住民に声をかけられることも少なくないですし、特に留意すべきは対象不動産がマンションである場合です。マンションの周囲は防犯カメラで常時録画されており、マンション管理人も警戒していますし、マンション住民の目も軽視できません。問われた時の説明もあらかじめ考えてから現地に

臨むべきでしょう。なお、素通り、または通りがかりの一般人、通行人を装った現地視察でも充分な効果があるので、現地調査は省略しないでやるべきです。車やレンタル自転車の活用も否定すべきではないでしょう。

写真撮影にあたっても、対象不動産の前で住民が立ち話をしている、道路工事の工事車両が停車中で対象不動産の状況がわからない、大きなトラックが停車中で様子がわからない等、現地ではいろいろなことがあります。臨機応変に柔軟に対応していくしかないのですが、中には、危険、危害が、自身の身に及ぶ可能性がある場面もあるので、不動産の種類や地域の状況にもよりますが、充分な注意が必要な場合も少なくないことは承知しておくべきでしょう。

④ 市区町村の窓口での調査

市区町村における調査は、多岐にわたります。

基本的には、①道路情報は土木課、道路管理課、②建築基準法上の道路種別や建築計画概要書、台帳証明書については建築課、③埋蔵文化財については教育委員会生涯学習課、④土壌汚染については環境課、⑤都市計画については都市計画課等の窓口に行って確認することになりますが、市区町村によっては窓口の部署名、窓口対応体制、資料の名称、資料閲覧に要する費用も大きく異なり、また、本庁舎とは別庁舎での窓口対応している等、市区町村によって対応が異なっているという前提に注意を要することになります。したがって、窓口にいきなり行く前にあらかじめ電話等により問い合わせておくことも有益なことが多く、窓口担当者に照会するうえでこちら側があらかじめ用意しておくべき資料も確認しておくとよいと思います。

さらに、一般的には窓口交付をしていない資料も、情報開示請求の手続をとれば交付を受けることができる場合もありますので、そのことも視野に入れて調査に臨むこととなります。

東京23区のある区では、建築計画概要書を請求すると、請求のために1回行って、後日、交付を受けるためにもう1回と、最低2回は行かなくてはならないところもあります。また、長らく待たされることもよくあることなので、充分な時間的ゆとりも必要となります。さらには、調査する側の質問の仕方によっては、資料が出たり出なかったりするので、どのような内容について知りたいかを正確に窓口担当者へ伝える必要があります。目的や自分の

身分を明らかにするとよりよい場合もあります。質問の仕方にも工夫を要する場合は少なくないといえます。

⑤ 証拠、疎明資料としての整理

以上により調査した項目については、裁判の証拠、証明、疎明資料として使用できるように整理しておく必要があります。

写真や官公庁で交付を受けた書面は汚損等がないように保管することは当然のことですが、日付とどこの部署で取得したか、さらには、担当者の氏名も記録しておくとよいでしょうし、単なる電話による問い合わせも、日付や時刻、電話の相手方の所属部署と氏名を聞いて、記録しておくべきこととなります。

インターネットによる情報検索は可能な限り、印刷やPDF保存をなしておき、リンク切れや更新による消滅を防止することが必要となります。インターネット情報は基本的には検索時という一時点限りでのみ有効であるという性質を忘れてはなりません。ストリートビューや地図検索においても同様です。

また、官公庁等である情報を請求したが、「ない」と回答された場合には、「ない」と回答されたことを証する書面があれば、「ない」ことの証拠になりますし、さらに、市区町村の窓口担当者の説明についてもメモで記録しておくべきです。

なお、市区町村窓口によっては資料の写し等の交付はしてないが、デジカメ撮影やトレーシングペーパーでの写し書きを許可している場合もまれにあるので、デジカメやトレーシングペーパーの持参も欠かせないでしょうし、そのようなことが可能かどうかの打診をしてみることは有用といえます。

もちろん、無断撮影や無断録音、録画はできませんが、民事訴訟においては、無断収録したものについて証拠能力が一律に否定されることはありません。筆者は許可を受けたうえで、区役所にある閲覧用パソコンモニターの画面上に表示された道路台帳をデジカメ撮影して、その画像を証拠資料として裁判所に提出したこともあります。

ともかくも、後日、証拠等としての活用の可能性を踏まえて、書面資料の保管はもとより、口頭や見ただけといった聴覚、視覚情報の記憶についても記録しておくべきこととなります。

第3章

土地調査の留意点

第1　土地調査の総論／84

第2　土地調査の具体的ケース／99

第3　借地権等調査の具体的ケース／137

第4　法定地上権／152

第3章　土地調査の留意点

第1　土地調査の総論

Q30　調査対象不動産の確定はどのようにするのですか

Ⓐ　　土地を調査する前に、調査すべき不動産を「確定」することが
必要になります。すなわち、調査対象の客体を明確に把握し、タ
ーゲットを絞るということです。これは必然的に土地の範囲を確定する
ことを意味します。当然のことと容易に思われがちですが、この「対象
不動産の確定」が意外に難しく、紛らわしく、後日問題になることもあ
るので要注意となります。

|解説|

１　調査対象土地の確定

　たとえば、債務者所有の財産調査の結果、自宅が債務者所有
になっていたことが判明した場合において、その自宅は隣地と
の間に境界等を明示した鋲や杭が全くないだけではなく、塀、垣根、柵も何
もなく隣地の山林や原野と地続きになっているときに、どのようにして対象
地の範囲を特定すべきかは容易でないことがあります。地積測量図もなく、
公図があっても公図の大きさが現地とまるで異なることも少なくありません。

　特に農地は、もともと境界を示していた畦道を、後で別の場所へ付け替え
たような場合もあり、一見しただけではわからないときがあります。山林に
至っては、対象不動産は山の中腹のこのあたりに位置している程度はわかっ
ても、現地ではただ植物がうっそうと繁茂しているだけの状態で、範囲の特
定となると、全く不明なケースは珍しくありません。

　登記は現況を必ずしも示したものではないのですが、不動産調査にあたっ
ては、まず登記を前提とし、登記を正しいものとして調査を始めていくこと
が手順となり、調査対象不動産の特定、確定は、登記記録の全部事項証明書、
公図、地積測量図、建物図面・各階平面図を参照して、所在、地番、地目、
地積、所有者等について一つひとつおさえていくこととなります。

　そして、市区町村等が発行する資料や、入手可能なときは当事者提出の資

84

料と照らしながら、対象不動産の確定作業を進めることとなります。

　対象不動産の確定は物的事項に限らず、権利の態様に関する事項も必要ですので、土地と建物の所有者が異なるときは、借地権かどうかについての調査も必要となります。もっともこの場合、借地権かどうかの判断は、当事者の協力がないとわからない場合がほとんどになります。さらに、土地取引にあたっては、その土地の「表土」、「立木」も含まれるか否か争われた裁判例（「表土」については、千葉地判昭和57・3・26裁判所HP。「立木」については、山林立木に類似する立木の価値は土地価格に含まれているとした事例〔昭和59・7・12東京都収用委員会裁決〕）があることから、そのような視点からの検証を要する場合もあります。

2　**土地の地積の確認**

　登記地積が必ずしも現況を示したものではないことは、山林や農地においては、特によくみられることですが、迅速性、暫定性を旨とする仮差押えのための調査においては、登記地積によって対象土地を暫定的に確定するという方法は、一般的であるといえます。

　詳細な地積測量は時間も費用も要することと、仮差押え、すなわち、仮差押登記も不動産登記であるので、登記事項として対象不動産を把握し、確定することは、迅速性、暫定性の趣旨とも合致していることになります。もしも後日、正規の測量の結果、登記地積と現況地積との不一致が確認された場合には、本差押え時の評価は現況地積によってなされることになり、そのとき生ずる仮差押え時との評価見積もりの差は、仮差押えから本差押えに至るまでのリスク要因として覚悟されるべきこととなります。

　一方、仮差押え時においても、簡易測量として、電子距離計、巻き尺等によって、整形地の場合は、間口の長さに奥行き距離を乗じること等によりおおむね地積の確認はできるので、登記地積との大きな齟齬の有無は現地で確認できないわけではないといえます。ちなみに、東京23区における道路脇のL字型側溝の幅は大体60cmでできてい

るので、間口部分の側溝の数を数えると、写真のように巻き尺を使うことなく、間口の長さを測ることができます。写真の場合は、60cm×3個＝1.8mで、間口2ｍに満たないので、原則として、建築することができないこととなります。なお、上記写真は両側ブロック塀の内側に明示された境界があるのでブロック塀の内側距離を測定していますが、ブロック塀の中心に境界がある場合もあります。

また、平均的な大人の男性が両手を目一杯広げたときの両手長さは、右図のようにおおむね180cm程度、つまり１間程度といわれており、そのように身体を使った簡易計測ができる場合もあります。ほかにも、指を広げると親指と人差し指の間は約５寸（15cm）程度といわれ、その２倍の10寸が１尺（約30cm）、６尺が１間（約1.8181m）、１間と半間を乗じると畳１枚の１畳、畳２枚の２畳で１坪、と続くことになります。もっとも畳の大きさも京間、江戸間等多くのサイズがあるのでこの限りではありませんし、この方法は正確な測定には適しておりません。ちなみに、畳の大きさは、不動産の表示に関する公正競争規約施行規則10条16号によると、「住宅の居室等の広さを畳数で表示する場合においては、畳１枚あたりの広さは1.62平方メートル（各室の壁心面積を畳数で除した数値）以上の広さがあるという意味で用いること」とされています。

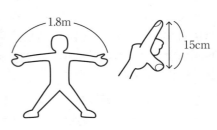

他にも、コンクリートブロック塀の幅や高さ等は、おおむね一定であり、誰でもできる簡易測定に利用できるものは少なくありません。

〔公図例〕

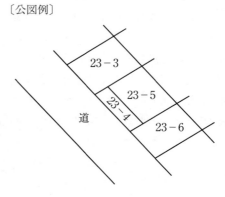

③ 筆界と土地上建物位置の確認

筆が多く分かれているときは、どの筆が債務者所有地であり、ま

たどこから道路であるかを把握する必要があります。前頁の右下〔公図例〕の23番5が債務者所有地であることがわかったとしていた場合には、23番5だけではなく、23番4の登記も調査すべきでしょう。

公図上「道」と記載してありますが、この「道」は昔の赤道であり、現在は23番4も道路に含まれている場合もありますし、対象土地が23番3のときは23番3の南西側の一部は公衆用道路に供している可能性もあるので注意を要します。また、23番4が建築基準法上の道路ではなく、かつ第三者所有地であったら、たとえ幅が1cm程度であったとしても、23番5は接道要件を満たさない無道路地となり、評価は大きく下落してしまうことになります。

また、右の図でA母屋とその敷地が債務者所有であったことがわかった場合は、BがAの敷地たる土地上に存しているか、Bは建物認定要件を満たした建物であるか、Bは登記されているか、Bの所有者は誰か、BはAの附属建物に該当するか等、新たに多くの調査事項が出てくることになります。

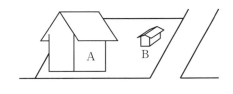

4 調査時点と価格時点の確認

不動産を調査する場合には、「調査時点」（日時）をまず記録しておく必要があります。調査時点から対象不動産の状況が変わることもありますし、調査時点ではわからなかったこともありますので、後日の紛争回避のためにも調査日時は正しく記録しておくべきこととなります。店舗や特殊な施設においては、調査する日時によって、まるで雰囲気が異なることは容易に想像がつくでしょう。場合によっては夜間のネオン点灯時や休日の調査も必要となる場合があります。

現地での写真も必要ですが、弁護士や債権者本人による密行性、暫定性の仮差押えのための調査にあたっては、現地における充分な注意が必要となります。対象不動産が空地、駐車場、未利用地であった場合でも、他人の所有地であることには変わりはないのですから、立入等には配慮が必要になります。さらに敷衍すれば、調査した内容で評価、価格づけをする場合は、「価格時点」（不動産鑑定評価等における不動産の価格判定の基準日）つまり、いつの時

点の価格であるかの特定も必要となります。多くは調査時点現在の価格ということになると思いますが、地価が乱高下しているときは、どの時点における価格であるかが重要となります。

⑤ 確認資料の収集

対象不動産の物的確認と権利の態様の確認に必要な資料を「確認資料」といいますが、まず、この確認資料を収集することから、調査はスタートします。確認資料のうち主なものを列挙すると次のとおりです

項　　目	内　　容
土地関係	登記記録、固定資産税評価証明書、地籍図または公図、地積測量図、道路位置指定申請図、官民境界査定図、特に土壌汚染に係るものとして閉鎖登記簿謄本・過去の住宅地図・航空写真・官公庁の関連台帳ほか
建物関係	登記記録、固定資産税評価証明書、地籍図または公図、建物図面、建物の配置図、平面図、立面図、建築確認通知書、建築請負契約書、見積書、仕様書、建物設計図、建物竣工図、建築計画概要書、検査済証ほか
土地区画整理関係	仮換地証明、仮換地指定図、仮換地位置図、重ね図、土地区画整理事業計画ほか
宅地見込地関係	開発許可書、基本設計図、開発登録簿ほか
賃貸借関係	賃貸借契約書、賃料の改定経緯に関する資料、公租公課、必要経費等一時金授受に関する資料ほか
その他	重要事項説明書、申込案内書等のパンフレット類、売買契約書、管理規約、周辺概況図、写真ほか

（出典）東京競売不動産評価事務研究会編『競売不動産評価マニュアル〔第3版〕』
　　　　29頁〔判例タイムズ社〕。

ただし、上記資料には、関係者の協力が得られて初めて入手可能なものも多数含まれていることに留意する必要があります。

他に現地写真は欠かすことができないものですが、これらの収集した資料はすべていつでも参照できるように保管しておくべきですし、いつどこで入手したかについても整理しておく必要があります。

なお、上記のうち固定資産税関係書面、賃貸借契約書等は、当事者から提示してもらう資料となりますので、密行性に従った仮差押えのための調査段

階では入手できないことになります。原則的には市区町村や法務局発行の公的資料によって調査を進めることになります。

> ## コラム3

人肉裁判と執行

　ヴェニスの商人では、高利貸しのシャイロックがアントーニオに対し、証文どおり「1ポンドの肉」を切り取る目前まで至ったということは、結果的に担保権の実行を果たせなかったとはいえ、訴訟で勝ったものの何ら債権回収がかなわなかった原告よりもまだましかもしれません。

　イェーリングは、シェイクスピアがシャイロックに人肉裁判において言わせている「私は法律を要求します」という言葉をもって主観的意味における権利と客観的意味における法との真の関係、権利＝法のための闘争の意義を的確に言い当てているとしています（『権利のための闘争』94頁［岩波文庫］）。私的怨恨から法律へ、そして証文どおりの執行へ、ヴェニスの商人ではシャイロックは執行をなすことはかないませんでしたが、法律を要求し、執行の現場においては執行直前まで至ったことは評価されてしかるべきでしょう。

　なお、われわれが目を覆うような人肉裁判も、古代法の十二表法では、体の好きな部位を自由に切り刻んでよいと規定されていたことからも、ヴェニスの商人に限らず、人肉裁判類似の説話は珍しいことではなかったようで、特別なアイディアではなかったようです。

　現在でも中東方面では身体の一部切断等の刑罰は現存していますし、コラム4でも示すように、差押えは人的差押えがかつて一般的であったようですし、そのことは差押えの本質を物語っているものといえます。

第3章 土地調査の留意点

Q31 調査対象土地についての最低限の調査事項とは何ですか

A 　仮差押え等の民事保全のための調査は、迅速性等が要求され、多くの時間や費用をかけられない場合も多くあります。そのようなときに、弁護士や債権者が簡易に最低限の調査事項に絞って調査をなすことは、よくあることと思います。

　調査対象土地についての最低限の調査事項とは、①建築基準法上の道路接道、②都市計画法所定の調査、③現地における地上建物等の存在の確認の三つをあげることができます。

　以下では、それぞれについて解説します。

1 建築基準法上の道路接道

解説　土地を調査するにあたっての最低限の調査事項とは、価格への影響の度合いが大きい項目になります。すなわち、土地のうち宅地であれば、建物が建つか建たないか、建つとすればどんな建物が建つかが極めて重要なことなので、そのための調査は最低限の調査事項ということになります。具体的には建築基準法上の道路への接道の有無、都市計画区分ということになります。まず、都市計画区域または準都市計画区域内であれば、土地は建築基準法43条1項本文により、建築基準法上の道路に2m以上接していないと建物が建たないので、その要件の充足性を確認することから始まります。現地調査では、アスファルト舗装された街路沿いに複数の建物が建ち並んで何の不審な点もないように見えつつも、実は建築基準法上の接道要件を欠いており、再建築不能ということがあるので、市区町村の窓口で確認することが必要となります。

　建物が建築できるか否かはその土地の価値を大きく左右するので、その調査は最低限必須のものとなります。ただし、この調査は容易ではないことも多いので、必ず市区町村の建築課等の窓口で再建築可能かどうかまで、確認しておくべきこととなります。この件に関する紛争事件については、Q44を参照してください。

　なお、建築基準法上の道路への接道がないことは、建築物を建てることが

第1　土地調査の総論（Q31）

絶対的にできないことを意味していません。建築基準法43条1項ただし書の運用や、隣地の道路買収、隣地の一部借入等により建築可能な道が開かれる可能性がある場合も少なくないので、建築基準法所定の接道要件の充足が不充分な場合においては、「原則として」再建築不可であるということになります。

② 都市計画法所定の調査

調査すべき不動産が所在している地域における都市計画法上の規制について、調査する必要があります。たとえば、前記①の建築基準法上の道路への接道要件とは、都市計画区域または準都市計画区域に限った規制ですし、建築基準法上の道路に接道していても、最低敷地面積に抵触している場合には建築することはできません。また、容積率は建築可能な建物のボリュームを規制するので、低容積率の住宅地域に高容積率の高層建物は建築できないことになります。この容積率は前面道路幅員によっても制限を受けることになります。用途規制は土地利用区分に応じたゾーン区分を根拠にしているので、その調査も省略することはできません。さらに、地区計画、風致地区、市街地再開発事業計画、都市計画道路等の指定は場合によっては、大きく土地価値に影響を与えることになるので、重要な調査となります。

近年では、インターネットで瞬時に用途地域等の区分を調べることができますが、正確には市区町村の窓口において職員と直接確認したほうが確実であるといえます。

③ 現地における地上建物等の存在

未利用地の更地であると思って現地に行ったら、建物が建っていた、小さな小屋が建っていた、木材が置いてあった、駐車場の用に供されていた、工事中であった、建築工事のお知らせ看板が立っていた等の状況がある場合があります。これを見落とすと評価額や法定地上権の成否に影響を及ぼすだけではなく、執行妨害の可能性もあるので看過できません。

これらの現地の状況を把握するためにも、現地へ赴き、写真撮影等をし、いつ行ったかの記録を残すべきことになります。

建物が建っていたことを確認したら、その建物の所有者、占有者、利用者を確認すべきであるし、建物所有者が土地所有者と異なると借地権を権原とした土地利用が推定されますし、土地が底地であったら、評価額は大きく減

91

第3章　土地調査の留意点

価されることになります。

　小屋、物置については建物認定すべきかという建物認定要件問題を抱え、より複雑になりますし、木材や資材置場なら民法上の賃借権設定が予想され、駐車場施設がある駐車場の場合には更地ではなくなります。また、工事中や建築工事のお知らせ看板の設置は、今後この土地が変化してゆくことを明示していることになります。

　特に留意して欲しいのは、外形上、更地のままで以前から何ら変わることがないと思っていたら、よく現地を見ると境界鋲が新しくなっていた、道路の真ん中あたりに赤い印のような鋲が新たに打たれていたという場合があります。

　新しい境界鋲は新たに測量し直したこと、道路の真ん中あたりの赤色の鋲の設置は建築基準法42条2項道路の中心線を確定したことを示しており、新たな建築計画があること、または、建築計画や取引が検討されていること等を推測することができます。

　なお、中心線の鋲、杭、しるし等は地域によってさまざまで一律ではありませんので、赤色の鋲であるとは限りません。

Q32　地目はどのようにして調べるのですか

A　地目には、①登記、②固定資産評価証明書記載の現況地目、そして③現況の三つがありますが、登記地目や固定資産証明記載の課税地目にかかわらず、現況で判断するべきことになります。この地目認定のいかんによっては、取扱いや評価に大きな差が生じることがあります。

---

①　登記記録の地目

解説
　不動産登記法施行令3条は、「地目は、土地の主たる用途により、田、畑、宅地、塩田、鉱泉地、池沼、山林、牧場、原野、墓地、境内地、運河用地、水道用地、用悪水路、ため池、堤、井溝、保安林、公衆用道路、公園及び雑種地に区分して定める」と規定しています。不動産

登記事務取扱手続準則68条柱書では、上記の地目を説明し、地目は「土地の現況及び利用目的に重点を置き、部分的にわずかな差異の存するときでも、土地全体としての状況を観察して定めるものとする」としています。さらに、準則69条ではより細かい地目認定について規定しています。

　地目は現況主義なので、登記記録の地目は必ずしも現況地目と一致しませんので、登記地目をそのまま現況地目と判断してしまうことは危険です。たとえば、田や畑の農地は農地法の規制により、買受適格証明がないと競売物件を買い受けることができない等の制約があり、農地の地目は農業委員会が判定することになっています。農業委員会は現地の現況確認のうえ、地目を判定することになりますが、長期休耕地等、農地か否かの判定が困難な場合も少なくありませんし、また、農業委員会は自らが判定した地目を記載した台帳を公開していませんので、地目については、調査する弁護士や本人が自ら現況確認を経て判定することになります。その場合、参考になるのが固定資産評価証明書の地目となります。

　②　固定資産評価証明書の地目

　登記地目よりは精度が高く、現況を反映しているのが、固定資産評価証明書記載の課税地目です。

　これは地方税法408条の固定資産の実地調査によって固定資産評価員等が土地の現況地目を認定するためであり、登記地目に拘束されないためです。固定資産評価基準第1章第1節1では「土地の評価の基本」として、田、畑、宅地、鉱泉地、池沼、山林、牧場、原野、雑種地の9種を定めています。さらに、依命通達として、「土地の地目は、土地の現況および利用目的に重点を置き、部分的に僅少の差異の存するときでも、土地全体としての状況を観察して認定するものであること。なお、田、畑輪換の土地においては、原則として田と認定するものであること」としています。

　固定資産税課税上の地目は税額に直結するため、地目認定は慎重になされているので、信頼性は高いと言えます。一方、調査時点の齟齬によっては利用状況が変化し現況地目が変わることもあるので、固定資産税の課税地目が常に正しいとは限らず、現地における状況の確認は不可欠となります。

　③　旧土地台帳の地目

　不動産登記上の地目は現況と一致していないこともあるというデメリット

の反面、過去の地目がわかるというメリットがあります。たとえば、現況は宅地でも土地閉鎖登記簿を見ると、田であったことがわかり、軟弱地盤の可能性があるとされたような例もあり、参考になります。

　また、いつ頃から宅地、すなわち、市街地であったのかを知ることも重要なことと思われます。現在の地番やその元地番の土地閉鎖登記簿を取得していく等、さかのぼっていくと過去の経緯がわかることになります。

　なお、登記制度は土地台帳から移行したものですが、登記に移記される前の旧土地台帳も見ることができます。これにより、明治期における地目について知ることができます。旧土地台帳記載の地目は、現在では廃止されている地目があります。

　たとえば、官有地、稲干場、荒蕪地、監獄用地、行刑場等です。筆者の経験では、ある遺産分割の鑑定評価のために取り寄せた旧土地台帳の地目は「死獣捨場」と記載されていたという事案があり、どのような状況か法務局に照会したことがありました。結局、詳しいことはわからなかったことと、その後、山林への地目変更を経由して宅地としての地目変更を終えてから、長い年月が経っていることによって、土地価値に影響がないものとして鑑定評価をなしたという経験があります。

　旧土地台帳の写しは法務局で無料で取得でき、参考となるべき貴重な情報が記載されていることが珍しくないので、取得することをおすすめします。

4　地目の性質

地目の性質についてまとめると、以下のとおりです。

① 　地目は、限定列挙であり、登記上であれ固定資産税上であれ、決められた種類のどれかに当てはめるという当てはめ作業（選択作業）を要すること、言い換えれば、駐車場、空閑地等、自分で勝手に地目を創作することはできないという性質があります。

② 　1筆につき一地目であり、1筆の一部だけ別の地目となすことは、登記上も固定資産税上もできません。しかし、大部分が宅地で一部が公衆用道路という現況である場合、評価はこのようになし、差押え時の評価書、物件明細書の現況もそのように記載します。

③ 　地目は登記上と固定資産税上とでは異なり、また、農業委員会、執行官、評価人等の調査主体によって判断が異なることもあり、必ずしも一

第1　土地調査の総論（Q33）

致しないという性質があります。常に一致していることが望ましいでしょうが、現実では齟齬がみられます。

　なお、執行官の現況調査では現況地目が農業委員会による地目と一致していない場合は、原則、農業委員会による地目によって地目認定をなすという実務となっています。

④　地目はその性質上、無地番地にはないことになります。登記、もっというと土地台帳の記載事項としての土地の種類が地目ですので、土地台帳も登記もない無地番地であれば、地目は存在しないことになります。赤道、青道、畦畔、脱落地、未定地等がこれに該当します。これは法定外公共物となりますので、Q44を参照してください。

Q33　執行官による土地の現況調査はどのようにするのですか

A　　仮差押えをした後、本差押えに移行した場合の現況調査命令に基づく執行官の現況調査は、目的不動産に関する差押え時の占有者、占有状況、占有権原等の把握のためになされます。

解説

① 現況調査の事前準備

　現況調査命令を受けた執行官は、現地に赴くために、まず目的物の特定をなすことになります。目的物の特定は、ブルーマップ（住居表示地番対照住宅地図）等の資料を参照したり、債権者等の事件関係人、目的物の占有者や近隣者等の事情聴取を経て特定作業を行うこととなります。

　現地調査は、差押え時の占有関係が基準になるので、現況調査命令を受けた執行官は、可能な限り早期に目的物に臨場し、調査に着手しなければならないとされています。

　なお、執行官とは別に評価人は目的物の評価命令を受けて、評価のために現地に臨場することとなり、原則的には、執行官と評価人はそれぞれ独立した立場から職務を遂行することとなりますが、双方の連絡を密にし、執行官が現場に臨場するときは評価人が同行することが望ましいとされており、現

95

第3章　土地調査の留意点

にそのような実務となっています。

2 執行官の調査権原

仮差押えのためではなく、本差押え時の執行官の現況調査は、執行官に不動産立入権が付与されています（民執57条2項）。占有者が在宅し、内部から開扉を妨害したり、立ち入りを拒否する場合は、民事執行法6条1項本文によって威力を用いてこれらの対応をしたり、場合によっては錠や扉を損壊して立ち入ることも許されています。執行官はこのように強い調査権限を持っていますが、その他にも、質問権、文責提示請求権、官庁等に対する援助請求権、資料等の交付請求権が認められています。

3 土地についての現況調査報告書の記載事項

現況調査報告書には、事件番号、不動産の表示、調査の日時、場所および方法を記載することになっていますが、調査の目的物が土地であるときは、①土地の形状および現況地目、②土地に建物が存するときは、その建物の種類、構造、床面積の概略および所有者の表示が記載されることになっており、公道に至るまでに私道を通る必要がある場合には、その通行権について調査を行うものとされています。

なお、目的物が土地のときは地上建物への立入権は執行官に付与されていません。そして、占有者の表示、占有状況（占有開始時期、占有権原等）について記載することになります。他には、その他執行裁判所が定めた事項、見取り図および写真を添付することになっています。

Q34　裁決手続開始登記等があった場合はどうするのですか

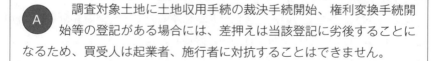

A　調査対象土地に土地収用手続の裁決手続開始、権利変換手続開始等の登記がある場合には、差押えは当該登記に劣後することになるため、買受人は起業者、施行者に対抗することはできません。

解説

1 土地収用法の裁決手続開始の登記

弁護士が調査対象土地の登記記録を取得したところ、土地収用法の裁決手続開始の登記がなされていることが判明した場合、

それから、仮差押えをなしても、裁決手続開始登記が先行しているので、本差押えに移行して買受人となった者が現れたとしても、その買受人は土地収用手続の起業者には対抗することはできません（土収法45条の3第1項）。

要するに買受人は、収用または使用の裁決がなされると、補償を受けることはなく、収用により買い受けた権利を失い、または、使用により起業者が取得した使用権の負担を受けなければならないことになります。

土地収用により起業者が所有権を取得した場合は、差押え、仮差押えはその効力を失うこととなり（土収法101条1項本文）、仮差押えや差押え登記は、起業者の所有権取得後の登記時に職権により抹消されることになります。

なお、裁決手続開始決定の前に仮差押え執行がなされた場合、つまり仮差押えが裁決手続開始より先行する場合には、競売手続開始前に補償金等が払い渡されます（土収法96条5項）。

すなわち、競売による差押えが裁決手続開始登記の前になされたときは、買受人は土地収用等手続の起業者に対抗することができ、買受人は裁決手続での補償金等の支払を受ける地位を有することになります（注）。

② 都市再開発の権利変換手続開始の登記

土地登記記録に都市再開発法に規定された権利変換手続開始の登記があった場合には、処分制限効に従い、その不動産の所有権を取得した者は、当該市街地再開発事業の施行者の承認を得なければならず（都再70条2項）、施行者は、事業の遂行に重大な支障が生ずることその他正当な理由がなければ承認を拒むことができない（同法70条3項）か、その承認を得ないでなした処分は施行者に対抗できず（同法70条4項）、施行者による権利変換手続を買受人は受忍しなければなりません（同法130条）。

権利変換手続により、権利変換の処分（都再86条1項）がされたとき、競売手続が進行しており、その手続が代金納付前であれば、補償金等は執行裁判所に払い戻されることになり、この払い戻しがあったときは、その旨を差押債権者、債務者および所有者に通知しなければなりませんし、その補償金等は、競売による代金とみなされます。

③ マンション建替えの権利変換手続開始の登記

マンションの建替え等の円滑化に関する法律は、マンション建替えを都市再開発に規定された権利変換手続を活用して、円滑になすことを規定した法

律ですが、土地登記にこの法律に規定された権利変換手続開始の登記がなされていることを見つけた場合には、前記②と同じ対応となります。すなわち、この法律にいうマンション建替えとは、第一種市街地再開発事業の権利変換手法を用いる手法であることにより、都市再開発法の規定とほぼ同様の構造をとっているからです。このマンション建替えと差押えの調整については、マンションの建替え等の円滑化に関する法律による権利の変換と強制執行等との調整に関する規則によって、両手続の調整が図られています。

　要するに、権利変換手続開始の登記がすでになされている場合には、仮差押え、差押えに当該登記が先行するものとして、施行者に対して権利処分の承認を要し、施行者の承認なき処分は、施行者に対抗できない一方において、権利処分承認申請がなされたときは施行者は事業の遂行に重大な支障が生ずることその他正当な理由がなければ、その承認を拒むことができないとされています（マンション建替55条3項）。

　（注）東京地方裁判所民事執行センター実務研究会編著『民事執行の実務〔第3版〕不動産執行編（上）』211頁〔金融財政事情研究会〕。

第2　土地調査の具体的ケース（Q35）

第2　土地調査の具体的ケース

Q35　調査対象土地に都市計画道路予定がある場合の調査はどのようにするのですか

A　調査対象土地の全部または一部に都市計画道路の予定があることは少なくありません。特に都道や県道等の大通り沿いは拡幅計画等の存否についての確認は欠かせません。評価に影響することも少なくないので、当該都市計画の内容、すなわち、計画の実現性、計画内容、当該計画があることによる制限の内容等について調査すべきことになります。

解説

1　都市計画道路の進捗状況と規制

　調査すべき事項は、まず、対象としている土地のどの部分が都市計画道路にかかっているかを把握することです。厳密な範囲については、東京都であれば都庁の「都市整備局都市づくり政策部都市計画課都市計画相談担当」窓口で教えてくれますが、市区町村に備え付けてある都市計画図では概略しかわからない場合がほとんどです。

　まず、範囲を把握し、全体の何パーセントくらい計画にかかっているか目安をつけることになります。対象土地の半分以上とられたり、残地だけでは利用できない場合もあるでしょう。次いで、その都市計画道路の計画がどのような段階であるかを確認することになります。すなわち、計画決定段階か事業に着手している段階かの2段階あります。どちらも告示しているので簡単に知ることができます。

　計画決定段階では、都市計画予定地について、都市計画法53条の建築の許可を得て、同法54条の基準を満たす建物の建築が可能とされています。具体的には、「階数が2以下で、かつ地階を有しないこと」（都計54条3号イ）と、「主要構造部が木造、鉄骨造、コンクリートブロック造その他これらに類する構造であること」（同条3号ロ）の二つの要件に該当し、容易に移転、除却で

99

きるもののみ建築が可能ということです。

　計画決定段階ではいつ事業化するかわかりませんが、このような規制があるので、そのことを反映させた評価がなされることになります。

　一方、計画決定段階を経てすでに事業に着手している段階では、実際に道路買収が順次なされている状況ですので、都市計画道路予定地が近い将来道路になることを見込むことになります。該当部分は時価で買収されることになるので、そのことを踏まえることになります。また、計画決定段階と事業中の中間として、優先整備路線に指定され、近い将来に事業化することが決められている計画決定段階の路線もありますが、その場合には事業実施の蓋然性は高まり、実現性は高いといえるので、計画決定段階である場合には、近い将来に事業化することが決められている優先整備路線に指定されているかどうかについても調べることになります。

　いずれにせよ、対象土地の道路際のごく一部が都市計画道路予定地である場合、対象土地の大部分が予定地である場合、予定地が対象土地の中央部分を大きく突き抜けている場合等とでは影響も大きく異なることはいうまでもありません。

② 都市計画道路予定地があることによる減価

　対象土地の一部が計画決定段階の都市計画道路予定地であると、その部分は都市計画法54条の規制により除却容易な建物しか建築することができないという制約があるので、土地評価にあたっては一定の減価を見込む場合があります。すなわち、当該部分に都市計画道路計画がなかった場合とあった場合との価値差を減価分として見込むことになります。具体的には消化容積率に差があり、テナント収入に差が生じる場合はその減収分に応じた減価をなすことになります。一方、マンション等の場合で、都市計画道路予定地部分は駐車場にしておく等、特別に消化容積率（建物ボリューム）に差はないような場合においては、特段、減価を考慮する必要性が稀薄であるとされることとなりますし、現に多くのマンションはそのようにして都市計画道路予定地であることを組み入れた設計をしています。

　事業決定された都市計画道路は、早々に時価による買収手続がなされることになるので、減価の考慮は不要となります。残地についても残地補償として配慮されることから、残地についての配慮も特に不要になります。

第2　土地調査の具体的ケース（Q36）

> ## Q36　埋蔵文化財包蔵地に該当している場合の調査はどのようにするのですか
>
> Ⓐ　市区町村の教育委員会生涯学習課等の担当窓口で、対象土地が周知の埋蔵文化財包蔵地に該当しているかどうかを調べることも重要な調査事項です。もしも対象土地の全部または一部が周知の埋蔵文化財包蔵地に該当しているとなると、遺跡等の文化財が埋蔵されている可能性があるので、一定の制約があります。

解説

①　周知の埋蔵文化財包蔵地とは何か

　文化財のうち埋蔵文化財とは、貝づか、古墳、都城跡などで土地に埋蔵されている文化財をいい（文化財2条1項4号・92条1項）、「周知の埋蔵文化財包蔵地」とは、埋蔵文化財を包蔵する土地として周知されている土地とされています（同法93条1項）。

　土木工事その他、埋蔵文化財の調査以外の目的で周知の埋蔵文化財包蔵地を発掘しようとする場合は、文部科学省令の定める事項を記載した書面をもって、文化庁長官に発掘に着手しようとする日の60日前までに届け出なければならず（文化財93条1項）、さらに、文化庁長官は埋蔵文化財の保護上、特に必要があると認めるときは、届出に係る発掘に関し、必要な事項を指示することができるとされています（同法93条2項）。

　調査対象土地が周知の埋蔵文化財に該当している場合には、発掘調査等により、開発行為の造成工事等の着手が大きく遅延してしまい、金融機関の借入金により資金調達している場合には、金利負担による逼迫等、甚大な損害を招聘する可能性もあるので、重要な調査になります。場合によっては何年も遺跡発掘のため、据え置かれることもあります。

②　周知の埋蔵文化財包蔵地であるかどうかの調査方法

　市区町村の教育委員会生涯学習課等の窓口にて、調査対象土地が周知の埋蔵文化財包蔵地に該当しているか確認することになります。窓口に埋蔵文化財分布図等の地図を備え付けておき、調査する人が勝手に閲覧するという市区町村もありますし、電話で照会に応じてくれるところ、ファックスで照会文書を送受信する方法等さまざまです。担当窓口は不動産調査のための建築

101

課や都市計画課から相当離れた別庁舎に入っている場合もあります。

　また、調査対象土地は周知の埋蔵文化財包蔵地に該当していないものの、周知の埋蔵文化財包蔵地に近接している（おおむね50m以内）、または土地面積は1,000㎡以上であるときは、教育委員会が判断して指導するというような地方公共団体もあり、その対応はまちまちです。

　遺跡発掘によって人骨が発見されることもあるそうですが、その場合には所轄の警察署に連絡され、一定の手続がとられることになります。

　一度、周知の埋蔵文化財包蔵地に該当していると判定されると、所有者であれ、債権者であれ、自由に建築、土木工事ができず、場合によっては大きな負担となることも少なくないので、この調査は割愛することができないというべきです。ただし、建築や土木工事を伴わない、単なる所有権移転や差押えについては大きな影響はない場合がほとんどです。

③　周知の埋蔵文化財包蔵地の評価

　調査対象土地の全部または一部が周知の埋蔵文化財包蔵地に該当していることが判明した場合には、建築土木工事にあたっては文化財保護法93条、94条の所定の届出、通知を提出することになりますが、現実に遺跡発掘作業するかどうかは教育委員会の判断となります。したがって、周知の埋蔵文化財包蔵地に該当していることが直ちに遺跡の存在を意味していることではないことは言うまでもありませんし、必ずしも建築、土木工事の遅延リスクを考慮すべきではなく、少なくとも調査対象土地が周知の埋蔵文化財包蔵地に該当していることは調査結果として公知しうる状態にしておくべきであり、その状態に留めておき、具体的な減価については考慮しないという対応でも、不合理、不適切とはいえない場合が多いように思われます。

　この場合には、減価等の価格反映、すなわち、価格形成要因として把握すべきというよりは、取引の安全性の要請により、取引当事者や利害関係者にその旨の情報提供の義務として把握すべきであるといえます。

第2　土地調査の具体的ケース（Q37）

〔参考資料〕千代田区における埋蔵文化財包蔵地に関するフローチャート

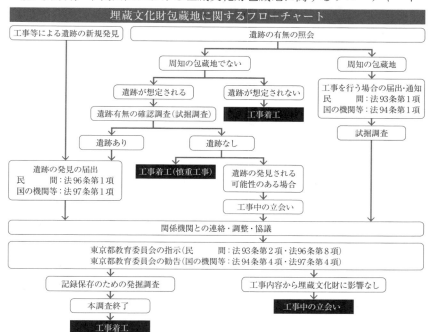

Q37　地中埋設物の疑いがある場合の調査はどのようにするのですか

A　取引した土地に地中埋設物があった場合、撤去費用の負担等の損害賠償に関する紛争になる可能性があるので、地中埋設物の有無についても考慮しておくべきことになります。

解説

　地中埋設物に関する紛争として、最近のものとしては、ヤマト運輸が荏原製作所から購入した土地にアスベスト（石綿）を含む建材の破片が見つかったとして、処分費用を含む約85億円の損害賠償を求めた訴訟の判決で、東京地裁は売主である荏原製作所に約56億円の支払を命じました（日経新聞平成28年4月29日版）。

　地中埋設物の存否は外観からはわからず、売主、買主、仲介等の関係者す

103

べてが全く知らなかったことも少なくなく、その撤去等に要する費用負担を
どこに課すかは瑕疵担保責任に関する紛争例として、裁判例の蓄積がなされ
てきています。

　紛争例にみられる地中埋設物としては、コンクリートがら、アスベスト含
有土壌、ガソリンスタンド埋設基礎等、松杭、オイルタンク残骸、コンクリ
ート構造物、建築廃材、産業廃棄物、陶器の破片等があります。

　調査対象土地が更地であり、コンクリートがらの断片の一部が地上に露出
している等、何らかの兆候が現地で確認できれば、地中埋設物の疑いがある
といえ、その場合には地中埋設物の調査をなすこととなります。正規の調査
は、地中埋設物の調査を専門とする調査会社へ外注せざるを得ず、調査費用
を要することになりますが、仮差押えのための調査は暫定性の趣旨のもとに、
疑いがあるという段階でとめておくことになります。本差押えの評価にあた
っては、地中埋設物の疑いの程度に従って評価人が調査を要するか否かにつ
いて、執行裁判所と連絡をとりながら対応していくことになります。

　実務上は疑いがあるものの地中埋設物調査まではせず、詳細は不明である
としてリスクを反映した市場性減価を考慮することによって、評価上、対応し
ていくケースが多いと思われます。

　一方、調査対象土地につき、地中埋設物存在の徴候が全くないとき、また
は、建物の敷地となっているときに、地中埋設物の調査をなすべきかについ
ては、消極に解されることと思えます。調査には費用も時間もかかり、また、
所有者の了解や立ち会いも必要なことから、迅速性、暫定性、密行性を前提
とした仮差押えのための調査にあたっては、要求されていない調査事項であ
るといえるからです。

　ただし、用途地域や過去の土地利用状況等の土地履歴を調査して、そのよ
うな可能性について把握しておくことは、最終的な換価、債権回収局面にお
いても重要なことになります。このことは、次の土壌汚染等についてもいう
ことができます。

第2　土地調査の具体的ケース（Q38）

Q38　土壌汚染が疑われる土地の調査はどのようにするのですか

（A）　土壌汚染調査には、フェーズⅠ、Ⅱ、Ⅲの三つのステップがあります。まず、現地確認や資料によって土地履歴調査を中心とするフェーズⅠ調査をします。フェーズⅠ調査によって土壌汚染等の疑いがあった場合は、地中の土壌や地下水を実際に採取して検査をするフェーズⅡ調査の実施へ進むことになります。フェーズⅢ調査は、汚染除去等の対策のための調査です。

解説

①　土壌汚染地の意義

　土壌が汚染されていることがわかるとそのまま放置しておくことはできず、汚染除去等の措置を行うことになりますが、「土地汚染地」とは、土壌汚染対策法2条1項に規定されている特定有害物質が地表または地中に存在する土地をいい、「土壌汚染の疑いがある土地」とは、利用状況、履歴調査等により土壌が汚染されている可能性があるとされる土地をいいます。

　土壌汚染が判明すると、土地所有者等は土壌汚染対策法7条1項により都道府県知事による措置命令の対象となり、または、同法12条による形質変更時における要届出の対象となります。すなわち、土壌が汚染されている状態とは、環境省令の定める基準を超えた特定有害物質が土壌に含有されている状態をいい、人体等に有害な状態を意味しています。

　汚染除去等の対策費用は、その土地の価値を上回ることもあり、土壌汚染の調査は土地調査にあたって欠かせないものとなります。迅速性と暫定性のもとでの簡易調査では、フェーズⅡ以降の本格的調査は必要としない場合も多いでしょうが、将来のフェーズⅡ調査や土壌が汚染されている可能性を覚悟することとなります。

②　土地汚染の簡易調査

　まず調査対象土地について、地域周辺や現地の状況に鑑み、土壌汚染されている可能性についての検討を要します。周囲に工場や作業所が多い立地であると、調査対象土地は無関係でも汚染された土壌や水が隣地より流れ込ん

でいる可能性がありますし、調査対象土地がクリーニング店、ガソリンスタンド、試験研究所、印刷工場、有害物質を使用する施設等であると土壌汚染されている可能性が高いということになります。

土壌汚染が疑われると、実際の発掘により地中の土壌を採取して検査するフェーズⅡ調査を要しますが、この調査は費用も時間もかかる本格的調査となります。さらに、フェーズⅢ調査を要することもあります。

ここでは、フェーズⅡ調査までいかない、フェーズⅠ調査としての簡易調査について解説します。

調査は、現地状況、図書館、法務局等でなすこととなります。まず、現地においては、周囲周辺状況、業種、有害物質の使用状況等を確認することになります。悪臭、植物枯死、表土変色、汚染水の滞留等は重要な兆候、端緒となります。

インターネットでは土壌汚染対策法の要措置区域や形質変更区域に該当しているか調べることができ、さらに、地方公共団体の環境課等の窓口、たとえば東京都では、「要措置区域等台帳」、「下水道法および東京都下水道条例に基づく届出事業場名簿」、「水質汚濁防止法に基づく届出事業場名簿」、「水質汚濁防止法に基づく届出特定事業場名簿」、「都民の健康と安全を確保する環境に関する条例（環境確保条例）が規定する工場・指定作業場名簿」等の資料を閲覧に供しており、それらに記載された施設との近接性、該当性を確認することができます。

また、過去の住宅地図・航空写真では、その土地が以前どのように使われていたかを調べることができ、国会図書館等で確認することができます。

加えて、旧土地台帳や土地建物閉鎖登記簿を取得して、過去の利用状況を確認することもできますし、国土地理院の所定の閲覧室においては、敗戦後の米軍占領下の航空写真を見ることができ、大変好評です。

近隣者や関係人への聞き取り調査も有効となりますし、対象土地で事業を行っている会社のホームページを参照して、事業内容、生産物等を確認することもできますし、商業登記の履歴全部事項証明書を取得して、目的を確認することも有用でしょう。

以上のような土地履歴調査をなし、土壌汚染の可能性を検討することになります。この調査は簡易、簡便的なもので、具体的な土壌汚染の有無はわか

第2　土地調査の具体的ケース（Q39）

りませんが、重要な調査となります。

| Q39　軟弱地盤や液状化についての調査はどのようにするのですか |

A　地盤についての人々の意識は、東日本大震災の液状化報道によっても定着化し、耐震性と並んで人々の関心は高まっておりますので、地盤への関心は土地調査にあたって不可欠なものとなってきています。

解説

①　液状化とは何か

先の東日本大震災ですっかり有名になった液状化という用語は、建物が敷地上に、水面上のようにプカプカと浮かぶという衝撃的な映像とともに人々の脳裏に焼きついており、地盤リスクの恐怖を表すものとなっています。

液状化は、兵庫県南部地震、2004年新潟中越地震でも確認されていますが、過去最大の被害規模となったのは、2013年東北地方太平洋沖地震であり、中でも千葉県浦安の液状化が有名です。

液状化とは、普段、砂粒子が接触し合ってバランスを保っているために一定の強度が維持できている状態であるところ、地震振動によって砂粒子のバランスが崩れ、砂同士の摩擦力が失われて浮遊状態になることです。この液状化による不同沈下被害、噴砂、冠水等の被害の状況はまだ記憶に新しいといえます。

液状化の被害可能性については、地方公共団体等が公開している液状化危険度マップにより確認することがまず必要になりますが、地域としてではなく個々の不動産の地盤の評価としては、地盤調査を実施することになります。液状化履歴マップを閲覧することも有用ですが、これは、液状化は再発することが知られているからです。この液状化の衝撃は、地盤リスクに対する人々の関心を引き上げるのに充分であったといってよいでしょう。

②　地盤調査

地盤リスクを調査するための調査方法としては、資料による調査と実地調

107

査の２段階があります。資料による調査は、液状化等の地盤リスクについて、資料を参照して、危険性について判定する方法です。参照する資料としては、液状化危険度予測図、液状化履歴図、土地条件図、ハザードマップ、ボーリング柱状図、土地閉鎖登記簿、旧土地台帳、旧公図、過去住宅地図、過去航空写真等があります。

　地方公共団体によっては、近隣の官公庁施設のためのボーリングデータの調査結果を公開しているところもありますので参考になります。対象土地上の建物や周辺建物を見て、傾斜、クラック、建付不良が観察されるときも軟弱地盤の可能性は高くなります。仮差押え等の簡易調査の段階においては、この資料調査までとなることとなります。

　これらの資料調査によって地盤リスクが高いと判定される場合には、実地の調査をすることになります。実地調査方法には、サウンディング試験、標準貫入試験、三成分コーン貫入試験、平板載荷試験等がありますが、スウェーデン式サウンディング試験が広く普及しています。これは、作業の容易性とコスト安というメリットが大きいからで、作業スペースは１㎡程度、要する時間は一宅地２〜３時間程度、費用は数万円程度です。ただし、このスウェーデン式サウンディング試験は住宅向きであり、事務所ビル等の非住宅やトンネル等の木土構造物を対象とした地盤調査には不適とされ実施されません。ちなみに、「サウンディング」とは、地盤中に抵抗体を挿入して抵抗値を測定し、その抵抗値により地盤の硬軟や地盤定数を推定する調査方法です。

　なお、地盤調査をした後の調査結果は、安全側に立った時点、すなわち、リスクが高い方向に立って書かれていることが多く、しかもその内容は専門的なので、充分な説明を調査会社にしてもらうことが重要となってきます。というのは、たとえば、粘土、シルト、砂、礫という順序で粒子が大きくなりますが、砂といっても適度に粘土分を含むと強度は増し、粘土でも若い粘土地盤は軟らかいが、古い粘土は強固であるというように、調査結果の見方も簡単ではないからです。精緻な詳細が記してある報告書があっても調査結果の意味がわからないという事態は避けなければなりません。

③　沈下修正工法

　すでに建物が建っていて地盤沈下が疑われるときでも、ある程度の空地がないと調査することができません。すなわち、敷地目一杯に建物が建ってい

て約1㎡の空地部分もないと地盤調査はできないことになるということに留意すべきことになります。空地であっても日本庭園として整備されていて機械の挿入等ができない状態であると調査はできません。

現存の建物がすでに沈下、傾斜しているときは、沈下修正施工をすることになります。

沈下修正の工法としては、アンダーピニング工法（鋼管圧入工法）、耐圧版工法、注入工法、プッシュアップ工法（かさ上げ工法）の4種類が主な工法です。

アンダーピニング工法（鋼管圧入工法）	耐圧版工法	注入工法	プッシュアップ工法（かさ上げ工法）
基礎下でジャッキを用いて鋼管を圧入し、鋼管の反力を利用して建物の沈下を修正する	基礎下に鋼板を敷設し、ジャッキを用いて地盤の反力を利用して建物の沈下を修正する。アンダーピニング工法と似ているが、鋼管ではなく鋼板を用いる点が異なる	基礎下にグラウト等の注入剤を注入し、その注入圧を利用して建物の沈下を修正する	建物と基礎を切断して、ジャッキを用いて建物のみを持ち上げる。地盤に手を加えることはない

出典：「建築知識」2011年8月号59頁

どの工法によるかは、地盤沈下の状況や建物によっても異なってきますが、費用は最低でも200万円は要し、施工期間も2週間程度以上は要するという大がかりな工事となります。

④　地盤リスクと評価

地盤リスクについての土地評価は、実地における地盤調査をした場合と、すでに地盤沈下している場合に分けられます。

地盤リスクの調査段階においては、調査結果を踏まえ、地盤リスクがないとした土地価格に対して地盤リスクによる市場性減退を考慮することになります。すなわち、地盤リスクによる需要減退を見込んだ減価を心理的嫌悪感（スティグマ）を含めて考慮することになります。減価割合は地盤リスクの大きさによることになります。より精緻な調査を要する場合には、当該調査を要する費用も考慮することになります。

第3章　土地調査の留意点

　また、実地における調査もできず、資料による調査段階においては、地盤リスクの高低を資料から推定し、市場性の判断をなすことになりますが、地盤リスクについては考慮外とするという条件付きの価格とするという方法も考えられることになります。

　すでに地盤沈下している場合には、沈下修正施工に要する費用を、地盤沈下が発生していないとした場合の土地価格より控除することになります。沈下修正施工に要する費用は施工会社の請負金額や見積金額によります。

Q40　画地規模によって調査は異なりますか

　A　最低敷地面積制度を導入している地域においては、調査対象土地が最低敷地面積に抵触するか否かは建築可否に直結する重要な調査事項になります。また、大規模画地になりますと、開発業者、工場取得者、マンション業者が参入してくる等、需要者が異なってきますし、さらに大きい規模となると、土地区画整理事業、市街地再開発事業としての都市基盤整備も検討される等、利用方針、処分方法のストーリーも大きく変わってきます。要するに規模によって市場は異なりますし、また、土地単価も異なってきます。

解説

① 画地規模が小さい場合

　その地域における標準的な画地規模と比べて、画地規模が小さい画地については、建築可能な規模であるかを調べることが必要になります。まず、物理的に建築困難な画地規模というのがありますが、通常の戸建一般住宅は100㎡前後の床面積の確保が要求されることに鑑みると、実行容積率160％（道路幅員４m×係数0.4）とみると、100㎡÷160％＝62.5㎡、仮にやや小さめの住宅として80㎡の床面積とすると、80㎡÷160％＝50㎡となり、少なくとも50㎡程度の画地規模がないと一般住宅の敷地とすることは困難といえることになります。もっとも物置の敷地、家庭菜園や駐車スペースとしてなら、50㎡に満たない規模であっても利用することができます。ただし、市場性、流通性は劣ることになります。

110

一方、市区町村によっては、住宅地域について最低敷地面積制度を導入している地域があります。これは、主に防災の視点によって、敷地細分化を防ぎ、良好な街づくりを形成しようとする目的によって導入されている制度ですが、たとえば、最低敷地面積が60㎡と定められている地域においては、定められた日以後に60㎡を割り込む分割はできないことになりますので、119㎡の画地はそのまま一画地として使い続けるしかないことになります。

最低敷地面積に抵触することを知らずに分割した場合には、60㎡を割り込む画地は建築不可の土地となりますから、相当厳しい規制ということになります。

要するに119㎡の土地は分割不可能というデメリットを負った画地ということで、単価が低廉になる可能性があるということですし、もっというと、120㎡の土地は分割可能性というメリット、つまり一画地として利用しても、分割してもどちらでも選択自由というメリットを享受した画地としての単価になるということです。119㎡と120㎡という1㎡の相違で、単価は大きく乖離することがあるので要注意であるといえましょう。最低敷地面積の確認は不可欠となります。

さらに、土地区画整理事業が進行している場合には過小宅地基準を設けている場合もあり、都市計画道路の事業化によって敷地の大半が道路買収され、狭小残地では事業上利用が困難という残地補償の考慮もあります。

② 画地規模が大きい場合

画地規模が大きい場合には、ある程度まとまった土地、すなわち、取得困難な土地として希少性は高くなり、開発業者、工場取得者、マンション業者等の多くの業者が参入することになり、価格も変動しやすくなります。国や地方公共団体も取得の検討をします。市場ではこのような土地は頻繁に出回ることはありませんので、一度出たら、多くの業者、地方公共団体等が取得を検討することになるというわけです。

高層マンション建設、工場進出、公共施設、企業誘致等、地域にとっても影響は大きいので、関心も高まり、世間の注目も集まります。

また、その大規模画地を単体ではなく、隣地や周囲を含めてまるごと開発しようという土地区画整理事業や市街地再開発事業の手法を用いた大規模開発も検討され得ることになります。

規模に対応した規制もあるので、その点から調査は欠くことができないことになります。すなわち、国土利用計画法、都市計画法の開発行為、公有地拡大法、森林法その他の条例等です。法令に照らして、規模が大きい画地の市場は、地域における標準的な画地規模の市場とは異なる市場であるということです。

たとえば、地域における標準的な画地規模が150㎡である地域における、5,000㎡の土地は、新築建売住宅団地、新築マンション、複合施設、工場、公共施設、企業誘致等のさまざまな選択肢があるので、通常の一般低層住宅敷地としての市場とは異なる市場として形成されます。当然、需要者も個人ではない企業、開発業者、公共団体等の資金力を有した法人になります。市場は規模に応じて異なるということです。

また、たとえば、地域の標準的画地規模が150㎡である地域における300㎡程度であると、一般住宅としての利用も可能であることに加え、賃貸用共同住宅、数棟の新築建売住宅分譲も可能であるというように、選択肢が少し増えることになりますが、個人の需要も十分に想定できるので、必要以上の市場性の限定は不適切という場合も少なくないことになります。

いずれにせよ、規模と一口に言っても、地域、都市計画上の用途地域、利用状況等において異なります。

③ 画地規模と評価の関係

過小宅地は、一般的には標準的な画地規模の単価より低い単価となりますが、割高である過小宅地も多く、また、地域にもよりますが、規模小画地であっても単価よりも総額が重視されることも少なくありません。

最低敷地面積に抵触している画地規模の単価は低廉な水準になってしかるべきですが、現在のところ大きな影響はないようです。最低敷地面積告示後に建築不能な画地規模に分割した画地は無道路地のように建築不能地としての価値となることとなります。

規模が大きい画地は、たとえば、150㎡が地域の標準的画地規模である地域における300㎡の土地は、300㎡前後の取引事例に照らした市場価格を基準とすることになりますが、150㎡の土地単価と大きな差はない場合が多いと思われます。

数千㎡以上の規模になると、計画された開発計画、マンション分譲等に応

第2　土地調査の具体的ケース（Q41）

じた土地価格を算出することになります。大規模画地の評価については開発
法という手法を使用しますが、開発法については、Q106①②で後述します。

　マンション敷地は、規模が大きいという点で単価としては割安方向になる
一方で、希少性、競争による高値つり上げ、高値買いという原因によって割
高方向にもなります。結論的には、マンション適地においては、規模大であ
ることはプラス、すなわち割高方向になる傾向が強いのですが、地域によっ
て事情は異なってくることになります。

Q41　セットバックについての調査はどのようにするのですか

(A)　セットバックとは建築基準法42条2項の規定に従い、前面道路
が建築基準法42条2項道路（道路幅員4mを確保するための道路）
に該当している場合において、幅員4mに満たない都市計画区域または
準都市計画区域内の画地である場合、敷地の一部を後退させることをい
います。

　調査としては、現地における道路幅員測定のほか、前面道路の建築基
準法上の種類の調査、中心線確定図および建築計画概要書の閲覧があり
ます。また、建築基準法42条2項以外にも位置指定道路復元や、告示建
築線指定があります。

解説

①　セットバックと中心線

　セットバックとは建築基準法上の道路の幅員4mを確保して、
消防自動車等の通行をスムーズにし、防災に強いまちづくりの
意図による規定です。建築基準法42条2項は、「この章の規定が適用されるに
至つた際現に建築物が立ち並んでいる幅員4メートル未満の道で、特定行政
庁の指定したものは、前項の規定にかかわらず、同項の道路とみなし、その
中心線からの水平距離2メートル（前項の規定により指定された区域内において
は、3メートル（特定行政庁が周囲の状況により避難及び通行の安全上支障がない
と認める場合は、2メートル））の線をその道路の境界線とみなす。ただし、当
該道がその中心線からの水平距離2メートル未満でがけ地、川、線路敷地そ

113

の他これらに類するものに沿う場合においては、当該がけ地等の道の側の境界線及びその境界線から道の側に水平距離４メートルの線をその道路の境界線とみなす」としています。

　すなわち、調査対象土地が幅員４ｍ未満の建築基準法42条２項の道路（以下、単に「２項道路」という）であった場合、再建築等の場合には敷地の一部が無償で道路に供され、実質的敷地部分が減少するので、評価に影響してくるということです。したがって、調査はどのくらい調査対象土地が削られるのか（後退すべきか）を調べることになります。

　調査方法は、まず、前面道路が２項道路かどうか、現地の幅員がどのくらいかを測定することになります。この現地幅員の測定方法としては、側溝から側溝までという目安があるものの、側溝の外側、すなわち、側溝よりも建物側に道路境界がある場合もあるので要注意ですが、市区町村等の窓口で確認するしかありません。幅員４ｍに満たず、前面道路が２項道路であることがわかると、今度はどの程度削られるのか、どのようなラインで削られるか（後退すべきか）を調べることになります。

　市区町村は後退ラインを決めるにあたっては中心線を定めます。中心線を決めた印として、鋲を道路上に打つことになります（23区では赤いものが多い）。この鋲から両側２ｍを道路にするということです。したがって現地でこの中心鋲（中心線）を見つけたらそこから調査対象土地

側に２ｍの地点を結んだラインが後退ラインということになります。

　市区町村によっては、中心線確定図、協議書等の名称で図面を公開しているところがありますので、入手すると重要な資料になります。もしも中心線に関する資料がなくても、同じ前面道路沿いの周辺地域における「建築計画概要書」は、一般に公開して有償で複写の入手が可能ですので、取得すると、前面道路の後退に関する情報を得ることができます。ただし、この図面は小さく見づらいことから、窓口担当者から十分な説明を受ける必要がありますし、またこれは建築確認申請時のものであり、実際に現地がこのようになっていることを示す図面ではないことに注意が必要です。

なお、中心線に関する資料も、現地における鋲もなくて、後退位置がわからない場合には、計算上の中心線から両側双方に同じ距離後退することと仮定する「中心ふりわけ」という方法で計算することになります。すなわち、たとえば右図で、間口10m、奥行15m、地積150㎡の調査対象土地の前面道路幅員が3.8mであったときは、(4m－3.8m)÷2＝10cm後退するとして、間口10m×後退距離10cm＝1㎡が後退面積、1㎡÷150㎡≒0.67％が後退割合ということになります。

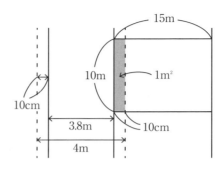

2 後退部分とは何か

セットバックは主に防災上の観点により幅員4mを確保するものですが、一つひとつの建物について建替え時に後退していくことになりますので、ある2項道路が一度にスッキリとした4m幅員の道路に変わることなどありません。低層木造建物の寿命が25年から30年程度といわれているので、25年から30年に一つの住宅がセットバックすると考えると、その街路沿いの住宅がすべて建替えするには長い年月が必要となります。その間は下の写真のようなデコボコになってしまいます。すなわち、建築基準法の規定に従いセットバックしたものの、その後退部分は現に道路として利用されず、花壇、自転車置場等の用に供されていることも多く、セットバックの意味が事実上喪失しつつある状況になっている場合があります。このような場合のこの部分はどう考えるべきでしょうか。

第3章　土地調査の留意点

　建築基準法の規定に従い後退した以上、この部分は宅地ではないし、現に
道路の利用状況もなければ公衆用道路にもなりません。所有権は宅地所有者
のままですので、私有地上のものは勝手に撤去もできないということに加
えて、そもそも4m確保が全くなされず防災上の危険性が全く解決されてい
ないということになっています。

　そこで、このような状態を打破すべく全国で初めて、検討をはじめたのが
東京都杉並区でした。杉並区は防災の視点による公益と憲法上の私有財産保
障の調整のため、セットバック後退部分の私道を行政が撤去できるかどうか
について、第三者機関を設置し、平成28年7月に区が私物を撤去できる条例
を施行しました。

③　2項道路以外の後退

　土地の一部が道路のために削りとられることは、都市計画道路による拡幅
計画と2項道路によるセットバックだけではありません。ほかに二つの場合
があります。一つは建築基準法42条1項5号の位置指定道路の場合です。こ
れは、位置の指定を受けた当時、4mの幅員を条件としており、位置指定図
も4mの幅員が明記されているにもかかわらず、現地では4mに足りなかっ
た場合です。この場合は位置指定道路図どおりに4mの幅員を再現、後退す
るべきこととされています。後退部分等は位置指定図どおりにすることにな
ります。この位置指定道路再現の場合は、位置指定図の道路幅員が6mなら
6mへ、5mなら5mへ再現すべきであり、4mあればよいというものでは
ありません。

　もう一つは告示建築線です。現行の建築基準法の前身として大正時代に制
定された市街地建築物法に規定されていたもので、告示された建築線（道路
と敷地の境界線）を確保、再現すべきということです。

　2項道路でもなく、都市計画図にも記載がないうえ、現行法ではないので
知らない人も多いのですが、この建築線は調査対象土地を大きく分断してい
る場合、調査対象土地の大半が該当していて、残地では何の利用もできない
という場合等もあるので、要注意となります。これについても、市区町村の
建築課等の所定の窓口で担当者に直接確認するしかなく、インターネット等
の窓口確認以外の方法では知りえないことになります。

　三方で街路に接する三方路のある土地を調査したところ、メインの街路沿

116

いは都市計画道路で敷地の一部が計画道路に該当し、側道のうち一つは2項道路でセットバックを要し、もう一つの側道は告示建築線に該当しており、結局、正味の宅地部分だけでは、建物の敷地とすることは困難であるという事案もありました。

4 **後退部分の評価**

セットバックによる後退部分の評価は、調査時点においては建物の敷地として利用していること、後退後は公衆用道路になる可能性があることを考慮することとなります。すなわち、宅地としての価値と公衆用道路としての価値との間で評価することになります。

相続税計算のための財産評価基本通達においては、セットバック部分を30％減、すなわち、7割で評価するべきとしています。これは、私道部分を40％減の6割評価としていることと平仄が合っているとみるべきです。

セットバックを要する調査対象土地の具体的な評価については、建替えの可能性（建物残存耐用年数）、その前面道路の凹凸状況、セットバック後退部分の画地に対する割合等によって判断すべきことになります。

告示建築線画地の指定により画地の大半がとられるような場合には、残地部分の利用可能性についても検討すべきことになります。

Q42 災害危険性の調査はどのようにするのですか

A　災害リスクが高い地域であるかどうかの調査も欠かせない調査となります。

浸水被害や土砂災害等の災害リスクに関する調査は、地盤調査、耐震診断、アスベスト調査、土壌汚染調査と並んで、現在では欠くことのできない調査ですが、地方公共団体により、ハザードマップ等の公開が進んでいますので、それらの資料を参照して調査することになります。

---

1 **災害危険性の調査**

近年における甚大な被害をもたらした災害は、人々に災害危険性についての関心を植え付けるのに充分でした。津波、土砂

災害、地震、浸水、火山噴火等に加えて、最近では竜巻被害も起きています。これらの自然災害リスクを調査することは、土地の評価額への影響、買受人への情報提供という視点のみならず、地域にとっても有益なこととなります。

国土交通省は、国土交通省ハザードマップポータルサイト（http://disaportal.gsi.go.jp）を運営していますし、「地震時等に著しく危険な密集市街地」等も公表しており、地方公共団体の災害情報とその公開も充実してきています。東京都が配布した冊子「東京防災」は、災害に対する事前の備えや発災時の対処法等の情報が満載で、極めて好評を得たと報じられています。

国、地方公共団体、地域住民の災害リスクへの関心は、災害危険性情報の整理、蓄積、公表として結集していますので、各市区町村発行の市区町村便り、インターネット等の情報公開環境も整備されてきていますので、それらの情報網を利用することにより、災害リスク情報をある程度知ることができます。

ただ、注意が一つ、これらの情報については世間の関心が高く、日々刷新、更新されていますので、調査してから少し経過しただけでも、その情報は古いものとなることもあります。

②　土地履歴の調査

土地閉鎖登記簿や旧公図、旧土地台帳を法務局で取得すれば、土地履歴をある程度、知ることができる場合があります。現時点では、海岸から離れた通常の宅地と思っていたら、旧公図、旧土地台帳では地目が埋立地となっており、当時はすぐ間近まで海岸であったということがありました。さらに調べると、塩害の被害が当時深刻であったということがわかったという例があります。

法務局資料のほかにも古地図、過去住宅地図も参考になります。関東をはじめ中部・関西、あるいは九州や東北地方の一部においては、「土地宝典」と呼ばれる市町村単位の地図帳が明治期に刊行されていましたが、この土地宝典は、個人または出版社が登記所、市町村役場の備置する公図（土地台帳付属地図）と土地台帳とを合体させ、編集した地図帳ですので、明治期の住宅地図として、土地履歴の参考資料として有力です。

また、現地に生息していた植物が湿地帯特有の種類のものであったことから、浸水性が判明したこともありますし、地名に水、沼、井、泉、湧、沢等

の語がついている地域は、水に関連した低地であった可能性が高く、逆に、台、丘、岳、山は高台であった等の推測が可能です。

さらに、海岸はどんどん浸食されているので、国土は狭くなりつつあり、海岸沿いの地域においては、この浸食により津波危険性も深刻となってきています。これらの浸食状況は国土地理院の過去の航空地図等との比較、航空写真（Google Earth）による確認が有用な場合があります。

火山情報も、逐次、火山活動の最新情報を公開しているサイトも多いので有益です。

③　災害リスクと土地の評価

災害リスクが高ければ高いほど、その土地に対する需要は減退するので、土地価値は低くなります。土地価値低下は被災地復興を妨げることにもなります。かつての東日本大震災のように津波による甚大な被害は、南海トラフ地震リスクを加速させ、静岡県焼津市等の海岸沿いの地価を一挙に押し下げ、住民の多くは内陸部分に転居を希望し、内陸部の地価の上昇を招聘し、結局、同じ地域内においても、海岸沿いは地価下落、海岸から離れた内陸部では地価上昇を招いたという例もあります。

特に説明を要するでもなく、災害リスクと土地価値の関係性は濃密であるといえるでしょう。

ただし、具体的な減価額、減価割合の判定は困難な場合も多く、心理的な不安、嫌悪感、抵抗感といった曖昧な部分を含んだ減価として、抽象的にとられる場合もあります。地域の実情に鑑みつつ、具体的な周辺の取引事例の趨勢に従った評価を要することになるでしょう。

119

第 3 章　土地調査の留意点

Q43　農地、山林の調査はどのようにするのですか

A　農地と山林については、通常の宅地と異なる調査をすることになり、特に調査対象不動産の特定に留意を要することになります。収集する資料が少なければ少ないほど特定は困難になりますので、できるだけ多くの資料を収集することが必要です。

　さらに、登記上の地目、地積が現況と異なることも少なくないので、その特定が重要になります。すなわち、宅地は、農地法の規制により仮差押え後の本差押えによる競売の買受けにあたっては、買受適格証明を要しますが、農地法の地目は現況主義であり、登記地目には全く拘束されないので、地目判定は重要な調査事項となります。

解説

①　農地の調査項目

　まず、農地法 2 条 1 項によると、農地とは「耕作の目的に供される土地」と定義されていることに照らし、調査対象土地が田か畑かを判定することになりますが、休耕地、休墾地のように宅地見込地、雑種地、原野と区別が困難なこともあるので、その点を慎重に現況を確認すべきことになります。

　また、田とは稲だけでなく、クワイ、ワサビ、ハスもあることも留意すべきです。肥培管理が農地か否かの竣別基準となっているので、たとえば、家畜放牧の事実があっても現に肥培管理がなされていれば農地であり、整然と並べて植物が植えつけられていても肥培管理がなければ非農地というような扱いになります。なお、肥培管理とは、「作物の生育を助けるため施行される耕運、整地、播種、灌がい、排水、施肥、農薬散布等一連の人為的作業を行うこと（生産緑地法第 2 条第 1 号の農地に係る農業委員会の判断基準）」を意味しています。

　本差押え時の執行官の現況調査においては、現況地目の判定にやや迷う場合には農業委員会への照会をとおして、農業委員会による地目を現況地目と認定する実務となりますが、仮差押え時の調査段階では、農業委員会の台帳地目を私人が知りえないので、写真等により調査対象土地の状況を記録して

120

おくほかないことになります。

　現地の調査事項としては、出荷的集荷地との接近性、農道の状態、日照の良否、傾斜の方向・角度、土壌の良否、灌がい、排水の良否、水害その他の災害危険性、行政上の規制制度について調査すべきこととなりますが、近年においてはイノシシ等の獣害により農地を手放す人も多いので、獣害被害についての調査も可能な限り必要ということになります。

② 山林・立木の調査項目

　山林といっても林地、山林、原野と区別がつきにくく、これらの用語も必ずしも使い分けが整理されていないことに留意を要することになります。山林は調査対象土地の特定が容易ではなく、対象土地周辺はただ雑草、樹木が繁茂しているところで、写真を撮影しても植物しか写っていないことはよくあることで、所有者からの情報がなく公図しか資料がないときには、ほとんど特定ができない場合も少なくありません。

　不動産登記情報も、宅地に比べて信頼性は希薄となる傾向があります。登記情報よりも信頼性の高い情報源は固定資産税情報と森林簿です。森林簿とは、国有林を除く民有林の森林資源に関する台帳であり、森林の面積や森林の種類、材積や成長量等の森林のさまざまな情報が記載されているものであり、かつては森林所有者のみが閲覧できるものでしたが、現在では公開が進んでいて、インターネット等によっても情報を得ることができるようになっています。森林施業図、森林基本図、森林位置図と共に森林簿は、重要な資料となりますが、その他にも空中写真（航空写真）があります。さらに、森林測量にドローン（小型無人機）の活用が報じられました（日経新聞平成28年8月16日版）。

　林地については、主に標高、傾斜、宅地化の影響可能性、保安林や砂防指定地等の規制、樹木の種類、方位・方面について調査することになります。重要なのは、林業をなしている林地か否か、宅地化の可能性という2点といえるでしょう。

　なお、立木については、市場価格のある立木か、市場価格のない立木かをまず判定し、市場価格がない立木については、10年生以下の人工林、11年生以上の人工林、天然林（伐期未満）のどれに該当するかを調査します（注）。

　（注）小倉康彦＝小倉康秀『林地・立木の評価』341頁〔清文社〕。

第3章　土地調査の留意点

> **Q44　法定外公共物とは何ですか**
>
> 　法定外公共物とは、法律用語ではなく、赤道、青道、里道等のように、公共物のうち法律上の適用がないものをいいます。
>
> より正確には、「道路、河川、公園、海浜地、寄洲、用悪水路、ため池、海等の公共物のうち、道路法、河川法、下水道法、海岸法等の特別法が適用（準用を含む）されていないものを一般的に『法定外公共物』と称している」（注）、とされています。
>
> 調査対象土地の隣地が無地番であったとき、調査対象土地と道路との間に無地番地があったとき、この無地番地が脱落地、未定地等の法定外公共物である場合があります。
>
> 注意すべきは、現地、公図、登記記録、地積測量図、道路台帳平面図その他一切の資料上は、「ない」土地が、道路境界確定図というたった一つの資料でのみ「ある」と表示された場合があり、結局その部分の土地が「ある」ものとして登記され紛争になったという事案があるので、以下で紹介します。

解説　この事案は都内の標準的な住宅地域において、外観上は右のとおり何の変哲もなく、道路があってその道路沿いの宅地があるという状況でした。

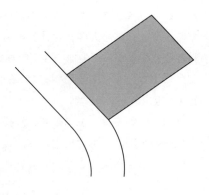

住宅地図、登記記録、建物配置図・各階平面図、公図、地積測量図、道路台帳平面図、建築基準法42条2項の中心線確定図、旧公図、ガス配管図、固定資産税評価証明書等のいっさいの資料は、現地とおりでした。

ところが後日、古い道路境界図が発見され、当該道路境界図によると、宅地の接道部分に古い道路の一部が食い込んでおり、宅地は2mの接道を欠くことになり、建築基準法43条1項の規定に抵触し建築できない土地とされた

122

という事案です。

　結局、土地取得者は、右図のように、古い道路境界図どおりに公図、登記上も合致させたうえで、食い込み部分である法定外公共物の所有者である地方公共団体より払い下げを受け、建築可能としたというものでした。この事案のように、法定外公共物とは、古くからの状況が是正されないまま、現地や登記上等においていっさいの徴候を示すこともなく残存していることもあるということなので留意を要するということです。

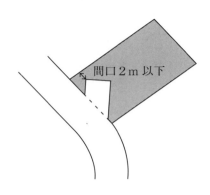

（注）建設省財産管理研究会『公共用財産管理の手引』3頁〔ぎょうせい〕。

Q45　航空法、電波法、東京都建築安全条例等にはどのような規制がありますか

　A　不動産の調査となると、都市計画法、建築基準法をはじめとする行政法規、条例等多岐にわたりますが、それらの規制については地方公共団体の都市計画課、建築課等の所定の担当窓口で教えてくれます。地方公共団体にとっても規制の周知は重要な事務であるからです。したがって、予備知識があまりなくても窓口で規制内容を知ることができますし、最近では照会事項と照会窓口を丁寧に見やすく整理した一覧表を調査する人に配布してくれる地方公共団体も多いので、弁護士や債権者本人にとっても調査はしやすくなってきています。

　一方で、窓口では特に規制内容を教えてくれない法令もあるので、以下で紹介します。

1 航空法

解説 航空の安全を確保するために、航空法は周辺の一定地域を障害物がない状態にしておく必要があり、一定の高さを超える物件等を設置することはできないと規定しています。空港ごとに制限表面を設定しており、その制限表面の上に出る高さの建造物、植物その他の物件を設置し、植栽し、または留置することは禁止されています（航空49条1項）。

制限の内容については、各空港に照会することになりますが、たとえば、国土交通省東京都航空局が運営する「東京国際空港高さ制限回答システム」のサイトでは、住所入力後、物件設置地点をクリックすると、制限内容の詳細が表示されます。なお、この制限は、空港について課せられますが、航空法による空港とは、空港法2条に規定する空港としており、空港法2条とは、「公共の用に供する飛行場」としていますので、国際空港のみならず、自衛隊の飛行場、在日米軍の基地等も含まれます。

次いで、ドローン等の無人航空機も航空法132条により、飛行禁止空域を定めており、国土交通大臣の許可を受ければ飛行させることは可能という許可制をとっています。無人航空機の飛行許可が必要となる空域は以下のとおりです。

〔資料2〕 無人航空機の飛行許可が必要となる領域

（空域の形状はイメージ）
（出典：国土交通省）

① 航空機の航空の安全に影響を及ぼす恐れのある空域
空港等の周辺の空域（図A）と、地表または水面から150m以上の高さ

第2 土地調査の具体的ケース（Q45）

の空域（図B）

② 人口または家屋の密集している地域（平成22年の国勢調査結果による人口集中地区）の上空とされています。

この人口集中地区については、独立行政法人統計センターが運営している地図による小地域分析（jSTAT　MAP）で確認できますが、このサイトを閲覧すると、県庁所在地や東京23区はほぼ人口集中地区に該当していますので、この人口集中地区においてドローンを飛ばすときは、自分の私有地であっても屋外の飛行は許可を要することになります。違反すると、50万円以下の罰金に処せられます（航空157条の4）。

したがって、密行性の前提下の調査では、人口集中地区におけるドローンの活用は困難ということになります。なお、国土交通省航空局は、「無人航空機（ドローン、ラジコン機等）の安全な飛行のためのガイドライン」を公表しています。

また、ドローン規制については、航空法とは別に、「国会議事堂、内閣総理大臣官邸その他の国の重要な施設等、外国公館等及び原子力事業所の周辺地域の上空における小型無人機等の飛行の禁止に関する法律」が平成28年3月18日に公布されています。

② 電波法

電波法は、電波伝搬障害防止制度を定めて、公共性が高く、国民生活に密接に結び付く重要無線通信で総務大臣が指定する無線通信を、高層ビル等の建築による遮断から未然に防止することを目的としています（電波102条の2〜102条の10）。

ここで、重要無線通信とは、890MHz以上の周波数の電波による特定の固定地点間の無線通信を行う次のものを対象としています。

① 電気通信業務の用に供するもの

② 放送業務の用に供するもの

③ 人命もしくは財産の保護または治安の維持の用に供するもの

④ 気象業務の用に供するもの

⑤ 電気事業に係る電気の供給業務の用に供するもの

⑥ 鉄道事業に係る列車の運行業務の用に供するもの

また、伝搬障害防止区域とは、890MHz以上の周波数の電波により固定地

125

第3章　土地調査の留意点

点間に行われる重要無線通信の電波伝搬障害を防止するため、その電波伝搬路の地上投影面に沿い、総務大臣が必要と認める場合にその伝搬路の中心線の両側それぞれ100m以内の区域を限って指定する区域をいい、伝搬障害防止区域内において、次の①～③に掲げる建築物等を建築しようとする建築主は、工事着工前に、その敷地の位置、高さ、高層部分（地表からの高さが31mを超える部分）の形状、構造および主要材料等を書面により届け出る必要があります（電波102条の3）。

①　地表高31mを超える建築物等の新築
②　工作物の増築または移築で、その工事後において地表高31mを超える建築物等となるもの
③　地表高31mを超える建築物等の増築、移築、改築、修繕または模様替え

なお、伝搬障害防止区域を表示した図面（伝搬障害防止区域図）は、全国の総合通信局（沖縄総合通信事務所を含む）と、都道府県や建築物の建築確認申請を受け付ける市町村（特定行政庁）の事務所で縦覧できます。高層建築物等の建築を予定している建築主は、工事着工前に高層建築物等の施工地または所在地を管轄する総合通信局、特定行政庁等の事務所において、高層建築物等が伝搬障害防止区域にかかるかどうかの確認を要します。

また、総合通信局および特定行政庁の事務所で縦覧できる伝搬障害防止区域図は、「伝搬障害防止区域図縦覧システム（http://www.juran.denpa.soumu.go.jp/gis/index.html）」として、インターネット上でも閲覧することができます。

③　特定緊急輸送道路

東京都では、平成23年3月18日に、「東京における緊急輸送道路沿道建築物の耐震化を推進する条例」が公布されました。この条例は、首都直下地震の切迫性が指摘されている中、震災時において避難、救急消火活動、緊急支援物資の輸送および復旧復興活動を支える緊急輸送道路が建築物の倒壊により閉塞されることを防止するため、沿道の建築物の耐震化を推進し、震災から都民の生命と財産を保護するとともに、首都機能を確保するという目的です。

簡単に言うと、地震等で道路沿いの建物が倒壊して道路を塞いでしまい、消防車や救急車が走行できなくなるという状態を防止するために、緊急輸送道路沿いの建物に耐震診断等を義務づけるという内容です。

第2　土地調査の具体的ケース（Q45）

条例の概要としては、以下のとおりです。

① 　特定緊急輸送道路の指定（緊急輸送道路約２千kmのうち特に沿道の建築物の耐震化を推進する必要のある道路を特定緊急輸送道路に指定）

② 　特定沿道建築物として、a敷地が特定緊急輸送道路に接する建築物、b昭和56年５月以前に新築された建築物（旧耐震基準）、c道路幅員のおおむね２分の１以上の高さの建築物、以上a～cのいずれにも該当する建築物である特定沿道建築物の所有者等に対する、耐震診断や耐震改修の実施状況等についての報告義務

③ 　耐震診断実施義務（特定沿道建築物の所有者に耐震診断の実施義務、行政指導や実施命令により義務の履行を確保し、一定期間経過後も耐震診断未実施の建築物を公表可能としています）

④ 　耐震改修等実施努力義務

⑤ 　耐震化に要する費用の助成等

この特定緊急輸送道路に関して裁判例が出ています。裁判例は、特定緊急輸送道路沿いの特定沿道建築物であることを考慮した立退料支払いを条件に特定沿道建築物の明渡し請求が認容されたというものです（東京地判平成26・12・19判例集未登載）。

建築物の耐震化は重要かつ喫緊の課題ですので、特定沿道建築物に指定された建物につき、建物賃貸借契約の解約申入れの正当事由を補完する立退料として採用することが相当であるとされた本裁判例は、耐震化のネックは建物賃借人であること、耐震化のための立ち退きは一定の合理性があることを判示した点で注目される裁判例となっています。

以上に鑑みると、仮差押え等の調査にあたっても、前面道路が特定緊急輸送道路に該当しているかどうか、調査対象建物が昭和56年５月以前に新築された建築物であるかどうか等に関する調査は必要となります。

なお、緊急輸送道路図については、東京都耐震ポータルサイト（http://www.taishin.metro.tokyo.jp/）の活用が便利です。

また、平成28年度で特定緊急輸送道路の沿道建築物の耐震化率は82.7％であったこと、そして、耐震判断が未実施の121件を東京都は発表しました。耐震判断未実施の建築物は、所在地、ビル名称、階数、構造、用途を一覧表にしてホームページ（上記URL）で公表しています。

127

第3章　土地調査の留意点

④　東京都建築安全条例

　建築基準法40条では、「地方公共団体は、その地方の気候若しくは風土の特殊性又は特殊建築物の用途若しくは規模に因り、この章の規定又はこれに基く命令の規定のみによっては建築物の安全、防火又は衛生の目的を充分に達し難いと認める場合においては、条例で、建築物の敷地、構造又は建築設備に関して安全上、防火上又は衛生上必要な制限を附加することができる」としていますが、この条文を受けて、東京都内すべての建築物に関して、建築基準法よりも制限の強化を図っているのが、この東京都建築安全条例（以下、「条例」という）です。

　たとえば条例3条では、路地状敷地の形態として、敷地路地状部分の長さが20m以下なら幅員は2m、20m超では幅員3mを要し、耐火建築物および準耐火建築物以外の建築物で延べ面積が200㎡を超えるものの幅員は、上記にそれぞれ1m増やした値を要するとしています。

　さらに、条例3条の2では、路地状部分の幅員が4m未満のものには、階数が3（耐火建築物、準耐火建築物等の場合は4）以上の建築物を建築してはならないとしていますし、条例4条（建築物の敷地と道路との関係）では、次のように規定しています。

（建築物の敷地と道路との関係）

第4条　延べ面積（同一敷地内に二以上の建築物がある場合は、その延べ面積の合計とする。）が1000平方メートルを超える建築物の敷地は、その延べ面積の応じて、次の表に掲げる長さ以上道路に接しなければならない。

延べ面積	長　さ
1000平方メートルを超え、2000平方メートル以下のもの	6メートル
2000平方メートルを超え、3000平方メートル以下のもの	8メートル
3000平方メートルを超えるもの	10メートル

2　延べ面積が3000平方メートルを超え、かつ、建築物の高さが15メートルを超える建築物の敷地に対する前項の規定の適用については、同項中「道路」とあるのは、「幅員6メートル以上の道路」とする。

3　前2項の規定は、建築物の周囲の空地の状況その他土地および周囲の状況により知事が安全上支障がないと認める場合においては、適用しない。

128

第2　土地調査の具体的ケース（Q46）

　また、第２章では特殊建築物について規定していますが、共同住宅も特殊建築物であるので、第10条の３（道路に接する部分の長さ）により、原則として、最低でも接道部分の長さ４ｍを要するとされています。建築基準法では、２ｍ以上の接道で建築できると規定されていましたが、この条例ではより厳しい規定となっています。

　東京都の市区町村窓口では、東京都建築安全条例の規制まで教えてくれるとは限らないので、自分で確認することが必要となります。なお、東京都建築安全条例は東京都内に限った規制ですが、東京都以外でも独自の条例によって規制している地方自治体も少なくありません。

Q46　建築行政による調査の限界とはどのようなことですか

Ⓐ　地方公共団体の窓口で不動産の調査をしていると、調査の限界にぶつかります。すなわち、土地にとって最も重要な調査事項は、その土地が建築可能かどうかということですが、その最終結論は調査段階では知り得ないことです。これが調査の限界ということです。建築基準法や東京都の場合であれば東京都安全条例の規定に照らして、原則として建築できないという、「原則として」という限定付きの判断しかできないということです。

　これは、建築基準法６条による建築確認申請段階でないと具体的な審査はしないという建築行政によるからです。すなわち、土地の現況、地上建物の計画、近隣の状況等の個々の状況により異なっていることによっています。この建築行政を前提とした調査であることを、弁護士や司法書士等の調査主体は知っておく必要があります。

解説

1　建築行政による調査の限界

　極めて高額な資産である土地にとって、建築可否は資産価値を大きく左右する最重要事項です。そのため、建築可否の最終判断は、安易に判定できないことになり、具体的な建築プランを基礎とした建築確認申請段階で、初めて個々の具体的ケースとして審査への協議に入る

129

第3章　土地調査の留意点

という順序になります。建築基準法42条2項によるセットバックのための後退ラインも、Q41で述べたように、中心線を確定することによって決まるので、中心線確定作業という現地実測を要します。それには費用も時間も要するので、何の具体的な建築プランもない状況ですと、概略しか説明しえないことになります。

　したがって、建築できるかどうかの最終結論や、セットバックの要否、セットバックの後退距離等の具体的な詳細については調査段階では、判明できないことになります。

　また、建築は極めて専門的分野なので、建築に携わっていない人にとってはわからないこと、誤解も多いようです。ここでは、調査にあたって誤りやすい検査済証と増築・改築・用途変更の取扱いについて解説します。

　②　**完了検査と検査済証**

　多くの地方公共団体で交付している建築に関する資料としては、①建築計画概要書、②台帳証明書、③中心線確定図または協議書（③については、写し等の交付はしていない地方公共団体も多い）があります。他には、位置指定図等の建築基準法上の道路に関する資料があります。

　①建築計画概要書は、調査対象土地そのもののものと近隣のものとがありますが、これはあくまで計画段階の概要であり、現地の建物や道路の状況がこの概要書どおりになっていることを意味していないことに留意を要することになります。建築確認と現地の状況については、②台帳証明書の交付を受けることより明確になります。台帳証明書とは、建築基準法12条8項による台帳に記載している内容を証明書として発行した書面であり、地名地番、建築主の氏名、建築確認番号、日付等の台帳記載事項を記載証明したものですが、この書面には検査済証の番号や日付も記載されているので、調査対象物件や近隣建物が検査済証を取得したか、すなわち、完了検査を経ているかがわかります。検査を完了しているということは、現地が建築確認どおりである可能性が高いといえることになります。

　なお、検査済証とは、建築基準法7条5項に規定された、建築主事等が建築主に対して交付する書面であり、建築基準法7条1項においては、「建築主は、工事を完了したときは建築主事の検査を申請しなければならない」と規定しているものの、検査済証の交付を受けた建築物は、近年における新築を

第2　土地調査の具体的ケース（Q46）

除くと多くないという状況があります。

　したがって、検査済証がないというのは、珍しいことではなく、ましてや適法性を欠く建築物の可能性が高いとか欠陥建築物であると決めつけるのは早計ということになります。

　保育所不足の問題に関して、かつては空きビルや空き店舗を保育所に転用しようとする場合には検査済証があることが東京都の許可や認証の要件となっていましたが、東京都は検査済証がなくても別に安全性が確認できれば、保育所を開設できるようにしました。検査済証は安全性の保証書代わりにも使われていたことを示す好例です。

③　増築、改築、用途変更

　建築物は建築基準法等の関係法令の規定に従い建築すべきであり、たとえば、建築基準法43条1項の規定により、2mの接道がないと新築、再建築ができないと理解されている場合もあるようです。すなわち、このような接道要件が満たされない場合には、新築、再建築ができないので、増改築しかできないと考えられます。

　しかし、建築基準法で建築というときは、新築のみならず、増築、改築も含んでいることは、建築基準法2条13号で建築とは、「建築物を新築し、増築し、改築し、又は移転すること」と定義づけられていることから明らかです。

　さらに、建築物の定義について建築基準法2条1号は、「土地に定着する工作物のうち、屋根及び柱若しくは壁を有するもの（これに類する構造のものを含む）、これに附属する門若しくは塀、観覧のための工作物又は地下若しくは高架の工作物内に設ける事務所、店舗、興行場、倉庫その他これらに類する施設（鉄道及び軌道の線路敷地内の運転保安に関する施設並びに跨線橋、プラットホームの上家、貯蔵槽その他これらに類する施設を除く）をいい、建築設備を含むものとする」としていますので、建築基準法上は、門や塀等も建築物に該当するので、床面積が増えない門や塀の築造という「増築」もあることになります。

　なお、建築基準法上は、増築部分が10㎡以下でかつ建築物所在地が防火地域または準防火地域以外である場合には、確認申請が不要ということですので、確認申請を要する増築が圧倒的に多いことがわかります。一方、本来なら確認申請をするべきであるが、確認申請をしない増築も多いという実態が

131

あります。ごくわずかな増築であっても、厳密には適法性を欠いている増築の場合が多いことは知っておくべきです。なお、先の①建築計画概要書、②台帳証明書は、新築だけではなく確認申請を要する増築についても備えつけられていることになっています。

また、マンションの大規模修繕、変更後100㎡を超える特殊建築物の用途変更の場合においても、確認申請が必要とされています。

以下に、参考として公益社団法人日本不動産鑑定士協会連合会・鑑定評価基準委員会による「不動産鑑定評価基準に関する実務指針」の中から増築、改築、修繕、模様替え等を整理した表を掲げておきます。

種　類	建築行政における定義	工事の具体的なイメージ
増　築	既存建築物に建て増しをする、または既存建築物のある敷地に新たに建築すること	建増工事
改　築	建築物の全部または一部を除却した場合、または災害等により失った場合に、これらの建築物または建築物の部分を、従前と同様の用途・構造・規模のものに建て替えること	大規模なリフォーム工事
（大規模な）修繕	経年劣化した建築物の部分を、既存のものと概ね同じ材料、形状、寸法のものを用いて原状回復を図ること 大規模な修繕＝主要構造部の一種以上を、過半にわたり修繕すること	耐震工事（壁・柱・梁等の補強）
（大規模な）模様替え	建築物の構造・規模・機能の同一性を損わない範囲で改造すること。一般的に現状回復を目的とせず性能の向上を図ることをいう 概ね同様の形状、寸法によるが、材料、構造・種別等は異なるような部分工事 大規模な模様替え＝主要構造部の一種以上を、過半にわたり模様替えすること	バリアフリー化工事（移動等円滑化のための工事） ex.廊下、階段の幅拡大、レイアウト変更による壁や柱の移動
築造・設置	築造＝工作物の新設、増設 設置＝（昇降機等の）建築設備の新設、増設	高架水槽・車庫の新設、増設 昇降機等の新設、増設

第2　土地調査の具体的ケース（Q47）

Q47　上下水道やガスの調査をするうえでの留意点は何ですか

A　都心部では、上下水道、都市ガスの整備が進んでいますが、上下水道、都市ガスは都市的設備として、その敷設の有無は土地価値を左右し、また、引き込みにあたっては費用や第三者の同意を要するので、紛争も起こりやすいため注意が必要となります。特に多いのが、ガス共用管を使っていた（ガス管を隣地と共用していた）場合や、他人の土地に対象土地のガス管が通っていた場合等のトラブルです。

　調査対象土地と道路との間にわずかな第三者所有地が介在していた場合には、建築基準法上の接道義務を満たさないことによる建築不可というデメリットだけではなく、ガスや上下水道の配管もその第三者の同意を得ないと通すことができない可能性があるというデメリットがあることは知っておくべきでしょう。

解説

① 上水道

　上水道は飲み水として生活にとって欠くことができないものであり、公共衛生管理のための清浄等のために、水道法関係法令に基づいて公共団体が適正に管理し、給水をなしています。

　なお、水道法には"上水道"という用語はなく、下水道との区別のために"上水"という用語があるにすぎません。また、水道と一口に言っても、水道法の適用のある水道事業（上水事業と簡易水道事業）と、水道用水供給事業、専用水道と水道法の適用がない小規模専用水道、小規模簡易専用水道等に分けることができます。

　上水道台帳なる名称の台帳はなく、公開に供しておらず、たとえば、東京都水道局では給水装置の図面（給水装置の一般の設置、変更等の工事の際の竣工図面をいい、個別の給水装置の管理用のもので、給水装置の配管系統や使用している給水管の口径、管理、給水用具を特定し把握するために欠くことのできない維持管理上の基礎資料）を閲覧に供しています。ただし、閲覧できるのは水道使用者、給水装置所有者、管理人、代理人とされているので、委任状のない単なる調査では閲覧できないこととされています。したがって、仮差押え等の密

133

第3章　土地調査の留意点

行調査のもとでは、債務者の委任状がない弁護士や司法書士等は閲覧できないことになります。

井戸水については、水質調査を受けているかどうか、使用用途、使用料等の費用について調査すべきこととなりますが、たとえば、東京都においては、井戸水を飲用している場合には「飲用に供する井戸等の衛生管理指導要綱」（東京都福祉保健局）により正しい使い方が指導されています。

②　下水道

下水道は、下水道法上の下水道と、建築基準法上のし尿浄化槽に分けられ、前者はさらに、公共下水道、流域下水道、都市下水路の三つに分けられ、後者は、地域し尿処理施設、浄化槽（合併、単独）等に分けることができます。

また一口に排水といっても、汚水排水、雑排水（生活排水）、雨水排水、特殊排水（工場、病院、研究所等から排水され、一般の下水道放流は禁止されている排水）の四つがあります。

東京都下水道局では、下水道法23条に基づき、東京23区の公道の下水道管の埋設状況を示した公共下水道台帳を閲覧に供し、公開しており、下水道管の位置、深さ、管経、管種、公共ますの位置等を記載し、下水排除方式が合流式か分流式かについても記載されています。

他にも、施設管理図、工事完了図、特殊人孔構造図等が下水道台帳閲覧において閲覧に供されています。

下水道配管について問題となるのが私道の場合です。紛争例としては、ある土地に接している私道があり、その私道にある既存の下水道配管を使用しようとして私道所有者に同意を求めたところ、同意が拒絶され、下水道を利用できなくなり取引が取り消されたという事案があります。この場合、私道は一人所有で、対象土地所有者の持分はなく、下水道配管も私設管であったという事案ですが、このように下水利用ができないのであれば、土地の利用は大きく制限されてしまうので重要な調査事項となります。

③　ガ　ス

上下水道は生活に欠くことができないものとして、公共団体が適正に運営、管理していることに対して、ガスは民間会社の手によって供給されており、都市ガスとＬＰガスの二つがあります。さらに、ＬＰガスは、集中方式と個別方式に分けられます。上下水道と比較すると、都市ガスが整備されている

134

地域は圧倒的に少なくなります。東京ガスでは、「ガス本管埋設状況確認サービス」として、ガス本管の埋設状況と取出管（供給管）の有無を地図上に記載して示すというサイトを運営していますので、都市ガス埋設管の状況を知ることができます。

東京ガスによると、ガス本管の延長工事にあたっての費用負担は、①道路上の本管は、一定の東京ガス負担分を超えた分はガス利用者、所有者負担であり、②道路上の取出管は、東京ガスの所有権で施工費用は東京ガスが負担、③敷地内配管は利用者、所有者負担とされ、施工後の配管所有権は道路上の本管、取出管とも東京ガス、宅地建物内配管は利用者、所有者とされています。

なお、都市ガス配管があっても、ＬＰガスを使用している建物も、オール電化の共同住宅もありますし、ＬＰガスタンクが置いてあっても都市ガスを使用している場合もありますので、基本的にはガスメーター、ＬＰガスの現地の設置状況によってどちらを利用しているか推測できます。また、共同住宅の戸数がわからないときは、ガスメーター数で判明することもあります。ガスメーターは検査員が検査しやすいように道路際にあることが多いので、敷地内に立入しない外観目視によってもわかることが多いのです。

前面道路の公道にガス配管はあるが、宅地内への引き込みがなく、引き込むには別途費用がかかるということを知らずに取得したというトラブルもまだまだ多いのが現状です。

また、ある土地が公道に面しているにもかかわらず、隣地のガス配管からガスの供給を受けている場合や、逆に、ある土地に他人のガス配管が埋設されているという例もあります。配管については目視ではわからないので、充分な注意が必要ということになります。

④ 他人の私道と水道、ガス、下水道敷設

他人の私道に、自分のための水道、ガス、下水道の配管を通すことができるかについては、下水道と下水道以外の水道・ガスでは少し異なります。すなわち、下水道については下水道法11条１項の「他人の土地又は排水設備を使用しなければ下水を公共下水道に流入させることが困難であるときは、他人の土地に排水設備を設置し、又は他人の設置した排水設備を使用することができる。この場合においては、他人の土地又は排水設備にとって最も損害

の少ない場所又は箇所及び方法を選ばなければならない」旨の規定により、私道所有者の承諾がなくても他人の私道に下水管を通すことができることになります。

原則として、水道・ガスについてはこのような規定はないので疑問となりますが、囲繞地通行権や通行地役権等がある場合には、その従たる内容として、水道・ガス施設を私道に引くことができるとしている裁判例があります。この裁判例によると、「下水道法11条に『他人の土地又は排水設備を使用しなければ下水を公共下水道に流入させることが困難であるときは、他人の土地に排水設備を設置し、又は他人の排水設備を使用し得る』旨の規定が存するが、ガス・上水道の導入についてはかかる規定も存しない。しかし、前説示のとおり囲繞地通行権の規定を類推し、さらに下水道法11条をも類推してその導入を当然に認めるべきである」と前置きしつつ、「同条を類推解釈し、さらに民法の法定通行権の規定をも類推解釈し、下水排水設備と全く同様に法定通路の地上・地下に地主の承諾なくして、市当局又はガス会社に導入設備を要求し得るものと解する。また、これに対し、市当局、ガス会社は地主の承諾がなくとも袋地利用者の要求に応じて供給しなければならないものと考える」としています（神戸簡判昭和50・9・25判時809号83頁）。

この裁判例に照らすと、通行権がない場合においても、自分の敷地に水道、ガス管を引くために、どうしても他人の私道を通さなければならないときに限って、下水道法11条等に準じて、他人所有の私道に、水道・ガス管を引くことができるとの見方が有力となっています。

第3 借地権等調査の具体的ケース（Q48）

第3　借地権等調査の具体的ケース

Q48　借地権とは何ですか

Ⓐ　　土地と建物はわが国では別個の不動産として、別々に所有権等の権利の客体となっています。そのために、建物のための土地利用権の設定という問題が生じることになります。すなわち、賃借権、地上権その他の土地利用権です。建物について仮差押え、差押えをなしたときは、借地権等の土地利用権にもその効果が及びますので、建物についての仮差押え、差押えは、自動的に借地権等の土地利用権についても仮差押え、差押えをなしたことになります。

土地と建物の名義が異なるときは、建物のための何らかの土地利用権の設定が推定されますので、その土地利用権が借地権か、それとも借地権以外か等の調査を要することになります。もっとも債務者からの情報を得ることができない密行調査のもとにおいては、賃借権登記をしないことが一般的であることに鑑みると、何らかの情報がないと土地利用権の内容を知る方法はほとんどないことになります。

解説

1　借地権とその種類

土地と建物の登記名義が異なるときは、まず建物のための土地利用権が設定されていることを推定することとなりますが、建物のための土地利用権としては、借地権が最も一般的であるので、借地権の設定を推定することが通常になることとなります。

借地権とは、借地借家法2条1号で「建物の所有を目的とする地上権又は土地の賃借権」と定義されていますので、賃借権に限らず地上権を含むことに留意を要します。要するに、借地権とは債権契約としての賃借権の設定の場合と、物権設定としての地上権の場合を包括しているということです。

地代の授受が要件となるので、地代の授受なき土地利用は借地権ではない

137

第3章　土地調査の留意点

ことになります。また、所得税法や法人税法の借地権とは、建物所有目的に限らず、構築物等を含んだより広い概念を意味していますし、地代の額も土地に対する公租公課の額程度では、地代の授受がある借地権とみなすことが不適切となり使用借権と判定せざるを得ないこととなります。

借地権は普通借地権、定期借地権に分けられ、普通借地権は借地法による借地権と借地借家法による賃借権と地上権に分けられますし、法人税基本通達13－1－7、連結納税基本通達16－1－7により無償返還の届出を所轄の税務署に提出して、将来の土地返還を約した税務上の取扱いもあります。転借地権、自己借地もあり、一時使用賃借権、建物所有目的ではない民法上の賃借権もあります。

マンションであっても借地権付マンションもありますし、都市再開発法の規定に従った市街地再開発事業によって整備された再開発ビルにおいては地上権設定方式が原則となります。

なお、都市再開発法は、従前資産の確定にあたっては未登記借地権の申告制度を採用しており（都再7条の3）、これは通常、賃借権登記はしないという借地権の性質から、登記、登録、名簿、台帳等により、借地権の存在を確知し得ることができないことから、当事者自らの申告によって、借地権の権利を認めようという主旨であり、申告にあたっては、借地権申告書、借地契約書、申告書に署名した者の印を証する印鑑証明、借地権が宅地の一部を目的としている場合においては、その部分の位置を明らかにする見取図を提出しなければならないとしています（都再規1条の3第2項2号）。

② 借地権の調査事項

国土交通省の「不動産鑑定評価基準」においては、借地権の評価にあたって勘案すべき諸要因としては、次の(ア)から(キ)のとおり（定期借地権の評価は(ア)から(ケ)まで）としています。

「(ア)　将来における賃料の改定の実現性とその程度

　(イ)　借地権の態様および建物の残存耐用年数

　(ウ)　契約締結の経緯並びに経過した借地期間および残存期間

　(エ)　契約に当たって授受された一時金の額およびこれに関する契約条件

　(オ)　将来見込まれる一時金の額およびこれに関する契約条件

　(カ)　借地権の取引慣行および底地の取引利回り

138

㈔　当該借地権の存する土地に係る更地としての価格または建付地としての価格

㈗　借地期間満了時の建物等に関する契約内容

㈘　契約期間中に建物の建築および解体が行われる場合における建物の使用収益が期待できない期間」

　また、借地権の契約内容等についての確認事項としては、次のとおりとしています。

「1．借地権取引の態様

　ア　借地権が一般に有償で創設され、又は継承される地域であるか否か。

　イ　借地権の取引が一般に借地権設定者以外の者を対象として行われる地域であるか否か。

　ウ　堅固建物の所有を目的とする借地権の多い地域であるか否か。

　エ　借地権に対する権利意識について借地権者側が強い地域であるか否か。

　オ　一時金の授受が慣行化している地域であるか否か。

　カ　借地権の譲渡に当たって名義書替料を一般に譲受人又は譲渡人のいずれが負担する地域であるか。

2．借地権の態様

　ア　創設されたものか継承されたものか。

　イ　地上権か賃借権か。

　ウ　転借か否か。

　エ　堅固の建物の所有を目的とするか、非堅固の建物の所有を目的とするか。

　オ　主として居住用建物のためのものか、主として営業用建物のためのものか。

　カ　契約期間の定めの有無

　キ　特約条項の有無

　ク　契約は書面か口頭か。

　ケ　登記の有無

　コ　定期借地権等（借地借家法第2章第4節に規定する定期借地権等）」

ここで借地権の調査にあたって、よく問題となる重要な点を二つあげます。

第3章　土地調査の留意点

　一つは借地権の及ぶ範囲です。借地権の及ぶ範囲は原則として、借地契約を所与として把握することになりますが、借地契約上は建物だけを明示しているケース、接道部分を含めず囲繞地として表示しているケース、「〜番の一部」として具体的な範囲を明示していないケース等、契約記載だけでは建築基準法の接道要件に抵触し、再建築ができない場合が多くあり、悩ましいことになります。これらの場合は契約内容を基礎としつつも合理的な判断を加えて借地契約部分を確定していく作業を要します。

　また、借地契約書記載の約定地積、登記地積、現況地積（実測地積）が一致していないケースがあります。よくあるのが尺貫法による坪換算とその端数処理方法による差です。登記面積と現況面積とが一致していて、契約面積との差が大きくないと、登記面積を採用することになりますが、差が大きいと地代の額にも影響してくるので慎重な対応を要することになります。

　さらに、借地契約面積に接道している部分が含まれていない場合がありますが、そのときは、建ぺい率や容積率計算もできないので、通常利用されるであろう利用範囲を基礎として借地範囲を特定していくこととなります。

　もう一つは、借地権の目的たる建物に出入りするための通路が契約書に明示されていないケースです。

　その通路がないと建物に出入りできないので、通路部分も借地契約の対象とするべきであるように思えますが、その通路が他の建物の出入りのためのものでもある等の共用通路である場合、通路は建築基準法上の私道である場合、その部分は建物所有目的の土地ではないので除外した場合等のそれぞれの事情によるものもありますが、接道要件、容積率等の計算の際に必要なので、現地の実態に即して借地の範囲を決めることになります。なお、定期借地権にあたっては、契約満了時における取壊費用の負担についての約定についても確認すべきとなります。

　③　**借地権の取引慣行の成熟度**

　不動産鑑定評価基準は、借地権の鑑定評価の解説は、借地権の取引慣行の有無およびその成熟の程度によってその手法を異にすることを前提とし、借地権の取引慣行について成熟の程度が高い地域と成熟の程度が低い地域の二つに分けて、鑑定評価の方法を記載しています。

　したがって、借地権の調査にあたっては、取引慣行の有無、当該慣行の成

熟の程度の調査を要することになります。東京23区等の都心部のように取引慣行が認められ、かつその慣行の成熟も認められる地域に存するか否かは重要な調査事項となります。といいますのは、元々、戦後の地価上昇期に土地価格ほどに地代は上昇せず、その差が権利の対価、すなわち、借地権の経済的価値を構成して、借地権価格となったとする意見がありますが、借地権の経済的価値は取引慣行に左右される性質があります。

　借地権の取引慣行があって、しかもその慣行が成熟していることは、借地権割合という権利割合として顕在化していることを意味し、借地権も土地や建物のように売ったり買ったりできる慣行が地域に染みついていることを意味しています。一方、地方の山村部や集落においては、借地権取引の慣行がなく、借地権割合という認識もないことがあります。相続税財産評価基準書の路線価図ではＡ（90％）、Ｂ（80％）、Ｃ（70％）、Ｄ（60％）、Ｅ（50％）、Ｆ（40％）、Ｇ（30％）と路線ごとにマークで分けられていますが、このマークに照らして、借地権の取引慣行をある程度把握することができます。要するに路線価図でＡからＤの借地権の権利割合が明示されている地域は、借地権取引慣行がある程度、成熟している地域として把握できることになりますので、この税務上の借地権割合が重要となってきます。

　なお、この取引慣行とその成熟の程度の調査は底地の評価においても必要となりますが、建物所有目的ではない民法上の土地賃借権、一時使用の土地利用等の借地権以外の土地利用権の調査にあたっては、そもそも取引慣行を認めがたいので、取引慣行に関する調査は不要となります。

　また、借地権の鑑定評価においては、地域において慣行化した標準的な借地権割合を基礎として試算価格を求める方法は実務上、極めて重要な試算となっています。

141

第3章　土地調査の留意点

Q49　借地契約の中で発生する一時金にはどのようなものがありますか

A　借地契約の契約締結時から借地契約関係を継続していく中で、無視できないのが一時金です。借地契約関連においては、権利金、敷金、礼金、といった契約締結当初に授受される一時金のほかにも、名義書換料（名義変更承諾料、譲渡承諾料）、更新料、借地条件変更承諾料、増改築承諾料、建替承諾料等の一時金が授受されることが一般的であり、これらの一時金の授受が当事者間で合意できないときは、借地非訟事件として裁判所に解決を求めることができる等、借地権の価値に大きく影響してくるので、その一時金について調査するべきことになります。

解説

1　更新料

定期借地権以外の普通借地契約においては、契約期間満了を迎えても、更新契約により借地契約を継続することができますが、その更新にあたっては更新料等一時金の授受がなされることが慣行化されているといえます。借地人による更新料支払義務が契約書に明示がなくても更新料授受がなされることが多く、これは、円滑な借地関係の継続を図るためとされています。この額は借地権価格の3～5％の割合が標準的な目安であり高額になるため、借地権価格への影響を考慮する必要があります。

たとえば、昨年更新料を支払って契約更新したばかりの借地権と、来年契約期間の終期を迎え更新料授受が予定されている借地権とは、同じ価値ではなく、前者のほうが高くてしかるべきことになります。後者の場合においては、将来において授受される更新料の現在価値を、地域において慣行化した標準的な借地権割合から控除して、借地権価格を導く方法があります。

市街地再開発事業の従前資産評価においてもこの更新料割合を現在価値に割り戻した割合を考慮する方法が一般的となっています。

2　名義書換料

借地権を取引すると、名義書換料、名義変更承諾料、譲渡承諾料等の名目で一時金の授受がなされるという慣行があります。この一時金については、

142

売主が土地所有者に支払うことが慣行化している地域と買主が土地所有者に支払う慣行となってる地域とがありますが、買主が支払うこととされている地域が多いように見受けられます。

その金額は、おおむね借地権割合価格の10％程度が多く、東京地裁本庁の競売評価に際しては、借地権価格から名義書換料相当額として10％を控除する取扱いとなっています。

なお、借地権は地上権も含みますが、土地利用権原が賃借権ではなく地上権の場合は、譲渡承諾を要しないものとして名義書換料相当額の控除は不要となります。ただし、譲渡承諾を不要とした賃借権付マンションについても名義書換料の考慮はすべきこととなります。一方において、たとえば、売買代金の20％といった名義書換料の相場を逸脱した一時金の授受が約定されている場合においては、その金額の妥当性の検証を要することになります。

3 借地条件変更承諾料、増改築承諾料

更新料や名義書換料の他にも借地条件変更承諾料、増改築承諾料等の一時金の授受が慣行化されている地域においては、これらの一時金の考慮も必要となります。

すなわち、土地所有者に無断で非堅固建物を堅固建物に変えた借地権と、土地所有者に一定の借地条件承諾料と増改築承諾料を支払って土地所有者の承諾を得た借地権とを同額とするわけにはいかないという趣旨です。これらの一時金については契約書上の明示の有無にかかわらずその考慮の検討を要することになります。借地の目的が非堅固建物所有と契約書に明示されているにもかかわらず、目的建物が堅固建物となっていた場合には、借地条件変更承諾料授受の確認を要することになります。

借地非訟事件ではこれらの一時金の取り扱いが決められていますので、それらを参照して一時金の考慮を検討することとなります。

4 地上権

建物所有目的の地上権は賃借権とともに借地権とされています。地上権は物権であり、譲渡、転貸も可能で抵当権の目的となることもでき、賃借権より強力な権利であるため、地上権の譲渡にあたっては譲渡承諾料は不要とされています。したがってその譲渡承諾料の水準、すなわち借地権価格の10％程度が賃借権としての借地権割合と、地上権である借地権割合との差である

とされる場合があります。後述する法定地上権も地上権であり、債権契約た
る賃借権より強力な権利であることになります。地上権には、建物所有目的
以外には、たとえば、地下鉄のための区分地上権等があります。

　地上権は抵当権の目的となりますが、建物のみを抵当権の対象として競売
の目的とした場合、抵当権の目的となっていない既登記の地上権はどのよう
に扱うかが問題となることがあります。

　この場合には地上権は抵当権の目的としていないから、差押えまたは抵当
権の効力は及ばないとする説と、建物が競売の目的であるなら、通常の借地
権にも抵当権の効力が及ぶことと平仄を合わせ、地上権も競売の目的とする
説とがありますが、明確な裁判例もなく、判断は困難ですが、建物の従たる
権利としての借地権の機能を重視して地上権にも抵当権の効力が及ぶとされ
る意見がやや優勢となっています（注）。

　なお、実務上は地上権の転貸借として建物所有のための賃借権が地上権の
さらに上に設定されていると評価上考えて評価をなす場合があります。

（注）裁判所職員総合研修所監修『不動産執行事件等における物件明細書の作成
　　　に関する研究』273頁〔司法協会〕。

Q50　借地権をめぐる紛争にはどのようなものがありますか

A　借地権は土地完全所有権と異なり、賃貸人たる借地権設定者と
賃借人たる借地権者という当事者が複数いるため、紛争になるこ
とがあります。たとえば、地代滞納による借地契約解除、朽廃、明け渡
しと正当事由等です。

1　地代滞納

解説　そもそも仮差押えや差押えのための調査を要するということ
は、債務者が債務不履行状態に陥っていることを意味している
ため、地代も支払っていない状況となっていることは少なくありません。借
地契約とは地代の授受をその中核要件としているので、地代の滞納は借地契
約の存続を否定するものとして、借地契約解除原因になります。一方、借地

第3　借地権等調査の具体的ケース（Q50）

権者の地代滞納により、借地権が解除され、借地権価格がゼロに消滅してしまうことは、借地権を差し押さえた債権者にとってみれば、あまりにも酷ということになります。

　それを補充する制度が地代等の代払いの許可制度です（民執56条1項）。この制度により差押債権者が借地権者に代わって地代を支払うことにより、借地契約を解除されることを防止することができることになります。これは、地代不払いを原因とする土地所有者による借地契約の解除は、土地賃借人の意思表示によらない借地契約の終了事由であるので、差押え後であっても効力を有し、借地契約を解除できることになっています。ただし、地代代払許可制度を差押債権者が利用しないため、土地所有者である借地権設定者から借地契約の解除がなされた状態において、競売評価がなされるという局面もあります。

　なお、仮差押え等の民事保全のための地代代払許可制度はありません。

② 朽 廃

　旧借地法において朽廃は借地権の消滅事由とされていました（同2条但書）が、借地借家法においては朽廃による借地権の消滅制度は廃止されています。もっとも附則5条によって既存借地権については朽廃による借地権消滅も認められています。仮差押えや差押えのための調査対象建物が朽廃状態に至っているかの認定は、借地権消滅事由につながる重要な調査となります。朽廃とは、建物がすでに建物としての効力を全うできない程度に腐朽頽廃した場合をいうほか、さらにそのような状態になくても、その建物が普通の修繕を加えてもなお自然の推移により腐朽頽廃し、その効力を失脚したであろう時機を包含するとされています（大判昭和9・10・15民集13巻1901頁）。

　社会通念上の建物概念に照らして朽廃認定をなすことになりますが、現に建物として利用されている場合、建築経過年数による老朽化、陳腐化の指摘のみでは朽廃認定は困難というべきであり、朽廃と認定できるケースはきわめてまれであるといえます。

　また、火災、風水害のような事変や取り壊しのような人為的原因による滅失は、朽廃とは別のものになります。滅失した場合については、民事執行法53条「不動産の滅失その他売却による不動産の移転を妨げる事情が明らかとなったときは、執行裁判所は、強制競売の手続を取り消さなければならない」

145

第3章　土地調査の留意点

の規定に従って競売手続取消事由となります。

③　係争中の借地権

　係争中の借地権については、係争の段階を把握することが必要になります。すなわち、契約解除の意思表示をなしたという段階か、建物収去土地明渡し等の訴訟が提起された段階であるか、建物収去土地明渡しを命ずる判決があるものの未確定の段階であるのか、そして、建物収去土地明渡しを命ずる判決が確定した段階に至っているか等の把握です。

　明渡しには正当事由が必要であり、正当事由の補完としての立退料の提供も視野に入れるべきでしょうし、係争に至った場合にはその経緯の把握に努めることとなります。借地権の存否について争いがある場合には、一応借地権が存するものとして調査すべきことになります。なお、係争中の借地権の評価においては、前記の段階に応じて20％〜100％の減価を係争減価として考慮することになります。

　なお、権利の存否について争いがあるときは、都市再開発法の規定によっても一応は権利が存するものとして権利変換計画を定めることとしています（都再73条4項）。

Q51　底地とは何ですか

Ⓐ　不動産鑑定評価基準によると、底地とは、「宅地について借地権の付着している場合における当該宅地の所有権」といい、この定義においては借地権のある土地の所有権を底地と規定し、借地権以外の土地利用権がある場合の土地については、底地とは峻別していることになります。

　一方、一般用語としての「底地」とは借地権の場合だけではなく、借地権以外の土地利用権がある場合の土地所有権を含んで底地という場合が多いのは、借地権以外の土地利用権付土地所有権を意味する用語がないことによっていると思われます。

　本書では底地の意味を広く解して、借地権に限定しないで土地利用権が付着している場合における土地所有権を意味することとします。

第3 借地権等調査の具体的ケース（Q51）

① 底地の価格

解説　底地の価格とは、不動産鑑定評価基準に照らすと、「借地権の付着している宅地について、借地権の価格との相互関連において借地権設定者に帰属する経済的利益を貨幣額で表示したもの」ということになります。なお、底地の経済価値と借地権等の土地利用権の経済価値の合計は1にならないという性質がある一方においては、完全土地所有権価値の合理的な配分という視点に鑑みて、あえて、合計を1とするような手法が採用されることが多いという現実があります。合計1に満たないということは底地の経済的利益と借地権に帰属する経済的利益を合算した値よりも、完全所有権の経済価値が上回っていることを意味しています。

一方において後者の配分に基づく思考は、土地所有権価格から底地価格、または借地価格を控除した残余が借地価格、底地価格になるとするもので、わかりやすく説得力があり、合理的であるという長所だけでなく、底地と借地権とを合算した値と土地完全所有権の価値の差は何であるかの説明を解消する思考として合理性があります。対価補償や税務上の評価はこのような方法、すなわち、合理的配分方法によっています。この合理的配分法は、権利割合法を裏付けています。すなわち、借地権割合、底地割合というのは完全土地所有権価値を100％としたときの割合ですので、権利割合で経済価値を示すこと自体が合理的配分法ということになります。

底地は基本的には地代徴収権ですが、借地権付底地だけでなく使用借権付底地等の借地権以外の土地利用権付底地もあるので地代収受権のみが底地の要件ではありません。

底地は土地所有権であるにもかかわらず、借地権が付着した底地の場合においては、完全土地所有権価値の20％～40％程度と、6割から8割も減額されることになります。

② 貸宅地割合

相続税課税のための財産評価基本通達では、貸宅地割合についての規定があります。従来の貸宅地の評価は、「自用地の価額×（1－借地権割合）」で計算することになりますが、貸宅地割合が定められている地域では、「自用地の価額×貸宅地割合」で評価することになります。借地権割合が40％であっても貸宅地割合が30％と定められていると、貸宅地の評価は自用地の60％では

147

第3章　土地調査の留意点

なく、自用地の30％となります。つまり、貸宅地割合と借地権割合を合算しても１にはならないことを意味しています。

　なお、この規定は仮差押え、差押えの評価とは無関係の相続税等の税務上の評価に限定されることと、そして、現実に貸宅地割合が定められているのは、沖縄の一部の地域に限られています。

Q52　借地権以外の土地利用権にはどのようなものがありますか

A　借地権以外の土地利用権としては、使用借権、区分地上権、地役権、民法上の賃借権、一時使用の賃借権等があります。さらに、それらの土地利用権の価値は、場所的利益、収去されない価値等の用語で説明されることがあります。ここでは使用借権、土地の短期賃借権、民法上の賃借権の三つについてみてみることとします。

---

① 使用借権

解説

　民法は使用借権につき、「使用貸借は、当事者の一方が無償で使用および収益をした後に返還をすることを約して相手方からある物を受け取ることによって、その効力を生ずる」と規定しています（民593条）。ただし、公租公課程度の地代を土地利用権者が負担しているとき、その土地利用権原は使用借権とするべきか否か問題になることがあります。公租公課程度の地代では土地所有者への実質収入がないので、借地権としての土地利用権原とみなすのは妥当性を欠き、使用借権に該当すると判定せざるを得ないこととなります。親子間、夫婦間、会社とその代表者間において、地代授受の主張がなされたとしても、現実に金銭のやりとりはないことも多いので、使用借権に基づく土地利用であると判定せざるを得ないことも多いという現実があります。

　調査項目としては、使用貸借契約があるかどうか、黙示の契約か、いつ契約したのか、契約書面があるか、そして、契約の目的、契約期間、原状回復についての取決め等の他にも、権利存続の安定性、経済的利益の程度、利用形態および将来予想される利用状況について総合的に比較考慮すべきとされ

148

ており、特に、地上建物の構造、用途、種類、階層についての調査を要することになります。これらは使用借権の評価、あるいは、使用借権が付着している場合の土地価格の評価に影響してきます。なお、使用借権は、強制執行による換価後の買受人には対抗できず、引渡命令の対象となります。

② 土地に対する短期賃借権

短期賃借権とは、民法602条に定める期間、すなわち、土地につき5年を超えない短期の賃借権（同条2号）をいい、抵当権に後れるといえども短期賃借権は例外的に買受人に対抗できるものとして民法395条に規定されていました。ただし、平成15年民法改正により短期賃借権保護制度は廃止になり、平成16年4月1日以後に設定された短期賃借権は、保護対象から除外されることとなりました。

建物所有のために、その敷地である土地について、抵当権設定後に期間の定めのない賃借権が設定されている場合に、当該賃借権を短期賃借権として保護対象とすべきかについては、裁判例は旧借地法の適用がある場合に、同法2条法定存続期間の規定による30年または60年の賃借権となることから、短期賃借権には該当しないこととしています（最判昭和38・2・26集民64号663頁。最判昭和45・6・16判タ251号184頁、判時600号84頁）。したがって、当該賃借権は売却により効力を失うとされます。ただし、一時使用の賃借権と認められる場合においては、法定存続期間の規定対象外となり、民法395条の適用があると解されるので、売却により効力を失わないものとして取り扱うことになります。

なお、短期賃借権の成立要件としては、民法602条に定める期間を超えないことの他に、対抗要件の具備を要求します。したがって、登記をなすか、建物保護ニ関スル法律（平成3年廃止）1条、借地借家法10条1項による建物登記を備えることが要件となります。この登記には、仮登記も含むものとされています。短期賃借権とは抵当権設定後の賃借権であっても買受人に対抗できるとした制度であり、抵当権設定時点が基準となりますので、抵当権実行ではない仮差押え、または、仮差押え移行後の本差押えによる強制執行においては、差押え時点が基準となります。差押え後の賃借権の設定はそもそも買受人に対抗できないので、短期賃借権が認められる余地は、強制執行にあたってはないことが原則となります。

第3章　土地調査の留意点

③　民法上の賃借権

　民法上の賃借権とは、一般に建物所有目的以外の土地賃貸借契約に基づく権利をいい、たとえば、資材置場、駐車場のための土地賃貸借であり、借地法、借地借家法の適用を受けない土地賃借権を意味します。地上に存する物件が、建物要件を満たさない場合にも借地権ではなく、民法上の賃借権として扱われることになります。登記等の対抗要件を備えると買受人に対抗することができますが、対抗要件の具備はまれで、買受人に対抗できない場合が一般的ということになります。

　契約期間は民法604条により最長20年に制限されており、借地権と異なり更新拒絶には正当事由は不要となります。

　民法上の賃借権といえども土地占有の実態があり、対抗要件を備えた場合には、一定の減価を土地価格に対してなすこととなりますので、契約の内容、契約の目的、契約期間（存続期間）、地代または使用料、一時金の額、更新の取り決め、撤去費用の負担、原状回復の取り決め等について調査すべきこととなります。

　青空駐車場のように更地を駐車場として駐車使用に供している場合には、駐車場使用者は買受人に対抗できない場合が一般的となりますので、その場合の調査は、一般的な月極駐車場かどうか等について確認をするだけとなります。

　民法上の賃借権は一時使用目的となっている場合もあり、その区別も明確ではないことも多いのですが、立体駐車場、ゴルフ練習場、テニスコート等の構築物、工作物を備えるときは一時的使用とみなすことは困難であり、民法上の賃借権と判定せざるを得ないこととなります。全体ではゴルフ練習場で、その一部に事務室を備えた場合であっても全体としては建物ではないので、建物所有目的の借地権には該当しないと判定された例もあるので留意すべきこととなります。

　なお、民法上の賃借権が付着した土地の評価においても、一定の減価を考慮する場合がありますが、それは買受人に対する対抗力の問題というよりは、原状回復のための構築物、工作物等の撤去費用の考慮を意味しているケースも多いようです。

　更地であると思って現地に行ってみたら、たとえば、無農薬野菜販売所、

150

第3 借地権等調査の具体的ケース（Q52）

堀っ立て小屋、コンテナ等が突如、設置されている場合があり、また、廃材、不要品、産業廃棄物等が土地上に乱雑に、無秩序に置いてある場合には、資材置場等の体裁を備えた執行妨害の可能性もあるので、留意を要します。執行妨害についてはQ135を参照して下さい。

④ 通行地役権

抵当権設定当時における事情が、競売不動産の買受人に対して通行地役権を主張できるか否かについて判示した判例を紹介します。

この最高裁の判例（最三小判平成25・2・26判時2192号27頁、判タ1391号131頁）の概要としては次のとおりです。

土地の一部が昭和55年頃までに通路の一部となっており、隣接所有者らと通行地役権を設定する旨の合意を順次なし、私設道路通行契約を締結したが、通行地役権の登記をせずにいた。その後、昭和56年に本件土地の一部に、そして、平成10年に本件土地について根抵当権が登記され競売が申し立てられ、平成20年に買受人が取得、その後、買受人に対して隣接所有者らが通行地役権の存在確認等を求めたという事件です。

原審では、競売売却時には明らかに通路として使用されていたのであるから、通行地役権の主張ができるとしたために、これを不服とした買受人が上告しました。上告審である最高裁は、通行地役権を主張できるか否かは、最先順位の抵当権設定時の事情によって判断されるべきものとして、「原審の判断には、判決に影響を及ぼすことが明らかな違法がある」として、本件を原審に差し戻しました。

この判例で重要なところは、「売却時」の状態を基準にした原審を否定して、担保権「設定時」を基準にすべきと明示した点です。通常、通路の状況等については、担保設定時にさかのぼることなく、評価時点における「現況」で判断することが一般的ですが、この判例に鑑みると、担保権設定時における調査が極めて重要であるということになります。

仮差押えのための調査においても、売却時だけではなく、仮差押え申立て時における調査も重要な意味を有することになります。

151

第3章　土地調査の留意点

第4　法定地上権

Q53　法定地上権とは何ですか

A 　仮差押え、差押えにあたっては競売実施後における法定地上権の成否について、見通しを得ておくこととなります。土地、建物どちらか一方を仮差押え、差し押さえた場合には、法定地上権の成否次第では、大きく評価額は変わり、買受人による買受後の法律関係も大きく影響してくるので、その点についての把握は必要となります。

　少し長い説明となりますが、法定地上権は、不動産の差押え換価の中で最も重要な調査項目であるので、やや詳しく説明します。なお、法定地上権は民法388条において明文化された抵当権実行時の規定ですが、本書においては、抵当権実行よりも、仮差押え、仮差押え後の本差押え移行による強制執行を念頭において法定地上権について解説します。

解説　法定地上権として、民法388条は「土地及びその上に存する建物が同一の所有者に属する場合において、その土地又は建物につき抵当権が設定され、その実行により所有者を異にするに至ったときは、その建物について、地上権が設定されたものとみなす。この場合において、地代は、当事者の請求により、裁判所が定める」と規定しています。この法定地上権制度の根拠は、建物自体の保護を図るという社会的公益的要請と、抵当権設定者および抵当権の土地利用をめぐる合理的意思ないし予測とされています。具体的には、わが国においては土地と建物とが別個の不動産であり、かつ自己借地権制度が認められておらず、強制換価においては、土地・建物のそれぞれの所有者間における利用権設定調整のための合理的機会がなく土地利用権の保護が図れないことが、法定地上権制度創設の理由とされています。

　法定地上権の成否によっては、債権回収額に大きな差が出るので重要な調査事項となります。ただし、法定地上権の成否判断は容易ではない場合も少

なくないことはあらかじめ知っておくべきで、究極的には裁判で決着せざるを得ない場合があります。

民法上の法定地上権は、抵当権実行を念頭に置いて規定したものですが、民事執行法81条では「土地及びその上にある建物が債務者の所有に属する場合において、その土地又は建物の差押えがあり、その売却により所有者を異にするに至つたときは、その建物について、地上権が設定されたものとみなす。この場合においては、地代は、当事者の請求により、裁判所が定める」と規定し、強制執行の場合における法定地上権制度についても規定しています。

本書においては、本書の性格に鑑み、抵当権実行ではない仮差押え、差押えによる強制執行の場合を中心に、法定地上権について解説します。

まず、法定地上権成否の判断基準ですが、抵当権実行の場合においては、最先順位の抵当権設定時を基準として、①建物が存在したこと（物理的要件）、②土地および建物が同一所有者に帰属していたこと（所有者要件）、③土地または建物、あるいは双方に抵当権が存在したこと、④競売が行われ、土地と建物の所有者が異なるに至ったこと、以上の①〜④すべての要件を満たしたとき法定地上権は成立するとしています。

一方、抵当権実行ではない強制執行の場合においては、差押え時を基準として、①建物が存したこと（物理的要件）、②土地および建物が同一債務者に帰属していたこと（所有者要件）、③強制執行が行われ、土地と建物の所有者が異なるに至ったこと、以上の①〜③が法定地上権成立要件とされています。

なお、基準時点については、後述のとおり二元説があります。

第3章　土地調査の留意点

Q54　民事執行法上の法定地上権とはどのようなものですか

Ⓐ　　　土地およびその上にある建物が債務者の所有に属する場合にお
いて、その土地または建物について強制競売開始決定があり、担
保権がなくても、その売却によって土地とその建物の所有者が異なるに
至ったときに法定地上権の成立を認めるとしたのが民事執行法81条で
す。

民事執行法制定前には、このような場合には民法388条の類推適用の
是非が問題とされていたところ、判例はこれを否定していました。

その後の民事執行法制定にあたっては、学説の多数にならって、この
ような場合における法定地上権制度導入が図られました。

解説

① 民事執行法上の法定地上権の趣旨

抵当権実行を前提とする民法上の法定地上権については世に
多くの解説書があり、また、法定地上権に関する解説は民法上
の法定地上権を対象にしている場合がほとんどですので、ここでは、民事執
行法、すなわち、強制執行における法定地上権を中心にみていくこととしま
す。

まず、民事執行法81条は民法388条の補完、補充規定であり、抵当権の全く
設定されていない土地または建物について強制執行がなされたときに適用さ
れます。この点で留意を要するのが、仮差押えから本差押えに移行した強制
執行による換価であっても、抵当権があれば抵当権について民法388条の法定
地上権の成立要件に照らして、法定地上権の成否が判断されるということで
す。

たとえば、土地と建物につき、建物には抵当権が設定されていない場合、
建物についての強制競売で土地と建物の所有者を異にしたときは民事執行法
上の法定地上権が成立し、民法上の法定地上権は成立しないこととなります。

要するに、抵当権の設定されている土地または建物につき、抵当権の実行
ではなく強制執行がなされた場合には、その競売の結果、土地と建物とで所
有者を異にした場合には、抵当権設定時を基準に民法上の法定地上権の成否

154

第4　法定地上権（Q55）

を判定すべきこととなり、民事執行法の法定地上権は成立しないこととなります。

② 仮登記担保権と法定地上権

抵当権ではなく仮登記担保権が設定された土地について、強制競売が行われたときは民事執行法上の法定地上権が成立することになります。一方、更地に仮登記担保権が設定された後に建物が新築され、建物について強制執行による競売の結果、民事執行法上の法定地上権の成立要件を満たす場合であったとしても、仮登記担保権者による更地としての担保価値把握を害することになるので、民事執行法上の法定地上権は成立しないこととなります。

③ 形式的競売と法定地上権

形式的競売は、抵当権実行ではない競売であり、法定地上権の成否が問題となることがあります。抵当権がない不動産についての形式的競売にあたっては、民事執行法上の法定地上権に関する規定の適用はないとした裁判例がある（東京高判平成3・9・19判時1410号66頁）一方において、建物保護の観点により、法定地上権の成立の余地も考えられるとしている意見もあります（注）。

なお、形式的競売であっても、抵当権付の場合には民法上の法定地上権の成否が要件に従って判断されることになります。

（注）裁判所職員総合研修所『不動産執行事件等における物件明細書の作成に関する研究〔裁判所書記官実務報告書〕』490頁〔司法協会〕。

Q55　民事執行法上の法定地上権の成立要件は何ですか

Ａ　民事執行法上の法定地上権の成立要件については、前記Q53のとおり、①差押え時に建物が存在していること、②差押え時の土地と建物が同一所有者であること、③競売によって土地と建物が別人の所有に帰するに至ったこと、以上の3要件ですが、法定地上権成否判断の基準時点をいつとするかの問題と、建物要件についての事例について解説します。

155

1　法定地上権の成否判断基準時

民法上の法定地上権は抵当権設定時を法定地上権成否の判断基準時としていますが、民事執行法上の法定地上権については、主に次の三つの説に分かれています。

一つ目は、売却時を基準とする説ですが、これでは民法上の法定地上権が抵当権設定時としていることと平仄が合わないことと、法定地上権の成否は物件明細書作成時点においては将来となり、裁判事務に支障をきたす等の実務上の問題があることにより、この売却時基準説はうまく適合しないとされています。

二つ目は、仮差押え時を基準とする説です。これは、仮差押え時において、民事執行を保全するので、仮差押え時において土地、建物の所有者同一性の判断をなすことが自然である等を根拠とするものです。

三つ目は、差押え時を基準とする説で、仮差押えより具体的かつ明確な効果があること等がその根拠となっています。

三つの説のどれによるべきかについては、差押え時が最も調査しやすいので、差押え時を基準とし、所有者要件については、仮差押えの有する処分制限効に従って、仮差押え時を基準とする二元説が妥当ではないかとの意見があります（注）。仮差押えがない強制執行もあるので、抵当権実行によらない強制執行においては、差押え時点を基準時として法定地上権の成否判断をする場合が、原則的な扱いとしてよいかと思います。

2　建物要件についての事例

(1) 土地差押え時には更地であったが、後に建物が建築された場合

この場合、差押債権者は更地として交換価値を把握したのであり、建物建築は価値減少行為に該当するので法定地上権は成立しないことになります。

(2) 土地の仮差押え時には更地であったが、その後に建物が建築されてその後その土地が差し押さえられた場合

この場合は、仮差押え時を基準とするか、差押え時を基準とするのか二元説があります（図①）。仮差押債権者は更地としての交換価値を把握しているという法定地上権成立否定説もありま

第4　法定地上権（Q55）

すが、仮差押えを受けても、債務者は土地利用制限を受けるものではなく、かつ、仮差押えをしただけで、法定地上権負担のない土地の交換価値を把握したと解することはできないこと、そして、法定地上権成立に対抗するためには仮差押債権者は建物建築により即、建物も仮差押えすべきことになりますが、仮差押えの性質上、それはやむを得ないという理由等により、法定地上権は成立すると解されることになります。

　(3)　仮差押え時に存した建物が一度滅失し、再築された後に土地が差し押さえられた場合

　差押え時を基準とする説によると新建物で法定地上権が成立し、仮差押え時を基準とする説によると旧建物で法定地上権が成立することになります（図②）。

（図②）

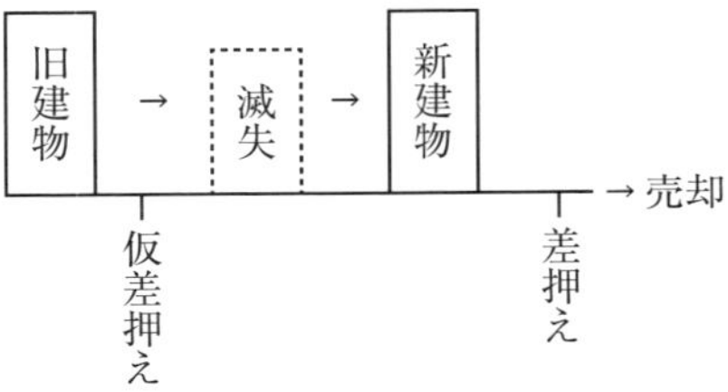

旧建物　→　滅失　→　新建物　→売却

仮差押え　　　　　　　差押え

　(4)　差押え後の建物滅失で、再築された場合

　この場合、差押債権者は法定地上権負担付土地を差し押さえているので、成立を認めるという説もありますが、抵当権とは異なり設定時における当事者の合理的意思推測はないので、建物滅失による不存在で、法定地上権は確定的に成立しないものと解されることになります。

　なお、建物要件に敷衍していえば、差押え時に土地と建物とが同一所有者に帰属している要件は、必ずしも登記が要求されているわけではなく、未登記でも、表題部登記だけでもよいとされており（最三小判昭和48・9・18判タ302号138頁）、また、土地と建物の所有者が、親子、兄弟その他等で特定の身分関係が認められるときも、別人所有であることに変わりませんので、その場合には法定地上権の成立は否定されることになります（最二小判昭和51・10・8判時834号57頁）。

　（注）裁判所職員総合研修所『不動産執行事件等における物件明細書の作成に関する研究〔裁判所書記官実務報告書〕』490頁〔司法協会〕。

157

第3章　土地調査の留意点

Q56　法定地上権成否の判断基準とは何ですか

A　法定地上権成否の判断基準は民法その他の解説図書等に詳しく書かれていますが、一方において講学的な説明ではわかりにくい現実や、実際の現地事例もありますのでそれについて説明するとともに、問題の多い法定地上権が及ぶ範囲について解説します。

① 法定地上権成否の調査

解説　ある調査対象の不動産について法定地上権が成立するか否かの判断基準については、民法その他の解説書やマニュアル等を参照して判定することが多いと思われますが、金融機関、裁判所、評価人等においては独自の調査シート等を作成して、そのシートに必要事項を記入していけば、自動的に成否の回答ができるという機械的チェックシート等を活用した画一的処理をいったんは行い、法定地上権の成否を判断しているという実務があります。もっともこのようなマニュアル対応では対処できない場合も少なくなく、その場合は個別対応によりますが、抵当権設定後、建替えが何度もなされたケースや、現在建物の前に建物が存していたかどうか不明のケースも多く、悩ましい事案は少なくありません。

土地と建物とで担保権の設定状況を比較しながら成否を判断するのですが、建替えがからむと成否判断は難しくなります。

建替え前の旧建物について、建物閉鎖登記簿謄本をさかのぼって請求する場合も多いのですが、建替え前の状況は結果的には不明のこともあります。

また、よくあるのは、一つの建物敷地部分が何筆かに分かれていて、その筆ごとに法定地上権の成否が異なる場合があります。さらに、純然たる建物敷地部分と、路地状部分とで法定地上権の成否が異なる場合、複数棟の建物があって、棟ごとに法定地上権の成否が異なるケースもあります。

これは法定地上権の及ぶ範囲の問題にもつながりますが、結局、一棟の建物敷地部分が数筆に分かれており、筆ごとに抵当権や差押えの状況が異なるときに、原則どおり、数筆ごとに法定地上権成否を判断すべきか、それとも、建物の利用に応じて判断すべきかの選択がありますが、実務上は原則どおり

158

法定地上権の成立要件に筆ごとに照らして成否を判断していくこととなります。現実の不動産は外見上、1棟の建物の敷地であっても、登記上は数筆に分かれ、その筆ごとに所有者が異なっていたり、共有であったり、取得日や抵当権設定日が異なっていることは少なくないので、1棟の敷地の筆ごとに法定地上権成否がまちまちであることも少なくありません。

地上建物についても、増築部分を別の区分所有建物として登記すれば、別人所有となり得ますし、法定地上権成否についても影響を及ぼすことになります。

なお、土地と建物の所有者が異なっているかのようにみえて、土地については旧姓のままで、建物は新しい姓で所有権登記していたという例もありますし、抵当権設定時においては更地であったと思っていたところ未登記建物があったことが後日判明した例、現存建物は、数年前に柱1本残したままでほぼ全体を建て替えたが、抵当権は以前の旧建物に設定したものであった場合等、さまざまなケースがあります。

② 法定地上権が及ぶ範囲

法定地上権は、賃借権より強い建物のための土地利用権であり、その経済価値は土地価格の6割から8割程度となることが多く、法定地上権が及ぶ範囲の認定は重要な調査事項となります。

法定地上権が及ぶ範囲は、原則的には建物の敷地としての範囲と一致を志向していることになります。したがって、広大な1筆の土地上にある小さな建物についての法定地上権が及ぶ範囲とは、1筆土地全体ではないことは言うまでもなく、当該建物の敷地として認定すべき部分ということになります。一方において、法定地上権が及ぶ範囲は「建物の敷地部分に限定されず、建物として利用するに必要な限度で敷地以外にも及ぶ。その限度は、一般に抵当権設定者、買受人が通常考慮するであろう利用価値を基準にして定めるものとする」としています（注1）。

具体的には、形式的な建物が存している土地1筆全部ではなく、建物の利用上必要な部分に限られる（大阪高判昭和35・12・15下民集11巻12号2654頁）としていることから、1筆の一部に法定地上権成立が認められることを示しています。

この点、単に主観的に建物の利用のために必要であることにとどまらず、

客観的にも建物利用のために必要であることを要するとしており、敷地面積に対する建築面積の割合（建ぺい率）の限度内に限るとした裁判例もあります（東京地判昭和50・12・19判時820号86頁）。そして、「庭園、特別に利用していない空地、私道部分も、場合によっては、建物の利用に必要な範囲に入る場合もある」ともしています（注2）。

　要するに、筆や個数といった形式的区分ではなく、建物の位置、形状、その他利用状況、そして、建築基準法の建ぺい率、容積率、接道関係も考慮されるべきであり、地域における慣習、付近の実情をも考慮する必要があるとしています（注3）。

　ある土地上に複数の建物が存している場合には、まず、それらの複数棟について主従を判定、すなわち、主である建物と附属建物の関係がみられるときは、主附一体で1棟建物と判断することとなり、複数棟がそれぞれ独立した主である建物であるときは、それぞれの棟別に法定地上権の成否およびその範囲を判定することとなります。

　複数棟の建物について、その土地利用権の及ぶ範囲は、原則として、建築面積の比率で按分するという実務になりますが、複数棟の建物配置が不規則であったり、建築面積比按分では不合理であると思われる場合には、利用状況に加えて、建ぺい率、容積率、接道義務、東京都建築安全条例等の建築法令に照らして判定すべきこととなります。

　路地状部分を含むL字型土地については、路地状部分と純然たる建物敷地部分とが筆が分かれ、法定地上権成否も分かれるとしても、建築基準法等の諸法令に鑑み、法定地上権が及ぶ範囲について判定すべきことになります。

（注1）東京競売不動産評価事務研究会編『競売不動産評価マニュアル〔第3版〕』70頁〔判例タイムズ社〕。

（注2）前掲・（注1）71頁。

（注3）裁判所職員総合研修所『不動産執行事件等における物件明細書の作成に関する研究〔裁判所書記官実務報告書〕』502頁〔司法協会〕。

第4　法定地上権（Q57）

Q57　区分所有建物の法定地上権はどのような取扱いになりますか

A　法定地上権は、建物の区分所有等に関する法律が制定される前からの制度であり、区分所有建物については法定地上権の予定するところではなかったといってよく、区分所有建物については法定地上権の成否は変則的な扱いとなります。原則的には、区分所有建物については法定地上権と切り離されていると解してよいと思われます。

なお、建物の区分所有等に関する法律の改正によって、現在の区分所有建物は敷地権付の土地建物一体型となっているので、法定地上権成否の問題は全く生じません。問題となるのは改正前の土地建物分離型の場合ですので、以下においては、敷地権付きの土地建物一体型ではない土地建物分離型に限定して解説します。

解説

①　単独所有土地上に区分所有建物が存在する場合

土地が単独所有者に帰し、地上の区分所有建物の一専有部分が土地と同一所有者に帰していたとき、法定地上権の成否については、他の区分所有建物のための敷地利用権を奪うことになることを主な理由として、否定する裁判例があります（東京地判昭和53・2・1判時917号86頁）。

要するに、所定の法定地上権の成否要件を満たしていたとしても、地上建物が区分所有の場合で土地が単独所有のときは、法定地上権の成立を認めないとするということです。

これは、区分所有建物について抵当権が実行された場合の裁判例ですが、土地について抵当権が実行された場合も、ほぼ同趣旨により法定地上権の成立は否定されています（東京高判平成3・1・17判タ768号159頁）。さらに、土地と建物双方に抵当権が実行されたときも同様に法定地上権の不成立が示されています。

②　区分所有建物につき法定地上権が成立する場合

いわゆるマンションのような区分所有建物は基本的に土地は共有で、地上建物は区分され重畳的、立体的な所有権の対象となっている状態ですので、

161

原則的に法定地上権は成立することなく、区分所有建物のための土地利用権原は評価上は、別途に考慮することになります。

一方において、いわゆるマンションのような形態以外の区分所有建物、すなわち、分有、分棟、横割り型、縦割り型等の形態があります。一見、普通の戸建住宅のように見えて、その実は区分所有建物であるケース、二世帯住宅を区分所有登記しているケースもあり、中には、一般的な土地付建物を区分所有登記へと登記変更した場合、その逆に登記変更した場合もあり、その法定地上権の成否判定は個別にせざるを得ないこととなります。このような区分所有建物のさまざまな形態がある中において、法定地上権が成立しない場合が原則的であることは先のとおりですが、ここでは例外的に法定地上権が成立する場合を二つみてみることにします。

一つは甲乙2名の縦割りまたは横割り区分所有建物で、右図①②のように、土地の共有持分甲と乙持分について抵当権が実行された場合です（四角で囲った者が競売申立ての対象）。

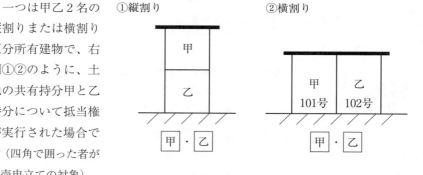

また、右図③④のように分有土地上の区分所有建物はもはや二つの戸建住宅と同じ状況ですので、区分所有建物といえども通常の土地建物

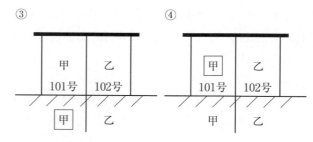

同様に法定地上権の成立要件を満たせば、甲の建物について法定地上権は成立することになります。

以上の二つの場合においては、区分所有建物が存する場合といえども法定地上権が成立する場合となります（注）。逆にいうと、これらの場合を除くと

第4　法定地上権（Q57）

	①	②	③	④
建物	2階　甲	101　甲	101　甲	101　甲
	1階　乙	102　乙	102　乙	102　乙
土地	甲乙共有	甲乙共有	101敷地　甲	101敷地　甲
			102敷地　乙	102敷地　乙

法定地上権の成立は否定されます。ただし、その場合においても通常の土地建物のように法定地上権が成立しない土地として考慮するのではなく、地上建物が区分所有建物であることを、すなわち、現実的な建物取壊し等ができないことを考慮した評価をなすこととなりますので、次にそのことを説明します。

③　区分所有建物のための土地利用権原

　敷地権付きの土地建物一体型のマンション、すなわち、現行の建物の区分所有等に関する法律による区分所有建物は、すでに敷地権付きであり、土地利用権が付着しているので、あらためて土地利用権の考慮は不要となります。一方において建物の区分所有等に関する法律が改正する前においては、区分所有建物とは別個に土地があり、または、土地（土地持分）がない区分所有建物もあり、地上の区分所有建物のための土地利用権を別途考慮する必要があります。現存している区分所有建物もその多くは敷地権付きマンションですが、中には改正前の土地と建物とが分離している分離型マンションもあります。

　一般的なマンションであれば、分離型であっても法定地上権は成立しません。ただし、マンションである以上は、他の区分所有建物が存在し、現実的な建物の取壊し、撤去は困難であることから、この困難性を土地利用権として考慮することとされ、既存建物撤去の困難性は、建物の収去が容易でないことにより「収去されない価値率」と言われ、一定の土地価格に対する割合で表示されることになります。この「収去されない価値率」は、「場所的利益」と言われる場合もありますが、区分所有建物特有の土地利用権としては、「収去されない価値率」と表示するほうが実態に合致していると思われます。具体的には土地価格（建付地価格）の40％を中心に、30％から50％程度を建物価格に加算し、土地価格（建付地価格）から控除することになります。この割

163

第3章　土地調査の留意点

合は、地上建物の構造、規模、用途、階層、建築経過年月等を総合的に考慮すべきこととなりますが、収去の困難性に伴い割合は高くなっていきます。東京地方裁判所の評価実務においては、この割合は40％が中心かつ標準的となっています。

　　（注）裁判所職員総合研修所『不動産執行事件等における物件明細書の作成に関する研究〔裁判所書記官実務報告書〕』477頁〔司法協会〕。

Q58　その他の法定地上権および類似の制度には何がありますか

Ⓐ　　民法および民事執行法の法定地上権は以上で解説したとおりですが、それ以外にも法定地上権および類似の制度があります。すなわち、国税徴収法、立木ニ関スル法律（以下、「立木法」という）、工場抵当権による法定地上権ないし類似の制度です。

---

① 立木法に基づく法定地上権

解説　漢字とカタカナで読みにくいのですが、立木法5条1項は、「立木カ土地ノ所有者ニ属スル場合ニ於テ其ノ土地又ハ立木ノミカ抵当権ノ目的タルトキハ抵当権設定者ハ競売ノ場合ニ付地上権ヲ設定シタルモノト看做ス但シ其ノ存続期間及地代ハ当事者ノ請求ニ依リ地方ノ慣習ヲ斟酌シテ裁判所之ヲ定ム」、2項では「前項ノ規定ハ土地及其ノ上ニ存スル立木ガ債務者ニ属スル場合ニ於テ其ノ土地又ハ立木ニ対シ強制競売ニ係ル差押ガアリ売却ニ因リ所有者ヲ異ニスルニ至リタルトキニ之ヲ準用ス」と規定し、立木のためにその生育する土地に対する法定地上権を認めています。

　これは民法および民事執行法上の法定地上権と同じ趣旨によるものです。立木を建物に置き換えることによって成立要件も同趣旨となっています。

　一方、立木法6条1項は次のように規定しています。「立木カ地上権者ニ属スル場合ニ於テ其ノ地上権又ハ立木ノミカ抵当権ノ目的タルトキハ抵当権設定者ハ競売ノ場合ニ付地上権ノ存続期間内ニ於テ其ノ土地ノ賃貸借ヲ為シタルモノト看做ス但シ其ノ存続期間及借賃ニ付テハ前条第一項但書ノ規定ヲ準用ス」。

抵当権実行によって、地上権と立木とが別人所有に帰した場合には、地上権者は立木の所有者のために土地賃借権を設定したとみなされるという規定です。成立要件としては、民法上の法定地上権と同様となります。なお、法定賃借権の内容としては、存続期間、賃料は裁判所が地方の慣習を斟酌して定めることとされています（立木法6条2項）。

さらに立木法7条では、土地の賃借人がその土地上に所有する立木に抵当権を設定し、その後強制執行により、立木所有権と土地賃借権者とが分かれ、同一人ではなくなったときは、立木のための土地利用権を認めるという趣旨であり、いわゆる法定転借権とも言われます。法定転借権の内容は、同法6条法定賃借権の規定が準用されることになります。

②　工場抵当権に基づく法定地上権

工場財団は1個の不動産とみなされ、そのように扱われることを原則としますが、他方、売却促進の要請により、一括ではなく財団組成物であるものを個々に売却できる規定があります。すなわち、工場抵当法46条は、「裁判所ハ抵当権者ノ申立ニ因リ工場財団ヲ箇箇ノモノトシテ売却ニ付スヘキ旨ヲ命スルコトヲ得」としています。個々の個別売却の結果、土地と建物とが別人所有に帰した場合には、法定地上権を認めようという制度です（工抵16条1項）。

工場財団は、土地、建物、工場供用物をまとめて一括として組成した財団であり、土地と建物の双方は不要とされ、土地か建物かの一方のみで組成可能です。ただし、土地も建物もない機械、器具、備品だけでは組成することができず、工場財団といえども、実体は土地か建物、または双方を必要としている点で、買受人の買受け後の土地利用権の考慮は法律上、当然に要請されているとみることができ、工場抵当法は法定地上権の規定も補完していることになります。

③　国税徴収法に基づく法定地上権

国税徴収法127条1項は、公売によって土地および建物または立木が別人所有に至ったときは建物または立木のために地上権が設定されたものとみなす規定をおいています。さらに、地上権自体が公売に付されたときは、地上権に基づく建物、立木について土地賃借権が設定されたとみなされます（同条2項）。滞納処分による差押登記時が法定地上権成否基準となります。

第3章　土地調査の留意点

④　**仮登記担保法（仮登記担保契約に関する法律）に基づく賃借権**

仮登記担保法10条は次のように規定しています。「土地及びその上にある建物が同一の所有者に属する場合において、その土地につき担保仮登記がされたときは、その仮登記に基づく本登記がされる場合につき、その建物の所有を目的として土地の賃貸借がされたものとみなす」。

すなわち、仮登記担保権がある土地につき抵当権が実行された場合や強制執行された場合に法定地上権の成否か、賃借権が成立するかが問題となることがありますが、仮登記担保権設定時における仮登記担保権者の担保価値を害するような法定地上権は認められないこととされています。

この賃借権は地上権ではないことと、仮登記担保が建物ではなく土地について設定されている場合に限って成立することとしている点が民法上の法定地上権と異なる点となっています。

⑤　**不動産財団と法定地上権**

前記②では、工場抵当法による工場財団における法定地上権をみてみましたが、工場抵当法16条の規定は工場財団のみならず、他の財団においても同様に法定地上権の規定が準用されています。すなわち、鉱業抵当法3条、漁業財団抵当法6条、観光施設財団抵当法11条、道路交通事業抵当法19条、港湾運送事業法26条の規定です。

これらは1個の不動産財団として、法定地上権の規定が認められています。

166

第4章

建物調査の留意点

第1 建物調査の総論／168

第2 建物調査の具体的ケース／182

第3 未登記建物と建物認定要件／202

第4 建物賃借権と対抗問題／216

第4章　建物調査の留意点

第1　建物調査の総論

Q59　建物調査の基本事項にはどのようなものがありますか

A　建物調査にあたっては、登記の有無、登記内容の確認に先立ち、物理的に建物が存在するかの確認をまず要し、その後現存建物と登記事項の照合をなして、一致しているかどうかについて調査をします。

　建物登記があるが現存していない場合、その逆に、登記はないが建物が現存している場合がありますし、また、登記建物と全く異なる建物が現存している場合には、単なる登記と現況の齟齬、不一致とみるか、それとも登記建物は滅失し、別の未登記建物が建っている状況とみるかとでは異なります。さらに、地上に存している物件は、建物なのか、工作物、構築物、動産なのかという問題もあります。

　以下においては、法務局における登記調査、地方公共団体における窓口調査、現地調査についてみていくこととします。

解説

1　基本的な調査と資料の収集

　建物調査は、法務局、地方公共団体の窓口、現地の三位一体でなすことになります。

　登記と地方公共団体資料と現地とがそれぞれ一致していない場合もありますが、それぞれの根拠となる法令が異なることが理由の場合もあり、たとえば、床面積は建築基準法と不動産登記法とでは一致しませんし、固定資産税課税上の床面積算定方法も異なります。

　法務局においては、建物登記事項全部事項証明書、建物配置図・各階平面図を取得することになります。場合によっては閉鎖登記簿謄本の確認を要する場合もあります。仮に現況が更地であっても、登記上建物が残存していることもあるので、留意を要します。

　なお、当然のことですが、仮に調査対象が建物だけで土地は対象外であっ

168

第1 建物調査の総論（Q59）

た場合においても位置の特定や土地利用権の調査のために敷地である土地についての登記に関する調査も必要となります。具体的には土地登記事項全部事項証明書、公図、地積測量図の取得です。

地方公共団体の窓口においては、建物の建築確認の状況がわかる建築計画概要書、台帳証明書の取得が必要となります。台帳証明書についてはQ46②を参照してください。

なお、これらの資料がない場合は、建築年月日が古くて保存期間を超過していることを理由としている場合もありますが、建築確認等の建築基準法等の法令の手続を踏まずに建築した場合もあるので、請求しても資料不存在のために交付を受けられないときは、その「不存在」ということが一つの重要な情報となります。さらに、建築基準法上の道路に関する資料も取得可能な場合がありますが、これについてはQ41を参照してください。

現地においては、上記で収集した資料と照合し一致しているかを確認することとなります。密行調査のもとでは困難な状況、場面もありますが、可能な限り現地における実物調査をなすこととなります。

② 適法性と違法性

建物調査にあたって重要な調査事項としては、現存建物が建築基準法や東京都建築安全条例等の関係法令に照らして適法なものかどうか、建築時点と調査時点の2時点においてそれぞれ適法か否かを調査すべきことになります。

要するに、建築時は適法に建築できたが、調査時点においては同一建物の再建築はできない場合やその逆もあるので、その点を把握することになります。具体的には登記記録による建築面積や延べ床面積の敷地面積に対する割合は、建ぺい率や容積率超過の可能性のあたりをつけることができます。

不動産登記法と建築基準法とでは建築面積や延べ床面積の算定方法は異なるため、建築確認通知書、建築計画概要書等の建築関連資料により確認をなすべきですが、登記記録も参考になる場合もあります。

全く建築基準法上の道路への接道を欠いた都市計画区域、準都市計画区域に存する建物は違法建築の可能性が高いので、仮差押え、差押え後の換価にも影響するので、違法性に関する調査は必要となります。

ただし、調査時点現在においては、現存建物は建築することはできないが、新築当初は適法に建築された建築物は、既存不適格建築物（建基3条2項）と

169

して、違法建築物とはされません。

　現行容積率を超過した既存不適格建築物は、現行法の制限を超えて、収益を上げることができるので、その収益増の効用は評価され、一定の増価が考慮され得る場合もあります。

　建物の区分所有等に関する法律による区分所有建物にあっては、二つの専有部分の内部障壁を取り払い一つの専有部分とした場合や、大がかりな改造、改築をなし、共用廊下や屋上まで専有部分としている場合もあり、これらは建築基準法や建物の区分所有等に関する法律違反だけではなく、耐震構造計算上必要な構造部を除去、改造しているので危険であるという切実な問題になっている場合もあります。

　なお、建築基準法ではなく消防法違反についての調査も必要となる場合もありますが、消防法の違反は、消防庁HP（http：//www.fdma.go.jp/publication/index.html）の違反対象物の公表制度によって公表されています。公表の対象となる法令違反の内容は、消防法17条1項の政令で定める技術上の基準および同条2項の規定に基づき火災予防条例で定める技術上の基準に従って設置しなければならない屋内消火栓設備、スプリンクラー設備または自動火災報知設備について、設置義務があるにもかかわらず、設備（消防法令の規定により代替となる設備を含む）を構成する機器等がいっさい設置されていないこと、また、その他の法令違反については地域実情を考慮し対象とすることができるものとされています。公表する事項としては、「1.当該法令違反が認められた防火対象物の名称および所在地、2.当該法令違反の内容（当該法令違反が認められた防火対象物の部分を含む）、3.その他消防長が必要と認める事項」の三つとされています（「違反対象物に係る公表制度の実施について（通知）」平成25年12月19日消防庁による）。

③　建築した年月日

　調査対象建物について、登記事項全部証明書に新築年月日が登記されている場合や台帳証明書、建築計画概要書の交付を受け建築年月日の概略が判明している場合は、それらの資料により建築年月日を把握することになります。

　台帳証明書では検査済証の欄に日付や番号の記載がないときは、検査済証の交付、すなわち、完了検査を受けていないことになりますので、建築確認どおりに完了したかどうか不明で、建築計画概要書も、建築計画段階のもの

であり完了後のものではないので、建築年月日の詳細は不明なこともありますが、少なくとも概略は把握できますので、重要な情報源となります。

一方、登記事項全部証明書においては、古い建物には新築年月日が記録されていない場合も多く、その場合には建築年月日の記載のある閉鎖建物登記簿謄本を請求するしかありません（法務局に建築年月日の記載のあるものを要求することによって取得できます）。所有権保存登記年月日によって新築時期を推測することは可能であるかのように考えがちですが、新築後間もなく所有権保存登記をなしているかどうかはわかりようもなく、新築後何十年も経過してから相続のために保存登記をなす場合も少なくありませんので、所有権保存登記の時期を建築時期と判定することはできませんが、他に資料がない場合に限って、その頃の建築であるとの推測は許されることと思われます。

古い航空写真、住宅地図等を国土地理院や国会図書館等で閲覧して、少なくともいつ頃にはその調査対象建物が現存していたこと等の目安をつけることも重要と思われます。

いずれにせよ、建物は経過年数、すなわち、経済的残存耐用年数によってその経済価値が異なるので、新築時期の把握は重要な調査事項となります。

見た目の外観上は新築後間もない建物に見えたものの、登記記録をみると何十年も前に建築した老朽家屋であることが判明する場合も多いので、要注意となります。

なお、密行調査のもとでは入手困難となりますが、固定資産税の納税通知書、固定資産課税台帳（名寄帳）には、登記記録には記載のなかった建築した年が記載されている場合があるので有用です。

さらに、増改築した時期、マンションなら大規模修繕工事した時期とその内容等についての情報を得ることができたら、なお詳細な情報となります。

④　建物等に関する資料

仮差押えのための密行調査においては、法務局や地方公共団体の公表された資料の入手しかできず、債務者その他の関係者からの資料情報提供はほとんど期待できないことと思われます。一方において、情報開示請求による建物図面等の入手が可能な場合もあります。

固定資産税の納税通知書か名寄帳（固定資産税課税台帳）は、登記記録よりも現況に合致した情報が記載されているので最も重要な資料となりますが、

第4章　建物調査の留意点

他にも、間取り図、建築設計資料、建築工事請負契約書（請書、注文書、発注書等）、設備図面、販売関係資料（販売図面、販売パンフレット、販売チラシ）、建築確認通知書、検査済証、アスベスト調査報告書、耐震診断書、地盤診断書、建物点検報告書等の資料があります。長期優良住宅の認定や住宅性能評価を受けている場合には、それらに関する資料も重要となります。

　一方、建物単体ではなく、附属施設、什器、外構、造園に関する情報も有用な場合が多く、建築基準法では建築設備も建築物とされ（建基2条1号）、床面積の増加を伴わない門や塀の工事も「建築」に該当することはQ46③で解説したとおりです。ガス引込に関する工事も建物付帯工事費を構成することとなっており、外構、植栽、舗装、擁壁、造園、池、カーポート等についても調査を要する場合があります。さらに、高価な植木・植栽、灯籠、保護樹木に関する情報も有用な場合があります。

　保護樹木とは、1.5メートルの高さにおける幹の周囲が1.5メートル以上であること、高さが15メートル以上であること、株立ちした樹木で高さが3メートル以上であること、攀登性樹木で、枝葉の面積が30平方メートル以上であること、のいずれかに該当し、健全で、かつ樹容が美観上特にすぐれていることという基準を満たした樹木をいいます（都市の美観風致を維持するための樹木の保存に関する法律施行令）。

　なお、敷地内に電柱、電柱の支柱・小柱、自動販売機がある場合や建物の屋上に携帯電話等の電波基地アンテナ、広告塔、袖看板等がある場合には、金銭の授受が発生している場合があるので、その点の調査を要することになります。調査対象建物の目の前に電柱があり、建物への出入りにあたってその電柱が障害となる場合には、電柱所有者である電力会社が移設等の対応に応じる場合もありますが、店舗の脇に電柱があって購買客の出入りにやや邪魔な場合等の自己都合の場合には移設費用を負担して移設等の対応を図ることも考えることとなります。電柱の移設等については、各社のサイトが参考になります。

　もっと言えば、カーポートや物置の存在が確認できたものの、それらは建物所有者が付設したものではなく、賃借人が付設した場合もありますが、実例として、一つの敷地内に建物賃借人が付設したもの、土地賃借人が付設したもの、建物所有者が付設したものの三つがそれぞれあった場合もあります。

第1　建物調査の総論（Q59）

飲食店舗のカウンター、厨房設備等については、建物賃借人が自らの負担で施工したもの、譲渡権利であるもの、店舗リースである場合、さまざまな場合があり、かつ差押えにあたっては賃借人による留置権の主張がある場合もあるので、その点に関する情報も得ることが望ましいこととなります。

コラム4

古代差押えと債権者の権利

　古代において差押えに伴う債権者の権利は、現代とは比べものにならないほど強力であったことが書物に表れています。

　世界最古のハンムラビ法典には、「もし人が債務を負い、自分の妻、息子あるいは娘を売ったなら、あるいは彼自身が債務の担保として与えられたなら、彼らは3年間彼らの買手あるいは差押人の家で働かなければならない」としていますし（注1）、マヌ法典では、「如何なる手段によりて債権者は彼の財産を獲得するにせよ、その手段により、彼は債務者を強制し彼をして支払はしむ」「道義的勧告により、訴訟により、巧妙なる術策により、あるいは慣例上の手続により債権者は貸したる財産を回収し得。而して第五に腕力によりて」とされています。なお、慣例上の手続とは、「債務者の妻子や家畜を殺害し、また債務者の戸口に座り込むこと、あるいは債権者自身の断食」とされています（注2）が、これはコラム1の穂積博士の説明と同様です。

　時代が下ってゲルマン古法になると、「裁判官の命令なくしては何人も差押をなすことを得ず」「もし誰かが何人かに対し、法律に反して太公の命令なしに差押をなしたるときは、差押物を毀損することなく返還し、かつ他の同価値のものを附加すべし」と現代の感覚に近くなります（注3）。

　さらにローマ法になると、執行手続として「財産差押により、債権者をして債務者の全財産を保全のために占有せしめ、他の債権者の加入をも許し、一定期間の経過後、債権者中より選ばれた代表者たる財産掛が最高額の買主に財産全部を売却し、債権者は債務者の包括的承継人となった買主の提供する代価中より弁済を受ける」（注4）と、現代の民事執行法の競売制度の原型がすでにできあがっていたことがわかります。

　なお、古代法において差押えとは人的差押え、すなわち、人質がむしろ一

173

第4章　建物調査の留意点

般的であり、自ら人質となることを申し出て借金する場合もあったほどで、わが国の江戸期においても、「人質と称するものは、事実上、人身抵当であって、債務不履行の場合に初めて目的物たる人身を債権者の許に引き立てた」（注5）とされており、ドイツ法やオーストリア法では現在においても人的差押えは補助的に認められています。

（注1）中田一郎訳『ハンムラビ「法典」』34頁〔リトン〕。

（注2）田辺繁子訳『マヌの法典』212頁〔岩波書店〕。

（注3）世良晃志郎『バイエルン部族法典』292頁〔創文社〕。

（注4）原田慶吉『ローマ法』394頁〔有斐閣〕。

（注5）瀧川政次郎『日本法制史（下）』211頁〔講談社〕。

Q60　占有者認定にあたって、どのような問題がありますか

A　調査にあたっては、その建物を誰がどのように使用し、占有しているかを調査すべきこととなります。仮差押え等のための調査段階では強制的に立ち入って調査することなどできるはずがありませんので、占有者の認定が困難である場合が多く、この占有者認定問題が財産調査の中核になる場合も少なくありません。

　かつて東南アジア諸国より出稼ぎにきている外国人が一つの小さな住戸に何十人もが居住し、しかも随時入れ替わるので占有者を特定できないという問題が数多くありました。

解説

① 戸数認定

　占有者認定の前に戸数認定を要します。これは調査対象建物に独立した部屋、住戸が何戸あるかを把握して、それから、その各住戸につきそれぞれ占有状況を特定していくことになります。

　一つの貸ビル、賃貸マンション、賃貸アパートで何戸あるか、一目瞭然でわかる場合はそれで問題はないのですが、最近ではオートロック等のセキュリティのために戸数がわからない場合は少なくありません。戸数が判明しな

いと占有認定もできません。

　建物の区分所有等に関する法律にいう区分所有登記をしている場合には、登記記録の表題部の専有部分の数を数えれば登記された専有部分は判明します。もっともこの数は、たとえば、管理人室、集会室、物置であっても専有部分として登記していればカウントされていますので、純然たる住戸だけかどうかはすべての専有部分の登記事項証明書を取得しないとわからないこととなります。

　また、建物には必ず郵便物を受け取るポストがありますので、ポストの数を数えれば住戸数はわかります。ただし最近では、ポストがわかりにくい場所にあることも多く、また、迷惑チラシ投函対策のために管理人監視の目の前にポストがある場合等、調査が難航する場合もあります。マンション1階の店舗等や事務所は独自のポストが全く別の場所にあることもあります。数戸からなる共同住宅であっても、全戸につき親族が住んでいてポストは一つというのも珍しくありません。

　ガスメーター、水道メーターも重要な戸数判断材料です。ガスメーター、水道メーターは、通常は検針のため検査員が検査しやすい場所にあり、メーター数を数えることによって、敷地内に立ち入ることなく戸数確認が可能となります。

　アパート等の共同住宅はこのようにして戸数の確認はできますが、店舗での場合で、単なるフロア貸しではなくデパートや駅ビルのように階層のフロアを区分して賃貸に供している、いわゆるケース貸しの場合には賃貸借の戸数の確認は現場で店舗数を数える、または掲示されたフロア案内パネルで確認するしかないことになります。特に店舗ではもともと数戸をつなげて1戸としている場合やその逆、また、数戸を陳列商品の倉庫と売り場とに分けて利用している場合、別々の外観である数戸が内部でつながって1戸の実態となっている等、多くの場合があります。

　戸数認定は占有者認定の前提として重要ですが、建物内部を調査しない状態においての把握は困難な場合が少なくありません。

　②　**占有者認定**

　建物の占有状態を認定するにあたっては、まず、空室、空家であるかどうかを把握すべきこととなりますが、不在、空き家、未利用とはそれぞれ異な

るので、この区別を要します。空室（空き家）であっても、所有者が空室（空き家）の状態で占有していることになります。残置物、家具等が全くない場合には空室、空き家ということになります。不動産屋が売買や賃貸募集のためにクリーニングし、消毒を終えて広告に掲載して公開しているケースも空き家という扱いになるのが原則ですが、中には不動産屋の営業マンが寝泊まりに長らく使用しており、モデルハウス用の家具もあり空室かどうか悩ましいケースもありました。残置物の量が微妙で、不在なのか空室なのか判断困難な場合もよくある光景です。

　占有者認定とは、誰が、どのような権原によってどのような利用状態であるかを調査し、占有を特定することですが、密行調査等の債務者の協力が得られない状況下においては、表札、郵便ポストの表示、店舗や事務所なら看板、プレート等で確認するしかありません。実際に室内において占有しているかどうかの確認については、電気メーターの稼働状況を確認する場合もあります。電気が切られている場合には電気メーターは動きませんし、また、メーターボックス内には、ガス、水道、電気等が止められている場合には、そのことがわかる事業者からのお知らせ等が配管にかけられていることが一般的です。

　また、ポストにあふれている郵便物で、ガス、水道、電気等の料金請求書その他文書が垣間見えるときは参考になる場合もあります。

　もっとも現場では、アパート等で外部に表札等一切表示がない場合、表札の字が薄くて読めない場合がありますが、どうみても表札と実際の占有者が異なる場合には占有補助者の存在、転貸借、占有偽装等の場合があります。

　雑居ビル等の老朽した建物では、占有者の特定どころか、事務所に使用しているか住居としているかの用途、利用状況さえ不明なことも多くあります。事務所使用であることは間違いないが長らく寝泊まりにも使用しているとき、また、住居のうち１室を本格的事務所として使用している場合等、利用状況をどう判定すべきか容易でないこともあります。

　なお、所有者が自ら利用しているか、所有者以外の別人が利用しているのか、賃貸借による第三者占有か、賃料の授受なく第三者または建物所有者の関係者が使用借権により占有しているのか、法人所有建物で社宅として利用しているのか等については、賃貸借契約書等の占有権原に関する資料、情報

第1 建物調査の総論（Q60）

がないままでは、建物外観からではわかりようがありません。中には、関係のよくわからない知人、友人と自称する者が占有しているケースも少なくなく、賃貸借契約上の賃借人は音楽活動をしているミュージシャンであって、実際の占有はファンと称する女性が占有しているケースもありました。

③ 執行官の現況調査

弁護士や債権者による仮差押えのための調査ではなく、強制執行のための差押え時における執行官の現況調査は、建物については、種類、構造、床面積の概略および所有者の表示（民執規29条1項4号ニ）を記載すべきこととなります。占有者認定の具体例としては、①空き家の場合、建物内に家財道具が残置されている場合には、残置されたものが無価値に等しいか、その所有権を放棄したとみられるような事情がなければ、前居住者の占有が継続しているとみるのが相当としています。②営業店舗では、商号、屋号、経営主体、看板の表示が一致していない場合もあり紛らわしい場合もありますが、経営主体の確認等をなすべきとされています。③居住用建物には、ガス、水道、電気の名義人等についても調査し、建物内の状況から総合的に考慮すべきであるとされています。なお、執行官は、ガス、水道、電気等のライフラインの供給状況を確認する権利が付与されています（民執57条5項）。

なお、執行官の現況調査にあたっては、本人とは別の者が占有しているケースについてその者が本人の家族であったり、法人とその代表者の関係、法人とその従業員の関係である場合には、「占有補助者」または「所持機関」による占有状況として把握することになります（注）。

　　（注）執行官の占有認定については、執行官実務研究会編『執行官実務の手引〔第2版〕』516頁〔民事法研究会〕を参考にしました。

177

第 4 章　建物調査の留意点

Q61　内覧制度とはどのような制度ですか

A　かねてより競売については入札にあたって、買受希望者が建物の内部を見ることができず、内部の状況を確認する手段を欠いていたという不都合があり、そのことが、不良債権処理、すなわち、競売売却率向上の障害になっていたのではないかという指摘がありました。

そこで平成15年の民事執行法改正では、差押債権者の申立てがあるときは、執行裁判所の実施命令に基づいて、執行官が買受希望者を競売不動産に立ち入らせて見学させることとしました（民執64条の2第1項本文）。なお、この制度は、強制執行等の換価のための制度であり、仮差押え等の調査時点における制度では用意されていません。

解説

① 内覧制度の趣旨

内覧制度は買受希望者が一定の手続を経て競売対象建物の内部を見ることができるとした制度で、平成15年の民事執行法の改正によって付加された制度です。占有者等の生活の平穏やプライバシーへの配慮を要することはいうまでもありませんが、内覧制度が執行妨害や談合に利用される危惧についても指摘されています。通常の賃貸借契約により建物を占有している賃借人にとってみれば、内覧制度は、迷惑以外の何物でもない可能性が高いといえます。

民事執行法では、正当な理由なく立ち入りを妨げる行為をした占有者に対する罰則に関する規定を置いていますし（民執205条2項）、内覧実施にあたっての細目については、最高裁判所規則に規定を設けることとしています（民執規51条の2・51条の3）。

内覧実施を競売事件の差押債権者による申立てに限定した理由としては、内覧実施によって高額な買受け、債権回収が実現でき差押債権者の債権回収、満足が期待できる反面では、内覧時におけるトラブル、建物の棄損等により売却価格の低下につながる可能性もあり、また、内覧実施には費用も要することから、内覧実施の意思決定を差押債権者に委ねようとすることが相当であるとされたためです。

第 1 　建物調査の総論（Q61）

２　内覧の実施

　内覧実施の申立ては、①申立人の氏名、住所、代理人の氏名、住所、②事件の表示、③不動産の表示、④不動産の占有者を特定するに足りる事項、以上の四つを記載した書面を、差押債権者が執行裁判所に、執行裁判所が執行官に売却実施命令を発するまでに提出することによってなされます（民執51条の2第1項）。

　一旦売却に付して買受申出がない場合、さらに売却に付するときも内覧申立てはできますが、売却実施ごとに申立てを要することになります。

　なお、内覧にあたっては、差押債権者に対抗できる占有権原を有する占有者が占有している場合には、占有者の同意を要します（民執64条の2第1項ただし書）。

　また、内覧実施にあたっては、費用を要します（内覧実施申立手数料は不要）。

　執行裁判所は申立てがあるときは、執行官に対して内覧実施命令を発令することになり、執行官は、実施日時および買受希望者への周知のため、不動産表示、内覧申出の方法、内覧参加可能人数、参加者への注意事項等が記載された公告をなすこととなります。

　内覧への参加申出は、内覧対象不動産、その不動産に立ち入る者の氏名、住所、電話番号（ファクシミリ番号を含む）を記載した書面を要し（民執規51条の3第3項）、また、法人による申出も可能です。

　集合時間ごとに集合した内覧参加者には、執行官は、主に次の説明を行うとされています（注1）。

　①常に執行官の指示に従うこと、②鍵には絶対に触れないこと、③占有者には絶対に語りかけないこと、④内覧参加者間の会話禁止、⑤写真、ビデオ撮影不可、⑥これらに従わないと退去させることや内覧中止もあること等です。

３　内覧の実際

　内覧制度の導入は売却促進等のため、買受けにあたっての競売特有の障害を除去しようとするものでしたが、現実に内覧実施された事案は数としては多くないようです。内覧実施の統計データはないのですが、差押債権者にとっては内覧実施するメリットが現在の売却率好調期には感じられないのかもしれません。競売売却率の高さ、好調はすでに長らく安定的に継続しており、

179

第4章　建物調査の留意点

内覧制度を活用して売却促進の向上を図る動機を欠いていると判断できます。

　しかしながら、対象不動産内部を見ることができないという競売特有のデメリットを改正して、内覧制度という新しい制度を導入した意義は小さくないと評価することができます。

④　建物同一性の判定

　建物同一性とは、調査対象建物を現地で確認したとき、登記事項と大きく異なっていた場合、その現存建物を登記建物を増改築した状態とみなすか、それとも全く別の建物であるとみなすか、どのように判断するかということです。増改築や、単なる現況と登記との齟齬と判断すれば、差押対象になりますが、全く別の建物、たとえば現存建物は取り壊されてその後未登記建物が建てられたとみれば、差押対象外となります。

　『平成26年現在「換価実務提要」』によると、同一性がないと判断された事例には、「(1)差押えた不動産が滅失または棄損して、不動産の性格を失っている場合（大正5.6.28大判）、(2)差押えた建物を取り壊し、その材料を使用して再建築したが、外観的部分は全部新材料を使用した場合（昭和16.9.16）、(3)差押えた建物を取り壊し、その材料の一部（建物全体の1割から2割程度）を使用して板葺きの建物を瓦葺きの建物として再建築した場合（昭和30.1.21東京高判）、(4)差押えた平家建物をほとんど取り外し、柱や屋根等を新しくして2階建にし、新築と同一視すべき構造の変更をした場合（昭和37.3.6東京地判）」（注2）があります。

　一方、同一性ありと判定された事例としては、「(1)既存建物に物理的に接着延長した場合、たとえば、不動産登記簿上に表示されている建坪15坪の工場および建坪12坪の居宅の現況が、それぞれ建坪43坪5合および建坪32坪6合6勺となっている場合（昭和7.6.9大判、昭和30.6.23東京高決、昭和32.2.20東京高判）、(2)既存建物の種類構造等に変更がある場合、たとえば、不動産登記簿上に表示されている木造瓦葺き2階建工場建坪12坪2合5勺（2階の建坪には変更がない）の現況が、木造瓦葺き2階建店舗建坪11坪7合8勺、便所建坪1坪および木造亜鉛葺き居宅2坪9合7勺となっている場合（昭和31.7.20最高判）、(3)現存建物の相当部分が取り壊されたが、その主要部分である8畳間と押し入れは一部改造されたものの、元の場所に存置され、既存建物を支えていた柱も8畳間の四囲にあった相当数のものが残って新建物の支柱となって

180

おり、既存建物の残存部分は、新建物の主たる構成部分を形成しているような場合（昭和44.3.25最高判）、(4)既存建物の所在位置が移転した場合、たとえば、差押えた建物を取り壊し、その材料の大部分を使用して同字内の他の地番に移転した場合（昭和7.2.27大判、昭和8.3.6大判、昭和12.6.30大判、昭和29.3.25大阪高判）」（注3）等があります。

　　（注1）執行官実務研究会編『執行官実務の手引〔第2版〕』329頁〔民事法
　　　　　研究会〕。
　　（注2）一般財団法人大蔵財務協会編『平成26年現在「換価実務提要」』13頁
　　　　　〔大蔵財務協会〕。
　　（注3）一般財団法人大蔵財務協会編・前掲（注2）14頁。

第 4 章　建物調査の留意点

第 2　建物調査の具体的ケース

Q62　旧耐震基準と新耐震基準はどのように違うのですか

Ⓐ　　地震大国であるわが国において、建築物における耐震性に関する情報は極めて重要な情報です。近年、耐震性に関する国民意識の高まりによって、建物の耐震性は大きく向上しています。一方において、旧来の古い建造物は、この限りではなく、耐震性が危惧される場合も少なくありません。

以下では、昭和56年 6 月 1 日の旧耐震基準と新耐震基準について解説します。

① 昭和56年 6 月 1 日基準

解説　　建築確認に際して、耐震性について新たな基準を設け新耐震基準となったのが、昭和56年 6 月 1 日ですので、この日を境に、これ以前に建築確認を得て新築工事に着手した建物を旧耐震基準として、耐震性が充分でない建物とされ、この日以降新築工事に着手した建物を新耐震基準として区別されています。

すなわち、昭和56年 6 月 1 日より前の建築か、後の建築によって、耐震性が異なるということです。調査対象建物の建築時期によって旧耐震基準か否か判断できることになります。

なお、宅地建物取引業法施行規則16条の 4 の 3 第 5 号においては、宅地建物取引業法35条の書面（重要事項説明書）において、建物が建築物の耐震改修の促進に関する法律 4 条 1 項に基づく一定の者が行う耐震診断を受けたものであるときは、その内容を説明しなければならないと規定しています。もっとも、この規定は、昭和56年 6 月 1 日以降に新築の工事に着手したものを除くとしていますので、旧耐震基準だけが規制の対象となっています。さらに、耐震診断を受けていなくても、宅地建物取引業者には耐震診断の実施義務は

ないとされています（宅地建物取引業法の解釈・運用の考え方）。

　したがって、昭和56年6月1日より前に建築した建築物は、その後耐震補強等の耐震改修工事を施した等の事情がない場合には、原則として、耐震性が充分ではない建築物として把握すべきこととなります。

② 新耐震基準

　鉄筋コンクリート造の堅固建物が倒壊した十勝沖地震、宮城沖地震の二つの地震を契機として、改正建築基準法による新耐震基準が実施されることになりました。

　新耐震基準の目的は、震度5強までの地震ではほとんど被害が出ず、頻度が極めて低い震度6強以上の地震でも中破まではする可能性はあるものの、大破、倒壊することはないという強度の確保にあります。新耐震基準では設計は1次設計と、2次設計との2段階に分離して、許容応用力計算を1次設計で、保有水平力計算を2次設計でなし、地震力による構造耐力上主要構造部分に塑性変形があっても著しい損傷が生じるおそれにないこと、地震力が水平耐力を超えないことを確認することとなっています（注）。

　なお、2004年の新潟中越地震は2006年耐震改修促進法改正を導き、公共建物の耐震性を目指していたことに私人所有建物の耐震性を加える改正を行い、さらに、2011年には「東京における緊急輸送道路沿道建築物の耐震化を推進する条例」が公布されました。この条例の内容とこの条例に関する裁判例についてはQ45③で紹介したとおりです。

　　（注）東京都不動産鑑定士協会編『ベーシック不動産実務ガイド〔第2版〕』
　　　　304頁〔中央経済社〕。

第4章　建物調査の留意点

> ## Q63　アスベスト含有の可能性がある建物調査は、どのようなことに気をつければよいですか
>
> (A)　基準値を超える有害な飛散性アスベスト含有の最終的な判断は専門調査機関による検体採取検査によるしか方法がなく、熟練した検査人でさえ、見た目、触感や勘だけでアスベストに該当しているかどうか正確にわかることはありません。
>
> 　疑わしいときは専門調査機関に調査を依頼する場合もありますが、費用と時間を要するだけではなく、建物所有者、占有者の承諾を要することはいうまでもありません。
>
> 　以下では、アスベストの事前調査、調査箇所、その他気をつけるべき物質について解説します。

解説

① アスベスト事前調査

調査対象建物について、まず、アスベスト使用の有無の調査がなされたことがあるかを調べることになりますが、弁護士や債権者による仮差押え等のための密行調査では、債務者本人、すなわち、建物所有者から情報を得ることができないことから、知り得ないことになります。地方公共団体が調査結果を保有していても個人情報の名のもとに教えてくれることはありません。

一方、宅地建物取引業法では、建物について石綿の使用の有無の調査結果が記録されているときは、その内容を重要事項説明として、買手側に説明しなければならないとされ（宅地建物取引業施行規則16条の4の3第4号）、調査したかどうかだけではなく、記録の内容まで説明しなければならないとされています。なお、内容とは、調査の実施機関、調査の範囲、調査年月日、石綿使用の有無および石綿使用箇所とされています。調査結果として、基準値を超える石綿が使用されていないものであっても、その内容の説明義務を宅地建物取引業者は負っていますが、業者に石綿に関する調査義務は課せられていません。

アスベストに関する事前調査としては、建築時期、種類、構造によりアスベスト含有の推定をすることからはじめます。アスベストが含有している吹

付材が使用されていたのは昭和30年からで、昭和50年10月１日に含有率５％以下の吹付材の使用が原則禁止となりましたが、含有率１％以下の吹付材の使用は平成７年３月31日まで原則禁止とされていませんでした。また、禁止された後であっても、一定期間は建築材料として使用されてきた可能性があります（注）。

② 調査箇所

吹付アスベストが使用されている可能性が高いところは、駐車場、倉庫、物置、機械室、エレベーター室、電気室、非常階段等で、それらの部屋を中心に見ていくこととなります。

吹付材としては、吹付アスベスト、アスベスト含有吹付ロックウール、アスベスト含有保湿剤、断熱材、耐火被覆材等、スレート、セメント板、煙突材等です。

なお、事務所の床としておなじみのＰタイルもアスベスト含有材ですが、基準値を超えているアスベストと見た目がよく似ているのが、防音材、クッション材、不燃材です。これらは防音のため駐車場、エレベーター室、機械室に施されていることが多いので、場所柄、見間違いが起きやすくなっています。

国土交通省は「目で見るアスベスト建材」を公表していますが、アスベスト建材は使用、加工状況によりレベル１、レベル２、レベル３の３段階があり、このうちレベル２までを飛散性の可能性が高い「飛散性アスベスト」と定義づけています。

③ PCB

PCBとは、「ポリ塩化ビフェニル」として、油状の人工合成物質であり、トランス、コンデンサ、照明安定器等の絶縁油や感圧紙、塗料、印刷インク等の溶剤として使用されてきましたが、半揮発性があり大気に拡散する性質があり、PCBの一部の物質はダイオキシン類に分類される等、毒性が極めて高いものとされています。

PCBは現在では使用が中止されていますが、ビル内に保管されている状態となっています。所有者に保管の有無等について確認できればよいのですが、それができないときは、ビル屋上、機械室、倉庫等を見て確認するか、設計図面の入手ができれば設備仕上表に記載あるトランス類のメーター、型式、

第4章　建物調査の留意点

型番等をもって照会することになります。

　PCB廃棄物については、ポリ塩化ビフェニル廃棄物の適正な処理に関する特別措置法によって、規定されています。

　　　（注）東京競売不動産評価事務研究会編『競売不動産評価マニュアル〔第3版〕』95頁〔判例タイムズ社〕。

Q64　建築中や解体中の建物でも仮差押えをすることができますか

Ⓐ　　調査対象建物を見にいくと、当該建物が建築中であった、または、取り壊し除却中であった、移転中であった等の場合は少なくありません。また、その建物について工事していることは現場でわかりますが、何の工事か、新築か、増改築か、大規模修繕か、解体か、移転か、わからないことがあります。

　仮差押えは、未登記建物に対してもなすことができますが、登記できる状態にあることを前提としているので、登記できる状態に建築物の状態がないと仮差押えをなすことはできないこととなります。

解説

①　工事中の建物の調査

　現場における建築計画のお知らせ看板等で、工事の種類の状況を把握することができますが、看板の掲示もなく、仮囲によって工事の状況が全く見えない場合には、地方公共団体の窓口で建築計画概要書の交付を受けること等により建築計画の有無を照会することになります。

　取り壊しについては一定事項の届出を地方公共団体に要しますので、その届出内容の確認も有用ですが、届出事項は一般には公表されていません。

　更地を仮差押え、差押えにするために現地調査に行ったら、建物のようなものが建築中であった場合には、土地は借地権付底地となったり、法定地上権が成立してしまう場合がある他、執行妨害の可能性もあるので、もしも建築中、工事中であることがわかったら、機敏に調査することが必要になります。

　建築工事中で問題となるのは、未登記ですので、所有者が確定できないと

186

いうことです。建築計画概要書の交付を受けた場合や、現地におけるお知らせ看板では、発注者、建築主はわかりますが、発注者、建築主、注文者は必ずしも所有者と一致しないことがあります。たとえば、資金は出して建築請負工事は親が契約締結するものの、所有権登記は子名義にする、または、親子の共有にするといった例があります。仮差押え、差押えにあたっては、別人所有不動産に対してなすことはできないので、所有者確定問題は重要となってきます。これについてはQ72でも解説します。

② 建築中の建物登記能力

　仮差押えは原則として建物登記を前提としますから、建物が登記できる程度に建築工事が進んでいるかどうかをもって建物と認定するかどうかが決まってくることになります。建築工事は進行中であるとは限らず、建築中の段階で工事休止している場合も多くあります。

　建築中の建物登記能力に関しては、住宅用建物について、屋根および周壁を有し、土地に定着する1個の建造物として存在するに至ったときは、床および天井を備えていなくとも、登記できるとする有名な判例（大判昭和10・10・1民集14巻1671頁）があり、これが、建物登記能力の基準となっています。原文は「屋根瓦ヲ葺キ荒壁ヲ附ケ了リタルモノハ未タ床及天井ヲ備ヘサルモ仍ホ登記シ得ヘキ建物タルニ妨ナキモノトス」とされています。

　さらに、昭和24年2月22日民事甲第240号民事局長回答においても、「登記することのできる建物は、必ずしも完成した状態にある建物であることを必要とせず、床、天井を具えていなくても、屋根および周壁を有し土地に定着した1個の建物であってその目的とする使用に適当な構成部分を具備すれば足りる」としています。

　なお、この基準は用途によって異なり、たとえば、利用目的が工場、倉庫、物置等の場合は、屋根と周壁が備わっていれば床、天井がなくても建物として取り扱うことは差し支えありませんが、居宅のときは、少なくとも人が住み生活し得る状態にまで完成していることが必要とされ、旅館、料理店等の場合は、さらに、その目的とする営業の用に供され得る構造に達していることを要するとされています。つまり、建築中の建造物が、いかなる状態になっていれば登記可能かについては、単に物理的な構造のみで判断すべきではなく、建造物の主たる用途に従った効用を有している段階になっているかど

うかを社会通念によって判断する必要があるとされています（注1）。

　なお、2階建ての建物で1階部分が完成すれば平家建として登記できるかについては、できないとしている（注2）ことに鑑みると、未登記建物も仮差押えをなすことはできるものの、1棟の建物の一部分については登記もできず、仮差押えをなすこともできないことになります。もっとも区分所有建物はこの限りではないことはいうまでもありません。

　③　**解体中の建物**

　解体工事中であっても既登記建物であれば、仮差押えをなすことはできますが、現に建物の形態がほぼ消滅した状態ですと、登記のみ残存している不存在建物ですので、現実的な仮差押え、差押えの効果はないことになります。

　どの程度の解体工事の進行であれば、仮差押え等をなすことが可能か否かについては、建物認定要件に照らし、建築工事中と同様に考えることになります。ただし、建築中と異なるのは、解体工事に着手した以上は、解体工事を休止した状態であっても、結局は解体工事を進行させるしかなく、解体工事を取りやめて、取り壊し部分を新たに建築することはほとんどないことを踏まえるべきこととなります。建物が解体工事中のときは、その工事進捗状態よりも、解体後はどうなっているかについて、情報収集すべきことと思われます。すなわち、新たに建物を新築するかどうかといったこと等の情報収集です。

　　（注1）中村隆＝中込敏久監修『Ｑ＆Ａ表示に関する登記の実務〔第4巻〕』
　　　　37頁〔日本加除出版〕。
　　（注2）中村＝中込・前掲（注1）38頁。

第2　建物調査の具体的ケース（Q65）

Q65　違反建築かどうかの調査はどのようにすればよいですか

A　違反建築といっても部分的なごく軽微な違反から、接道がなく建物を建てることができない土地に建物を建築するという大がかりな違反に至るまでさまざまです。

細かい軽微な違反をしているかどうかの調査までは要求されていませんが、たとえば、建ぺい率や容積率超過によって建替えにあたっては旧建物と同等のボリュームが建てられないのであれば、評価額にも影響してくる場合もあるので、その点の調査は可能な限り必要となります。

解説

① 違反建築への対応

建物建築は、高額な資金の投下を要し、建築には時間、手間、資材、人工等を多く要しているので、違反しているからといって直ちに撤退、取壊し除去させることは、社会的資本蓄積の観点からも好ましくないと長らくされてきました。その風潮は建築基準法をザル法の一つとして数えることに寄与してきたという現実がありますが、その風潮は違反建築の跋扈という事態を招いたので、現在では、大きく改善へと舵が取られてきています。

その舵取りは、最近話題の空家問題、危険な空家の強制撤去問題と歩調を合わせて論じられることが多くなってきました。

違反対応措置を規定しているのは建築基準法9条です。具体的には、工事停止命令、是正措置命令（建基9条1項）、使用禁止命令または使用制限の仮命令（同条7項）、緊急工事停止命令（同条10項）があります。さらに、措置を命じようとする者に対しては、その命じようとする措置およびその事由を記載した通知書を交付しなければならず（同条2項）、公開による聴取の請求措置も用意されています（同条4項）。命令した内容は公告され、敷地には標識が立てられますが（同条13項）、これは、第三者が不測の損害を被ることを防止することを主たる目的とするためとされています。

なお、建築基準法9条により、違反建築物として除却処理命令が発せられている建物について建物表示登記が申請されても永続性を欠いているという

189

第4章　建物調査の留意点

理由によって、登記できないこととされています（注１）。

② 行政代執行

　建築基準法は、その９条12項で行政代執行をなすことができる旨の規定をおいています。条文は「特定行政庁は、第１項の規定により必要な措置を命じた場合において、その措置を命ぜられた者がその措置を履行しないとき、履行しても十分でないとき、又は履行しても同項の期限までに完了する見込みがないときは、行政代執行法の定めるところに従い、みずから義務者のなすべき行為をし、又は第三者をしてこれをさせることができる」となっており、この行政代執行が違反建築是正の最終手段ということになります。強権的ということで、その発動には当然慎重さが要求されていますが、現実に行政代執行の手続をとった件数（全国）はきわめて少ない件数です（注２）。

〔行政代執行手続実施件数〕

H年度	10	11	12	13	14	15	16	17
件　数	0 （0）	0 （0）	1 （1）	2 （0）	0 （0）	2 （1）	5 （3）	6 （2）

（注（　）内は実行件数）（出典：国土交通省資料）

　なお、老朽化した危険建物について、建築基準法10条の適用、すなわち、既存不適格建築物であることと、著しく保安上危険という二つの要件を満たす場合には、建築基準法９条に準じて除却命令ができる規定を活用することができる場合があり、このようなケースで代執行がなされた例があります（注３）。

> （注１）中村隆＝中込敏久監修『新版Ｑ＆Ａ表示に関する登記の実務〔第４巻〕』６頁〔日本加除出版〕。
> （注２）以下は、増渕昌利『違反建築ゼロ　住まいの安全・神戸の挑戦』61頁〔学芸出版社〕によっています。
> （注３）増渕昌利・前掲（注２）77頁。

190

第2　建物調査の具体的ケース（Q66）

Q66　建物床面積に関する問題にはどのようなものがありますか

A　　建物の面積、床面積と一口にいっても、多様な概念があり、均一でないことが土地との大きな差となっています。たとえば、マンション一つとっても、専有面積と、共有床面積を按分した現況床面積とがあり、前者の専有面積も登記専有面積と販売専有面積に分かれ、登記専有面積は内壁、販売専有面積は壁芯の面積を示しています。さらに、読み方は同じでも専有面積とは別に占有面積があります。

解説

① 建築確認に関する諸問題

建築確認に関する資料、すなわち、台帳証明書、建築計画概要書に照らすと、建築面積も延べ床面積も登記床面積とは異なっていることがわかります。これは建築基準法と不動産登記法との算定方法の相違であり、完全に一致しないことが通常です。さらに、建築確認上の敷地面積も登記土地面積とは一致していないことが通常となっています。

建ぺい率や容積率の算定は建築基準法によってなされるので、不動産登記記録による算定は概算でしか検証できないことになります。一方においては、両者の数値の差は大きくない場合がほとんどですので、登記面積による検証も、簡便的検証としては有効になります。

さらに、固定資産税課税上の床面積は、マンションについては共有部分を按分した面積を加算した床面積であるほかにも、マンション以外の建物でも登記面積と齟齬が生じる場合がありますが、これも算定方法の相違によるものです。

② 建物賃貸借面積

建物賃貸借契約における賃貸借面積についても、さまざまな床面積があります。要するに占有面積との呼称で、共用部分を含めて契約している場合もありますし、店舗の場合には、売場面積もあります。問題となるのは、坪あたりとか㎡あたりの単価の表示です。すなわち、地域における標準的な賃料相場として、たとえば、2万円/坪として他の建物と比較する場合に、単価を示す価額が同一の土俵にのっていないと、そもそも比較が成り立たないこ

191

とになりますが、そのマジックを使うことがよくあります。要するに、単価表示では低廉な賃料水準と表示して募集を行っているが、その単価は、共用部分も含めた面積であることもあり、実質的な専有面積（占有面積）あたりでは高額な水準となる場合もあります。

　賃貸借部分の面積については、実際に測量したりして検証、確認することは多くないので、要注意ということになります。中には階段やエレベーターについても賃貸借面積に含めている場合もあります。

③　大型建物の床面積

　建物面積は上記でみてきた登記床面積、建築基準法の床面積、固定資産税課税上の床面積のほかにも、施工床面積、容積対象床面積といった建築設計上の床面積があります。さらに、市街地再開発事業等で整備される大型複合施設等、再開発ビル等においては、多くの床面積概念があります。いわゆる、ネット、グロス、セミグロスといわれる区分です。ネットとは純然たる占有対象部分、グロスとは共用部分（全体共用と部分共用）を含んだ床面積、セミグロスとは全体共用部分ではない部分共用部分を含んだ床面積を意味することが多いのですが、統一の基準、規定がないうえ、部分共用も、用途間共用、棟別共用、駐車場共用を含めた共用面積、ゾーン別共用、用途別共用等、さまざまな概念、算定方法があり、その施設に応じた設定、配分がなされるうえに、都市再開発法において依存度と称される配分方法を使用して配分することになりますので（都再令付録第一（26条、45条、46条の5関係））、単純に床面積といっても、何を意味している床面積であるかよくわからないことも少なくありません。したがって、賃料、共益費、価格の単価というとき、その単価とは何の床面積あたりの単価であるかを把握する必要があり、他の建物と比較するときはその床面積の基準をそろえるべきことになります。

第2　建物調査の具体的ケース（Q67）

Q67　中古住宅市場を取り巻く環境にはどのような変化がみられますか

（A）　わが国において中古住宅は、取引市場が貧弱で建築後10年程度
経過すると建物の経済的残存価値ゼロの土地値取引という実態が
ありましたが、近年、政府主導で中古住宅流通市場の活性化のスローガ
ンのもとに大きく中古住宅市場を取り巻く環境が整備されてきていま
す。

中古住宅市場の活性化のためには建物診断とそれに連なるリフォーム
が大きな要となってくることは疑いようがないのですが、政府はリフォ
ーム統計を見直し、拡大が続いているリフォーム市場のデータを国内総
生産（GDP）に反映させて、統計の精度を高めるとしている報道がな
されています〔日経新聞平成28年10月24日版〕。

解説

1　中古住宅流通市場の活性化

かつて建築後10年も経つと残存経済価値はないとみなされ、
取り壊し対象となってきた日本の中古住宅ですが、近年大きな
見直しを迫られ、中古住宅市場の整備が図られ、中古住宅流通市場の活性化
が提言されています。欧米と比較すると貧弱であった中古住宅市場の活性化
を図るため、法令の整備も進められ、中古住宅流通を担う宅地建物取引主任
者も宅地建物取引士として改められ、200年の長期間使用できる住宅を作ろう
とする長期優良住宅制度も整備が進められてきています。

密集市街地における不良住宅の過密化の解消のためにも重要な政府の基本
方針としての位置づけも考えられています。

一方において、中古住宅流通市場の活性化のためには、住宅建設、維持管
理、リフォーム、リノベーション、売買取引の場合に応じた各分野の専門主
体の連携も不可欠となっています。中古住宅瑕疵担保責任保険の活用は、住
宅瑕疵担保履行法の施行により実現化しています。

長期の使用に耐える性能を有する住宅が建築されていますし、住宅メーカ
ーでは、長期のメンテナンス保障制度の整備を競っており、国土交通省の住
宅性能表示制度、長期優良住宅認定制度の活用も定着しつつあります（注）。

193

第4章　建物調査の留意点

住宅性能に関しては、以下の国土交通省「住宅の性能等に関する参考情報の概要（平成27年6月）」が参考になります。

| ・新築時の性能と経年後の状況を把握する際に参考となる主な資料を例示すれば、以下のとおりである。 |

建築基準法の主な変遷	新築時の性能を把握する際に参考となる主な資料					経年後の状況を把握する際に参考となる主な資料(注)		
	住宅性能表示制度（新築住宅）		長期優良住宅の認定制度	フラット35・フラット35S（新築住宅）	旧住宅金融公庫融資住宅	瑕疵保険制度（新築住宅）	住宅性能表示制度（既存住宅）	フラット35（中古住宅）	瑕疵保険制度（既存住宅）
	設計住宅性能評価書	建設住宅性能評価書	認定通知書	適合証明書	現場審査に関する通知書	保険付保証明書	建設住宅性能評価書	適合証明書	保険付保証明書
●建築基準法制定 昭和25年11月23日施行					昭和25年6月～				
●施行令改正（新耐震基準の導入）昭和56年4月1日施行									
●法律・施行令改正（仕様規定の明確化等）平成12年6月1日施行	平成12年10月～	平成12年10月～	平成21年6月～	平成15年10月～	平成19年3月 住宅金融公庫廃止	平成21年10月～	平成14年12月～	平成18年10月～	平成21年12月～

(注)記載資料のほか、インスペクション報告書、耐震診断に係る報告書、シロアリ防除処理等を行ったことを証する書類、住宅履歴情報（いえかるて）等がある。

② 建物診断

中古住宅市場活性化に重要な役割を担うのが、建物診断（インスペクション）です。要するに中古建物の耐震性、不具合等を診断、調査して、この診断によって買い手に建物に関する適正な情報を提供しようという趣旨です。住宅診断業も拡大の一途を辿っており、今や住宅診断は取引市場を担う中核的存在として注目されており、中古住宅取引には欠かせないものとなっています。買い手の不安も解消されることになります。

一方において、住宅診断業は急速に拡大した業界ですので、中には信用性を欠く業者も多く、特にリフォーム部門を別にもつ診断業者が営業目的で建物不具合を誇張し、改築等を迫るといった詐欺まがいの診断も後を絶たない状況となってきた感があります。能力、資格、経験を欠いた素人まがいの診断者、業者による診断も問題視されています。さらに、検査の項目、方法、結果、料金も業者によってまちまちで検査結果の利用の仕方もよくわからないという実態も指摘されています。

住宅診断の結果、緊急の是正工事を要するとして高額な工事を迫られると

いった事態の放置は望ましいわけがなく、国土交通省はガイドラインの策定に踏み切りました。

③ インスペクション・ガイドライン

国土交通省は平成25年6月に「既存住宅インスペクション・ガイドライン」を公表しました。以下においては当該ガイドラインの概略について説明します。

まず、ガイドライン策定にあたっての基本的な考え方・趣旨としては、次のとおりです。

「本ガイドラインは、中古住宅売買時に行われるインスペクションに関して、共通認識の形成及びその普及を図ろうとするものであり、その策定に当たっては以下①～④を基本としている。

① 業務内容は、これを実施するためのコストが、利用者にとって一般的に負担可能な程度となること、また、短期間で手続きが進められる中古住宅売買時の流れの中で利用可能なものであること。

② 検査結果が、どの検査事業者が行ったかによらず同様の結果が得られるよう、現時点で得られている知見や一般的に用いられている検査技術等に基づいたものとすること。

③ 業務内容及び検査事項は、検査事業者が共通して実施することが望ましいと考えられる内容であって、検査事業者のより高度なサービスの提供等市場における競争を制限しようとするものではないこと。

④ 今後、新たに得られた知見、非破壊検査技術等の開発やコストの低減等状況の変化を踏まえて、適宜見直しが加えられるものであること。

・本ガイドラインは、最近の取組事例等も考慮の上、既存住宅インスペクションの適正な業務実施、トラブルの未然防止の観点から、あくまでも現時点において妥当と考えられる一般的な基準等をガイドラインとしてとりまとめている。

・本ガイドラインの使用を強制するものではなく、個別業務の内容については、契約内容として決定されるべきものである」。

そして既存住宅現況検査の内容としては、売買の対象となる住宅について、基礎、外壁等の住宅の部位ごとに生じているひび割れ、欠損といった劣化事象および不具合事象（以下、「劣化事象等」という）の状況を、目視を中心とし

第4章　建物調査の留意点

た非破壊調査により把握し、その調査・検査結果を依頼主に対し報告することです。

検査項目は、検査対象部位と確認する劣化事象等で構成され、劣化事象等については部位・仕上げ等の状況に応じた劣化事象等の有無を確認することを基本とするとしています。

確認する劣化事象等としては、以下①～③を基本とするとしています（詳細は後記④を参照されたい）。

① 構造耐力上の安全性に問題のある可能性が高いもの。たとえば、蟻害、腐朽・腐食や傾斜、躯体のひび割れ・欠損等

② 雨漏り・水漏れが発生している、または発生する可能性が高いもの。たとえば、雨漏りや漏水等

③ 設備配管に日常生活上支障のある劣化等が生じているもの。たとえば、給排水管の漏れや詰まり等

また、現況検査の検査方法としては、目視、計測を中心とした非破壊による検査を基本とし、目視を中心としつつ、一般的に普及している計測機器を使用した計測や触診・打診等による確認、作動確認等の非破壊による検査を実施するとしています。

次いで、既存住宅現況検査の業務受託時の契約内容等の説明等としては、インスペクション業務の依頼申込みに際して、依頼主から、依頼書と合わせて以下①②③の事項について書面等により提出してもらうことを基本とすることとしています。

① 検査対象住宅の基本的な情報（所在地、構造・工法、階数・規模、建築時期、リフォーム等の実施状況）

② 依頼主と住宅所有者や居住者が異なる場合、現況検査を実施することに対する住宅所有者および居住者の承諾

③ 現況検査を実施する際の立会人（売主、仲介業者等）の氏名・連絡先等

④ **インスペクション・ガイドラインの内容**

上記③の国土交通省「既存住宅インスペクション・ガイドライン」別紙による、戸建住宅、共同住宅において共通的に検査対象とすることが考えられる項目としては、以下のとおりです。

戸建住宅において共通的に検査対象とすることが考えられる項目

検査の観点	対象部位等		検査対象とする劣化事象等	検査方法
① 構造耐力上の安全性に問題がある可能性が高いもの	小屋組、柱・梁、床、土台・床組等の構造耐力上主要な部分		・構造方式に応じ、木造にあっては蟻害・腐朽が、鉄骨造にあっては腐食が、鉄筋コンクリート造にあっては基礎において検査対象とする劣化事象等が生じている状態 ・著しい欠損や接合不良等が生じている状態	目視、触診 打診、計測
	床、壁、柱		・6/1,000以上の傾斜が生じている状態（鉄筋コンクリート造その他これに類する構造を除く）	計測
	基礎		・コンクリートに幅0.5 mm以上のひび割れ又は深さ20 mm以上の欠損が生じている状態 ・鉄筋コンクリート造で鉄筋が腐食する可能性が高い状態（錆汁の発生）や腐食する可能性が高い状態（鉄筋の露出）	目視、計測
② 雨漏り・水漏れが発生している、又は発生する可能性が高いもの	外部	屋根、外壁	・屋根葺き材や外壁材に雨漏りが生じる可能性が高い欠損やずれが生じている状態 ・シーリング材や防水層に雨漏りが生じる可能性が高い破断・欠損が生じている状態	目視
		屋外に面したサッシ等	・建具や建具まわりに雨漏りが生じる可能性が高い隙間や破損が生じている状態 ・シーリング材や防水層に雨漏りが生じる可能性が高い破断・欠損が生じている状態	目視
	内部	小屋組、天井、内壁	・雨漏り又は水漏れが生じている状態（雨漏り・漏水跡を確認）	目視
③ 設備配管に日常生活上支障のある劣化等が生じているもの	給排水	給水管、給湯管	・給水管の発錆による赤水が生じている状態 ・水漏れが生じている状態	目視、触診（通水）
		排水管	・排水管が詰まっている状態（排水の滞留を確認） ・水漏れが生じている状態	目視、触診（通水）
	換気	換気ダクト	・換気ダクトが脱落し、又は接続不良により、換気不良となっている状態	目視

共同住宅において共通的に検査対象とすることが考えられる項目

【共同住宅（専有部分）】

検査の観点	対象部位等		検査対象とする劣化事象等	検査方法
① 構造耐力上の安全性に問題がある可能性が高いもの	壁、柱、梁		・構造方式に応じて、鉄筋又は鉄骨が腐食している可能性が高い状態（錆汁の発生）や腐食する可能性が高い状態（鉄筋又は鉄骨の露出） ・6/1,000以上の傾斜が生じている状態（鉄筋コンクリート造その他これに類する構造を除く） ・コンクリートに幅0.5 mm以上のひび割れ又は深さ20 mm以上の欠損が生じている状態	目視 計測
② 雨漏り・水漏れが発生している、又は発生する可能性が高いもの	内部	天井、内壁	・雨漏り又は水漏れが生じている状態（雨漏り・漏水跡を確認）	目視
③ 設備配管に日常生活上支障のある劣化等が生じているもの	給排水	給水管、給湯管	・給水管の発錆により赤水が生じている状態 ・水漏れが生じている状態	目視 通水
		排水管	・排水管が詰まっている状態（排水の滞留を確認） ・水漏れが生じている状態	目視 通水
	換気	換気ダクト	・換気不良となっている状態	目視

【共同住宅（専用使用部分）】

検査の観点	対象部位等		検査対象とする劣化事象等	検査方法
① 構造耐力上の安全性に問題がある可能性が高いもの	壁、柱、梁		・構造方式に応じて、鉄筋又は鉄骨が腐食している可能性が高い状態（錆汁の発生）や腐食する可能性が高い状態（鉄筋又は鉄骨の露出） ・コンクリートに幅0.5 mm以上のひび割れ又は深さ20 mm以上の欠損が生じている状態	目視 計測
② 雨漏り・水漏れが発生している、又は発生する可能性が高いもの	外部	外壁	・シーリング材や防水層に雨漏りが生じる可能性が高い破断・欠損が生じている状態	目視
		屋外に面したサッシ等	・建具や建具まわりに雨漏りが生じる可能性が高い隙間や破損が生じている状態 ・シーリング材や防水層に雨漏りが生じる可能性が高い破断・欠損が生じている状態	目視

（注）熊倉隆治監修『中古住宅の価値評価が変わる』132頁〔日本経済新聞出版社〕。

第4章　建物調査の留意点

Q68　被災建物の調査はどのようにするのですか

A　被災した建物の調査については、公益社団法人日本不動産鑑定士協会連合会による「東日本大震災の被災地における不動産の価格等調査のための運用指針（No.1）」（以下、「運用指針」という）が参考になりますので、この運用指針による建物調査をみていくこととします。

解説

①　建物調査ができる地域

上記運用指針によると、被災地における建物調査ができる地域を次のとおりとしています。

「震災により、建物やインフラ施設等が損壊し、価格時点においてただちに建物等の利用に供することが困難であっても、現地調査が可能であり、相当の期間経過後に物理的、法的、経済的に建物等の利用に供することが可能となる地域もある。このような地域であっても、①対象不動産の確定及び確認ができること、②価格形成要因についての把握ができること。あるいは価格形成に重大な影響を与える要因について明らかでない場合に、想定上の条件を付加することができるか、自己の調査分析能力の範囲内で価格に与える影響の程度の推定ができること、③上記①②に基づき最有効使用の判断ができること、以上①から③の判断ができる場合は対象とする地域に含まれ、以下が例示としてあげられる。

・津波等により建物が損壊したが、瓦礫の撤去やインフラ施設の復旧時期が推定でき、当該復旧により利用が可能となる地域

・建築基準法等により建築物の建築が制限、あるいは禁止されている地域内であっても当該規制が解除される時期が予測でき、利用可能な時期がおおむね予測できる地域

・地震による被害はあったが、建物等の利用が継続できる地域」

②　対象不動産の権利の態様の確定および確認にあたっての留意点

上記運用指針によると、対象不動産の権利の態様の確定および確認にあたっての留意事項は、以下のとおりです。

「被災状況により、所有者の所在等が不明である場合は、価格時点において判明した内容について鑑定評価書に記載すれば足りるが、以下の場合は留意が必要である。

震災により建物が損壊した不動産について、震災前に貸家あるいは借地権付建物であった場合は、罹災都市借地借家臨時処理法の適用の有無により権利の態様に係る判断を行うことが必要となる。同法によると、借地であった土地については、建物の滅失後5年間は借地権が対抗力を有する。したがって、登記簿等により建物所有者について確認を行い、建物所有者と土地所有者が異なる場合には、借地権存在の有無について依頼者に確認を行い、当該確認に基づく評価が必要となる場合があることに留意する。また、震災前に貸家およびその敷地であった不動産について建物が滅失した場合には、政令施行後2年間は罹災建物の借家人が優先的に借地権の設定を申し入れることができるため注意が必要である。この場合、旧建物の滅失登記簿では借家人の確認はできないため、依頼者等への確認が必要となる。」。

③ 建物、建物およびその敷地に関する個別分析

建物に関する個別的要因、すなわち、個別的に調査する事項としては、次の①～③があります。

「①建物等の損傷の程度、②土地の液状化により生じた不同沈下等（建物の傾きを震災前の状況に戻す費用については地盤の状態、建物規模と基礎の施工工法を踏まえ判断する必要がある。）、③建物（基礎を含む。）の施工工法と耐震性（建物の耐震性については、今回の震災により、リスク要因としての認識が高まっており、対象不動産の耐震性の判断にあたっては、被災の状況も踏まえ、留意する必要がある。）。」。

また、建物およびその敷地に関する個別的要因としては、以下のとおりです。

「土地・建物の一部が滅失し一部使用不能となった場合や修繕が発生する場合には、以下の民法等の規定を踏まえ、依頼者への確認を行う。

① 建物等が貸家である場合、土地・建物の一部が滅失し一部使用不能となった場合には、滅失した部分の割合に応じて賃借人は賃料減額の請求ができる（民法611条1項）ため、その可能性についての検討

② 土地・建物の修繕費は原則として賃貸人が負担する（民法606条1項）

第4章　建物調査の留意点

が、賃貸借契約に特約が存する場合もあるので、修繕費の額および費用
負担に関する特約の有無およびその内容についての検討。

　撤去が必要な建物等の撤去費用について、国または地方公共団体の補
助等により行われる場合には、当該補助相当分は考慮外とすることがで
きる。撤去期間は、撤去にあたる地方公共団体等の計画を踏まえて判断
する必要があり、当該期間は建築待機期間等に含めて考慮する。

なお、震災で被災し、解体された堅固建物等が存した土地については、地
中に杭が残存している場合が多いことから、残存杭の撤去の必要の有無（廃
棄物の処理および清掃に関する法律上の対応を含む。）ついて検討することが必
要である。」。

Q69　ソーラーパネルが設置されている場合は、どのような点を考慮しなければなりませんか

A　調査対象住宅に住宅用太陽光発電（ソーラーパネル）が設置さ
れている場合に、差押え時の評価はどうなるか、そのソーラーパ
ネル設備は競落後どうなるかは気になるところです。東日本大震災の被
害を受けて原発以外のエネルギー源として注目が集まったばかりで、歴
史も浅く、設置をめぐってトラブルも多いようです。ここでは住宅用太
陽光発電、いわゆるプチソーラーに対象をしぼってみていくこととしま
す。

解説　一般の住宅設備は住宅に附属するものとして、住宅と共に売
却され、住宅本体と運命を共にします。これが民法の大原則で
判例も学説もそのとおりとなっています。

一方において、最近、東日本大震災を契機に多額の費用を支払って住宅用
太陽光発電を設置した直後に競売に付されるという事例がみられるようにな
っています。その場合、リース、ローンであった場合、所有権留保特約付き
であった場合はどうか、撤去や取り外しに多額の費用がかかる場合はどうか
等の諸問題が考えられることになります。

買受人にローン支払等の何らかの負担があるのか、あるとしたなら、その

ことの評価額への考慮はどうすべきか等の問題の前に、そもそも建物所有者不在の調査において、屋根上のソーラーパネル設備の存在を確知できるかという問題があります。インターネット上の航空写真（Google Earth）は少し前の状況でタイムラグがありますし、航空法によるドローン規制もあるので、屋根の上の状況確認はほとんどできないという現実があります。

また、それらの設備が建物所有者のものではなく、単に屋根を貸している場合、建物賃借人が付加させた場合等があり、さらに、建物賃借人による付加が建物所有者の承諾を得ているかどうかで異なるか等のさまざまな問題があることと思われます。

差し押さえられたあらゆる物件について、屋根の上の住宅用太陽光発電設備の有無を漏れなく確認することは不可能であり、その存否が不明である以上は、物件明細書、現況調査報告書に記載しようもなく、買い受けようとする者への情報提供に資することは困難であるという状況があります。特に建物所有者からの情報提供がない仮差押えのための調査にあたっては、住宅用太陽光発電の存否確認は容易に目視できる場合に限定されることになります。

なお、もしも調査可能な場合の調査事項を列挙するならば次のとおりです。

ソーラーパネルの形状、設置状況、サイズ（大きさ）、使用状況、取り外し除去の容易性、設置時期、設置費用、所有権留保の有無、設置者（費用負担者）等であり、収集する資料としては、取扱説明書、契約書、工事概要書、工事図面等です。

第4章　建物調査の留意点

第3　未登記建物と建物認定要件

> **Q70　未登記附属建物とは何ですか**
>
>
> 　未登記附属建物とは、母屋とは別に、母屋のそばにある物置のような附属の建物で未登記のものをいいます。
> 　たとえば、物置、蔵、車庫、便所、納屋、風呂場、小屋、鶏舎等です。主たる建物に付随する未登記建物であり、単体では主である建物とはなり得ない、従たる、附属たる建物を意味しています。

解説

1　問題となる場合

　ある土地の上に主である建物とは別に、離れや物置があった場合、それらの附属建物をどう扱うべきでしょうか。このような場合は、①附属建物として登記されている場合、②附属ではない主である建物として登記されている場合、③未登記である場合、以上三つに大別することができます。

　まず、①の場合は、主である建物と一括して取り扱われます。②の場合は、実質的に従たる附属的な利用の実態があったとしても、差押え時における執行では目的外として扱わざるを得ないことになります。ただし、この例においては、執行妨害の可能性があります。問題となるのは、③の場合です。

　ある物置等の附属的機能しかない建物が未登記であった場合、その建物は仮差押え、差押えを対象物件とするか、それとも目的外とすべきでしょうか。その未登記物置について、その物置は他人の所有であるから対象外であると、主である建物所有者が主張したらどうすべきでしょうか。また、主である建物とすべきか附属建物とすべきか、あるいは、そもそもその物置は建物とすべきなのかの判断に迷うことも少なくありません。

2　附属建物とは何か

　附属建物とは何かにつきましては、不動産登記法2条23項において、附属

建物を「表題登記がある建物に附属する建物であって、当該表題登記がある建物と一体のものとして1個の建物として登記されるもの」と定義しています。そして従たる建物要件としては、①主物の常用に供されていること、②主物に附属すると認められる程度の場所的関係にあること、③主物、従物ともに独立の物と認められること、④主物および従物ともに同一所有者に属することの4要件が必要とされています。

　この要件はいうまでもなく、民法87条に根拠をおくものですが、われわれの感覚と異なる附属建物があるのも事実であり、筆者が経験した例の一つに、通常の設備（水道、電気、ガス）を備えた2階建事務所が附属建物で、その隣にある、水回りすらない平家建の簡易な倉庫が主である建物として登記されているという例がありました。

　また、少し離れた土地（隔地）に存する附属物も附属建物として登記可能であるとされていますので、附属建物として登記できる範疇は相当に広いといえます。

　附属建物が多い建物としては、ゴルフ場、遊園地等が思い浮かびますが、便所が母屋から離れていた民家、蔵や家畜小屋が母屋とは別にあった旧家が一般的であったという事実に考えみても、母屋とその附属建物とが一括して一つの建物として機能していた歴史が深く、附属建物が主である建物とは別に存していることは、違和感がなく、なじみがあるといえます。

③　未登記附属建物

　登記された附属建物は主である建物と運命を共にすることは前述のとおりですが、差押対象物件（目的物件）とは別に、主である建物として登記された建物については、附属的な機能しかない場合で目的土地上に存していても、差押え時の執行においては目的外として取り扱わざるを得ず、その建物のための敷地利用権原についても調査し、評価上考慮することとなります。

　物置等の附属的な物件の存在が現地において確認されたものの、当該附属的な物件が未登記であった場合にはいくつかの問題があります。すなわち、当該附属的な物件を附属建物であると認定して売却対象となる目的物件とするか、売却対象から除外すべき目的外建物とするかの相違です。

　未登記と一口にいっても、表題登記だけの場合、表題登記もない場合、登記事項と現況とが大きく異なる場合、数ある附属物のうち全部または一部が

未登記である場合、主従ともに未登記である場合、附属のみ未登記等、さまざまな場合があります。

その前にそもそも、その附属的な物件を建物と認定すべきか、という問題があります。たとえば、よくある簡易な物置は建物として取り扱うべきかという問題です。現実に、主である建物に付随するような形で小規模な物置が存することは極めて多いのですが、これらの小規模物置のほとんどは未登記です。

附属物の存在が現地で確認されたとき、調査はどのようにすべきでしょうか。まず第一に、登記の有無を法務局、固定資産税等の課税上の取扱いを固定資産税評価証明書で確認することになります。未登記であることが確認された場合には、その附属物を建物として認定すべきか判断し、所有者や利用状況をライフライン等の調査を経て、目的物件として売却対象とすべきか否かについて、最終的には執行裁判所が判断することになります。

なお、附属建物として登記されているかどうかについては、主である建物と一登記用紙に記載されるので、一目瞭然であり、あらためて登記の確認を要することはありませんが、附属ではない別の主である建物登記がなされているかを調べることは、容易ではない場合があります。すなわち、合筆や分筆前の旧地番上に建物登記が存する場合です。相当以前の元地番までさかのぼらなくてはならない場合も少なくありません。さらに、附属建物が存在しているのは、目的土地上であるとは限らないので要注意です。

第3　未登記建物と建物認定要件（Q71）

Q71　未登記建物の調査はどのようにすべきですか

A　　未登記建物の調査は、その建物が主である建物と附属建物のどちらに該当するかを調べることになります。

附属建物に該当するのであれば、附属建物についても主である建物と同様に法定地上権の正否が判断されますし、主である建物とともに売却に付されることになります。

主である建物に該当するとなると所有者情報を要し、債務者以外の所有であれば目的外扱い、すなわち、仮差押えや差押えの対象外、売却対象外とせざるを得ず、敷地についても目的外建物のための敷地利用権を考慮することになります。

解説

①　主である建物と附属建物

ある目的建物のそばに、目的建物と同程度の規模の未登記倉庫が存していたとき、その倉庫は附属建物とするべきでしょうか、それとも目的外の主である建物とすべきでしょうか。

小規模な物置、家畜小屋、便所、湯殿、車庫であれば、附属とすべきことは疑えないでしょうが、その未登記建物の規模が主である建物と同程度である等、前述の従たる建物要件に照らしても、附属とすべきか否か、判断に迷うこともあります。特に悩ましいのが、工場と事務所、倉庫と事務所等の関係です。不動産登記事務取扱手続準則78条１項は、「効用上一体として利用される状態にある数棟の建物は、所有者の意思に反しない限り、１個の建物として取り扱う」と規定しています。

ここから、二つの共同住宅を、主である建物と附属建物として扱うことも、集団的な複数倉庫を１棟の主である建物とその他附属建物として扱うこともできないという結論が得られています。

また、大規模工場を小さな事務所の附属建物として登記できるか否かについては、消極に解されており、これらに鑑みると、小規模物置等、明白な主従関係が認められない場合は、附属建物として認識することは困難な場合が多いと思われます。ある建物が主である建物と附属建物とのいずれに該当す

205

るかの判断基準としては、前述の従たる建物要件に加えて、主附一体で一つの建物として機能しているかどうか、設備や利用状況上は単独の建物として機能しているかどうか、単独で取引の対象となり得るか等についても、考慮して判断すべきことと思われます。

② 附属建物と執行妨害

物置や小屋の存在が執行妨害と認定されるケースがあります。ここでは、附属的な建物が執行妨害であると認められた裁判例のうち、重要な裁判例（東京高判平成15・3・25判時1829号79頁）を紹介します。

事件の概要としては、次のとおりです。当初の根抵当権設定時に、その根抵当権の効力は、「現在および将来の附属建物等一切の附属物および従物に及ぶ」旨約定されていたものの、物置および畜舎である附属建物は、根抵当権設定契約書に記載がなかった。そして、その附属建物について債務者は自らの子に贈与を原因として所有権移転登記をした後に、主建物が競売にかかった。競売手続においては、附属建物については目的外物件として除外されていた。そこで、買受人は附属建物についても所有権を取得したとして、債務者の子に対して、所有権移転登記請求を提訴したという事件です。

第一審は原告請求を退けましたが、控訴審は、附属建物の子への所有権移転登記は、「根抵当権の実行を妨げ、競売を妨害する目的で、贈与を仮装した可能性が高い」として、原告である買受人の請求を認容しました。

この裁判例に照らすと、冒頭に掲げたような、その物置は自分のものではないから目的外建物であると、目的建物の所有者が主張することは、その主張を裏付ける確固たる証拠でもない限り、執行妨害の可能性が払拭できないと判断できることになります。

ただし、附属か否かの認定には所有者の意思も要件の一つとされるので、所有者の意向に逆らった認定がどこまで許されるかという問題は、執行妨害と認定すべきか否かの視点と交錯して、慎重に判断されるべきでしょう。ともかく、未登記附属建物の認定を誤ると、当事者、関係者に不測の損害を与えることになりかねないので、未登記附属建物の認定にあたっては、慎重を期することが要請されているというべきです。

ほかに似た裁判例として、東京地判平成16・9・10金判1230号29頁があります。

第3　未登記建物と建物認定要件（Q72）

Q72　未登記建物の所有権はどの程度立証すべきですか

A　未登記ということは所有者情報が公示されていない状態ということですので、その未登記建物が債務者所有であることを立証しなくてはなりません。どの程度立証すべきかについては、所有権登記ができる程度の情報を要するといえますが、それに関する裁判例があるので紹介します。

解説

①　未登記不動産と仮差押え

仮差押えは未登記不動産に対してもなすことができることは、Q1①で前述したとおりです。表題登記がある場合、表題登記すらない場合の双方において仮差押えは可能となります。一方、所有権登記されている場合には、当該登記名義人が事実、真実の所有者と異なるとき、または、法人とその代表者の関係等、債務者と同視し得る人であったとしても、別人である以上は仮差押えをなすことはできません。

真実の所有者と登記名義人とが異なるときは、更正登記等により両者を一致させてから仮差押えをなすことになります。

問題となるのは、未登記不動産の所有者の立証に関してです。未登記不動産の利用者と所有者は常に一致しているはずもなく、未登記不動産について固定資産税課税がなされている場合を除くと、立証は困難である場合は少なくありません。特に利用者、所有者、出資者の齟齬、親子間、法人とその役員、夫婦間等の問題です。共有もからむと問題はさらに複雑化します。

建築にあたっては、建物所有者と、注文者、発注者、建築主とは必ずしも一致しませんので問題となります。次では、この点に関する裁判例を紹介します。

②　裁判例（東京高判平成3・11・18判時1443号63頁、金法1336号76頁）

未登記不動産に対する仮差押命令手続における不動産が債務者の所有に属するとの立証の程度について争った事案です。

元請負人（債務者）は建物の建築を請け負い、これを下請人（債権者、抗告人）に下請負に出した。下請負人は元請負人より代金の支払を受けないうち

207

に元請負人は倒産し、夜逃げをしてしまった。そこで下請負人は元請負人に対する請負代金債権を被保全権利として、その建物が元請負人の所有に属することを前提に、仮差押えの申立てをした、というのが事案の概要です。

この建物については、いかなる者の名義でも所有権保存登記、表示登記もなされてないことから、仮差押えの申立てに際しては、申立書に「当該不動産が債務者の所有に属することを証する書面」の添付が必要となります（民保規20条1号ロ(1)）。そこで建築計画概要書を正写した書面を添付しましたが、第一審では、この書面は所有権を証する書面としては不十分である、として申立てを却下しました。下請負人は、仮差押えにあたっては債務者の所有に属することが疎明できればよく、注文者が原始取得したのではないことまでも疎明する必要はないとして、本件即時抗告を提起しました。

結果、東京高裁は、不動産が債務者の責任財産に属することについては、法（規則）が明文をもって要件を定めているのであり、未登記不動産については債務者の所有に属することを書面によって証明することを求めているのであり、民事保全規則20条1号が「証する」という表現を用いているのは、明文をもって「疎明」では足りないことを表したものであり、疎明で足りるかのようにいうことは、すでにこの点で理由がないとして、抗告を棄却しています。

この裁判例の争点である証明か疎明かという論点はひとまず置くとして、未登記不動産の所有権情報としては、建築計画概要書は十分ではなく、登記情報の代替にはできないということを明らかにした裁判例として重要です。もとより建築計画概要書の交付は証明でなく、当該書面には発行者の公印もないことが多く（地方公共団体によって異なります）、単純な計画段階の概要、ダイジェスト版であって、参考資料に留まるべき性質である書面であることになります。

一方において、台帳証明書は、建築確認記載事項を証明した書面であり、この書面が所有権を証する書面に該当するかについての裁判例があるかどうかわかりませんが、建築計画概要書よりは証拠能力、証明性が強いことは指摘できると判断できます。ただし、実務の現実を踏まえると、注文者、発注者、建築主と、登記所有権名義とは必ずしも一致していない場合が少なくないことはあらためて指摘するまでもないので、建築における契約当事者と所

第3　未登記建物と建物認定要件（Q73）

有権情報とは別のものであると理解することが順当であると思われます。

Q73　建物認定要件とは何ですか	
A	土地上に備え付けられた物置等の物件を建物とみなすかでどうかで、評価や換価後の法律関係は大きく変わってきます。したがって、その物件が建物と判断できるかどうかが重要になってきます。その判断基準を「建物認定要件」といいます。

解説　建物に該当するかどうかについては、差押え時の換価にあたっては執行官による現況調査や評価人による評価を踏まえて最終的には執行裁判所が判断することとなりますが、仮差押えにあたっても、仮差押え対象とすべき未登記建物であるか、建物ではない動産であるかは重要な調査事項となります。

不動産登記規則111条において、「建物は、屋根および周壁またはこれらに類するものを有し、土地に定着した建造物であって、その目的とする用途に供し得る状態にあるものでなければならない」と規定しており、登記することができる建物の基本的な要件として、①屋根および周壁またはこれに類するものを有すること、②土地の定着物であること、③その目的とする用途に供しうる状態にあること、とされており、この「定着性」「外気分断性」「用途性」の三つの要件は、建物認定のためのキーワードとして、広く社会に浸透しています。

ちなみに、建築基準法においては、建築物とは、「土地に定着する工作物のうち、屋根および柱もしくは壁を有するもの（これに類する構造のものを含む）、これに附属する門もしくは塀、観覧のための工作物または地下もしくは高架の工作物内に設ける事務所、店舗、興行場、倉庫その他これらに類する施設（鉄道および軌道の線路敷地内の運転保安に関する施設並びに跨線橋、プラットホームの上家、貯蔵槽その他これらに類する施設を除く）をいい、建築設備を含むものとする」と規定してしており、門や塀も建築物とされ、建築基準法の条文には「建物」の用語はない等、不動産登記法の建物定義とは相当な違

209

いがあります。

　また、固定資産税課税は、家屋の定義を「住家、店舗、工場（発電所および変電所を含む）、倉庫その他の建物」としており（地税341条3号）、家屋はある種の建物であるとして、家屋と建物とは同義ではなく分別していることがわかります。

　以下では、建物認定要件である定着性、外気遮断性、用途性（人貨滞留性）、屋内的用途の四つについて解説します。

①　定着性

　民法86条1項においては、不動産を土地とその土地の定着物としているので、この定着性こそ不動産たる建物と動産とを区別して、不動産たらしめる要件となります。定着物でない仮植中の樹木や建物の構成部分とされない建物造作は動産であるとされています。

　定着しているとは、物理的に土地に固着していることが要求されていますが、それのみならず、その建造物が永続的に利用されることがそのものの本性であると認められています。

　建物とするためには、土地にしっかり固定されていなければならないという要件ですが、現実にはこの「固定」概念について疑義があり、現場においては固定が緩い、固定措置をしているが固定部が一部破損している、固定が部分的である等、判断が困難なケースは少なくありません。この定着性は、据え付けの程度によって定着物とされる場合や、工場内においてコンクリートの土台にボルトで固着した程度では定着物といえない、砂を盛って置かれた石油タンクを定着物でないとした例があります。

　一方において、海の上で桟橋の上の家屋を登記可能とした例や、人工地盤上の建物を定着しているとした例があります。簡便的で規模が小さい物置を建物と扱うかどうかは、定着しているか否かの判断にかかってくることになります。設計図があり、建築業者による基礎工事を経て、廃棄する場合も解体工事を要するような、たとえば、次の写真のようなコンクリートブロック造の危険物貯蔵庫のようなものは、建物と認定して問題はないと思われます。

第3　未登記建物と建物認定要件（Q73）

　ホームセンターで販売されているようなユニット式物置については、コンクリートブロックに置かれているだけの場合、アンカー工事等により固定して転倒防止措置をとっている場合の二つの場合が多いのですが、置いてあるだけのときはいうまでもなく、ボルト等により転倒防止措置をとっている場合においても、転倒防止措置の解除は容易であり、移動は容易で固定性は希薄であると判断せざるを得ず、原則的には動産として、建物の取扱いはしないことになります。

　そもそもユニット式物置は、購入および設置であり、建築ではなく工事も不要であることから、社会的通念に照らすと、これを建物と判断することに対して違和感を拭いきれない可能性が高いといえます。

　昨今増えてきたバイクコンテナ、コンテナカラオケ、トランクルーム、レンタル収納の類いについても、基本的にはユニット式または簡易組み立て式であり、登記されていたり、または課税されている場合を除いて、建物認定要件を欠くものとして取り扱うことが多いことになります。

　さらに次の写真の物置、格納庫も定着性に疑義があり建物認定要件を欠くものと思われます。

　まとめると、定着性の概念としては、建築工事と同義に解されるでしょうし、置くという行為は建築ではなく、廃棄にあたっても解体工事を要さないようであれば定着性の認定はできないとするべきです。現場においては、ア

211

ンカーボルト工事、溶接施工の他にも、ホームセンターで売っているインスタントコンクリートや日曜大工用セメントによって固定したもの等さまざまで、判断に悩む場合も少なくありませんが、定着性こそ不動産の本質であることから、その判断は重要となります。

なお、1997年にイギリスにおいて建物認定について争われたElitestone Ltd v. Morris事件における「取り壊さないと動かせない物は不動産で、取り壊さないで動かせる物が動産」の判示は、定着性概念の説明として、適切でかつわかりやすく説得力があります。

2 外気遮断性

建物認定要件の二つ目は外気遮断性です。この要件に照らすと下屋と車庫が問題となります。

まず、下屋についてですが、下屋とは広辞苑によると、「母屋に差しかけて造った小屋根。また、その下の部分。差しかけ」と説明されており、屋根の下の空間を意味します。つまり、既存の屋根やひさし、軒の下で、建物の外壁を利用して、他の面を波板、ビニール板、亜鉛メッキ鋼板等で囲って建物の部分のようにして、物置等の用に供している空間を意味しています。この下屋空間は建物要件の一つである外気遮断性を実現しているようにみえるため建物に該当するか判断がつかない場合があります。

下屋が建物の一部か区別がつきにくい場合とは、たとえば次のような場合です。

この下屋部分のみでは一つの独立した建物と認定できませんが、建物の部分、すなわち、現況床面積として認定すべきかの問題があります。この下屋部分については、登記されていることはほとんどなく、課税上の床面積にも算入されていないことが多いので、登記を基本とすべき原則に鑑み、考慮しない取り扱いが標準的になります。

ただし、既存の屋根や外壁を利用したとしても、新たな外壁を備える等の施工を施し、一定の生活空間があると認められるときは、建物認定要件に照らして、建物の部分として取り扱うことになります。

　車庫については、建物の1階で、天井と三方向の壁で囲まれた車庫は、建物として取り扱うべきかどうかの判断があります。車庫である以上、出入り方向側に周壁を設けることはありませんので、建物認定要件をそのままあてはめると、車庫はすべて床面積算定でき
ないことになります。有害な排気ガスへの配慮もあり、外気遮断性要件は緩やかに解されており、少なくとも三方向に壁が存するときは床面積に算定できるという取扱いになっています。なお、擁壁や敷地等の一部を掘り込んで駐車できるようにした車庫である掘り込み式車庫（写真参照）についても、三方向の周壁要件を備えているので登記可能で床面積算定できることになります。

　③　**用途性（人貨滞留性）**

　建物認定要件の3番目は用途性です。用途性は、人貨滞留性ともいい、建物認定の重要なキーワードです。

　人貨滞留性とは、単に生活空間としてもよいのですが、それだけではなく、もっと広い概念を意味することがあります。すなわち、「人間が外部から遮断された空間で安心して生活し、仕事に従事し、物を貯蔵する等のできる空間」ということです。したがって、建築途中であっても、用途使用可能な程度に建築施工が至っていれば登記可能であり、逆に、旅館の場合は、床や天井があるだけではなく、さらにその目的とする営業の用に供し得るだけの構造を備えたものでなければならないとしています。

　人貨滞留性の意味として、人の生活のための空間だけではなく、貨物、物も入るので、倉庫、貯蔵庫、物置を含んでいることになります。家畜やペットも人貨に該当するでしょうし、人貨滞留性の用語で包括できる概念は広いことになります。

　塔屋、エレベーター機械室であっても、物置や事務室としても併用使用されていると、人貨滞留性に該当し、床面積と階数に加算入されることになり

ます。

　地階の受水槽室や機械室についても同様に解すべきでしょうが、どの程度の状態で人貨が滞留している状態と認定すべきなのか、容易ではありません。

　人の執務の用に供されていたり、商品や製品が棚等に整理されて陳列されている等、明らかな人貨滞留性が認められない限りは、登記を訂正してまで床面積や階数算入すべきではないこととなりましょう。

　なお、建築基準法上は、建築設備を建築物と定義しているものの、設備は建築認定要件を欠くことから、建物として取り扱わないこととなり、たとえばビルの屋上にある携帯電話等の電波基地、アンテナ、機械式駐車装置、変電設備、受電設備等は、建物として扱わないことになります。

　屋根裏小屋についても、天井高が1.5m以上ある部分だけが床面積算入対象となるのではなく、屋根裏小屋の半分を超える部分が天井の高さが1.5m以上なら、これを一つの階層として、天井高1.5mに満たない部分も含めて床面積に算入するという取扱いとなっています。1.5mという基準自体が人貨滞留性を考慮したものです。

　中2階についても、同様の取扱いになっていますが、中2階に行くための手段であるはしごが移動式の場合には、人貨滞留性が常時存在しているとはみなしがたいので、床面積および階数算定にあたっては消極に解されています。

　4　屋内的用途

　以上の定着性、外気遮断性、人貨滞留性の三つが建物要件です。この3要件に「取引性」を加えて、4要件とする考えもありますが、取引性についての判断は困難であるので、原則的には、以上の3要件に照らして建物認定をすることになります。これは建物登記可能かどうかの要件ですが、登記を基準、基礎とする実務に鑑みれば、仮差押えにあたってはその暫定性により登記要件に準拠した建物認定で差し支えないと思われます。

　一方において、建築基準法の床面積該当要件は不動産登記法による規定よりもはるかに広く、たとえば、ピロティは、充分に外気に開放されている部分以外や、階段部分が床面積に算定されます。ここでのキーワードは「屋内的用途」、すなわち、屋内的用途に供しない部分は床面積に算入しないという取り扱いです。

第3　未登記建物と建物認定要件（Q73）

　建築基準法でいう「屋内的用途」は、屋内だけではなく、駐車場、駐輪場、外階段、軒の下を含み、バルコニーや吹きさらしの廊下、ポーチ、出窓、地下ピット、公共用歩廊、傘型建築物、駐車場上屋等も条件付きで床面積に算入されます。自動車車庫も壁がある部分だけではなく、軒の下まで面積算入となり、不動産登記法との乖離があります

　床面積も現況、登記、建築確認、課税上とでは、必ずしも一致しません。固定資産税課税上の床面積としては、登記面積との差は塔屋部分であることが多く、区分所有建物の場合には、共用部分の按分面積を専有面積に加算した現況床面積が課税床面積とされています。なお、固定資産税評価証明書では、附属建物についても主である建物と併記され、床面積、価格、税額等は附属建物を含んだ一括した数字が記載されています。

215

第4章　建物調査の留意点

第4　建物賃借権と対抗問題

Q74　抵当権と建物賃借権の調整はどのよう図られるのですか

A　差押えの後の換価にあたっては、抵当権と建物利用権の調整が図られています。すなわち、競売不動産を買い受けた買受人に対して建物利用権が対抗できるかの問題です。本書においては、仮差押え、本差押えの局面を中心に解説していますが、この建物利用権と買受人の調整については、抵当権が強制執行より先行して規定され、強制執行の取扱いは抵当権実行の際に準ずる形をとっていることから、抵当権についてまず解説します。

　抵当権と建物利用権の調整とは、要するに、建物賃借人は抵当権実行後の買受人に賃借権を主張できるか、賃貸借契約を継続できるかということですが、大きく分けて、抵当権に先立つ賃借権は買受人に対抗でき、抵当権に後れる賃借権は対抗できないと大別することができ、後者にあっては、さらに、民法改正で廃止された短期賃借権に該当する場合とそうでない場合とに分けることができます。それでは、順番にみていくこととします。

解説

① 抵当権に先立つ建物賃借権

　建物賃借権が買受人に対して賃借権を主張できるか否かの判定は、建物賃借権が抵当権より前であるかどうかを基準にしてなされます。抵当権より前の賃借権であれば買受人に対抗でき、抵当権より後れる場合には原則対抗することができません。この先後の判定とは、具体的には、建物賃借権にあっては、占有始期、実際に占有を開始した日で、現在の契約期間の契約日、契約始期ではありません。抵当権にあっては、登記記録の乙区の受付年月日であり、「権利者その他の事項」の欄の原因日ではありません。この両者の日付を比較して先後を判定することになります。両者が同日付であれば建物賃借権が優先し、当該建物賃借権は買受人に対抗する

216

第4　建物賃借権と対抗問題（Q74）

ことができることになります。建物賃借権が優先するとは、言い換えれば、建物賃借人は引渡命令の対象とはならないということです。この建物賃借権は更新を繰り返すことも自由ですし、返還されるべき一時金は、競売評価額から控除されていることが原則なので、新たな買受人から建物賃借人は返還されるべき一時金の額、返還を受けることになります。もっとも、返還一時金控除前の競売評価額よりも返還一時金の額の方が多額である場合には、返還されるべき一時金の額について、全額が考慮されていないことになりますが、これは例外的な場合です。

　なお、抵当権者の同意の登記がある場合の賃貸借の対抗力については、民法387条により、「登記をした賃貸借は、その登記前に登記をした抵当権を有するすべての者が同意をし、かつ、その同意の登記があるときは、その同意をした抵当権者に対抗することができる」（1項）、「抵当権者が前項の同意をするには、その抵当権を目的とする権利を有する者その他抵当権者の同意によって不利益を受けるべき者の承諾を得なければならない」（2項）とされています。

2　抵当権に後れかつ平成16年4月1日以降に占有開始した建物賃借権

　抵当権に後れる建物賃借権であっても、一定の要件のもとで保護されるという短期賃借権制度は民法改正によりなくなりました。一方において民法改正以前、すなわち、平成16年4月1日より前に占有を開始した短期賃借権は保護対象から除外されていません。要するに、抵当権に後れる賃借権は占有開始が平成16年4月1日より前か後かで扱いが異なってきます。

　先に平成16年4月1日以降に占有開始した賃借権についてみてみます。

　この場合は民法改正による短期賃借権制度廃止後の賃借権として、買受人に対抗することができない賃借権として扱われます。すなわち、買受人は当該賃借権を引き受ける必要がないことになります。ただし、代金納付後6カ月を経過するまでは、その明渡猶予期間中建物の使用をしたときは買受人に対して対価を支払うことを要するという条件付きで、その建物を買受人に引き渡すことを要さないこととされ、対価の支払いを1カ月以上怠り、買受人から相当の期間を定めた催告を受けたにもかかわらず、その期間内に支払いをしなかった場合には、建物利用者は明渡猶予の期限の利益を失うことになります（民法395条）。これが明渡猶予制度です。

217

買受人の代金納付後の建物利用権は、買受人に引き受けられるものではないので、返還すべき預かり一時金の控除も評価にあたってはなされず、明渡期間中に授受される使用の対価は、賃料ではなく、損害金としての性格を有しているものと考えることができるとされています。

明渡猶予制度のもとでは、原則的に明渡猶予されることをもって減価要因としない実務が一般的となりますが、物件によっては明渡猶予による減価を見込むことができる場合もあり得るので、その場合には相応の減価が考慮される可能性があります。

なお、明渡猶予の利益を享受できる賃借権は、正常であることが要件とされ、執行妨害目的や濫用型賃借権については、利益保護の対象から除外されることとされています。

この明渡猶予制度により、建物賃借人が競売による買受人登場により立退き等を要求されても、移転先の選定、移転準備、移転作業、移転費の捻出に猶予期間の6カ月が利用されることになります。

③ 抵当権に後れかつ平成16年4月1日より前に占有開始した建物賃借権

抵当権に後れ、平成16年4月1日より前に、具体的には平成16年3月31日以前に占有を開始した賃借権は、一定の要件に該当する場合には、改正前の保護すべき短期賃借権に該当することになります。

一定の要件とは、民法602条の期間内の賃借権であること、引渡しを受けていること、濫用型、非正常型ではないこと等です。期間の定めのない賃借権は短期賃借権の該当性を喪失しないとされています（最判昭和39・6・19民集18巻5号795頁）。

建物賃貸借契約の更新には、法定更新、合意更新、自動更新がありますが、差押え後の更新は抵当権者との関係で制限される、すなわち、差押え後の合意更新、法定更新は、引渡命令の対象となります。自動更新については、自動更新の約定内容によって異なる取扱いとなります。

なお、短期賃借権の該当性を欠く、濫用型、非正常型とは、具体的にいうと、債権回収目的、執行妨害目的、不正利得目的であるだけでなく、相場より相当程度低廉な賃料であったり、譲渡、転貸を可とする契約内容、賃料前払型、極端に高額な一時金、賃料が他の対価と相殺するものとしている等があります。他にも、賃借人が賃貸人の親族、法人とその代表者の関係、同族

会社の関係であったり、賃借権登記や公正証書、確定日付を備える等、不自然な点がある場合も含まれます。

もとより改正によって消滅した制度であるので、改正前の要件該当性の判定も厳しいものとなることは自然であるというべきでしょう。

保護すべき短期賃借権に該当すると執行裁判所が認めると、評価にあたっては、返還すべき預かり一時金の額が評価額から控除され、買受人が建物賃借人に返還することとなります。さらに、短期賃借権に該当していることによって一定の減価要因を見込むことができる場合には、評価にあたっては減価をなす場合があります。

もっとも、平成16年4月1日より前に占有を開始した賃借権でかつ差押え後に更新していない建物賃借権は多くはないので短期賃借権に該当するケースは多くありません。

④　引渡命令の可否

引渡命令は、買受人の保護と適正な換価手続の実現のため、買受人が簡易迅速に目的不動産の引渡しを受けられる必要性があることにより設けられた制度であり、引渡命令は、確定によって効力が生じ、債務名義になります。

申立人は代金を納付した買受人であり、申立期間は、代金納付した日の翌日から起算して6カ月以内の法定期間、さらに、引渡命令の相手方は、債務者（所有者）および買受人に対抗できる権原を有する不動産の占有者以外の占有とされています。執行官の現況調査や審尋手続を経ても占有権原が不明である占有者は引渡命令の相手方となります。

引渡命令は、申立て、審理、発令、告知という順序でなされます。この引渡命令の対象となることは、すなわち、買受人に対抗できないこと、競売不動産の所有権を得た買受人が占有者に対して引渡しを請求できることに他なりません。

抵当権に先立ち占有を開始した賃借権や短期賃借権は、引渡命令の対象とはならない、買受人に対抗できる、建物占有を一定の要件のもとで継続できる、返還すべき預かり一時金を評価額から控除する、返還すべき預かり一時金は買受人が返還することになります。

引渡命令の発令の可否について概要を述べますと、引渡命令の発令の対象となるのは、所有者、所有者と同視されるべき占有者（被担保債権の債務者

第4章　建物調査の留意点

等）、不法占拠者、未登記の所有権に基づく占有者、使用借権者、権原不明者（差押え前からの占有者である場合）、差押えに後れる占有者、仮差押えに後れる占有者、滞納処分による差押え後の占有者です。短期賃借権を主張する占有者としては、短期賃借権該当者以外、すなわち、抵当権設定後の民法602条に定める期間を超える賃借権者、仮登記担保権に後れる賃借権者、差押え後に期間が満了した短期賃借権者、非正常賃借権者に対して引渡命令の発令は可能とされています。一方、引渡命令発令の対象とはならないのは、抵当権設定前からの賃借権者（長期賃借権者）、短期賃借権者、留置権者となります。

　以上、引渡命令発令の可否については、東京地裁民事執行実務研究会編著『不動産執行の理論と実務（下）』545頁〔法曹会〕を参照しています。

Q75　抵当権のない不動産についても建物賃借権は適用されますか

A　抵当権と建物利用権の調整を図ったのが、前記Q74で解説した長期賃借権、短期賃借権等の制度ですが、この制度は、抵当権付不動産に限定しているわけではなく、抵当権のない不動産についても適用されます。この場合、抵当権と建物賃借権との先後について、抵当権設定時は差押え時に読み替えられることになります。

　さらに、民事執行法上の換価の場合だけではなく、滞納処分における差押えにあたっても同様に考えられることになります。

解説

①　強制執行と建物賃借権

　抵当権がない不動産については、建物賃借権が買受人に対抗できるか否かの判定基準は、差押え時を基準とすることになります。すなわち、差押えに先立って占有を開始した賃借権は買受人に対抗でき、引渡命令の対象とはならず、差押えに後れる賃借権は買受人に対抗できず、引渡命令の対象となります。

　もっとも、この差押えと建物賃借権の先後の判断は抵当権がない場合に限られますので、たとえば、強制執行による差押えがなされた場合であっても、抵当権がある場合は、その抵当権者が申立債権者ではなくても抵当権を基準

に先後を判定することになります。したがって、担保権実行の場合以外はすべて抵当権ではなく差押え時を基準として判定すべき、ということではありませんので注意を要します。

なお、強制執行の場合には抵当権設定時を差押え時に読み替える、としましたが、差押え後の賃借権はそもそも買受人に対抗できませんので、強制執行の場合には短期賃借権に該当することはないことになります。平成16年4月1日の先後かを問うこともないことはいうまでもありません。ただし、不動産は、いくつかの抵当権、滞納処分による差押え、強制執行による差押えが複数になされる場合もあり、一概にはいえない場合も少なくありません。

② 滞納処分による差押えと賃借権

滞納処分による差押え時には差押不動産についての処分を制限する効力があるので滞納処分による差押えに後れる賃借権は、滞納処分庁および公売により所有権を取得した者に対抗することはできないと解されています（大判昭和5・11・8民集9巻1074頁他）。

滞納処分による差押え後に占有を開始した賃借権は、その後民事執行による差押えがなされたとき、どのような取扱いになるかについては、処分制限効肯定説、条件付処分制限効肯定説、処分制限効否定説の3通りの考え方があります。

東京地裁民事執行センターを含む実務としては、処分制限肯定説を採用、すなわち、民事執行手続においても、滞納処分庁が把握していた賃借権の負担がない不動産の価値を実現すべきであり、また、滞納処分による差押えは、民事執行による差押え後になされたものとみなされる等により、このような賃借権は売却の結果消滅するという実務がなされています（注）。

③ 短期賃借権の更新との関係

仮差押え後に短期賃借権の期限が到来した場合に、更新が認められる否かについては、考え方は分かれますが、実務上は、原則として更新は認められず、もはや当該賃借権は買受人に対抗できず、引渡命令の対象となる取扱いとなっています。ただ例外的に、仮差押えが売却前に失効した場合に限って更新が認められ、引受けとなる扱いとされています。滞納処分による差押え後の更新についても、実務上、滞納処分庁の把握した交換価値の実現を図る必要がある等の理由によって、仮差押え後と同様に、売却前に滞納処分によ

る差押えが失効した場合を除いて、更新を認めない実務となっています。

④ 仮差押えと建物賃借権

仮差押えと建物賃借権については、Q91③のとおりです。

⑤ 返還すべき預かり一時金の返還

すでにみてきたように、抵当権に先立つ賃借権および短期賃借権は、買受人に対抗でき、引渡命令を発令できず、賃借権を一定の要件で継続することができることになり、当初の賃貸借契約締結時に差し入れた敷金、保証金等で、解約時、明渡し時に返還が約されている預かり一時金については、その額を差押え時の評価額から控除することになります。このことは、新たな所有権取得者である買受人が返還すべき預かり一時金を、賃貸借契約解消時に賃借人に返還することを意味しています。

一方、抵当権に先立つ長期賃借権および短期賃借権以外の賃借権は、買受人に対抗できず、引渡命令発令の対象となり、賃貸借契約を明渡猶予期間を除いて継続することができないことになり、賃貸借契約締結時に差し入れた一時金についても何ら保全されることなく、不動産の評価額決定にあたっても、当時一時金についての考慮がなされることはありません。このことは、新たな所有者である買受人は、賃借人に対して何ら返還義務を負わないこと、言い換えれば、賃借人は預けた一時金の返還請求は旧所有者に対してなすことになります。旧所有者とは債務者であることが多く、もはや資力を喪失して預かり一時金の返還能力を欠いている場合が多いので、その場合、賃借人は返還を受けることができなくなります。店舗等で保証金の額が数千万円に及ぶ場合であってもということです。

そのため、建物賃借権と対抗問題は極めて重要な調査事項になります。調査項目としては、占有始期、占有権原が正常か否か、さらに、正常な賃貸借かどうかを判断するために、特約等の確認を要することになります。もっとも、弁護士や債権者による密行調査にあたっては、調査の限界があるので、賃借人が店舗等で営業開始日が判明している場合等を除くと、これらの情報を得ることは困難であることになります。

> （注）東京地方裁判所民事執行センター実務研究会編著『民事執行の実務〔第3版〕不動産執行編（下）』124頁〔きんざい〕、法曹会編『不動産競売の実務〔全訂新版〕』143頁〔法曹会〕。

第5章

マンション調査の留意点

第1 区分所有建物の総論／224

第2 区分所有建物調査の具体的ケース／230

第5章　マンション調査の留意点

第1　区分所有建物の総論

Q76　区分所有建物の調査項目にはどのようなものがありますか

A　　区分所有建物およびその敷地は専有部分、共用部分、土地持分の三つの構成要件からなっていること、翻っていうと、区分所有建物およびその敷地は、この三つに分解できることに鑑み、区分所有建物についての調査もこの3項目についてそれぞれなすこととなります。

解説　　建物調査としては室内の間取り、設備等が中心となりますが、区分所有建物の特殊性としてはバルコニー・ルーフバルコニー・専用庭の有無、専有部分の位置・規模・方位が調査事項となります。避難はしごの有無等、防災防犯の視点も重要です。

　共用部分については、屋上、地下ピット、エレベーター室、塔屋、エントランス、ゴミ置場、集会室等、多くの調査範囲を包含することとなりますが、現地における共用部分の調査は、限定された範囲とならざるを得ないことが現実となります。

　土地については、敷地部分だけではなく、敷地以外の自主管理歩道、敷地内通路、駐車場もあり、また、棟ごとに敷地は異なり、さらに、法定敷地のほかに規約敷地もあり、敷地調査は多岐にわたる場合もあります。

　現地においては、近年における防犯カメラやオートロック等のセキュリティに関する設備の技術的向上とセキュリティに関する社会意識の向上により、管理人、清掃人、入居者といった立場に限らずマンション全体で不審者等を警戒しています。個人的経験としては、調査時に小学校低学年の児童に「何をしているのですか」と問いかけられたこともあります。案内人なしの調査は困難となる場合が多いという現実があることを調査にあたっては心得ておくべきとなります。

　一般にマンションは、「管理を買え」といわれるくらい管理は重要なので、管理状態についての調査を重視すべきことになります。具体的にはオートロ

224

第1　区分所有建物の総論（Q77）

ック、防犯カメラ等のセキュリティ、管理会社および管理人による管理体制、管理人執務時間、宅配ボックスの有無等です。

その他の主な調査すべき事項を列挙すると、管理規約、管理費・修繕積立金その他の徴収金の額、大規模修繕工事計画等であり、専有部分については、日照、バルコニー方位、間取り、規模、景観眺望、エレベーター等共用施設の接近性、角部屋や最上階かどうか、管理費滞納の有無とその金額、ルーフバルコニーや専用庭使用料、駐車場・駐輪場・トランクルーム使用の有無と使用料、使用形態等です。眺望としては、富士山やスカイツリー等のシンボルがどの程度見えるかだけではなく、大文字焼きや花火大会等のイベント時における眺望も考慮することとなります。電力自由化後の電力会社や電気供給契約についての情報も参考になります。高層タワーマンションになるとエレベーター停止階の調査も必要ですし、セキュリティは強固であれば無条件によいというものではなく、強固すぎて日常的に使いづらいマンションや非常階段等に閉じ込められる可能性が危惧されるマンションもあります。

Q77　区分所有建物で留意する二つの形態とは何ですか

A　建物の区分所有等に関する法律の適用を受ける区分所有建物には、敷地権マンションと分離型マンションの二つがあります。調査をする前に、どちらに該当するかを把握すべきこととなります。

解説　建物の区分所有等に関する法律は、改正を繰り返して現在に至っていることはいうまでもありませんが、現在の敷地権マンション、すなわち、敷地権という概念によってマンションの土地利用権を規定しているのは、現行法の区分所有法であるということです。

翻っていえば、昭和58年改正前の旧法においては敷地権という概念はなく、もっぱら区分所有建物について規定しただけであり、旧法における土地利用権は敷地権ではなく土地持分でした。敷地権も実体的には持分だから、両者は結局大差ないのではないかと思われる人も多いようですが、両者は大違いで、現行法の敷地権付マンションは、土地持分を含めて一つの不動産として

225

扱われるのに対して、改正前の旧法マンションは、区分所有建物があって、それとは別の土地持分があるという建物と土地の二つの不動産により構成されているという違いがあります。したがって、差押え対象不動産の物件目録としては、現行法の敷地権付マンションの物件数は1であるのに対して、敷地権付マンションではない旧法マンションにあっては土地と建物の物件数は2となります。さらに後者の場合、土地筆数が複数の場合もあるので、その場合は物件数は2以上となります。ただし、土地持分なき旧法の区分所有建物もあるのでその場合の物件数は1となります。敷地権付マンションは土地筆数が何筆あろうと、土地の符号数が多くなるだけで物件数は一つです。

　改正前の旧法マンションは、以上のように土地と建物それぞれ別個に分離され、一般の戸建住宅のように扱っている点で、分離型マンションと呼ぶことが多いようです。分離型マンションという呼称は、現行法の敷地権マンションと区別する意味でも用いられます。また、分離型マンションは収去されない価値を土地利用権として評価上考慮する等、評価にあたっても両者は評価手法を異にします。

　なお、建物の区分所有等に関する法律の適用を受けるのは、いわゆるマンションだけではなく縦割り型、横割り型、分有分棟等さまざまな形態があり、外観も実態的にも通常の連棟式戸建住宅と変わらないようなものもありますが、この場合の法定地上権の成否については、通常の戸建住宅のように判断できることはQ57で触れたとおりです。

　建築基準法上の長屋として建築確認を取得している長屋、連棟式建物、単に外壁がくっついている戸建等、区分所有建物と解してよいか判別困難な場合もありますが、基本的には区分所有建物とは登記上の規定であり、区分所有登記なき区分所有建物は存在しないとの前提に立っているとみなすことができます。

　したがって、ある区分所有建物が現行法の敷地権マンションか、それとも分離型マンションであるかどうかは、登記により一目瞭然となっています。敷地権マンションは、建物一つ全部事項証明書を取得すればよいのに対して、分離型マンションの場合は、土地と建物の2以上の登記事項証明書の取得を要します。なお、敷地権マンションであっても土地登記はあるので土地の登記事項証明書の取得は可能ですが、登記内容としては甲区の「登記の目的」

第1　区分所有建物の総論（Q78）

欄に所有権敷地権、「権利者その他の事項」欄には建物の表示（所在地番と1棟の建物番号）が記載されているに留まります。調査対象不動産が建物の区分所有等に関する法律の適用を受ける区分所有建物の場合においては、敷地権マンションか分離型マンションのどちらに該当するかをまず把握すべきこととなります。

Q78　区分所有建物の土地持分の調査で留意する点は何ですか

A　敷地権マンションは、敷地権の割合として土地持分が区分所有建物登記に明記されており、敷地権が所有権ではない場合においても借地権、地上権の準共有持分としての敷地権割合が明記されています。さまざまなケースがありますので、以下では、事例をあげて解説します。

解説　敷地権の対象となる土地は必ずしも1筆ではなく、筆に従って土地の符号1、土地の符号2…と符号数がふられることになりますが、土地の符号によって敷地権割合が異なることもあります。また、公衆用道路を敷地権として登記している区分所有建物もあります。

　さらに、1筆の土地について敷地権と敷地権ではない部分とが混合している、言い換えれば、1筆の土地上の区分所有建物が敷地権マンションと分離型マンションの双方が混合している例もあります。

　敷地権マンション以外の分離型マンションにおいても区分所有者の土地持分が登記されていますので、土地持分の把握は困難でない場合が多いことになります。一方、ある区分所有建物とその土地登記持分とは必ずしも対応関係が登記されていないので問題になることがあります。

　事例をあげて説明しますと、分離型マンションである区分所有建物201号室の所有者の土地持分を201号室の登記土地持分と把握していたが、区分所有建物201号室の専有面積の1棟全体の専有面積に対する割合に対して201号室の登記土地持分が2倍程度であり過大であった。そこで不審に思いよく調査し

227

たら、201号室だけの登記土地持分と思っていた持分は201号室と202号室双方のものであったという事案がありました。201号の所有者は202号も所有していたということです。

もしも気がつくことがなければ、201号建物と201号、202号の両建物に対応する土地持分を差し押さえてしまい、第三者が買い受けた後は202号は土地持分なき建物として残ってしまうところでした。

ある区分所有建物の専有面積の1棟全体専有面積合計に対する割合は土地持分と必ずしも一致しないことが多いのですが、それでもおおむね同水準であり、開差は大きくない場合が多いので、土地持分と専有面積割合の比較による検証は有用となります。

土地持分は専有面積比による場合と、地上の区分所有建物の階層や位置による効用格差を反映した比率による場合との二つの方法がありますが、圧倒的に前者が多く、一般的なマンションはほとんどが専有面積比をもって土地持分とされています。要するに最上階であることによって価値が高く高額なタワーマンションは、その価値増が土地持分に反映されていないことになります。そしてこの高層階の高額タワーマンションの価値と土地持分比との開差の活用が、節税方法の一つとして富裕層によって定着してきました。

一方、この税務特典は、実態に合致していない土地持分にその理由があることから、実態に合うように改革していく、言い換えれば税務上の特典がない方向へと改定していくことが、近年報じられています。この改正は、平成29年の税制改革に折り込まれています。具体的には、高さ60mを越えるマンションの固定資産税は1階100に対して階が一つ増すごとに39分の10を加えた数値をもって補正することとされています（日経新聞平成28年12月9日版）。

都市再開発法に規定された市街地再開発事業によって整備される施設建築敷地は、専有面積比ではなく地上建物に応じた効用格差を適切に反映した比率をもって土地持分としています。この比率は専門用語としては地価配分率といい、床の効用比から建物に帰属する効用比を控除した残余とされており、事実、そのような計算によって地価配分率を求めることになります。専門的になるので詳細は省略しますが、地価配分率とは地上建物の階層、位置、用途による格差を反映した床価格差のうち土地に帰属する価値比であり、立体的だけではなく、棟別、ゾーン別といった平面的な土地位置による格差を表

示することもできます。

　なお、床価格とは土地建物一体の価格であり、土地価格と建物価格の合計であること、そして区分所有建物およびその敷地の価格とは専有部分に対応する価格、共用部分の共有持分に対応する価格、敷地権割合に対応する価格、以上の三位一体により構成されていること、そして、建物価格は専有部分の価格と共用部分の共有持分価格の合計からなっていることを示していることに留意が必要です。

第5章　マンション調査の留意点

第2 区分所有建物調査の具体的ケース

Q79　老朽化が著しい区分所有建物の調査をする場合、どのようなことに留意すればよいですか

A　老朽化の著しい区分所有建物については、耐震性や飛散性アスベストの含有についての調査を要することはいうまでもないのですが、マンション建替え決議等がなされているか等の調査も重要となります。

解説

１　建替え決議

マンションの建替え等の円滑化に関する法律（以下、「マンション建替え円滑化法」という）による建替え決議と差押えの関係についてはQ34③で説明したとおりですが、仮差押え、差押えのための調査にあたっては、調査対象の区分所有建物およびその敷地が、マンション建替え円滑化法による建替え決議の予定があるか否かは重要な情報となるのでその点の調査を要します。

マンション建替え円滑化法による建替えは、都市再開発法による権利変換計画のスキームをそのまま援用する形でスキームが組まれています。したがって、主要なスキームは都市再開発法と同じ骨組となっています。一方、都市再開発法が道路整備等の都市基盤整備事業を含む地方公共団体施行と収用権を有する第二種市街地再開発事業を含む行政主体、公益目的の行政法規であるのに対し、マンション建替え円滑化法による建替えは、あくまでマンション住民等の私人による民間施行であり、両者はそもそもの基本軸が異なっているという前提があり、その前提があるにもかかわらず、権利変換計画という同様のスキームによる事業施行を規定していることに最大の特色があります。

都市再開発法による施行者には民間の組合、個人、地方公共団体、公益団体等多数が規定されているのに対して、マンション建替え事業の施行者はマ

230

ンション建替組合と個人施行者の二つのみに限定されていることからもその差は歴然としています。調査対象の区分所有建物、マンションが建替え決議を予定しているかどうかについては地方公共団体の窓口に問い合わせれば教えてくれますが、これは民間の組合や個人施行であっても行政の関与は少なくないことによっています。

さらに、マンション建替え円滑化法14条1項では、マンション建替組合設立の許可をしたときは、遅滞なく、組合の名称、施行マンションの名称およびその敷地の区域、施行再建マンションの敷地の区域、事業施行期間その他国土交通省令で定める事項を公告しなければならないとしています。公告の方法は官報、公報その他所定の手段により行わなければならず（マンション建替規77条1項）、都道府県知事は、同法14条1項の公告をしたときは、その公告の内容および施行マンション敷地区域図によって表示した施行マンションの敷地の区域、または施行再建マンションの敷地区域図によって表示した施行再建マンションの敷地の区域を、施行マンションの敷地、または隣接施行敷地の区域内の適当な場所に、その公告をした日から起算して30日間掲示しなければならないとしています（マンション建替規77条2項）。

したがって、マンション敷地内におけるマンション建替組合設立の公告掲示によっても、建替え計画の有無を確認することができます。

② **マンション敷地売却制度**

平成26年改正によって、マンション建替え円滑化法は、耐震性不足認定を受けたマンションの区分所有者数、議決権数および敷地利用権の持分価格のそれぞれ5分の4以上の多数決議によって、敷地売却により売却代金を分配するというマンション敷地売却制度を創設するに至りました。この制度によって、建替え後の現行マンションに住み続けるという選択肢のほかにも、分配金を自らの意思により使用するという自由な生活設計に応じたさまざまな選択が可能になります。

マンション敷地売却事業をなすことができるマンション敷地売却組合は、マンション建替組合設立に準じた扱いがなされていますので、組合の設立、認可の公告等も建替組合と同様に規定されています（マンション建替122条・123条）。一方、マンション建替えの権利変換計画に相当する事業は分配金取得計画とされ、敷地売却決議により失われる売却マンションまたはその敷地

について有する権利およびその価額については、マンション敷地売却組合設立の公告日における近傍類似の土地または近傍同種の建築物に関する同種の権利の取引価格その他の価額算定の基礎となる事項を考慮して定める相当の価額とされています（マンション建替143条2項）。

③ **施行マンションの区分所有権等の価額の算定基準**

調査対象不動産がマンション建替え円滑化法による建替え決議が予定されている場合には、概算評価も必要となる場合がありますが、評価には現行の老朽マンションである施行マンションの評価、再建後の施行再建マンションの評価があります。前者の施行マンションの評価は、都市再開発法の従前資産評価に該当し、都市再開発法の規定がほぼ引き継がれています。

すなわち、組合設立認可公告があった日から起算して30日を経過した日等の評価基準日における近傍類似の土地または近傍同種の建築物に関する同種の権利の取引価格等を考慮して定める相当の価額とするとされています（マンション建替62条）。いわゆる価格固定性が採用され、評価基準日時点において価額は固定されることになります。

施行再建マンションについては、マンション建替え事業に要する費用および評価基準日における近傍類似の土地または近傍同種の建築物に関する権利の取引価格等を考慮して定める相当の価額等を基準として定めなければならないとしています（マンション建替63条）。

④ **マンション建替組合員の権利義務移転**

仮差押え、差押え等をなした債権者は関係人として、マンション建替組合員である債務者に対して一定の関与をすることがあります。

建替組合は組合名簿を作成しなければならず（マンション建替18条1項）、組合員は、組合員名簿の記載事項に変更を生じたときは、その旨を組合に通知しなければなりません（同条3項）。組合員名簿は事務所に備え付けておかなければならず（同法95条1項）、利害関係者から閲覧請求があったときは、正当な理由がない限り、これを拒んではならない（同条2項）とされているので、債権者は原則として閲覧請求をなすことができることになります。

さらに、組合員名簿を備えなかったり、記載すべき事項を記載しなかったり、不実を記載した場合、正当な理由もなく組合員名簿の閲覧を拒んだりすると、その行為をした組合の理事、監事、清算人は20万円以下の過料に処せ

られる(マンション建替176条本文・8号・9号)と規定されています。

　仮差押え、差押え等をなした組合員所有の区分所有建物につき、換価によって買受人に所有権が移転したときは、組合に対して有していた権利義務はその継承した組合員に移転するとの規定がある(マンション建替19条)ことから、買受人は組合員としての地位も継承することになります。

　したがって、組合に対して有していた権利義務、たとえば、役員の選挙権、被選挙権、役員の解任請求権、臨時総会の招集請求権、議決権等の権利、そして、賦課金の納付義務等の義務は買受人にも継承されることになります。ただし、組合の役員としての地位は、組合員としての地位を失うと継承されることはありません(マンション建替21条2項)。

Q80　居宅部分の専有部分以外の調査で留意すべき点は何ですか

A　居宅部分の専有部分以外として、トランクルーム、駐車場、専用庭、ルーフバルコニー等があることがあります。
　以下では、それらの調査にあたっての留意事項についてみてみることとします。

解説

[1]　トランクルーム

　専有部分としての居宅部分の他にトランクルームがあることがありますが、その形態はいくつかあります。まず所有権の場合です。専有部分の玄関脇にある物置をトランクルームとして使用している場合がありますが、この場合には当該トランクルーム部分が専有床面積に含まれている場合と、別になっている場合とがあり、別になっている場合には別の専有部分とされている場合と附属建物とされている場合に分かれます。さらに、玄関の脇ではなく、たとえば1階のロッカールーム等に他の区分所有者のトランクルームと一緒に区画割され、ロッカールームのように使用されているケースもあり、この場合も専有部分とされている場合と附属建物扱いの場合があります。

　一方、所有権ではなく、賃貸借の形態をとっていて使用料の授受がなされ

233

ている場合、共用部分の一環として使用されているケース等さまざまです。重要なのは、仮差押え、差押えにあたってこのトランクルームの存在を漏らさないことです。専有部分の登記記録や間取図等でトランクルームの存在を確認できれば漏れることはありませんが、債務者や所有者からの情報がない調査ですと、トランクルームの存在を見落とすことは少なくありません。専有部分が存する1棟マンションとは別の別棟にトランクルームがあったケースや、敷地外の別の土地にトランクルームがあったケースもあります。

　居宅部分とトランクルームとで二つの専有部分を所有している場合、両者は一体として取引の対象となることが通常なので、居宅部分のみ差押え換価した場合には、トランクルームのみ残存してしまい、トランクルームだけでは取引もできず放置されるという事態もあるので留意すべきです。

　トランクルームの調査としては、規模や構造はもとより、照明の有無、換気設備や通風への配慮（湿気対策）、セキュリティ、365日24時間いつでも利用可能かについての確認も必要です。

　湿気対策が不充分で、書類や図書の保管状態が悪いトランクルームは少なくありません。

② 駐車場、駐輪場等

　債務者が駐車場、駐輪場、バイク置場の使用契約をしている場合にはその把握も必要となります。台数、使用料、契約期間はもとより、大型車駐車可能か、屋根付きか、機械式、立体式かどうか等についても確認することになります。

　もっともこのような一般的な調査とは別に、外観上マンションのための駐車場のように見えて、駐車場を含めてマンション敷地として建築確認を申請してマンション建築、分譲をなしたものの、実は、駐車場部分はマンション分譲業者が売らずに自らの所有権として留保しており、後日問題となるようなケースが少なくないので留意を要します。

　マンション分譲後にあえて筆を分けて、管理会社、管理組合等に所有権を移転させている場合もあります。いずれにせよ、当該駐車場部分もマンション敷地の対象になっているかどうかの確認が必要となります。

③ 専用使用権

　調査対象区分所有建物が1階に位置する場合は、バルコニー、テラス、専

第2　区分所有建物調査の具体的ケース（Q81）

用庭について注意を要します。バルコニーと専用庭、バルコニーとテラスがある場合、1階なのにバルコニーしかない場合もありますが、専用庭のように見えて避難用通路等のための空地であったり、区分所有者が自由に使えない状態である場合等があります。専用庭に該当するときは、使用料の授受がなされていることが多いので、その金額や滞納の有無についての情報も有用となります。

一方において、専用庭の防犯対策が不充分な物件も多く、その場合には専用庭の存在がむしろマイナス評価となることも考えられます。

ルーフバルコニーも同様に解することができます。ルーフバルコニーは開放感というメリットと、区分所有建物の占有者が自由に使用できない制約のデメリットの双方があることが多く、ルーフバルコニーの使用関係についての規約等の確認も有用な情報となります。さらに、ルーフバルコニーからの転落等の危険性や防犯についての視点も重要となります。

Q81　管理費等の滞納額があるかどうかの調査はどのようにすればよいですか

Ａ　マンション等の区分所有建物においては、管理費、修繕積立金等が授受されることが一般的ですが、調査対象区分所有建物が管理費等を滞納している場合には、調査時点における滞納額、遅延損害金、違約金の額、そして調査時点以降予想される滞納額、遅延損害金等について調査することとなります。もっとも債権者等による密行調査の段階では、管理会社や管理組合が問い合わせに応じてくれることはありませんが、差押え時においては、執行官が管理会社等に照会をなして当該情報を把握することになります。

この滞納額は一般に買受人を特定継承人として区分所有権の責任が受け継がれるので、評価額に大きく影響してくることとなります。

解説

① 先取特権

ある人が管理費を支払わなかったからといって共用部分の維持管理ができず、廊下の照明が点灯せず、エレベーターやオー

235

トロックが作動しないことになっては、共同生活に著しい支障があり、1棟区分所有建物全体の利用ができなくなることは、適切、妥当なこととは言い難いことは言うまでもありません。そこで、建物の区分所有等に関する法律は、先取特権を認めました（建物区分7条）。

一部の区分所有者の管理費等が滞納された場合に、各区分所有者は共用部分やその共有に属する建物の敷地または附属建物施設を共同して維持管理していくために、一時的に立て替えることがあり、区分所有者の相互間に債権債務関係が発生することになります。この立替金は、区分所有建物の共同の維持管理目的の債権であるので、このような共同利益のための債権に先取特権を認めようとする趣旨です。

この区分所有法の先取特権は、共用部分、建物の敷地もしくは共用部分以外の建物の附属施設につき有する債権、規約もしくは集会決議に基づき有する債権、管理者の業務執行につき有する債権に大別されます。

② 特定承継人への継承

管理費等の滞納は、もとより滞納している区分所有者に請求すべきですが、区分所有権が譲渡された場合には、譲渡人だけではなく、譲受人たる区分所有権の特定承継人にもその責任が及ぶものとしています（建物区分7条1項・8条）。したがって、無資力となった譲渡人にではなく、特定承継人に請求すべき場合がほとんどとなります。仲介した宅地建物取引業者もこの滞納についての説明義務が規定（「宅地建物取引業法の解釈・運用の考え方（平成13年国総動発第3号）」35条1項5号の2関係7）されており、かつ譲受人は滞納していることを知っていたかどうかを問わず責任を負うこととされています。

ここでいう譲受人は、取引の買主だけではなく、競売の買受人、受贈者等の区分所有権者の特定承継人のすべてを含むとされています。なお、特定承継人には、区分所有権が順次譲渡された場合の中間取得者も含まれるかについては、特定承継人とは区分所有権を現に有する特定承継人に限られるとしています（大阪地判昭和62・6・23判時1258号102頁）。

特定承継人への継承については、具体的には評価額から滞納管理費等を控除するという方法によります。具体的な評価についてはQ126を参照してください。

第6章

第6章

特殊不動産調査の留意点

第6章　特殊不動産調査の留意点

Q82　特殊な地域に存する不動産を調査するうえでの留意点は何ですか

A　特殊な歴史を有する地域、たとえば、忌み地、遊郭街、被差別地、貧民街、終戦後の闇市・赤線地帯、先住民居留地、外国人居住地、刑場跡、不良住宅地区等に存する不動産を調査する場合には、調査項目の検討の前に、それらの特殊性を考慮すべきか否かの問題があります。

　総じていうと、独自の地域固有の歴史については、現在の調査時点においては考慮すべき場合はほとんどないことになるでしょう。

　もっとも、地理、地域性とともに記憶に強く、顕著に残っている場合等においてはこの限りではありませんが、あくまでも例外となりましょう。過剰反応だけは厳に慎しむべきこととなります。

　なお、歴史的な経緯とは無関係である特殊な地域、たとえば、被災地、嫌悪施設の近くの地域等は、この限りではありません。特殊な地域としてここでは、島嶼、死獣捨場についてだけみてみることにします。

解説

① 島　嶼

調査対象土地が島嶼にある場合には、尖閣諸島等の領土問題になる島等の特殊な島を除いて、原則としては、通常の土地と同じ調査をすべきこととなります。ただし、島は本土の土地と異なる調査事項もあるのでその点の注意が必要となります。

　島といえば領土問題で論争が盛んにされている尖閣諸島が有名です。これは、沖縄県石狩市字登野城魚釣島等に属する諸島で政府所有に至る前は民有地であったことについてはむしろ驚くべきことですが、他に日本が実効的支配権を喪失している竹島、北方領土もあります。一方において、歌手のさだまさし氏が保有している詩島等の一般の民有地もありますし、かの宮本武蔵と佐々木小次郎との決闘の舞台となった巌流島も民有島として有名ですし、現在においても無人島売買は盛んです。財務省中国財務局が瀬戸内海の国有地の無人島（広島県呉市沖の約7600㎡）を一般競争入札で売却すると発表した等、公売や競売においても島嶼案件は少なくありません。

238

第6章　特殊不動産調査の留意点（Q82）

　これら民有島については、登記が備えられ、地積等が記載されていますが、島はその地積だけでなくその存否も変化の過程にあることは認識しておくべきこととなります。

　平成28年5月12日の日本経済新聞では、南太平洋のソロモン諸島で過去数十年間に5つの島が海面上昇や海岸浸食のため消失したことをオーストラリアの研究チームが明らかにしたと報じました。日本でも、小笠原諸島の西之島は火山で今でもどんどん拡大している最中です。もともとわが国はその本体が島国であるので、本土と島とを区別する理由はやや疑問があるともいえますが、6,847島ある離島のうち人が住んでいる有人離島は418島（平成26年4月1日現在、国土交通省国土政策局離島振興課「離島の現状と振興について（平成27年1月）」）です。

　もしも調査対象不動産が、島嶼に存する場合には、その島の人口、民有地割合、島固有の産業、地理自然、風土、風習、慣習等の概要、本土への交通接近性（交通手段と利便性）等について調査することになり、場合によっては火山活動状況、隆起拡大、海岸侵食についても調査を要することとなります。

　東京地方裁判所における競売事件は、大島と八丈島が島嶼物件の大多数を占めていますが、どの物件も売却率は高くなく、売却基準価額に対する入札額の比率も極めて低水準にとどまっているという現実があります。これは、島嶼の地理と自然的、環境的な固有の風土、たとえば、白蟻被害や獣害が多いといったことも一部影響しているものと思われます。

② 死獣捨場

　死獣捨場とは、現在では使われていない明治頃に存在した地目です。現在では、旧土地台帳の地目として、「死獣捨場」「官有地」「稲干場」等と記載されているものも含めて脱落地と呼ばれています。脱落地というのは、明治時代の地租改正において官有地と民有地を区分した際、その作業から漏れてしまった土地のことです。

　筆者が以前に鑑定評価した案件では、旧土地台帳には、明治33年の地目は「死獣捨場」、所有者の欄は「官有地」と記載されており、その後払下げを受けたのか、単に所有権を取得したかは不明ですが、明治43年には個人の所有となっていました。

　地目については、その後、荒蕪地となり、昭和になると畑、山林となって

239

第6章 特殊不動産調査の留意点

おり、土地は変容したかのようですが、明治20年頃のものと思われる旧公図を見ると、緑色や灰色に色づけされており、当時から山林や畑、またはそれらと同等の現況地目であったと推測されます。

　そしてその土地の歴史を調べていくと、「馬継場」として多くの荷馬が飼育されていた記録が残されていたことが判明しました。石灰や木材等の資材運搬で馬継場は大繁盛し、原野であったその土地の開発に大きく寄与したそうです。この地以外にも、日本の歴史において馬は、田畑の耕作、荷物の運搬、軍事、宿駅の維持のために重要な役割を担った動物として人との関わりは深く、また、老いたり、死んだ後には、食用や皮革製品、薬品等の貴重な資源として活用されていました。

　それらの作業や埋葬をする土地が必要であったことから、各地に馬捨場という場所が設けられていたそうで、死獣捨場は、この馬捨場のことであろうと思われます。

　明治には馬捨場は役目を終え、跡地は馬や動物の供養塔として祀られたり、荷を運ぶ運送業者や無病息災の守り神として信仰している地域もあるようですが、筆者が鑑定評価した土地については、そのような歴史を感じさせるものは特になく、地盤も住環境も良好な土地であって、付近一帯は一般住宅が建ち並ぶ標準的な住宅地域でした。なお、地域、土地柄、時期によって、取り扱いはやや異なっていたようです。

Q83　暴力団事務所等の反社会的勢力の施設を調査するうえでの留意点は何ですか

A　調査対象不動産が暴力団事務所であった、暴力団が出入りする施設であった、または、それらが近くにあった等の場合があります。また、暴力団とまでいかなくとも反社会的集団、犯罪集団、過激派グループのアジト等の場合もあります。これらの場合についてみてみることにします。

240

第6章　特殊不動産調査の留意点（Q83）

① 競売と暴力団

解説　まず、暴力団事務所の定義についてみてみますと、暴力団員による不当な行為の防止等に関する法律（以下、「暴対法」という）15条1項かっこ書では、暴力団事務所とは「暴力団の活動の拠点となっている施設又は施設の区画された部分」と規定しています。なお、暴力団とは暴対法2条2号により「その団体の構成員（その団体の構成団体の構成員を含む）が集団的に又は常習的に暴力的不法行為等を行うことを助長するおそれがある団体」、暴力団員とは同2条6号で「暴力団の構成員」として定義づけられています。

　競売にあたっては、組織が標榜している家紋が建物内に掲示されていたことによって、その施設が暴力団関連施設とわかったこともあり、また、暴力団関係者と区別のつかない同和団体、任侠団体、右翼団体が、街宣車とともに占有権を主張しているケースも多くあります。ただし、これらの占有が実態を備えたものなのか、言い換えれば、占有の仮装による占有権の主張（占有屋の手口）なのか、紛らわしいことも少なくありません。

　さらに、占有を仮装する占有屋だけでなく、執行妨害の常套手段として、執行裁判事務の障害になっているという事実があります。違法ゲーム賭博の店舗には、警察のガサ入れ時に隠れるための隠しスペースや逃亡用通路をあらかじめつくっておく等、多くの非合法、法令違反行為、犯罪行為が横行しているという現実があります。

　なお、組事務所は競売落札により取得している傾向があることを受けて、法務省は裁判所が最高額の入札者について警察に照会し、組員であるとの回答があった場合には売却を許可しない等の民事執行法の改正を諮問する見通しであることを報道しました（日経新聞平成28年6月14日版）。

② 暴力団事務所の排除

　暴力団事務所の定義は①のとおりですが、その具体的な内容についてはいささかイメージがつきにくい場合があります。裁判所が暴力団事務所の徴憑として認めた事実としては、暴力団事務所の看板、幹部組員の会合、暴力団特有の儀式、暴力団員相互の連絡等が行われ、多数の暴力団員が交替で泊まり込みをしていること等があります。

　ただし、近年では、看板等の目立つ物は隠し、政治団体、社会運動の事務

241

第6章　特殊不動産調査の留意点

所を仮装したりしており、特に関東地方ではフロント企業の事務所の形態を
なしていることが多いようです。暴力団事務所には、周囲の防犯カメラ台数
が必要以上に多く、また軍服を着用した者が周囲を警戒している等の特徴が
あるようですが、今日では、わかりにくくなっています。

　また、暴力団事務所等であるか、あるいは事務所との遠近の問題だけでは
なく、地域への影響は大きいことを示す衝撃的な例を一つあげてみます。こ
れは、1989年10月10日の朝日新聞で報じられたもので、抗争事件で放置され
たと思われる拳銃を児童がおもちゃと間違えて引金を引き暴発したという事
例です。また、幼い頃から顔を知っている近所の若者、青年らが暴力団員へ
と勧誘されていく様は正視に堪えないというべきでしょう。

　暴力団事務所使用禁止請求訴訟においては、債権者適格の問題がありま
す。すなわち、近隣住民の範囲の問題です。暴力団事務所から一定の範囲に
居住したり、営業する者といった表現によることが多く、具体的な裁判例で
は、数百ｍ、50ｍ、300ｍ以内という限定例があります。

　これらの裁判例に鑑みると、300ｍ程度が一応の一つの目安になりそうで
す。すなわち、仮差押え等の調査対象不動産の300ｍ以内に暴力団事務所があ
る場合はその概要について調査すべきであり、300ｍ以上離れているのであれ
ば、無視してもよい可能性があるということです。これは、市街地か否かで
も異なることとなります。もっとも暴力団事務所の調査を要するといっても、
団員数や状況等の概要を知り得る手段はないように思えます。

　なお、平成24年の暴力団対策法の改正により、都道府県暴力追放運動推進
センターが国家公安委員会の指定を受けることを条件に、暴力団事務所の使
用差止めを求める地域住民の委託を受けて、暴力団事務所の使用を差し止め
る訴訟を提起することが可能となりました（暴対法32条の４）。

③　暴力団事務所と裁判例

　暴力団事務所との接近性は不動産の場合、瑕疵担保責任の問題として論じ
られることが多いのですが、これは、事故物件や建物の隠れた欠陥、キズと
同じ問題として検討されるべきということです。

　ごく近くに暴力団事務所があることを知らずして不動産を購入してしまっ
た人からみると、これは、瑕疵担保責任の問題として、契約の解除または損
害賠償請求ということになることと思われますが、その場合、損害額をどの

242

ように判定すべきか問題となります。言い換えると、暴力団事務所に近い物件を売却する場合、どれくらい減価すればよいかという問題にもなります。当然一律の抽象的な減価率等は存しないので、個別に具体的に判断していくべきこととなります。

暴力団事務所との接近性による減価は、事故物件のような心理的瑕疵に加えて実害、恐れ、不安等の多くのマイナス感情があると思われるためです。

一方において暴力団ではないものの、不良少年集団、右翼団体、カルト集団、テロリスト集団のアジト等が近くにある場合はどう考えるか等、問題は膨らむこととなりますが、暴力団が暴対法や暴力団員による不当な行為の防止等に関する法律、条例等の法令で正規に規定されているのに対して、一連の反社会的な人、集団は、憲法によって基本的人権が保障されている国民である限り、犯罪を犯した等の事実がない限り、闇雲に忌避を考慮することは困難というべきことになり、近所に存するゴミ屋敷、迷惑住民等との区別する意味に乏しいか否かの議論を要することになります。

さらにいうと、殺人事件があったところ、焼死者が出た火災があったところとの接近性はどう考えるかといった論点にも広がりをもつことになります。ちなみに、宅地建物取引業法の規定に従い、宅地建物取引業者は説明責任を負っていますが、ここで事例を紹介すると、説明義務違反ありとされた事例としては、アパート一室の賃貸借媒介にあたって、前賃借人がオウム真理教の信徒であることは説明したが、教団のアジトであると知りながら説明しなかったという事例があります。

説明義務違反なしとされた事例としては、①媒介業者が賃貸目的での中古マンション売買で賃借人が暴力団組員であることを説明しなかったが、その事実を知らず、また通常の使用がなされていた事例、②貸ビル一室に賃借人の身元調査をせず過激派の委員長が入居したが、一見大人しそうで落ち着いた印象を与える人物であったことから注意義務を欠いたとはいえない事例、③媒介業者が将来居住目的の土地売買で、真向かいの暴力団事務所の存在を説明しなかったが、組員の常駐を知っていなかったのであるから、調査説明義務違反はないとされた事例等があります。

以下では参考として、暴力団事務所関連の裁判例において、減価額が表示されている事案、または計算できる事案を掲載します。

第6章　特殊不動産調査の留意点

裁判例①		事件概要	契約の状況等	判決結果
事例1	平成20年5月29日　東京高裁（判例時報2033号15頁）	居住目的の土地売買後に，買主が建物を建築しようとしたところ，暴力団関係者の可能性のある隣人の脅迫的言辞により事実上建築が制限されることとなった。買主は，本件隣人の存在は隠れた瑕疵にあたるとして，売主に対し，契約解除と5,630万1,360円の損害賠償を請求した。	売買物件：土地84.79㎡（私道持分含む）売買金額：5,170万円	契約の目的を達することはできないとはいえないとして契約解除は棄却，隠れた瑕疵について本件売買土地の減価率15％（775万5,000円）が認められた。→売買金額の15％
事例2	平成11年6月15日　東京地裁（判例集未登載）	居住目的の（当時は資材置場として利用，将来的に住居建築の予定であった）土地売買後に，本件土地向かいの建物が暴力団員が常駐する暴力団事務所であることが判明し，約1年半後には発砲事件が発生した。買主は，売主および媒介業者に対し契約解除と損害賠償等を請求した。	売買物件：土地120.09㎡売買金額：8,330万円	契約締結時，暴力団事務所の存在は外観上明らかではなく，売主および媒介業者も知らなかったとして，売主の責任についてのみ認められた。隠れた瑕疵の減価の程度は9％（750万円）と認められた。→売買金額の9％
事例3	平成9年10月20日　東京地裁（判例タイムズ973号184頁）	賃貸収益目的の賃貸中の中古マンション一戸の売買後，賃借人が暴力団員であることが判明した。買主は，売主および媒介業者に対し損害賠償等を請求をした。	売買物件：中古マンション（一戸）55.32㎡売買金額：4,800万円	賃借人が暴力団員であるだけでは売買契約の錯誤無効は認められず，媒介業者の調査説明義務違反もないとされた。→棄却
事例4	平成9年7月7日　東京地裁（判例時報1605号71頁他）	居住目的のマンション一戸の売買において，同マンション一室に，マンション内および周辺で迷惑行為を行う暴力団幹部が居住していることが入居後に判明した。買主は売主に対し，瑕疵担保責任に基づく売買契約の解除，損害賠償を請求した。	売買物件：中古マンション（全18戸のうち1戸）売買金額：3,500万円	契約の目的に用いることができないほどの瑕疵であるとはいえないが，同マンション内居住者による迷惑行為は居住環境の快適さを欠くことから，隠れた瑕疵は認められるとして，350万円の損害賠償が認められた。→売買金額の10％
事例5	平成7年8月29日　東京地裁（判例時報1560号107頁他）	不動産業者による事務所兼賃貸マンション建設目的の土地売買において，契約締結後に近隣に暴力団事務所が存在することが判明した。買主は売主に対し，詐欺による取消し，錯誤による無効，瑕疵について損害賠償を請求した。	売買物件：土地約66.12㎡売買金額：約9,100万円	契約の目的を達することはできないとはいえないとして契約解除は認められなかったが，暴力団事務所の存在は本件土地の価値を減ずる隠れた瑕疵にあたるとして，瑕疵についての損害1,820万円が認められた。→売買金額の20％

　以上、この項は、日本弁護士連合会民事介入暴力対策委員会編『暴力団事務所排除の法理』〔立花書店〕を主に参考にしました。

第6章　特殊不動産調査の留意点（Q84）

Q84　事故物件の調査をするうえでの留意点は何ですか

Ａ　不動産といえば事故物件という用語が連想されるようになってからすでに久しい感があります。近年においてはマスコミにより興味本位に使用されることが多いようですが、事故物件という用語は、俗称、呼称、マスコミ用語であり、その定義は必ずしも明確ではありません。

　独立行政法人都市再生機構のように事故物件という呼称は使用せず、特別募集住宅、特別募集物件という用語を使用している場合があります。競売不動産評価上は、事故物件とは、競売の目的物件の内外で自殺や殺人事件等の不自然死があったことにより買受希望者の心理的側面から買受けの申出を躊躇すると予測される物件（注１）をいい、また、裁判所によっては、事故物件という用語を使用することなく、「不自然死」があった物件としている裁判所もあるようです。

　いずれにせよ、買受人の保護を図る要請は、宅地建物取引業法による宅地建物取引業者に課せられた説明義務と相まって情報提供すべきであることと、究極の個人情報としての慎重な取扱いを要する要請とが交錯しているといえるでしょう。

　事故、不自然死があった地点を地図上にプロットしてインターネット上に表示している有名なサイトもあり、保護すべき個人情報と、世間による公知の要請との葛藤については、幾分か公知方向に軍配が上がるかのような社会的風潮があります。一方において、知りたくなかったという不知欲求が保護される余地はあるかの議論も必要とされる可能性は、事故物件の公示の必要性と対立する方向にあるといえます。

　なお、裁判例においても、積極的に「事故物件」という用語が使用されていることから、以下では「事故物件」という用語を使用することとします。

245

第6章　特殊不動産調査の留意点

1　事故物件の調査事項

解説　事故物件の定義は前記のとおりですが、広い意味での事故物件には孤独死も含めるべきかと思われます。では、庭先や玄関先等の敷地外での自殺、敷地内の駐車中の車両内ではどうか、室内で自殺を図ったが病院で亡くなった場合、敷地外で刺された後に室内で家族に看取られて静かに亡くなった場合等、多くの場合があり、一律にどのような状況を事故物件とすべきかについては明確な基準が存在しません。また、前の前の居住者の不自然死や何十年も前の事故、再建築前、または更地化前の取り壊した建物内での事故、不自然死を事故とみるか、不自然死か自然死か区別がつかないような死による場合、事件があってから月日の経過を経て亡くなった場合はどうか等、多くの場合があります。

これらの事件、事故、不自然死があった物件については、心理的瑕疵として、瑕疵担保の枠組みで論じられるという法律的な要請は、あくまで心理的なものに限定していることに因っています。したがって、事件、事故による血痕、シミが取れない場合や建物のキズ、損傷等が事件、事故等により発生した場合は「物理的瑕疵」として、心理的ではない通常の瑕疵担保責任の議論となります。

警察庁の平成27年自殺統計によると、自殺の場所は自宅が59.3％となっていることからも自殺が自宅でなされる可能性は低くないことになります。

また、孤独死についても、「東京都監察医務院で取り扱った自宅住居で亡くなった単身世帯の者の統計（平成27年）」を見ると、東京23区だけで年間7,678人が自宅で異状死（発見時死因が不明な死）しており、そのうちの3割以上が死後4日以上経過してからの発見であったということです。

ここで、調査対象不動産が事故物件であった場合の調査すべき項目を整理してみることとします。すなわち、この項目を調査することによって事故物件であるが故の市場性の後退、言い換えれば減価割合の判断基準になることになります。

① 事件、事故の概要、自殺か、殺人か、焼身か、自殺だとしたらその手段は何か、死体放置時間はどのくらいか、腐乱、腐食、悪臭等の周囲への悪影響はあるか

② 凄惨さ

③　事件性、新聞、ニュース報道されたか、周囲、近所の人々は知っているか

　④　死亡した場所と事件現場との接近性、その経過時間、死亡したのは病院内かどうか

　⑤　事件から何年経っているか、どのくらいの人々が記憶にあるか、風化の程度

等といったことになります。注視すべきは風化しているか、近所の人々等の周知度ということです。誰もが知っている事件と、ほとんど誰も知らない事件とでは減価率は異なることになります。

　なお、調査対象不動産がマンションやアパートの一室のときで、事故物件と隣の部屋であった場合、同じ階であった場合、階下であった場合はどうかという問題もあります。これについては次の裁判例をみてみることとします。

　②　**事故物件の裁判例**

　事故物件に関する裁判例はすでに一定の蓄積があり、インターネットその他で容易に知ることができます。そのうちの一部をここに掲げます。

裁判例②		事件概要	契約の状況等	判決結果
事例1	平成25年7月3日　東京地裁（判例タイムズ1416号198頁）	賃貸収益目的のマンション一棟売買において、本件建物の一室で過去に居住者が自殺していたことが決済後に判明した。買主はこれによってマンション全体の価値や収益性が低下したとし、売主と売主側の仲介業者に対し1億円の損害賠償請求をした。	売買物件：地下1階5階建マンション（総戸数29戸）売買金額：3億9,000万円	自殺のあった居室と真下の居室についての収益性の低下のみ認められ、損害額は600万円と認められた。→売買金額の約22.3%（600万円÷（3億9,000万円÷29戸×2））
事例2	平成22年7月20日　東京高裁原審　平成22年1月28日　横浜地裁（判例タイムズ1336号183頁）	賃貸収益目的のアパート一棟売買において、決済日5日前に本件建物の一室で賃借人が自殺したことが決済後に判明した。買主はこれを、危険負担条項における棄損にあたるとして、売主に対し約381万円の不当利得返還請求をした。	売買物件：2階建共同住宅（総戸数10戸）売買金額：8,680万円事件貸室家賃：7万2千円／月（共益費込）※事件半年後：4万2千円／月で賃貸	有効需要からの減価率と収益差額10年間分の減価を比較考慮して、棄損額は約213万円と認められた。→売買金額の約24.5%（213万円÷（8,680万円÷10戸×1））

第6章　特殊不動産調査の留意点

事例		事件概要	売買物件	判決結果
事例3	平成20年4月28日　東京地裁（判例タイムズ1275号329頁）	賃貸収益目的のマンション売買において，売買の約2年前に本件建物で飛び降り自殺があった事実を買主が知らずに購入した。買主はこれを，売主の告知義務違反として，7000万円の損害賠償請求をした。	売買物件：7階建賃貸マンション（1階事務所）売買金額：1億7,500万円	賃料収入の減少等を個別具体的に検討し，損害額は2,500万円と認められた。→売買金額の約14.3%
事例4	平成18年12月19日　大阪高裁（判例時報1971号130頁）	建売2棟分譲目的の土地売買において，約8年半前に本件土地①上に過去存在した建物で刺殺事件があった事実を買主が知らずに購入した。買主はこれを隠れた瑕疵にあたるとして，751万円の損害賠償を売主に請求した。	売買物件：更地160.27㎡（土地①59.50㎡，土地②100.77㎡）売買金額：約1,503万円	事件発生は約8年半前であり，事件があった建物は既に取り壊されている。相当風化しているものの，近隣住民の記憶に残るなど瑕疵は存在しているとして，損害額は約75万円と認められた。→売買金額の約5%
事例5	平成11年2月18日　大阪地裁（判例タイムズ1003号218頁）	古家取壊し後に建売住宅販売をする目的の建付地売買において，約2年前に取壊し済みの建物内で自殺があった事実を買主が知らずに購入した。買主は契約解除と損害賠償410万円等を売主に請求した。	売買物件：土地建物売買金額：約1,600万円	嫌悪すべき心理的欠陥の対象（取壊済建物の一空間）は特定できないものに変容しており，隠れた瑕疵に該当しないとされた。→棄却

裁判例③（農山村地帯における事例）		事件概要	判決結果
事例1	平成12年8月31日東京地裁八王子支部（判例集未登載）	居住目的の更地売買において，約50年前に本件土地上に過去存在した建物で，凄惨な猟奇殺人事件があり，この事件の記憶から，長期間未開発のままであった事実を，買主が知らずに購入した。買主はこれを，説明義務違反として，売主・仲介業者に対して損害賠償請求をした。	農山村地帯における本件事件は，約50年経過しても近隣住民の記憶に残るものであり，居住や近隣住民との付き合いについて瑕疵があると認められた。→契約解除及び売買代金及び仲介報酬等の返還
事例2	平成7年5月31日東京地裁（判例時報1556号107頁）	居住目的の中古住宅売買において，約7年前に附属建物（物置）内で，前所有者が農薬による服毒自殺を図り，その後病院で死亡した事件が，購入後に判明した。買主は，本件土地建物に隠れた瑕疵があるとして，契約解除を求めた。	附属建物内での自殺事件は，嫌悪すべき歴史的背景であり，事件後約7年という期間も農山村地帯という土地の特性に照らせば，問題すべきほど長期ではないとして，隠れた瑕疵の存在が認められた。→契約解除および支払済代金返還

　まず、事故物件の階や階下にも事故物件の影響があると示しているのが裁判例②の事例1です。この裁判例に鑑みるまでもなく、確かにユーザー側の心理に照らすと、心理的瑕疵が認められてしかるべきこととなります。

　注目すべきは裁判例③です。これは、事件の発生から何年も経って風化し

248

たものと見ることも可能ですが、地方の農山村では風化に特に多くの時間を要することを明示した点で画期的な裁判例です。

もとより、事件や事故の内容だけでなく、地方か否か、山村か都会かといった地域の属性も重要な判断基準であることがわかります。

また、自殺者が出て、そのために家賃を下げざるを得ず、家主は損害を受けたとして遺族に対して損害賠償の請求がなされるようなことも珍しくないのですが、その中に、賃借人は自ら自殺しないように善良な管理者として管理する義務を負っているとする善管理論があります。その妥当性の適否の議論はさておき、ここでは自殺もゴミ屋敷のような一種の迷惑行為としての扱いを受けています。また、さらには事件、事故後のお祓いの有無と、市場性後退との関係性の指摘は今のところなされていませんが、すでに事故物件専門のお祓いや片付け業者もいることから、社会的にも事故物件のスムーズな処理が今後なされていく可能性が高いことは年間3万人の自殺者を出し、日本が世界8位の自殺大国であることの当然の流れであるともいえましょう。

③ 事故物件は売れるのか

事故物件については②の裁判例および経験上に鑑み、2割程度の減価をなすことが多いと思います。戸建住宅やビルでは土地についても減価するかどうかは、地上建物の経過的残存耐用年数や土地建物価格に依存することになるといえます。

要するに、事故がないものとして評価した評価額から事故物件は2割程度安く評価するということです。賃料でいえば、1年間～2年間は半額にするという対応がとられているケースが多いようです。

減価割合は前記①でみた調査事項、特に風化の度合等に照らして総合的に判断していくこととなります。

一方において、たとえば競売をみてみますと、事故物件の売却は予想に反して好調であり、落札額に対する売却基準価額の割合は、減価割合より大きい場合が多く、売却結果に照らすと、事故物件であることの市場性減価の考慮は結果としては不要であったという場合も少なくないことになります。

これは、事故物件であることを気にしない個人がいること、あるいは事故物件は安くて得だから買い進もうとする意欲的な個人、法人がいることを示しています（競売市場のパラドックスについては、Q137②を参照）。

第6章　特殊不動産調査の留意点

　なお、転売目的の取得にあたって、事故物件についての宅地建物取引業者による説明義務は、当然に宅地建物取引業法で定められていますが、事故物件後一度新たに入居した人がいる場合には説明義務はないとする、業者内における暗黙の慣例があるという報告もあるので、注意が必要です。

　自分が借りるのであれば、自らが使用し、占有するので事故物件には住みたくないという心理が強くありますが、売買にあたっては、貸すことと転売という二つの選択肢が自ら使用の他にもあるので、事故物件を避けたい心理は縮小される傾向にあることは知っておくべきこととなります。この事故物件においても特殊な地域と同様に過剰な反応は慎むべきことと思われますし、事故があった旨を入居後知るのと、入居前に情報提供を得ているのとでは全く異なる心理が働くということも併せて知っておくべきことと思われます。

　競売における事故物件と売却率等の関係の統計的分析があればよいでしょうし、また、海外においては事故物件はどのような扱いであるのかについての情報収集は、日本とは異なり、海外、特に欧米においては、建物が堅固造りで耐用年数が長期でかつ中古建物の取得、利用が一般的であるだけに重要であると思われます。

　　　（注）東京不動産評価事務研究会編『競売不動産評価マニュアル〔第3版〕』
　　　　　　97頁〔判例タイムズ社〕。

Q85　風俗営業施設の調査をするうえでの留意点は何ですか

　Ａ　風俗営業に関する規定の適用を受ける施設としては、接待飲食等営業遊技場営業、性風俗関連特殊営業等があります。これらの施設は、「風俗営業等の規制および業務の適正化等に関する法律」（以下、「風営法」といいます）をはじめとする法令、条例の規制を受けますが、この風営法関連規制だけではなく、たとえば、個室付浴場業は公衆浴場法、ラブホテルは旅館業法、ストリップ劇場は興業場法等の適用を受ける等、二重の規制となっていることに留意を要することになります。

250

第 6 章　特殊不動産調査の留意点（Q85）

解説　　性を売り物にする「性風俗関連特殊営業」とは、風営法の風俗営業に該当せず、相続または法人の合併もしくは分割のいずれの方法によっても営業の他者への継承は認められていませんので（風俗営業等の規制および業務の適正化等に関する法律等の解釈運用基準第18、1）、いわゆる既得権問題があります。

ちなみに風営法上の「風俗営業」とは、その第2条1項の1号から5号で、キャバレー、料理店、喫茶店、バー、麻雀店、パチンコ店、ゲーム機その他の遊技等として定義づけられており、風営法上の「風俗営業」と「性風俗関連特殊営業」とは別立てにしている点に留意が必要です。

もっとも、風営法の目的は、「善良な風俗と清浄な風俗環境を保持し、及び少年の健全な育成と障害を及ぼす行為を防止するため、風俗営業及び性風俗関連特殊営業等について、営業時間、営業区域等を規制し（以下略）」としていることから、風俗営業も性風俗関連特殊営業も風営法の対象としていること、そして、本書の目的たる不動産の調査の視点に照らすと、営業区域の制限は重要な調査事項となります。

以下においては、不動産調査の観点から、風営法対象のうち性風俗関連特殊営業を中心に、裁判例を紹介しつつみていくこととします。

1　ラブホテル

風営法は性風俗関連特殊営業を、①店舗型性風俗特殊営業、②無店舗型性風俗特殊営業、③映像送信型性風俗特殊営業、④店舗型電話異性紹介営業、⑤無店舗型電話異性紹介営業の五つに分け（風営法2条5項）、さらに、「専ら異性を同伴する客の宿泊（休憩を含む）の用に供する政令で定める施設（政令で定める構造又は設備を有する個室を設けるものに限る）を設け、当該施設を当該宿泊に利用させる営業」を①の店舗型性風俗特殊営業に該当する一つとしています（2条6項4号）。

これによりラブホテルは風営法の規制対象となりますが、一方においては旅館業法の規制対象でもあり、双方の規制を受けるべきこととなります。ただし、風営法の規制を受けずに旅館業法の適用のみ受けるホテル、事実上のラブホテルも少なくないので、その点には留意を要することになりますが、一方において偽装ラブホテルとして、違法性を追及することは不動産調査にとってはあまり重要ではないことになります。偽装ラブホテル問題は、旅館

251

業法の旅館の体裁、要件を欠いている場合における実質上のラブホテルという意味で取り上げられることが多いようですが、風営法上は三つの要件、すなわち、①専ら異性を同伴する客の宿泊の用に供する施設であること、②施設要件、③構造・設備要件、以上の①～③を満たす施設をラブホテル、モーテル等としていますが、このうち②施設要件と③構造・設備要件が一般の旅館・ホテルが風営法規制対象外であることを明確にするために定められたものですので、この要件への該当性の検証が風営法の規制対象か否かを分別する基準となります。すなわち、ラブホテルという用語は、風営法の規制対象であるとは限りませんし、風営法の規制対象とはならないラブホテルもありうることになります。

施設要件としては、食堂、ロビー面積基準、休憩料金表示基準、目隠しその他の見えにくくするための設備基準、フロント等に客との面接を妨げる状態基準、従業員と面接することなく個室に入る施設基準があります。構造・設備基準も細かい規定がありますが、ここでは説明を割愛します。

なお、ラブホテル該当性の要件に、「専ら異性を同伴」と定義していますが、この「専ら」という語は「異性」にかかるのでしょうか、それとも「同伴」にかかるのでしょうか。もしも、専らという用語が「異性」にかかるのであれば、限定ではない専らの例外として考えると、同性にも適用されることになりますし、同伴にかかるようですと、一人の場合にも適用されることになります。

風俗営業の接待とは、異性間に限らず、同性間においても接待になることについては決着がついていますし（解釈運用基準第4の2）。一方、性風俗関連特殊営業において法律上「異性の客」に接する役務であることを要件とする業務は、同性を含まないので、同性対象の性風俗店は業法的規制が及びませんので、別途、刑事法的に公然わいせつ罪による摘発、マンション管理規約違反による契約解除等の個別的対応を要することになります（注）。

なお、ラブホテルの売買にあたって、ホテル経営等を業とする株式会社である売主は買主に対して、ラブホテルを営業できるように手続をとり、かつ手続が適法かつ有効なものであることを確約・保証する趣旨の特約があったところ、物件の200m以内に病院があり、ラブホテル営業許可をなされなかったことを受けて買主が提訴したという裁判例があります。結果、この錯誤は

売買契約の要素の錯誤に該当し、売買契約は無効という判決に至りました（仙台地判平成4・10・30判タ827号183頁）。

② 個室付浴場業

風営法上、個室付浴場業とは、公衆浴場法1条1項に規定する公衆浴場を業として経営する浴場業の施設として個室を設け、当該個室において異性の客に接触する役務を提供する営業と定義しており（風俗2条6項1号）、公衆浴場法の許可を受けているかどうかを問いません。

競売でもたまに売却に付されることがあり、高利回り等の買受け、入札をあおる風潮も根強い店舗型性風俗特殊営業の代表格ですが、適法かつ有効に営業許可を受け、さらに営業を継続していくことは、多くの障害もあるので、そのためのリスク、コスト等の考慮は不可欠となってきます。また、既得権問題もあります。

既得権に関する裁判例としては、昭和40年から市長の許可を受けて個室付浴場を営んできた被相続人死亡により個室付浴場に関する一切の設備を相続することになった相続人は、新たに営業許可を受ける必要があるが、その所在地は営業禁止区域に該当し、被相続人の営業は既得権として認められたものであるので、相続人は許可を得ることができず、相続人は被相続人が受けた許可が自分に対しても有効であることの確認を求めました。裁判所は、相続人は被相続人から営業を継承できない、既得権者は亡き被相続人に限られるとして、相続人の訴えを却下しました（名古屋高判昭和56・5・27判時1026号79頁。名古屋地判昭和53・1・30判時894号57頁、判タ366号294頁）。

性風俗関連特殊営業については、風俗営業および特定遊興飲食店営業と異なり、相続または法人の合併もしくは分別のいずれの方法によっても、営業の他者への継承は認められていませんので、既得権の問題があります。

個室付浴場についての裁判例ですが、金融機関が個室付浴場の開業資金にあてることを知りながら融資したときは、それが金融機関内部で正規の決済を受けた融資であっても、売春防止法違反の罪責を負うとされた裁判例があります。金融機関の支店長は、当該地区のほとんどの個室付浴場で売春が行われていることの認識、少なくとも行われているのではないかとの認識があったこと等により、執行猶予付き有罪となりました（神戸地判平成6・5・12判タ858号277頁）。

第6章　特殊不動産調査の留意点

　なお、個室付浴場等に限らず風営法規制対象施設の調査にあたっては、都道府県の公安委員会宛に弁護士法23条の2の照会をする以外にも、弁護士以外の一般人も情報開示請求によりある程度の情報を得ることができることになります。

③　営業禁止区域

　風営法の重要な目的の一つが、営業区域等の制限である（風俗1条）ことに照らすと、営業区域の調査は風営法適用施設調査の中核に位置することになります。

　まず、店舗型性風俗特殊営業は、一団地の官公庁施設、学校、図書館、児童福祉施設、その他の施設でその周辺における善良の風俗もしくは清浄な風俗環境を害する行為もしくは少年の健全な育成に障害を及ぼす行為を防止する必要のあるものとして、都道府県の条例で定めるものの敷地の周囲200mの区域内においてはこれを営んではならないとしています（風俗28条1項）。さらに、条例で都道府県は地域を定めて店舗型性風俗特殊営業を営むことを禁止することができるとしています（同法28条2項）。これが営業禁止区域です。なお、これらの規定に基づく条例の規定は、これらの規定の施行、適用時にすでに店舗型性風俗特殊営業を営んでいる場合には適用しない（同法28条3項）という既得権も規定しています。

　これらの規定の適用とは、たとえば、法の施行後特定の土地に学校が建設されることとなった場合等において、風営法28条1項の規定が適用されることになった場合等をいいます（解釈運用基準第19）。

　性風俗営業ではない風俗営業についても、住居集合地域、保全対象地域（学校、病院等）の周囲おおむね100mの区域（風俗4条2項2号、政令6条）を営業制限地域としています。

　裁判例としては、風俗営業施設の営業出店予定に対抗して、学校や病院等を営業予定地から一定の距離内に誘致して、風俗営業出店を阻止しようとした事案が多数ありますが、いずれも風俗営業出店を意図的に妨害する目的の学校、病院の誘致を認めない判決を示しています。

　この区域制限について興味深い裁判例が一つあります。

　これは、地域制限の距離が30mとされている地域において、診療所から30.39mないし32.20mのところにパチンコ店の営業が許可されたので、その

254

取消しを求める訴えが提起されたという事案です。診療所が雑居ビルの一角にあったので、診療所を含むビルそれ自体の敷地の外周を基点とすべきか、その診療所施設の専用部分の敷地の外周を基点とすべきかの争いですが、ビル自体の敷地外周を基点とすべき合理性はないと判示、上告を棄却しています（最判平成6・9・27判時1518号310頁）。

④　既得権と営業の同一性

　店舗型性風俗特殊営業においては既得権（風俗28条3項）が規定されており、営業禁止区域に該当していても既得権として営業を継続することができるとされています。

　ただし、営業の同一性が失われたと認められるときは、既得権は認められません。

　裁判例をみてみます。これは、既得権により営業を認められている店舗型性風俗特殊営業の営業所が、耐火構造にするという名目で、2階の床材と根太の新設、梁は一部新設、壁も大部分を取り除いた上で新たに設置、屋根も新しく新設、2階個室は間仕切りを取り払うという工事がなされました。警察署は、この工事は大規模修繕等にあたり、営業を継続できないとし、これに対して、営業者は、工事は大規模修繕等には該当しないから既得権は有効であると主張しました。裁判所は、工事によって営業所は、外壁および店内の塗装、模様等がすべて新しいものに取り替えられており、耐久性、耐用年数が増したことは明らかであり、営業につきその同一性が失われたとし、控訴人の請求は理由がないと判示しました（東京高判平成21・1・28裁判所HP）。

　店舗型性風俗特殊営業の既得権とは、規定の施行、適用時における営業を既得権として認めようという趣旨ですから、その後に営業所の新築、移築、増築等をした場合には、その適用はなくなります。

　営業所の新築、移築、増築等とは、具体的には新築、移築、増築のほか、個室、客席、舞台等の改築、営業所の建物につき行う大規模の修繕または大規模の模様替えまたはこれらに準ずる程度の間仕切り等の変更をいいます。

　なお、「大規模の修繕」とは、建築物の一種以上の主要構造部の過半に対しおおむね同様の形状、寸法、材料により行われる工事をいい、「大規模の模様替え」とは、建築物の一種以上の主要構造部の過半に対し行われるおおむね同様の形状、寸法によるが材料、構造等は異なるような工事をいい、「主要構

造部」とは、壁、柱、はり、屋根または階段をいいますが、間仕切り、最下階の床、屋外階段等は含まないとされています。「これらに準ずる程度の間仕切り等の変更」とは、営業所の過半について間仕切りを変更し、個室の数、面積等を変える場合等をいうとされています（解釈運用基準第19）。

　なお、店舗型性風俗特殊営業ではない風俗営業についても、営業所の同一性の基準が規定されており、次の①から③のような行為が行われたときに営業所の同一性が失われるものとし、この場合には新規の許可を要するとされています（解釈運用基準第12）。「①営業所の建物（当該営業の用に供される部分に限る。以下同じ。）の新築または移築、②営業所の建物の床面積が従前の２倍を超えることとなる増築、③営業所の建物内の客の用に供する部分の改築」。

⑤　性風俗店の心理的瑕疵と用法違反

　調査対象不動産そのものが風俗営業等に規定する風俗営業ないしは、性風俗関連特殊営業に該当する場合は多くないと思いますが、マンションやビルの一室等が、性風俗等関連施設に使用されている、または使用されていた可能性もあるので、その点についての調査を要する場合があります。

　たとえば、調査対象のマンション一室が過去に性風俗営業の場として使用されていたことが判明した場合には、リフォーム、クリーニング等の措置により実質的な損害はなくても、心理的嫌悪感が残ると思われる場合もあるでしょうし、賃貸借に供しているビルの一部を性風俗営業の場として使用していた場合の賃貸借関係の解除が問題になることもあります。ここではこれについての三つの裁判例をみてみることとします。

　まず一つ目ですが、マンション一室の売買契約に際して、前入居者がアロマテラピーと称して性的サービスを行う性風俗関連特殊営業等に使用していた場合です。買主たる原告の妻は心療内科の治療を受けるに至り、クリーニング、消毒用機器購入を要したことにより損害賠償を請求しました。裁判所は、通常人として耐え難い程度の心理的負担を負うとして、売主と仲介業者は連帯して瑕疵担保責任を負うとしました（福岡高判平成23・3・8判時2126号70頁）。

　二つ目は、事務所使用目的による賃貸借契約により賃貸したビルの一室を賃借人が無断でテレフォンクラブの営業に使用したという事案です。これは、ビル全体の品位が損なわれるだけでなく、警察の捜索を受け新聞紙上で報道

第6章　特殊不動産調査の留意点（Q85）

されるに至っており、信頼関係を破壊する債務不履行であるとして、裁判所は賃貸借関係の継続を著しく困難にするとして契約解除を認めました（東京地判昭和63・12・5判時1322号115頁）。

また三つ目としては、賃貸借契約により賃借している貸室の一室を、性風俗営業に従事する女性の性病検査等のために使用させたことは、用法違反であるとして、貸主が賃貸借契約の解除を主張した事案です。裁判所は、「多数の風俗嬢の性病検査のために必要な血液や検体が採取されるなどということは、一般人をして強い警戒心や忌避の感情を喚起せしめないではおかない性質の行為である」として、貸主にとっては「誠に遺憾なことであって、その約定違反の程度は極めて重大かつ悪質なものと言わざるを得ない」として、貸主による無催告解除は有効とし、賃貸借関係を終了させました（福岡高判平成19・2・1裁判所HP）。

これらの裁判例に鑑みると、営業の自由という憲法理念に支えられつつも、風俗営業、特に性風俗関連特殊営業は心理的嫌悪感、忌避感があり、青少年への影響の懸念、配慮によって否定的に扱われることが多いという感覚的な側面を軽視すべきではないことになります。

一方において、風営法は、ダンスホール等営業については風営法の規制対象外とする等の改正を経ています。

これは、ダンスに対する国民意識が変化してきたこと、外国人の要望等もあってか、客にダンスをさせる営業を風俗営業としていた従来から、ダンスホール等営業については売春事犯等の風俗上の問題が生じているとの実態はほとんどないことから規制撤去へと至ったというように、時代に合った改正を積み重ねているという特色があります。

　（注）大塚尚『風俗営業法判例集』4頁〔立花書房〕。

257

第6章 特殊不動産調査の留意点

Q86 宗教関連不動産を調査するうえでの留意点は何ですか

A 神社の境内地、教会、墓園、仏寺等宗教関連の不動産については、他の不動産と異なるいくつかの留意点があります。すなわち、信者の存在であり、憲法20条による信教の自由の保障です。

一方、宗教関連施設も近年急速に変化の過程にあり、再開発ビルに入るケースも珍しくなくなってきています。もともと宗教はその象徴性、偶像性に鑑み不動産との関連は深く、宗教と不動産は切っても切れない関係にあるといえます。

解説

① 宗教関連不動産調査の留意事項

仮差押えや差押えのための調査ではなく、一般の取引においては、宗教法人が所有する不動産の売却にあたっては宗教法人法23条1項に規定された財産処分等の公告を要し、当該公告を経ないでなした取引行為は無効となるとされています（宗法24条）。さらに、ある宗教法人単体ではなく、その宗教法人を包括する宗教法人と協議して定めた規程がある場合には、その規程にも従うことも必要となります（宗法18条5項）。

これは、宗教法人には氏子、信者、信徒、教徒、その他の利害関係人がいることによっています。公告とは、宗教法人法23条では、「少なくとも1月前に、信者その他の利害関係人に対し、その行為の要旨を示してその旨を公告しなければならない」としていますが、これは「不動産又は財産目録に掲げる宝物を処分し、又は担保に供する」場合のほか、新築、改築、増築、移築、除却、著しい模様替えをすることも含まれています。公告なく処分等の行為をした場合においては、その行為は無効とされるとしつつも、この無効は善意の相手方または第三者に対しては対抗することはできないとしています。

仮差押えや差押えは、所有者たる宗教法人の承諾を得るべきものではないので、これらの公告は不要となりますが、境内建物および境内地は固定資産税も非課税扱い（地税348条2項3号、「宗教法人が専らその本来の用に供する宗教法人法第3条に規定する境内建物および境内地（旧宗教法人令の規定による宗教法人のこれに相当する建物、工作物および土地を含む）」を非課税とする規定）と

258

されている等、憲法20条による信教の自由の保障による差押禁止規定があります。

すなわち、宗教法人法83条は、「宗教法人の所有に係るその礼拝の用に供する建物及びその敷地で、礼拝用建物及び敷地の登記をなしたものは、不動産の先取特権、抵当権又は質権の実行のためにする場合及び破産手続開始の決定があった場合を除くほか、その登記後に原因を生じた私法上の金銭債権のため差し押えることができない」としています。これは、不動産に対しては差押禁止規定がないという原則に対する例外規定となっています。

なお、宗教法人所有といえども、宗旨宗派を問わない霊園・墓苑、公益事業ではない有料駐車場等においてはこの限りではないことはいうまでもありません。

② 差押えと宗教施設

調査対象不動産内に地蔵、祠、鳥居、小さな神社、祭壇、礼拝堂等の宗教施設が室内外を問わずに存していることがあります。その場合にはやや注意を要します。

通常の一戸建住宅に仏壇が、店舗や事務所に神棚があることは一般的で、これら私設の宗教関連動産がある場合には特に一般の動産と同様に問題になることはほとんどありません。

問題となる場合は、備え付けられた祭壇や礼拝堂の体裁、仕様が単なる動産と目せないほどの体裁、仕様である場合です。これらの祭壇等は建物の部分か、造作か、動産かまぎらわしいこともありますし、借家人が備えたものであるかどうかでも取扱いは変わってきます。建物内にある祭壇について多数の信者達が参拝に来るため、信者参拝用の玄関、通路、トイレ等を建物占有者のための玄関、トイレとは別に備えていた場合もありましたが、この場合は抵当権実行の場合における差押え時の調査であったので、差押禁止規定の除外となります。

また、庭や敷地内の一角にある地蔵、祠、鳥居が信仰の対象であって信者が参拝するようですと、宗教施設として、前記宗教法人法83条の考慮を要する場合もあり、内部に入って見学できるという仕様になっていて家屋かどうか区別のつきにくい大仏や観音像等の建造物があることもありますが、これらの仏像や祭壇等の建造物を、未登記建物、工作物、動産、造作のどれに該

当すべきものと判定すべきかで悩ましいことになります（建物認定要件については、Q73参照）。祭壇等が宗教法人等の別人所有となると、差押えの効力は及ぶことはないことも考えられます。その場合には、その施設が建物認定要件を満たすと法定地上権の成否問題にも派生し、その施設の敷地部分は法定地上権負担付底地として評価せざるを得ない場合もあることになります。さらに、その宗教的施設が墓地や納骨堂を含んでいると、取扱いが異なってきます。

③ 宗教施設と都市

文化庁による平成26年12月31日現在の宗教法人数は、包括宗教法人399、単位宗教法人181,411、合計131,810であり、その占める割合は、仏教系、キリスト教系、神道系、諸教という順序（多い順番）になっています。差押え時の建物立入り調査においては、豪華絢爛たる立派な祭壇を備えた個人宅であって宗教法人登記を経ていないケース、新興宗教がテナントとして入っているケースもありました。

また、区道等の道路上に突き出た地蔵、馬頭観音等があり、歩行や車両通行にあたって著しく障害となっているかと思いきや、意外に地域に違和感なく融和しているケースも珍しくない光景です。

近年においては、神社等の宗教施設も市街地再開発事業に積極的に参画し、礼拝施

設も、土地から床（建物の一部）への権利変換を受け、祭壇がビルに入っている事案も増えています。さらに、平成27年12月27日付日本経済新聞の記事では、「都会の神社が存続へ奇手」との見出しで、「代々受け継いできた施設の一部をマンションにして収益を上げるケースが相次ぐ」として赤城神社（東京都新宿区、新国立競技場のデザインも手がける隈研吾氏がデザインした6階建てマンション）、成子天神社（東京都新宿区、新宿駅に近い立地をいかした27階建てタワーマンション）、下鴨神社（京都市、高級和風マンション8棟の計画。年間8千万円の土地収入を予定）、梨木神社（京都市、京都御苑に隣接する敷地に3階建てマンション）の四つの例を紹介しています。「神社の尊厳が損なわれる」として全国8万弱の神社を包括する神社本庁が反対したため、反対されたある

第6章　特殊不動産調査の留意点（Q87）

神社は神社本庁から離脱したことも報じています。

　江戸時代の古地図を見ると、江戸中心部周辺には寺社関連所有地が多いことに驚かされますし、古代インドでは仏教興隆前夜に都市が出現したこと、原始キリスト教の実態は土地取得史であったこと、地鎮祭、上棟祭をはじめとする祈祷が建築には不可欠であること、事故物件に対するお祓いの有無が需要に影響するか等、宗教と都市は綿密な関係があり、かつて森と巨大な鳥居を必須条件としていた神社、納骨堂、墓苑等がビルの一室に入っていくというような宗教施設の都市化、立体化は、今後も続いていくものと思われます。

Q87　ゴルフ場、旅館、リゾート施設を調査するうえでの留意点は何ですか

Ⓐ　ゴルフ場、旅館、リゾート施設は、かつては日本経済を牽引する中心的な主役として、競って国土の開発、建設、整備の対象とされてきましたが、バブル崩壊とともに不良債権化し、外資によって不良債権の処理、解消が図られてきたという苦い経験があります。すなわち、バルクセールです。平成に入って長らく経つと不良債権処理報道もなくなり、ゴルフ場、旅館、リゾート施設等に関する再生ビジネスも一段落したという感がありますが、何千億円以上もの桁外れの巨額投資をなしたこれらの施設が、数千万円という桁外れの廉価で外資によって買い取られていったという衝撃的な事実は、価格とは一体何なのかという疑問とともに記憶に植え付けられている人も多いと思います。

　ここでは、不良債権化したゴルフ場、旅館、リゾート施設について、特にゴルフ場を中心に再生の視点でみてみることにします。

解説

① **ゴルフ場、旅館、リゾート施設の再生とは**

　巨額な投資資金を要するこれらのレジャー施設は、一度不良債権化すると歯止めが効かなくなり、買受人、スポンサー探しも容易でなく、いったん不良債権化したという日本経済の試練を経た今日では、これら施設は大きく様変わりしてしまったことは、あえて説明するまで

261

もなく、実感として体感できると思います。余暇の過ごし方も、若者を中心に大きく変わってきていることからも明らかです。

　これらの再生を手がけるためにはバルクセールの名の下に買い叩きが公然となされましたが、その価格付けが中心的な議論となりました。要するに買い叩く側からはただ同然の額を要求し、事業者側は現実に要した費用を主張しますが、その格差は何十倍にもなります。

　外資は自らの買収価格の理論的根拠を探し求めた末にたどり着いたのが収益価格、すなわち、収益還元法による収益価格、しかもキャッシュフローベースということで、一方、不良債権化を受け入れた事業者側の主張は投下資本額、砕いていうと実際に要したコスト、すなわち、原価法による積算価格でした。

　要するに、不良債権処理の問題は、収益価格と積算価格という価格概念の対立の構造に転化されるべき問題でもあったわけです。

　言うまでもなく、不良債権化したゴルフ場や旅館のキャッシュフローは赤字となっています。このことは収益価格がマイナスの値として計算されることを意味しています。要するに莫大なコストを要したとしても実質はマイナスの値、負の価格しか出ないのではないか、ということです。

　競売や強制執行の換価局面における評価も実は計算上、実態はマイナスになる場合が少なくありません。すなわち、控除すべき滞納管理費の額や返済すべき預かり一時金の額等が不動産の価値を超過している場合です。この場合においてもマイナスの評価額を執行裁判所が定めることはなく、最低でも１万円の売却基準価額を決定することになります。

　すでに金利は我々の常識を逸脱してマイナスへと転じているので、マイナスの価格というのもあり得そうですが、現在のところマイナス価格、すなわち、買い手が代金を受け取り、売主が代金を払うということは、認められていないことになります。

　そこで、一物件に対して代金ゼロよりももっと過酷な、数百の物件を併せて極端に少額で買い取るというバルクセールがあちこちで展開されたのです。巷ではハゲタカファンドと言われもしましたが、その買い漁りの品格を欠くハゲタカやハイエナいなくば、不良債権からの脱却という日本経済再生は遠のくばかりだったのでやむを得なかったという国の事情がそれを許しました。

第6章　特殊不動産調査の留意点（Q87）

少し話が長くなりましたが、要するにゴルフ場、旅館、リゾートといった再生施設は価格とは何であるかを考える良い機会であったということをいいたかったまでです。

② ゴルフ場

ゴルフ場が調査対象不動産である場合は、全くないことはないにせよ、極めて希であろうかと思いますが、ここでみてみることとします。ゴルフ場とはそもそも不動産かどうか問題となる場合もあり、ゴルフ場を不動産とみなすという法令上の規定もありません。

一方においては固定資産税は土地について課せられ、相続税課税のための財産評価基本通達83はゴルフ場の評価として規定し、さらに、現に差押えによる競売換価がなされている事案があります。

ゴルフ場の構成要素の大部分が土地であることに鑑みると、不動産であると位置づけすることが不合理であると判断すべき場合は多くないように思われます。ただし、ゴルフ場経営会社の不動産等譲渡契約が営業譲渡にあたらないと判示した裁判例があります（旭川地判平成7・8・31判時1569号115頁）。

これは、不動産等譲渡契約の範囲に不動産等の物的施設のみならず、取引にあたっての契約書のタイトルに「営業譲渡」なる文言が含まれており、ゴルフ場の営業についても含まれているかについて争われた事案です。

裁判所は、契約書等に「営業譲渡」なる文言が存在するが、営業目的のための具体的な条項はなく営業譲渡と認めるべき具体的な内容は認められないとして、その目的物の営業譲渡を否定しました。

この裁判例は契約の文言にかかわらず実態で判断した例であり、不動産と営業の重複または分別について厳密な考察を要するものとはしていませんが、営業権なくばゴルフコースやクラブハウス等の不動産が備わっていたとしても営業体たるゴルフ場として機能できないことに鑑みれば、当然の判断であるということができます。

弁護士や債権者によるゴルフ場の密行調査の場合においては、プレーヤーとして施設内の調査をする手段もありますが、コースやプレー難易度は、ゴルフ場名鑑、ゴルフ場ガイドのような図書、ホームページ等で公開されているので、それらの資料を活用すべきこととなります。著名な外国人設計のコースや、独特のアップダウン等の特殊な施工を施したコースはコストアップ

263

を考慮すべきことになります。一方において、キャッシュフローの収益計算のための収支に関わるキャッシュフロー明細に関する資料の入手が重要となってきます。

ゴルフ場の経費にとって大きな割合を占めるのが固定資産税であるので、この実額は是非とも入手したい情報となりますが、大規模画地であるゴルフ場は数百以上の筆に分かれている場合も少なくなく、また、自用地、借地、使用借権等が混合しているゴルフ場、筆ごとに宅地、雑種地、原野、山林と登記地目が異なっている場合、固定資産税上の現況地目も一律ではなく混合している場合、借地部分についての借地契約の有無や地代が不明な場合等、さまざまな場合があります。ゴルフ場は登記上の地目としては雑種地扱いになりますが、ゴルフ場の区域内であっても、コース背後の山林まで含む場合等の地目の扱いは地域によって一律ではなく異なっています。

そのような中で、ゴルフ場用地の固定資産課税台帳登録価格について、固定資産評価審査委員会による宅地価格からの比準価格による算定に対して、所有者であるゴルフ場所有会社が、市街化区域内の山林を基準として評価すべきとして争った事案があります（東京地判平成10・9・30判タ1021号166頁）。結果、市街地近郊ゴルフ場の評価方法を適用して算出した評価額は違法であるとして、固定資産評価審査委員会の棄却決定を取り消しました。

③ **ゴルフ場とコース勘定**

ゴルフ場という登記上の地目もありませんし、官公庁に備え付けられたゴルフ場台帳もなく、国営ゴルフ場もありません。もっぱら民間による娯楽施設ということになりますが、ゴルフ場価値の正体とは、実は造成費にあります。といいますのは、ゴルフ場の価値は、土地素地、造成費、建物と設備、その他の四つから構成されていますが、素地とは造成前の山林、原野としての価値であるので、ゴルフ場の価値はもっぱら、この造成費が占めることになります。

このゴルフ場特有の造成費は会計上「コース勘定」として、非償却資産として扱うことになります。このコース勘定はゴルフ場の積算価格（コスト）の大半から9割程度を占めることもあります。

「コース勘定」とは、ゴルフコースとしての土地の上に造成されたフェアウェイ、グリーン、バンカー、立木、築山、池等をいい、コース以外の造成費

第6章　特殊不動産調査の留意点（Q87）

を含んでいないので、厳密にはゴルフ場建設にかかる造成費全体を意味しているわけではないことに注意が必要です。このコース勘定は建物と土地の中間的なものですが、国税庁による耐用年数の適用等に関する取扱通達の2－3－6においては、「ゴルフコースのフェアウェイ、グリーン、築山、池その他これらに類するもので、一体となって当該ゴルフコースを構成するものは土地に該当する」と明記されていることにより、土地に該当するものとして、土地とコースとを別々に勘定立てしたとしても、消費税は全体が非課税扱いとなります。

　コース勘定をめぐっては、裁判例（宇都宮地判平成16・2・26裁判所HP）があるので紹介します。

　これは、ゴルフ場の不動産を固定資産税の滞納処分として差し押さえたことが、無益な差押えを禁止するという国税徴収法の規定に違反するか否かが争われた事案です。

　要するに、固定資産税滞納額529万5,220円に対して、鑑定人によるゴルフ場の鑑定が8億7,500万円であり、差押えに優先する抵当権の被担保債権額に照らすと、本差押えは国税徴収法48条1項にいう無益な差押えにあたると、原告が主張したものです。

　裁判所は、土地建物の有形固定資産とは別にコース勘定65億2,168万4,983円が決算報告書に記載されており、「各差押当時に存在した優先債権額と比較すると、各差押処分当時、各差押のいずれについても差押の対象となる財産の価額がその差押に係る滞納処分費および徴収すべき租税に優先する債権の金額の合計額を超える見込みのないことが一見して明らかであったということはできない」として、差押えは、無益な差押えに該当するとはいえず、国税徴収法48条2項に違反するものではないと結論づけました。

４　ゴルフ場と強制執行

　ゴルフ場が競売の対象となっている場合、会員権の内容となっている施設利用権等は、競売の対象としない扱いとなっています（注）。

　また、ゴルフ場利用権には登記もないことから、執行にあたって登記の先後、優越が問題になることはありません。一方においてクラブハウスには法定地上権が成立するか否かの問題もあり、現に、土地は対象外としてクラブハウスのみが法定地上権付建物として公売に付されたケースもあります。

265

第6章　特殊不動産調査の留意点

　またゴルフ場にはクラブハウス等の建物登記を経た建物のほかに未登記附属建物も多く、これらの附属物件を建物とすべきかどうかという問題があります。建物であるなら便所のような簡易物件であっても法定地上権が成立することになりますし、法定地上権が成立するなら、その範囲も問題となります。建物とすべきかどうかについては、建物認定要件に照らして判定することとなりますが、建物認定要件についてはQ73を参照してください。

　不動産競売物件情報サイトであるBIT（http：//bit.sikkou.jp/）において、ブロック検索を利用すると、ゴルフ場、宿泊施設、工場を全国から一括検索できますし、公売（公売情報http：//www.koubai.nta.go.jp/）でもキーワードにゴルフ場と入力すると一括検索可能です。ゴルフ場の取引情報もサイトで公開されているものも少なくないので、ゴルフ場に関しては多くの情報を得ることが可能となっています。

　もっとも、ミニゴルフ場、ゴルフ練習場、簡易ゴルフ場はこの限りではありませんが、ゴルフ場特有の問題として、不動産、営業、法人という機能が一体化していることです。したがって、不動産所有権を取得しても経営権、法人代表権を取得できないケースがあります。さらにその土地面積の広大性により、ゴルフ場範囲内に古墳、保安林等があり、転用目的で取得したにもかかわらず、他の用途に転用できないという事案もあります。

　なお、閲覧に供している台帳なるものは存在しませんが、ゴルフ場等に係る会員契約の適正化に関する法律9条に規定された会員制事業者の業務および財産の状況を記載した書類を、会員契約に関する業務を行う事業所に備え置き、会員の求めに応じ閲覧させなければならないとしています。

　　（注）裁判所職員総合研修所監修『不動産執行事件における物件明細の作成
　　　　に関する研究〔裁判所書記官実務研究報告書〕』284頁〔司法協会〕。

266

第6章 特殊不動産調査の留意点（Q88）

Q88 信託の調査をするうえでの留意点は何ですか

A 差押え時において、調査対象不動産が信託を原因として所有権移転登記がなされているケースは少なくありません。したがって、仮差押え、差押えにおいては信託についての調査も必須ということになります。もとより信託法の改正によって強制執行逃れの防止措置も折り込まれていますが、近年では民事信託活用の活発化に伴い、さまざまな信託が利用されているので、注意を要することになります。

解説

１ 信託調査の基本事項

差押えや抵当権に後れて信託登記がなされている場合には、当該信託は買受人に対抗することができず、所有名義のいかんにかかわらず、執行裁判所による換価手続が進行していくことになります。信託登記（不登97条１項）がなされている場合においては、信託目録（同97条３項）を取得すれば、信託内容が判明します。すなわち、委託者、受託者、受益者の信託の目的、信託財産の管理方法、信託の終了の事由等を確認すべきことになります。

一方、信託法23条１項においては、信託財産責任負担債務に係る債権に基づく場合を除いて、信託財産に属する財産に対しては、強制執行、仮差押え、仮処分もしくは担保権の実行もしくは競売（担保権の実行としてのものを除く）または国税滞納処分をすることができないとしていますので、受託者の債権者は信託財産に対して強制執行をなすことはできません。

また、信託法は清算受託者は清算のため必要な行為、たとえば、損傷その他の事由による価格の低落のおそれがある物については、催告なしで競売に付することができるとしています（信託178条４項）。さらに、信託法は脱法信託の禁止（同法９条）、訴訟信託の禁止（同法10条）、詐害信託の取消し等（同法11条）、詐害信託の否認等（同法12条）を規定しています。

改正信託法はその３条３号で自己信託を規定しました。その内容は条文上は、「特定の者が一定の目的に従い自己の有する一定の財産の管理又は処分及びその他の当該目的の達成のために必要な行為を自らすべき旨の意思表示を

267

公正証書その他の書面又は電磁的記録で当該目的、当該財産の特定に必要な事項その他の法務省令で定める事項を記載し又は記録したものによってする方法」というややわかりにくい記述となっていますが、簡単にいうと、自分で自分の財産を信託宣言により自分に信託するというものです。この自己信託は、強制執行逃れツールとしての利用が懸念されるので、信託法23条2項によって自己信託の場合は、同法23条1項の規定にかかわらず、債権者詐害防止のために簡単な手続で債権者は信託財産に対して強制執行できるとしていますし、また、裁判所は、公益確保のため、不法な目的の信託、濫用信託等については、信託の終了を命ずることができる（信託166条）とも規定しています。

② 不動産投資信託と証券化

不動産と信託といえば、不動産の証券化、すなわち、不動産投資信託を避けて通ることはできません。不動産投資信託も投資信託、すなわち、信託ですが、日本版REIT（J-REIT）は、投資信託および投資法人に関する法律に基づいて組成されたファンド（金融商品）です。このファンドには、契約型の投資信託と会社型の投資法人の二つがあります。投資法人が借入れや投資法人債について債務不履行となった場合には、債権者によって投資法人の資産に対して仮差押え等の保全処分、差押え等の強制執行が行われることがありますが、J-REITは証券取引所に上場されており、概要、組み入れた物件の詳細、財務内容等の情報は開示されているので、特段な調査は不要ということになります。

不動産証券化は、信託のスキームを使用した倒産隔離機能を備えた画期的な投資ツールとして、大いに組成されましたが、その倒産隔離というマジックは、ある証券化している不動産のスポンサー、出資者、所有者をどんどんさかのぼって探していっても、結局、その行き着く先、終着点は信託であり、その信託は結局、誰のものでもないという見事な「しくみ」となっていました。その「しくみ」を支えたのは、ケイマン、チャリタブルトラスト、信託宣言という3種の神器であったのですが（注）、手品の種明かしはこの三つを使用した「しくみ」による「所有者の秘匿」でした。

これによって、所有者なき不動産となり、所有者がいない以上は倒産しようがないという手品が完成することになります。

第 6 章　特殊不動産調査の留意点（Q88）

　仮差押え等の調査対象不動産の登記記録を確認したところ、ケイマン諸島
に所在地がある法人等が、所有者等に記録されていたら証券化している可能
性があるということです。ケイマン諸島だけに限られず、最近騒がれたパナ
マ、バミューダ諸島、バージン諸島も有名です。特別目的会社（SPC）を現
地に設立して租税回避を図るということです。不動産に限らず航空機リース
投資でも世界中で有名となっています。

③　ナショナルトラスト

　ナショナルトラストとは、破壊されるおそれのある貴重な自然や歴史環境
を守るために広く国民から寄付金を募って、土地や建造物を買い取り、ある
いは寄贈を受け、さらには所有者との間に保存契約を結ぶ等の方法により、
保存、管理をする活動をいい、1895年のイギリスで 3 名の市民によって始め
られたとのことですが、わが国においても定着してきた感があります。

　わが国の先進は鎌倉風致保存会であり、これは1964年結成の財団法人形態
による運動であり、鶴岡八幡宮の裏山の宅地造成予定地1.5haを1,500万円で
買収した等の運動を展開してきました。大規模で有名なのが「しれとこ100平
方メートル運動」ですが、これは、土地を100㎡単位に小口化し、 1 口8,000
円という分譲形式をとったことで画期的でした。小口化分譲形式といっても
分筆や所有権移転登記はせず、1977年の開始から20年間で参加者は約 4 万
9,000人、寄付金は総額 5 億2,000万円となり、2010年には100％の土地の買い
取りを達成しました。さらに、買い取った土地において、「しれとこ100平方
メートル運動の森・トラスト」として活動が継続されており、1997年以降2013
年 3 月末時点では、参加者は約 1 万5,751人、寄付金は 2 億7,500万円にのぼ
っています。

　他にも、海岸を買い取る田辺市天神崎（1974年開始、保全目標面積18万㎡、
平成24年現在、約46％の保全達成）の入浜権運動が有名ですが、キタキツネ、
クマ、大タカ、野鳥等の生息地域を買いとるトラスト運動も活発化していま
す。

　民間私人による寄付等の形態だけではなく、環境省や地方公共団体の動き
も活発化しています。公益のためには公益信託による方法と公益法人をつく
る方法が主たる方法ですが、わが国の場合においては、公共団体主導がメイ
ンであり、民間による公益のための信託機能はあまりないのがその特徴です。

269

第6章　特殊不動産調査の留意点

そのような意味でも、わが国の公益信託は海外のチャリタブルトラストとは一線を画した、むしろ基金、ファンドに近いものとして機能しています。

　　　（注）曽我一郎「ケイマン、チャリタブルトラスト、信託宣言」（上、中、
　　　　　　下）Evaluation No.39、41、42参照〔プログレス〕。

Q89　共有持分の調査をするうえでの留意点は何ですか

Ａ　　まず、不動産の共有持分は、民事執行法43条2項により不動産とみなされ、民事保全法47条により共有持分に対しても、仮差押えの執行をなすことができます。

　ただし、一口に共有持分といっても、総有、含有、共有の相違から、共同運営、共同管理等という概念、コモンズ、入会権への広がりをもち、共有関係解消のための共有物分割、換価に伴う共有減価、法定地上権の成否等の多岐にわたる考慮を要することになります。さらに、法人、団体、トラスト、講、遺産、財団、夫妻財産も共有概念、または共有に準じた概念としてみることができますし、不動産に限っていうと、区分所有建物およびその敷地は広い意味では共有形態ということになります。

　なお、共有減価等の評価に関しては、Q141④を参照してください。

　ここでは共同ビルのみなし敷地利用権、建物共有持分に対する滞納処分と賃借権、入会地の性質を有する多数共有地の三つをみてみることとします。

---

① 共同ビルのみなし敷地利用権

解説

　共有関係が土地と建物それぞれに複雑な形態をなしている場合があります。通常は土地持分と建物持分とが一致しているはずですが、そうではない場合があります。この場合には二つあり、一つは面積ベースでの持分案分ではなく、建物につき、階層や位置の利用価値格差を考慮した土地持分としている場合です。これは土地持分と建物持分の価値不均衡の是正を意図したもので、現に高層マンションにおいても従来の面積案

270

分ではなく、利用価値格差（効用比）の相違を考慮することとなり、面積案分と取得価額との差をもって相続税軽減としていた対応策も歯止めがかかることとなりました。

　もう一つは、階層や1棟の利用価値格差にかかわらず、土地と建物の持分が合っていない場合です。具体例をあげると、たとえば、建物の持分が20分の1で、土地持分が100分の1のような場合です。この場合には、みなし敷地利用権、すなわち、20分の1と100分の1の差の分だけ他の土地所有者が建物共有持分のための敷地利用権を設定しているとみなすことになります。地代の授受なくば借地権となり得ませんので、使用借権に基づく建物持分所有となりますので、建物が堅固構造で取壊し等除却が容易でない場合には、権利割合20％～40％程度の敷地利用権の設定を見込むこととなります。

　一方、法人税基本通達13－1－6（共同ビルの建築の場合）においては、「一団の土地の区域内に土地を有する2以上の者が、当該一団の土地の上に共同で建物を建築し、当該建物を区分所有する場合において、各人の所有する部分の床面積の比（当該建物の階その他の部分ごとに利用の効用が異なるときは、当該部分ごとに、その異なる効用に係る適正な割合を勘案して算定した床面積の比とする）が当該各人の所有地の面積の比又は価額の比とおおむね等しいときは、相互に借地権の設定等はなかったものとして取り扱う。当該2以上の者が当該建物を共有する場合についても、同様とする。（昭55年直法2－15「三十一」により追加）、（注）各人の所有する部分の床面積の比が当該各人の所有地の面積の比又は価額の比と相当程度以上異なる場合には、その差に対応する部分の土地につき借地権の設定等があったものとして取り扱うのであるから留意する」と規定しています。

　この通達では、「おおむね等しいとき」は、借地権等の設定はないとしているので、土地持分と建物持分の完全一致が要求されているのではなく、たとえば、100分の1と99分の1のような僅少な差は敷地利用権の設定がないものとして許容されていることになります。

　仮に上の建物持分20分の1で、土地持分100分の1の例では、みなし敷地利用権が認められ、地代なき当事者間の関係が、差押えの強制執行による換価によって当事者が代わった後には、地代の発生ないしは紛争の可能性も視野に入れるべきことになり、共有減価考慮の検討を要することになります。

271

第6章　特殊不動産調査の留意点

② 建物共有持分に対する滞納処分と賃借権

建物がAB2名の共有でＡ持分につき滞納処分による差押えがなされ、AB
が賃貸人となってＣに賃借権を設定（共同賃借権の要件を満たす）し、抵当権
が実行された場合において、Ｃの短期賃借権は、保護されるかどうか、また、
ＡとＢの持分によって趨勢は変わるか否かについて検討することとします。

この検討にあたっては先に、最判昭和41・5・19民集20巻5号947頁の判例
を確認すべきこととなります。この判例は、「持分の価格が共有物の過半数に
満たない少数持分権者であっても、自己の持分に基づいて共有物を占有する
権原を有する以上、他の全ての共有者は、自己の持分に基づいて現に共有物
を占有する共有者に対し、当然には共有物の明渡しを請求することができな
い」としています。最判昭和63・5・20集民154巻71頁も、前記最判昭和41・
5・19を踏まえた判示をなしています。

これらの判例を前提として、東京地裁民事執行センターにおいては、対抗
要件たる「建物の引渡し」を具備しているので、短期賃借権の賃貸人たるＢ
の地位も継承するとして、すなわち、Ａ、Ｂの持分を問うことなく、短期賃
借人であるＣに対して短期賃貸借契約における賃貸人の債務（建物貸借義務、
敷金返還義務）があるという取扱いをしています。

また、建物全体に抵当権が実行され、建物共有者の一人のみを賃貸人とす
る賃借権が設定されているときはどうなるのでしょうか。

これについては、買受人は、短期賃借権等を丸ごと引き受けたことになり
ます。さらに、この場合において、抵当権設定者たる共有者のみを賃貸人と
する賃借権が設定されているときと、抵当権設定者ではない共有者のみを賃
貸人とする賃借権が設定されているときについてみてみます。

まず、前者の賃貸人が抵当権設定者の場合ですが、この場合については、
賃借人は、賃貸人ではない共有者のうち一人に対しては敷金返還請求権を行
使することはできないものの、賃貸人たる持分に設定された抵当権との関係
のみをみて競売手続における賃借権の処遇を判断することになります。

次いで、抵当権設定者ではない共有者のみを賃貸人とした場合です。この
場合には、買受人は当然に使用収益できるとは限らず、建物の部分を相共有
者からの賃借人が占有していることを執行裁判所は買受希望者に対して情報
提供をなすべきことになります。

第6章　特殊不動産調査の留意点（Q89）

③　入会地の性質を有する多数共有地

　民法は入会権について、共有の性質を有するか否かについて分けて規定しています。共有の性質をしている入会権は、各地方の慣習に従うほか、民法の共有についての規定を適用する（民263条）とし、共有の性質を有しない入会権についても各地方の慣習に従うほか、地役権の規定を準用する（同法294条）としていることからも、入会権については地方の慣習に従うことが前提となっていることになります。

　入会権について深い議論に入っていくことは、この本の目的ではないので、ここでは村落等の地域住民が共同で使用および管理してきた山林、原野、池沼、水路等共有地であって、古くからの慣習による権利として、たとえば、薪、山林、山菜、キノコの採取、立木の植樹等をなしてきた土地を入会地と言うこととします。

　仮差押えや強制執行の局面で、入会地の性質を有する共有地が関係してくるケースはほとんどないと思われますが、都市計画事業や土地収用事業により買収の際に問題となることが多く、共有の特性をよく示しているので、ここで見てみることとします。

　なお、入会権は登記することはできない物権であり、登記なくして第三者に対抗することができますので、民事執行において登記の先後は問題にならないとされています（注）。また、入会地や入会権について記録した台帳、登録もありません。

　この入会地の性質を有する多数権利者による共有地は、たとえば、登記名義人だけでも数十人で、相続登記未了の場合の法定相続人を含めて権利者数は数百を超え、権利者の中には海外居住者、消息不明者、相続人不存在の人数も少なくなく、さらに、借地権等の権利が設定されている共有持分もあり、現実的な対応が困難なことが多く、最近盛んに報道されている迷子土地、所有者不明土地問題の類似問題として、検討すべきことが多いとされています。

　要するに、この入会地の性質を有する多数共有地の処分等にあたっては、各権利者一人ひとりの同意等を求めていくことは甚大な手間、時間、費用を要するだけでなく、事実上不可能に近いことから、その対応策の検討が社会に要請されているということです。

　具体的には、共有地の状態から地縁団体登記（Q26③）をなす方法と所有

273

第6章　特殊不動産調査の留意点

権確認訴訟を提起する方法の二つがあります。所有権確認訴訟は、共有について保存登記までなされている場合、表題部登記だけにとどまっている場合ともに、地域から共有名義人に当該共有地の管理事務等の委託があったものとして、地縁団体設立の日を委任の終了となす請求原因としての確認提訴とする方法となります。

　なお、この入会地は単に多数共有地ともいいますが、町内会および部落会、記名共有地、財産区、共有惣代地、字持地、トラスト地等との区別が不明瞭な場合があり、かつこれらの用語との区別も明確には整理されていません。

　また、古くからの村落地域固有の慣習としての多数者権利としての入会ではなく、多数者権利状態をあえて意図的に創出したトラスト運動、立木トラスト、１坪地主等は、道路やダム事業等の反対運動の方法として有名です。なお、入会権とは、民法の共有に関する規定としての共同所有の３形態（共有、含有、総有）のうち、通説によると総有であるとされています。

　　（注）裁判所職員総合研修所『不動産執行事件等における物件明細書の作成
　　　　に関する研究〔裁判所書記官実務研究報告書〕』398頁〔司法協会〕。

Q90　私道の調査をするうえでの留意点は何ですか

Ⓐ　私道については、現地における幅員や形態のほか、建築基準法上の取り扱いを調べることになりますが、マンションにおける自主管理歩道、工場または複数マンション棟の団地内通路等、私道との区別が紛らわしいものもあり、また、宅地部分と離れた場所に存する私道部分や私道持分の発見は困難であること、さらに、敷地延長部分か否かの判断に迷うこともあるので、細かい調査を要することになります。

　一方において、私道は単体では取引の客体になり得ず、市場性の認定が困難で、取引にあたっては、私道価値を見込まない場合が一般的、標準的となります。ただし、市街地再開発事業等において権利変換する場合における従前土地評価の局面等の一定の例外はあります。

1 建築基準法と道路法

解説 私道の調査項目としては、まず、現況として①舗装の有無（舗装はアスファルト、コンクリート、モザイクタイル等の舗装の他に、土のまま、土の上に踏石がある状態、砂利といった舗装がない場合があります）、②マスの有無（公共下水道マス、私設マス等）、③電柱（支柱、小柱含む）や街灯の有無、④傾斜、⑤側溝（L字型、U字型等）、⑥中心鋲（建築基準法42条2項の中心線確定の鋲）の有無、そして⑦幅員を調べます。

次いで、市区町村窓口にて建築基準法上の道路扱いを確認することになりますが、注意すべきは、私道は道路法上の道路ではなく、道路台帳平面図も道路境界図も整備されておりませんが、私道に限らず建築基準法上の道路と道路法上の道路とは相互に依存せず独立しているという関係があります。したがって、一つの道路状にみえる街路も、建築基準法上の道路と道路法上の道路は完全に一致せず、位置的にわずかにズレていることは珍しくなく、道路境界は建築基準法上の境界を意味しないことに留意を要します。

また、原則として、昔の一間道路より幅のある街路でないと建築基準法上の道路にみなされることはなく、幅が一間（約1.818m）に満たない街路は道路ではなく、「通路」扱いされることが多いようですが、水路と合わせて道路法上の道路を構成している場合もあります。

右図で〔図1〕道路法上の道路はAですが建築基準法上の道路はBである。その逆に〔図2〕の場合、アスファルト舗装はD区間までなされ、Dまで道路状の外見をなしていても、建築基準法上の道路はCまででE宅地は建築基準法の接道要件を欠いているというような場合もあります。

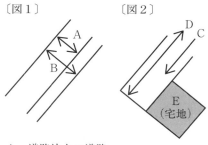

A＝道路法上の道路
B、C＝建築基準法上の道路

2 私道の利用現況

私道の最も重要な確認事項は利用現況です。すなわち、その私道を誰がどのように使用しているかです。独占利用、共同利用、公衆利用の三つに大別することができます。独占利用とはある特定の人（個人や世帯）が独占的に利

用している場合、共同利用とは私道沿接住民（複数世帯等）が共同して利用している場合、公衆利用は一般人が公衆用道路として通行、往来している場合で、この三つの区分に応じて価値が異なることになります。

この利用現況の把握にあたっては、筆や舗装の有無、登記上の地目建築基準法上の区分とは関係なく、現況として把握すべきことになります。

また、固定資産税が地方税法348条5項によって非課税扱いとなっているかどうかの確認も要します。

すなわち、公衆利用として、一般人の通行の用に供され、舗装や側溝があり、道路の外形を備え、固定資産税も非課税となると、私有地といえども公共地としての要素が強くなるので価値はゼロ、ないしはゼロに限りなく近くなることになります。

一方、独占利用している、たとえば特定の人が駐車場、駐輪場として使用しているのであれば、排他性が認められるものとして、舗装等の外観上、道路の実態があったとしても、宅地並みの価値が考慮されてしかるべきこととなります。この独占利用部分を併せ持った宅地こそ、「敷地延長」として多く世の中に流通している宅地となっています。次に、この敷地延長についてみてみることにしましょう。

③ **敷地延長**

「敷地延長」とは、右下図でC区画のように路地状部分を含んだ画地のことをいい、画地全体を敷地延長と呼ぶ場合と、路地状部分のみを敷地延長部分と呼ぶ場合との2通りありますが、本書では画地全体を「敷地延長」ということとします。

敷地延長は土地の有効利用の方策として社会に定着してすでに久しいのですが、この逆L字型、または旗竿状の敷地延長をめぐっては、やや紛らわしい場合があるので紹介したいと思います。なお、ここでは単純化のため、通路部分と宅地部分と筆が分かれているか否かについては考慮しないこととします。

右の〔図1〕のような、一般的なC土地はB部分を通路扱いせず、A宅地部分とB通路部分を合わせたC画地全体を一つの宅地とみなします。C画地は形状が劣り、間口が小さな画地となります。

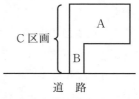

〔図1〕

一方、〔図2〕のような場合でB通路部分を、A隣地であるD土地の出入りのためにも通行するとします。すると、B通路は独占性、排他性を欠き、共同利用となります。こうなると、B通路部分は固定資産税が非課税となる可能性もありますが、B通路部分が敷地延長部分とみなされないと、B部分が建築基準法上の道路に該当しない場合においては、A宅地は接道要件を欠くことになります。

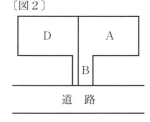

〔図2〕

また、この場合においては、B通路部分を敷地面積に算入することもできず、容積率や建ぺい率計算からも除外されることになります。

このようなケースで門扉がAとBの接点にある場合、Bと道路の接点にある場合とでは扱いが異なるケースもあり、Bが舗装されているかどうかでも変わってきます。

さらに、宅地部分の建物が共同住宅の場合には、東京都建築安全条例の適用も受けますので留意が必要になります。

4 建築基準法の接道義務と融資

建築基準法上の道路に適法に接道していて、接道要件を満たし建築可能であることは、建築基準法の接道要件に抵触しているが建築基準法43条1項ただし書によって建築できた場合と、結果としては同じであるかのようですが、そうではありません。住宅ローン等の融資の可否という問題があります。すなわち、建築基準法上の道路に2m以上接道していないと金融機関の住宅ローン審査は通らないことが原則となります。接道義務に限らず最低敷地面積制度導入地域における最低敷地面積に抵触した土地は建築できない土地として融資承認は下りず、資金調達できないこととなります。

銀行等の金融機関は機械的に審査し、適合しない物件に対しては金融機関独自の審査基準に照らして、審査を下ろさないので融資がなされることはありません。高金利の不動産担保ローン会社等へ流れ込むことになりますし、審査結果が融資可と判定されても金利や返済期間等一定の条件を付加される可能性もあります。融資の審査は建築可否だけを審査対象としているのではなく、担保としての健全性、すなわち、任意売却や強制執行の際の市場性、流通性、換価性、回収性をも審査していることに鑑みれば、結果としての建

第6章　特殊不動産調査の留意点

築可否だけではなく、市場換価による債権回収を見据えた判断によることは当然であるといえることになります。

　なお、以上①～④の解説はすべて都市計画区域または準都市計画区域に限ったことです。

Q91　借家権を調査するうえでの留意点は何ですか

Ⓐ　借家権とは、借地借家法（廃止前の借家法を含む）が適用される建物の賃貸借をいい、一時使用のため設定されたことが明らかなものを除きます。なお、この「借家権」という用語は、都市再開発法2条13号、マンション建替等の円滑化に関する法律2条18号、密集市街地における防災街区の整備の促進に関する法律2条15号等によって定義づけられていますが、民法や借地借家法では定義づけられていません。

　借家権は借地権と異なり、権利の顕在化が顕著ではなく、借家権価格の認定も例外的に位置づけられることから、その権利概念自体、抽象的で具体性を欠くことが多く、市街地再開発事業等の限定された局面において認められる権利概念であることに留意が必要となってきます。

　なお、借家権価格については、Q119を参照してください。

解説

① 借家権の調査項目

　借家権は、借地借家法（廃止前の借家法を含む）によって保護される建物を賃借する権利ですが、普通借家権と定期借家権では異なり、また占有始期、契約期間、建物用途、契約の目的等によってその内容は異なってきます。

　不動産鑑定評価基準においては、「1.将来における賃料の改定の実現性とその程度、2.契約に当たって授受された一時金の額およびこれに関する契約条件、3.将来見込まれる一時金の額およびこれに関する契約条件、4.契約締結の経緯、経過した借家期間および残存期間並びに建物の残存耐用年数、5.貸家およびその敷地の取引慣行並びに取引利回り、6.借家の目的、契約の形式、登記の有無、転借か否かの別および定期建物賃貸借（借地借家法第38条

278

第6章　特殊不動産調査の留意点（Q91）

に規定する定期建物賃貸借をいう。）か否かの別」、以上の6項目を総合的に勘案して借家権の鑑定評価を行うこととされていますので、これらが借家権の調査項目となります。

仮差押えの調査にあたっては、本差押えの強制執行による換価を見据えることとなりますが、その調査対象借家権が競売不動産の買受人に対抗できるかを把握しておくべきこととなります。賃貸借に供している貸家、貸しビルについても同様です。すなわち、抵当権や強制執行の差押えに優先する賃借権は長期賃借権として、保護の対象となり、占有を継続することができますが、抵当権や差押えに劣後する賃借権は、短期賃借権保護の廃止という民法改正によって原則として、買受人に対抗することはできません。もっとも平成16年4月1日以前に占有を開始した賃借権は民法改正前からの賃借権として、短期賃借権の保護制度廃止の対象から除外されます。占有開始日と抵当権や差押えの日とが同日であれば、賃借権が優先することになります。詳細についてはQ74、Q75を参照してください。

以上によって、仮差押え、強制執行のためには、占有開始日を調査しておくことは重要であるといえます。さらに、短期賃借権は建物については3年未満の契約しか保護しませんので、3年を超える契約期間は短期賃借権の保護を受けられなくなるので、契約期間についての調査も欠かせないこととなります。

密行調査では、占有開始はおろか、占有者の占有権原すら把握できないこととなりますが、少なくとも調査時点において、空家か否か、表札、プレート、看板、郵便ポストの表示等で占有者を把握しておくことは重要なこととなります。借家では、建物の引渡しが対抗要件とされているので占有の事実認定を要します。占有者認定については、Q60を参照してください。

なお、借家権そのものを仮差押えや差押えの対象とすることはできません。たとえ賃借権登記を経たとしても、借家権は経済価値を認め得る場合は少なく、価値判定も容易でないどころか、そもそも取引市場の想定が困難で、担保、譲渡に供することはできないことが一般的であるという性質によります。

ちなみに、一時使用目的の建物賃貸借は借家権ではなく、他にも下宿、間借り、シェアハウス等の借家権についても否定的であるのが裁判所の立場となっています。

279

第6章　特殊不動産調査の留意点

② 転借家権

　サブリース、転貸借については、強制換価後も占有継続できるか否かについては、原賃借権（転貸権）の趨勢によります。すなわち、本差押えの強制換価による買受人に対して対抗可能か否かの判断基準は占有者の占有権原ではなく、親元たる原賃借権（転賃借権）が差押えに優先しているかどうかで判断されることになります。

　執行現場においては、このサブリース、転貸をめぐって、転々借権、店舗リース、リースバック等さまざまなケースがあり、一筋縄ではいかないことも多く、占有者認定、保護すべき借家権の判断に悩む場合が少なからずあります。転々借権、転々々借権と「々」が何個続いたとしても基本的な考えは変わりません。また最近では、1棟の賃貸住宅を管理会社が管理を兼用して一括で丸ごと借り受け、1戸ごとエンドユーザーへと賃借に供している場合や、一括借り上げサブリース会社が一般のワンルームマンションをホテルに供している例、転貸人が転々貸人を介しつつも自ら占有しているケース、エンドユーザーの支払賃料より高額な家賃を転貸人と原賃貸借人との間で授受しているケース等さまざまです。

　また、いわゆる「割り込み型」転貸借も執行現場においては珍しくなく、この場合には原賃借権（転貸権）を基準にする原則が実効性を失うこととなります。なお、割り込み型転貸借とは、既存の賃貸人と賃借人との2名の関係に後から転貸人が割り込んで入ることをいい、当初の賃借権が抵当権登記前からのものであっても、後日割り込んだ転貸借権が抵当権に後れる場合には、保護されるか否かについて問題となりますが、これについては、濫用的短期賃借権者からのその事実を知らずに転借した転借人については、割り込み型の場合で転借人が短期賃借権の要件を備えているときを除いて保護されない取扱いとなっています（東京高決昭60・11・29判時1182号89頁）（注1）。

　この裁判例に鑑みますと、割り込み型の場合は、転借人が短期賃借権の要件を備えているときを除いて、引渡命令の対象となり、買受人には対抗しえないこととなります。

　なお、先順位の抵当権より前に占有を開始した占有者が、抵当権に後れて賃貸借対象の部屋を変えたというケースや、同様に抵当権設定後に占有者が法人成りをした、別事業を営んだ、用途を事務所から店舗に変えた、社宅で

借りていたところを個人契約に切り替えた等、さまざまな場合があります。これらの場合については、別契約とみなすべきかどうか個別的な経緯や事情に鑑みて執行裁判所が判断していくことになります。

③　仮差押えと建物賃借権

仮差押えの登記に後れる用益権は、売却によりその効力を確定的に失うこととなりますが、仮差押え登記と差押えの登記の間に用益権が設定されている場合、売却条件の確定の場面で問題となります。

まず、手続を進行させるか否かについては、東京地裁民事執行センターにおいては、仮差押え後の用益権は売却により消滅するものとして売却条件を定めるべき見解という多数説に立ちつつも、売却許可決定確定時までに仮差押えの効力が失効しなかった場合には、実体的に用益権が消滅し、その後仮差押えの本執行要件が具備しないことが確定しても、用益権の存否に影響はないとする見解により、売却許可決定確定時を売却条件の基準時として、事件を進行させる取扱いをしています（注2）

なお、仮差押えの効力自体に問題がある場合としては、①仮差押えの被保全債権が不存在である旨の届出があるときは、仮差押えの効力否定説に従い、本差押え移行の可能性がないことを執行裁判所が判断したものとなります。②仮差押債権者が債権届出をしないときは、仮差押え後の用益権は売却により消滅する権利として扱います。③仮差押えの被保全債権の存否、額について調査不能であるときも、②同様、仮差押え後の用益権は消滅する権利として扱います。④本案で敗訴または保全異議・保全取消しの手続で仮差押命令が取り消されたが、仮差押登記が抹消されていないときは、もはや仮差押えの効力を否定し、仮差押え後の用益権は、売却により消滅しないものとして扱うことになります（注3）。

> （注1）東京地方裁判所民事執行センター実務研究会編『民事執行の実務〔第3版〕不動産執行編（下）』133頁〔金融財政事情研究会〕。
> （注2）東京地方裁判所民事執行センター実務研究会編・前掲（注1）350頁。
> （注3）東京地裁民事執行実務研究会編著『改訂不動産執行の理論と実務（上）』255頁〔法曹会〕。

第6章　特殊不動産調査の留意点

Q92　工場抵当と工場財団の調査をするうえでの留意点は何ですか

Ⓐ　調査対象不動産が工場であった場合には、工場抵当権と工場財団に留意する必要があります。工場に対する抵当権は、工場抵当権と工場財団を包括する広義の工場抵当と、工場財団ではない工場抵当法による工場抵当権のみを示す狭義の工場抵当とがあります。

　誤解が多いのは、工場抵当とは一般の抵当権とは異なる特別な抵当権ではなく、工場抵当権であっても登記記録は一般の抵当権登記がなされているに過ぎないということです。さらに、設定契約にあたって当事者間において工場抵当とする旨の特別な意思表示がなくても、法律上当然に工場抵当が成立する（大判大正9・12・3民録26輯1928頁）とされています。

　なお、工場抵当法と鉄道抵当法等については、財団組成物件としての不動産についての執行の禁止ないし執行の制限があります（工抵13条2項、鉄抵4条2項）。

① 工場抵当

解説

　工場財団を含まない狭義の工場抵当権は、民法の規定に基づく不動産抵当権であって、ただその効力の及ぶ目的物の範囲が付加物の他に工場供用物件、目的物たる土地または建物に備え付けた機械、器具その他工場の用に供する物にまで拡大されています。工場抵当法の工場とは、①営業のため物品の製造もしくは加工または印刷もしくは撮影の目的に使用する場所（工抵1条1項）、②営業のため電気もしくはガスの供給または電気通信役務の提供の目的に使用する場所、③営業のため放送法にいう放送または有線テレビジョン放送法にいう有線テレビジョン放送の目的に使用する場所をいい（同条2項）、工場とされるには、少なくとも「営業のため」の「場所」でなければならず、登記記録上の建物の種類が工場となっている必要はありません。

　なお、工場か否かは抵当権設定時において判断されるので、抵当権設定時には工場でなかったものが、設定後工場に属した場合は当然に普通抵当権か

282

第6章 特殊不動産調査の留意点（Q92）

ら工場抵当権に転化することなく、当事者間の合意がない限り、工場供用物件に抵当権が及ぶことはありませんので、抵当権が登記されている物件については、抵当権設定時における利用現況についての調査を要することになります。ただし、1番抵当権設定時には工場ではなかったが、後順位抵当権設定時に工場に属することになっていた場合、1番抵当権実行の場合においても工場供用物件も競売の対象になるとされています。

なお、工場抵当権の効力が及ばない物として、①土地上の建物または建物の敷地たる土地、②特約で除外した物、③機械、器具の備付けが他の債権者を詐害することとなる場合、④他人の所有物である場合、⑤他人が権原に基づいて付属させたもの、以上の①から⑤であり、抵当権設定後に備え付けられた工場供用物件に対しては、工場抵当権の効力が及ぶとされています。

ここでよく注意を要するのがリースです。工場内の機械がリースであり、その所有権が工場所有者のものではない第三者所有であるときは、その機械は工場抵当法の工場供用物件から外れます。

工場抵当権の目的となっている土地または建物に対する差押え、仮差押えまたは仮処分は、工場抵当法7条により、その差押え等を受けた土地または建物に備え付けられた機械器具その他の物件に及びます。

ただし、工場施設が一体として把握されるのは、抵当権の目的となっている場合ですので、抵当権設定のない工場の土地が、抵当権実行ではない強制執行の目的である場合には、土地に対する差押えの効力は土地に備え付けられた工場供用物件には及びません。

② **工場抵当と3条目録**

工場抵当権の設定登記にあたっては工場供用物件の目録を提出することを要しますが（工抵3条）、この目録は登記簿の一部とみなされ（同条2項）、この目録には、原則として、工場供用物件の種類、構造、個数または延長、製作者の氏名または、名称、製造年月、記号、番号等を個別に記載する必要がありますが、この目録を「3条目録」といいます。3条目録の記載は登記とみなされており、機械、器具等の工場供用物件に抵当権の効力が及んでいることの第三者に対する対抗要件と解されています（最判平成6・7・14民集48巻5号1126頁）。

なお、3条目録の取得方法は、法務局窓口に対して、登記事項全部事項証

283

明書の請求時に３条目録も併せて請求するしかなく、３条目録が存在していたとしても、請求しないで交付してくれることはありません。したがって、調査対象不動産が工場で、３条目録の存在が予想される場合には、とりあえず請求しておくしかありません。オンライン請求においても信託目録や共同担保目録のようにチェックマークを入れるところもないので、オンライン請求では３条目録の取得はできないことになるという不便があります。

　現実には工場抵当法の規定に従って３条目録の調整、提出をなす場合は多くなく、３条目録があった場合においても、３条目録と機械等の工場供用物件の在庫状況が一致しているケースは、３条目録作成直後である場合を除いて極めて少ないという現実があります。これは工場とは機械、器具等を頻繁に刷新、交換、買替え、更新していることが常態であるためと思われます。３条目録の有無にかかわらず、工場供用物件がリース等で第三者所有でない場合には設定行為に別段の定めがない場合を除いて抵当権の効力が及ぶことになりますので、目録に記載のない工場供用物件に対しても抵当権を実行することができます。

　ただし、対抗要件としては、第三者への抵当権の目的であることを対抗するために、目録の追加、変更を要することになります。

　なお、３条目録を提出していない先順位抵当権者と目録を提出している後順位抵当権者との優劣関係としては、先順位抵当権者は工場不動産の売却代金からは後順位抵当権に優先して配当を受けられますが、工場供用物件の売却代金については優先して配当を受けられなくなります（注）。

　調査としては３条目録の有無に限らず、工場併用物件について、種類、構造、個数、製作者、製造年月日、記号、番号、配置場所等を調べ、これらの物件目録を作成することとなります。その際、一つひとつの物件につき、リース等による所有権留保、所有者についても確認すべきこととなります。

　なお、本差押え時における評価人による評価は、土地建物とは別個に、この工場併用物件について残存価値がないことが明らかであると判断できる場合を除いて、評価をなすこととなります。ただし、その評価は、土地建物とは別個の動産であるため、動産評価の専門評価機関に評価を依頼する場合もあります。

第6章　特殊不動産調査の留意点（Q92）

③　工場財団

　狭義の工場抵当法とは別に、工場の所有者が財団を組成して、この財団を抵当権の目的とする方法がありますが、この方法を工場財団抵当といいます。工場財団抵当とは工場に属する土地および工作物、機械、器具、電柱、電線、配置諸管、レール、その他の付属物、地上権、賃借権（ただし、賃借人の承諾のあるもの）、工業所有権、ダム使用権等によって組成される財団（工抵11条）を1個の不動産とみなし（同法14条）、これに対して設定される抵当権をいいます。

　工場抵当法による工場抵当権との相違は、工場財団が、①1個の不動産とみなされること、②他人の権利、差押え、仮差押え、または仮処分の目的となっているものは、工場財団の組成物件とすることはできないこと（工抵13条1項）、③工場財団に属すべき登記または登録のない動産が他人の権利、差押え、仮差押え、または仮処分の目的であったならば、当該動産が組成物件となることが防止され（同法25条）、④譲渡、所有権以外の権利、差押え、仮差押え、または仮処分の目的物となることは禁止されている等の点です。

　工場財団抵当権とは、工場抵当権より強力な権利であり、造船所、製鉄所等の大工場を抵当とする場合に適しています。

　なお、工場財団の登記は、不動産登記簿になされるのではなく、工場財団登記簿になされ、工場の名称および位置、主たる営業所、営業の種類、工場財団目録が記載されます。

　工場財団抵当も工場抵当法2条準用の規定に従い、工場財団に属する土地または建物に「附加シテ之ト一体ヲ成シタル物」およびこれに「備附ケタル機械、器具其ノ他工場ノ用ニ供スル物」は、それらが組成物件として工場財団に属していないときでも、抵当権の効力が及ぶとされています。

　　（注）伊藤善博ほか『不動産執行における配当に関する研究』801頁〔法曹会〕。

285

第6章　特殊不動産調査の留意点

Q93　慣習法上の権利を調査するうえでの留意点は何ですか

A　慣行水利権、温泉権等の慣習法上の権利については、その排他性、不可侵性等の物権性について検討を要するとともに、慣習として成熟の程度、歴史的経緯、周辺の認知度等について調査することが望ましいことになりますが、現実的には調査は困難で、妥当、適切な判断がつかない場合は多いことと思われます。

　物権には、(1)民法上の物権、(2)慣行法上の物権、(3)公法上の占用権、(4)慣習法上の物権に分けられ、さらに、(5)対抗力優先効ある不動産賃貸権もこれに含む場合があります。具体的な例としては、(2)は鉱業権、採石権、漁業権、入漁権等、(3)は、河川敷地占用権、国有財産の寺院境内地としての無償使用権等、(4)は、地上流水利用権、地下水利用権、温泉権、公道使用権、墓地使用権等があります（注1）。

　民法は物権法定主義（民175条）に鑑み、新たな創設を禁じていますが、慣習法上の物権成立の可能性を否定しうるものではないことから、主に著名な民法学者によって、物権としての慣習法上の権利（物権）に関する疑問点が提起されるに至ったという経緯があります。

　一方において、近年においてはコンセッション（運営権）という新たな物権が法律上に規定され、あらたな物権が創設されるに至ったので、それについても紹介します。

　以下では、鉱業権、水利権、温泉権、コンセッションについて解説します。

解説

①　鉱業権

　鉱業権の留意事項としては、ある土地が調査対象である場合に、その土地に鉱業権が設定されていることは、何の徴候もなく、見落としやすいという性質があるということです。すなわち、鉱業権が設定された土地であれば、土地価格から鉱業権の価額が控除された残余が土地価格となりますが、それを見落とすと大きな調査ミスということになります。

286

第6章　特殊不動産調査の留意点（Q93）

　鉱業権とは鉱業法に基づく物権的権利であり、排他性、不可侵性を有し、また土地所有者の同意なく譲渡、担保権設定等も可能で、採掘できるという強力な権利です。一方、鉱業権は登記記録を調査しても（採石権は不登3条9号により登記可能）判明しませんので、通常と同じ土地の調査をなしている過程で鉱業権設定の端緒を確認することはできないということです。確認手段は、経済産業局の鉱業原簿を確認するしかありませんが、すべての土地につき鉱業原簿を確認することはできませんので、山林の調査の場合においては、現地における鉱業権者の表示、周辺の鉱山、鉱脈、採石場等の存在から感知するより方法はありません。

　鉱業原簿とは、鉱業法59条の規定により備え付けられたもので、その内容は①鉱業権の設定、変更、存する期間の延長、移転、消滅および処分の制限、②共同鉱業権者の脱退、③採掘権を目的とする抵当権の設定、変更、移転、消滅および処分の制限、④租鉱権の設定、変更、存する期間の延長、相続その他の一般継承による移転、消滅とされていますが、その登録手続等は鉱業登録令に具体的に定められています（注2）。

　なお、鉱業権とは鉱物の試掘権および採掘権をいい（鉱業11条）、試掘権、採掘権ともに物権とみなされ、不動産に関する規定が準用（同法12条）され、一方においては、鉱業権を中心とする鉱業経営のための企業財産、すなわち不動産、機械、器具、車両等は財団として組成され、一個の不動産として成立し、所有権および抵当権以外の権利の目的とすることはできないものとされる鉱業抵当法による鉱業財団があり、不動産登記の対象となります。

　調査項目としては、「公共用地の取得に伴う損失補償基準第21条」に鑑みると、鉱山が毎年実現しうる純収益（年内採鉱量に鉱石の平均単価を乗じて得た額から、採掘に要する費用を控除して得た額）、可採年数と今後の可採鉱量を年間可採鉱量で除して得た年数、今後投下されるべき起業費の現在価額等となります。

② 水利権

　水利権は用水権、水利使用権、流水使用権、流水占有権、公水利用権等さまざまな名称で呼ばれていますが、水利権は、河川の流水を含む公水権を断続的、排他的に使用する権利とされています。

　一方において、水利権は、河川法23条本文の「河川の流水を占用しようと

第6章　特殊不動産調査の留意点

する者は、国土交通省令で定めるところにより、河川管理者の許可を受けなければならない」の規定による許可された流水の占有の権利が河川法上の水利権の第一のものとされ、このほか河川法上の水利権として、主として干害用水として、慣行的に流水を占有していた水利権（慣行水利権）も含まれるとしています。

　さらに、水利権とは、特定の目的のために河川の流水を排他、独占的に利用する物権的性格を有する公法上の権利であり、河川管理者の許可により成立する権利と定義づけられています（注3）。

　近年、外資による水質源、源泉地、水関連の土地が買い進められ、危機感がやや誇張報道される場面もありましたが、水、水利はわが国にとって重要な資源であることは明らかです。

　慣行水利権とは、ケヴェーレ的な慣習法上の権利の一つであり、私的な取引の対象となる権利が慣行化したものですが、現在では河川法の規定に鑑み、河川法の枠組み内で認められている権利として整理すべきことになります。これは、明治以前においては、入会権のように地方で慣行的に取引されていた水利慣行があったことと区別されています。

　なお、河川法12条は、河川管理者による河川現況台帳および水利台帳の調整、保管を規定しています。水利台帳は、河川使用の許可を受けた者、水利使用の目的、許可水量および許可期間等を記載した調書と平面図とからなりますが（河令6条）、閲覧を求められた場合には正当な理由がなければ拒むことができないとされています（河12条4項）。

③　温泉権

　温泉権は、不動産鑑定評価基準においては、その用語も解説もいっさいありませんが、温泉権の鑑定評価は少し前まで極めて依頼が多い鑑定評価でした。といいますのは、温泉権とは必ず対価を伴って取引の対象となっていること、すなわち、土地所有権とは別に、温泉利用に裏付けられた有償権利として市場で取引の対象になっていることによります。

　温泉権と一口にいっても、その内容は、泉脈、泉源、湯口、源泉等があり、湯口権、引湯権、温泉利用権、分湯権等といわれることもあり、必ずしもそれぞれの利用権と内容は明確になっていないという特徴があります。いずれにせよ、土地所有権とは別個の慣習法上の物権であり、譲渡、担保に供する

288

第6章　特殊不動産調査の留意点（Q93）

ことも可能で、損失補償の対象にもなります。取引市場があることは、近傍
類似の温泉利用権の取引事例もあるということです。

　なお、公共用地の取得に伴う損失補償基準細則第9では、温泉利用権、分
湯された権利の定義は「温泉利用権とは、温泉法に規制された温度又は物質
を有している地中から湧出する温水、鉱水および水蒸気その他のガス（炭化
水素を主成分とする天然ガスを除く）を利用する権利をいう。分湯された権利
とは、いわゆる湯口権等で通常鉱泉地の所有権ないし使用権と独立して処分
される権利をいう」とされております。

　調査すべき事項としては、温泉供給証書、温泉供給契約書、温泉供給規程、
温泉組合規程、その他温泉供給等に関する協定書等の書面の収集により、温
泉供給量、契約期間、分担金の額、温泉の内容（泉温、含有量等）も確認する
こととなります。

　もっともこれらは、熱海や草津等の有名な温泉地を念頭に置いたものです。

　一方、東京23区でも地下深く掘った個人邸の温泉、健康ランド等の温泉が
ある入浴施設、マンション等の簡易温泉等、さまざまな温泉がありますが、
対価を伴うか、取引の対象となるか、排他性、不可侵性等の物権性があるか
否かで、慣習法上の権利としての温泉権に該当するかどうかの判断をするこ
とになります。

　中には温泉の名称を使用しつつも温泉との関係性が希薄な、簡易温泉、疑
似温泉、温泉もどきも多く、やや紛らわしい感がありますが、「足湯」が多く
の駅前にあるように、かつての湯治としての温泉は大きく変化しているとい
うべきと思われます。

　なお、競売の場合、売却対象となった不動産についての所有権移転登記嘱
託は、裁判所書記官が行いますが、温泉採取権者等の名義変更については、
裁判所書記官が嘱託することができませんので、代金納付後に買受人自身が
管轄保健所に名義の変更届出をする必要があります。この届出をしないと売
却の対象となった温泉権の温泉台帳の名義は買受人に変更されないこととな
ります。ただし、地方によって裁判事務、温泉台帳事務は異なりますのでこれ
と異なるかどうかの確認は必要になります。

　判例で認められた温泉権の対抗要件としては、温泉台帳への記録、湧出施
設に設置した看板、湧出口・採湯場の土地または湧出口を擁護する建物の所

289

有権登記等があります。温泉台帳は、保健所と温泉組合のものとがありますが、一般への閲覧に供してはいません。

④ コンセッション

民法175条の物権法定主義は、民法に限らず、民法以外の法律による物権を認めていることをも意味しています。民間資金等の活用による公共施設等の整備等の促進に関する法律（以下、「PFI法」という）24条は、「公共施設等の運営権は、物権とみなし、この法律に別段の定めがある場合を除き、不動産に関する規定を準用する」と規定し、さらに、同法25条では、「公共施設等運営権は、法人の合併その他の一般継承、譲渡、滞納処分、強制執行、仮差押え及び仮処分並びに抵当権の目的となるほか、権利の目的となることができない」としています。

これにより公共施設等運営権（コンセッションといわれる）は、物権として、仮差押え、仮処分をなすことができることになります。当然、評価が発生し、換価という流れになることは不動産同様です。もとより物権とするほどの強力な権利ですから、対価性があり、また、当該運営権は不動産登記と同様の登録制度を設け（PFI法27条）、公共施設等運営権登録簿への登録が対抗要件となります。公共施設等運営権は、PFI法16条に規定された民間事業者が公共施設等を運営するために設定された法的権利で、主として空港、道路、各種施設等の大規模プロジェクトにおいて、施設の所有権を公的機関に残したまま、運営を民間業者が行うスキームをコンセッション方式といいます。

コンセッションの登録は、公共施設等運営権登録令により規定されており、表題部、権利部に区分して作成する等不動産登記と同様のつくりとなっています。少し長くなりますが、表題部の登録事項としては、「イ．公共施設等の名称および立地、ロ．公共施設等の運営等の内容、ハ．存続期間、ニ．公共施設等の管理者等の名称、ホ．民間資金等の活用による公共施設等の整備等の促進に関する法律29条1項の公共施設等運営権の行使の停止又はその停止の解除があったときは、その旨（行使の停止があった場合において停止期間があるときは、その旨およびその期間）、ヘ．登録原因およびその日付、ト．登録の年月日、チ．前各号に掲げるもののほか、公共施設等運営権を識別するために必要な事項として内閣府令で定めるもの」であり、権利部は、「イ．登録の目的、ロ．申請の受付の年月日および受付番号、ハ．登録原因およびその日付、

第6章　特殊不動産調査の留意点（Q93）

ニ．公共施設等運営権等の権利者の氏名又は名称および住所並びに公共施設等運営権を目的とする抵当権の登録名義人が2人以上である場合にあっては、当該抵当権の登録名義人ごとの持分、ホ．登録の目的である公共施設等運営権等の消滅に関する定めがあるときは、その定め、ヘ．共有物分割禁止の定め（抵当権について民法264条において準用する同法256条1項ただし書の規定により分割をしない旨の契約をした場合若しくは同法908条の規定により被相続人が遺言で抵当権について分割を禁止した場合における抵当権の分割を禁止する定め又は同法907条3項の規定により家庭裁判所が遺産である抵当権についてした分割を禁止する審判をいう。28条において同じ）があるときは、その定め、ト．民法423条その他の法令の規定により他人に代わって登録を申請した者（以下「代位者」という）があるときは、当該代位者の氏名又は名称および住所並びに代位原因、チ．ロ．に掲げるもののほか、権利の順位を明らかにするために必要な事項として内閣府令で定めるもの」と規定されています（公共施設等運営権登録令22条1項・2項）。

　さらに、何人も内閣総理大臣に対し手数料を納付して、登録事項証明書の交付を請求できるとするとともに、附属書類のうち図面の写しの交付や附属書類の閲覧を請求できる旨を規定しています（公共施設等運営権登録令66条）。

　この運営権については、奈良少年刑務所が閉鎖予定日を控え、国が運営権をホテルなどの民間事業者に売却すること、すなわち、法務省はPFI（民間資金を活用した社会資金整備）の一種で、国が土地建物を所有したまま運営権だけを売却するコンセッション方式で事業者を募ると報じられたことでも有名です（日経新聞平成28年9月19日版）。

　なお、コンセッションとは物権ではありますが、日本古来からの慣習によって慣行化してきた「慣習法上の権利」ではありません。

　　（注1）舟橋諄一『新版注釈民法（6）』115頁〔有斐閣〕。
　　（注2）我妻栄＝豊島陞『鉱業法』219頁〔有斐閣〕。
　　（注3）水利権実務研究会編『新訂水利権実務一問一答』22頁〔大成出版社〕。

第6章　特殊不動産調査の留意点

Q94　外交特権を有している可能性のある物件の調査をするうえでの留意点は何ですか

（A）　競売の物件明細書を見ると、物件の占有状況等に関する特記事項欄に、「○○が占有している。同人は外交特権を有している可能性がある」と記載されていることがありますが、外交特権とは、外交使節団の構成員については、外交関係に関するウィーン条約が裁判権免除等の特権を規定しており、わが国もこの条約を批准しています。

　この外交使節団の構成員とその個人的使用人は一定の特権免除を受けます。それは、接受国にいる限り、その統治下に立ち、その国内法の適用を受けますが、派遣国を代表してその職務を行っているので、その職務が円滑に行われるよう、一定の保障と接受国の行政、司法権の適用の免除を受けることになり、この特権、免除を外交特権と称しています。

　ここでは不動産についてのみ解説します。

解説

① ウィーン条約の規定

　まず、「外交関係に関するウィーン条約」（以下、「条約」という）は、その前文で、「外交関係並びに外交上の特権および免除に関する国際条約が国家組織および社会制度の相違に関わらず、諸国間の友好関係の発展に貢献するであろうことを信じ」「このような特権および免除の目的が個人に利益を与えることにあるのではなく、国を代表する外交使節団の任務の能率的な遂行を確保することにあることを認め」としています。条約21条、22条、23条では公館に対する課税免除を規定しています。

　なお、使節団の公館とは、条約1条の定義(i)により、所有者の如何を問わず、使節団のため使用されている建物またはその一部およびこれに附属する土地（使節団の長の住居であるこれらのものを含む）としています。そして、条約30条1項では「外交官の個人的住居は、使節団の公館と同様の不可侵及び保護を享有する」、条約31条1項では「外交官は、接受国の刑事裁判権からの免除を享有する。外交官は、また、次の訴訟の場合を除くほか、民事裁判権および行政裁判権からの免除を享有する。

(a)接受国の領域内にある個人の不動産に関する訴訟（その外交官が使節団の

292

第6章　特殊不動産調査の留意点（Q94）

目的のため派遣国に代わつて保有する不動産に関する訴訟を含まない）（b)以下略)」としています。

一方、外交国に関するウィーン条約とは別に、領事関係に関するウィーン条約（以下、「領事関係条約」という）が存しており、31条では領事機関との公館の不可侵、32条では領事機関の公館に対する課税免除、43条では裁判権からの免除等が規定されています。

なお、外交特権の性質としては、外国の外交使節が国内裁判所の裁判権から免除されることは慣習国際法として古くから確立していました（注1）が、その根拠としては治外法権説、代表説、機能説があります。

また、外交特権の範囲としては、「常駐外交使節団の構成員、家族、その動産、建物、自動車、個人的使用」、「特派使節団の構成員、家族等」、「領事機関の構成員、家族等」、「国際機構・会議に派遣される国家の常駐使節団、常駐オブサーバー使節団、代表団、オブサーバー代表国の構成員、家族等」、「国際連合、専門機関、国際原子力機関等」があります（注2）。

② 不動産と外交特権

公館の不可侵に鑑み、使節団の長が不在で連絡を取れないときに使節団の公館に火災が起こったり、凶悪犯が侵入して公館の窓から通行人を射殺しているような場合には、接受国の消防士や警察官は公館内への立ち入りができるかどうかについては、領事関係条約31条の「火災その他の迅速な保護措置を必要とする災害の場合には領事長の同意があったものとみなす」というみなし規定によって、立ち入り可と解してよいとされています。もっとも、道路計画等が使節団の公館にぶつかり、計画実施のためにはどうしても公館の移転を要するような場合においては、現在と同等以上の敷地や移転に要する費用を接受国が提供し、職務遂行に差し支えのない期間、時機を選んで、公館の移転を求めることは、条約の審議過程からみて可能と解されています（注3）。

公益事業のために公館を収用できるかについては、外交使節団に関しては、規定が設けられることがなかったのに対して、領事関係の公館については、公館は国防と公益事業のための徴発から免除されるとしながら、他方で収用を必要とするときは、領事任務の遂行を妨げない措置をとること、迅速、十分、有効な補償を支払うべきであると規定しました。

293

この違いは外交使節団の公館が不可侵を絶対的としているのに対して、領事機関の公館については不可侵が絶対的とされずに一定の条件のもとで収用が認められていることによっています（注4）。

外交官の住居と財産は不可侵であり、外交官の個人的住居は、使節団の公館と同様の不可侵と保護を享有します。ここで個人的住居とは、個人的に所有または賃借する住居という意味ではなく、派遣国が購入または賃借りし、外交官に提供した住居も個人的住居であり、一時的に滞在するホテルの1室等の一時的なものでも対象となります。ただし、外交官であっても私有不動産、相続財産、公務の範囲外で行う職業活動と商業活動に関する財産は不可侵を享有しません（注5）。

国際機関にもその適用が認められますが、設立条約、また特権および免除の規定は特権、免除が詳細に規定されている例としては、IMFや世界銀行のような国際金融機関があります。通常、国際機構に対し、特権、免除が与えられるときは、その国際機構の「財産および資産は、所在地および占有者の如何を問わず執行上、行政上、司法上又は立法上の措置による創作、徴発、没収、収用その他の形式の干渉を免除される」ことが多いのですが、国際金融機関の財産および資産は、訴訟で判決が確定したときはその実施のために押収、差押えまたは執行されるとしています（注6）。

コラム5

仲裁裁判と強制力

およそ法が法として社会の支持を得、社会に浸透し定着するためには、実現性の確保が極めて重要な課題となります。法的な判断がなされても、何の強制力もなく何ら変わることがなければ法は信用を喪失し、国家の威信も揺れることになります。南シナ海における中国主権を認めないという初判断は、国連海洋法条約に基づくオランダ・ハーグ仲裁裁判所が平成28年7月に下したものです。中国が海域で主張する「九段線」は国際法上の根拠はないという判断でしたが、結果的には仲裁判断にほかならず、強制力はなく、中国は国連海洋法条約の批准国であるにもかかわらず、判決を拒否する声明を高らかに発表しています。

第6章　特殊不動産調査の留意点（Q94）

> 　　判断が下されても、強制力、制裁、ペナルティも何もなければ、何の意味
> もない判断となります。国際法や国際間においては難しい問題があることは
> 否定できませんが、一国内であれば、裁判所の下した判断は、相応の実現力
> という裏付けがあってはじめて有意義なこととされることとなります。
> 　　善悪といった道徳的判断、勧善懲悪の風光明媚は法律とは何の関係もあり
> ません。

③　外交特権に関する事例

　外交特権というと、誰もが知っているような大国の大使館を想定してしま
う場合が多いと思われますが、1棟ビルの1室に賃借人として入っている小
国もあり、そのビル1棟を仮差押え、仮処分、差押えするときにおいては、
この外交特権の考慮も必要になりますので、注意を要することになります。
外務省への照会を要する場合もあります（注7）。

　以下に、外交特権に関する事例を紹介します。

　（1）　登録されていない大使館への調査実施の事例

　ある大使館の別館の看板がある建物の隣地の井戸から油性物質が検出され
たが、消防署は外交特権免除施設として慎重に対応し、外務省に確認したと
ころ、この建物は大使館別館、大使公邸、館員宿舎として登録されていない
ことが発覚し、看板も取り外し、消防署の調査実施を受け入れました。

　（2）　公館跡地の売却価額の引き下げ交渉事例

　国土利用計画法に基づく届出については、中国政府による旧満州国武官室
跡地の売却につき、価格が多少高めであるため、東京都が指導価格を提示し、
同大使館はこれを受諾した例、在日オーストラリア大使館が売却価格は、指
導価格を上回っていることがわかり、東京都は勧告の発動用意もあったが、
話し合いが行われ、オーストラリア側が価格引き下げに応じ、東京都に対し
て価格変更届を提出した例等があります。

　（3）　大使館の家賃滞納への対応事例

　家賃滞納については、在日大使館事務所の家主が、外務省に対して、滞納
家賃支払いと建物明渡しを求め、外務省経由でその国の政府への働きかけを
要請してきたが、その国の未曾有の財政困難により滞納は続いたという事例、
家賃滞納がつづく大使館事務所に対して、外務省は私契約であり直接の関与

295

は避けつつも、当事者間の話し合いによる解決を促し、大使公邸を引き払い、事務所も家賃の安い別の場所に移転した例、在日大使館の家賃滞納問題に対して、外務省は家主に自制を促し、同大使館との交渉を継続するよう要請するとともに本国政府に対し家賃の支払いによる本件の適切かつ迅速な解決を促したところ、同大使館は新しい大使館事務所に移転した事例等があります。

(4) 外交官個人に対する家賃滞納への対応事例

外交官の個人的住居としては、大使館書記官が個人的に居宅として使用してきた賃貸マンションの家賃を7カ月滞納したうえ、契約期限後も同じマンションに占有し続けているとして、そのマンション家主が外務省に連絡しました。外務省はその大使館に対して解決に向けた処置を要請、結局、帰国旅費不足が理由であり、航空券を家主が立て替え、引越し貨物は友人宅に預託して、書記官とその家族は入管当局の強制執行により日本を出国したという事例があります。

(5) 大使館敷地内での事件への対応事例

公館の不可侵については、在日パナマ大使館に拳銃が送られてきたので、外務省経由で警視庁に通報し、捜査員らは同大使の承諾を得て公邸に入り、拳銃、弾等多数を発見、パナマ大使館に大使秘書として勤務していた日本国籍の容疑者を逮捕した事例をはじめ、その他大使館へのデモ隊乱入、過激派乱入、デモ隊座り込み、大使館敷地内における爆弾発見、器物破損、大使館侵入事件、大使館前での車両爆破事例があります。

4 外交プロトコルと建築確認に関する裁判例

外交特権について直接争ったものではないのですが、外交プロトコル（国際儀礼）と建築確認に関する裁判例があります（東京高判平成19・10・17裁判所HP）。この裁判例は、オマーン国に対して東京都渋谷区長が東京都建築安全条例に基づく認定と建築確認処分の取消しを周辺住民が求めたという事案です。

原告は、オマーン国である外国国家であっても日本国内の建築だから、地位は全く日本と同様でありいかなる優遇措置もなく、仮に何らかの特権を有しているとしても、オマーン国はわが国の建築法制に基づく行政上の処置を求めたのだから、その特権を放棄したと主張しました。これに対して被告は、国際慣習上広く認められている外交関係条約にいう「使節団の長」であり、

第6章　特殊不動産調査の留意点（Q94）

本来、本件建物に関して建築確認処分を受けなければならないものではないと主張しました。

裁判所はまず、「外国政府の不動産に関する権利の取得に関する政令」に照らし、オマーンは財務大臣の指定する国家に該当するから、建物を有効に取得できると前置きをし、民事裁判権および行政裁判権の免除についての検討をした結果、免除を受けるものではないというべきとし、さらに、外国所有権に対する強制執行の措置は、その外国国家の同意がない限り、実施は許されないと解されている等とし、この件ではオマーン国の同意はあるとし、同意があることから本件建築確認は処分にあたるとしています。これは、国際儀礼上、建築基準法18条2項および3項の規定に準じて処理すべきところを、もはやオマーンの同意があるので処分に該当すべきということです。

原審は、結局、裁判所は原告の主張を採用することはできないとし、本件建築確認は適法であり、その取消しを求める原告らの主位的請求には理由がないとしています。

控訴審もこの姿勢を維持し、控訴を棄却としました。

なお、東京都建築安全条例4条3項とは、建築物の周囲の空地の状況をその他土地および周囲の状況により知事が安全上支障がないと認める場合において、延べ床面積が1,000㎡を超える場合の接道の長さの規定（4条1項・2項）を適用しないとする規定です。

なお、この裁判例は、外交特権は直接に争点としていませんが、国際儀礼という用語を頻繁に使用し、国際儀礼、すなわち外交プロトコルについての検討をしている点で参考になります。

建築確認等の取扱いとしては、一般的には、国際慣習上、条約の特権免除を害しない範囲で国内法を適用する、または、強制力はないが建築基準法を尊重するように要請、あるいは建築基準法18条（国、都道府県、建築主事をおく市町村の建築確認等の適用除外規定）に準じて処理するという対応が求められているようです。

　　（注1）佐古田彰「外交特権免除の根拠」国際法判例百選〔第2版〕57頁〔有斐閣〕。

　　（注2）寺沢一＝内田久司編「国際法の基本問題」別冊法学教室194頁〔有斐閣〕。

（注3）宮崎繁樹『国際法要綱』386頁〔成文堂〕。

（注4）横田喜三郎『領事関係の国際法』221頁〔有斐閣〕。

（注5）横田喜三郎『国際法Ⅱ』302頁〔有斐閣〕。

（注6）横田洋三『国際機構の法構造』232頁〔国際書院〕。

（注7）国際法事例研究会「外交・領事関係」『日本の国際法事例研究（4）』

〔慶應義塾大学出版会〕を参考にしました。

第7章

不動産鑑定・評価の簡易手法

第1　不動産鑑定・評価の簡易的手法概説／300

第2　民事執行法に基づく評価／314

第3　土地の鑑定・評価の簡易手法／329

第4　借地権等の鑑定・評価の簡易手法／345

第5　建物の鑑定・評価の簡易手法／362

第6　区分所有建物の鑑定・評価の簡易手法／381

第7　特殊な物件の鑑定・評価の簡易手法／392

第8　その他の留意事項／399

第7章　不動産鑑定・評価の簡易手法

第1　不動産鑑定・評価の簡易的手法概説

Q95　不動産の簡易評価と鑑定評価の違いは何ですか

A　不動産の価格については宅地建物取引業者による簡易査定、相続税路線価による土地評価、市販のソフトによる価格査定等多くの査定がありますが、不動産鑑定業者、不動産鑑定士の鑑定評価が緻密な分析を基礎にしている点で、もっとも精度および信頼性が高いことになります。

一方、不動産鑑定士による鑑定評価は、費用、時間がかかりますし、不動産鑑定士による鑑定評価ほど高度で精度が高い価格鑑定まで必要としないが、おおむねの価格水準を簡易、暫定的に知りたい場合は少なくないでしょう。そのような場合としては、担保評価、仮差押えのための調査、差押え時における価格調査等多くの局面が該当します。

解説

①　税務評価との相違

「土地の評価」、「土地評価の実務」といった類の題名の書籍が書店に多く並んでいますが、これら「評価」という用語が題名に使用されている書籍は、もっぱら税務評価を解説したものであり、時価、鑑定評価、市場価値とは無関係な場合がほとんどです。とても紛らわしく、一般の人には異同がわからず区別がつかないのはいうまでもなく、弁護士等の高度専門家でさえ誤っている場合もあります。この紛らわしさは、何とかしなくてはならない喫緊の極めて重大な課題であると思います。

相続税路線価は、地価公示価格や都道府県地価調査基準地価格よりも知られておりかつ多用されていますし、固定資産税評価額も多くの局面で利用されているという現実があります。しかし、これら税務上の評価は、市場価値、時価との乖離をその政策としている価格であり、本来、時価との一致を志向していたものがズレてきたわけではなく、もともと時価と一定の距離をとっ

300

第1　不動産鑑定・評価の簡易的手法概説（Q95）

ている価格であることは、Q6③でも解説したとおりです。

　このような意味において税務評価は、結果として、時価とは大きく乖離し、または時価とは相容れない性質を有しているので、時価という意味において税務評価は参考程度にしかなりません。税務評価とは、相続税、固定資産税を問わず、すべての国民に一律に、機械的に、容易、簡便に評価ができることをその特徴とし、公平であることを主眼している点で誰が評価しても同額になるということを最大の特色としています。

　したがって、税務上の評価とはあくまで税務のための評価であり、納税額算出の計算のためのものであって鑑定評価とは別次元のものということになります。とりわけ、借地権にあっては、無償返還の届出、相当の地代等、税務上の評価と実態とは大きく乖離するケースがありますが、これについてはQ111で解説します。

　なお、価格水準だけではなく、不整形、間口狭小、奥行長大等による減価補正、角地、二方路等による加算補正等の補正方法も税務評価と鑑定評価は一致しません。税務評価は一律、画一的に大量評価をなすことを志向している公平、中立を主眼としている点において、鑑定評価のような鑑定評価をする主体の判断、意見とは相容れないことになります。相続税評価の基準となる「財産評価基本通達」というものも、その語感からは、資産評価、時価評価基準と誤解しやすいので留意を要します。

②　不動産鑑定業者による鑑定評価

　不動産の価格について、緻密で、かつ詳細な分析を基礎とした不動産鑑定業者による不動産の鑑定評価は、わが国の法制度下でもっとも精度が高く、かつ社会的信用を付与されている唯一のものです。翻っていえば、国土交通省監督下における国家試験資格者たる不動産鑑定士による価格に対する意見、判断とは、不動産の鑑定評価に関する法律によって付与された不動産鑑定士の独占業務であり、価格査定を業とできる唯一の国家資格、国家認定業務であるということです。したがって、不動産の鑑定評価はわが国唯一の不動産に関する価格査定業務であり、不動産鑑定評価より精度の高い価格査定は存在しないことになります。

　このことによって不動産鑑定評価は、不動産の価格に対する意見の最高峰であり、最終結論であると同時に最終手段でもあります。不動産鑑定結果に

301

第7章　不動産鑑定・評価の簡易手法

疑義が生じ、または信頼性を欠く場合には訴訟によっても他の不動産鑑定業者に鑑定評価を依頼するしかなく、不動産鑑定評価制度より上位の価格査定制度は存在しません。不動産の鑑定評価とは、不動産の鑑定評価に関する法律2条1項によると「不動産（土地若しくは建物またはこれらに関する所有権以外の権利をいう）の経済価値を判定し、その結果を価額に表示することをいう」とされ、同法36条においては独占業務であることが明記されていますので、他の如何なる人、業者であっても、不動産の鑑定評価はできないとされていることに留意を要することになります。

　一方においては、不動産の鑑定評価は上記の性質がある以上、厳密であり、費用、時間を要することはいうまでもなく、資料の提出や不動産の内見調査の立会、案内等の所有者または占有者の協力を要するので、現実に不動産鑑定業者に鑑定評価を依頼する場合は、ある程度限られた局面となります。

　なお、不動産鑑定士が関与する不動産の鑑定評価は、不動産鑑定評価基準（平成14年7月3日全部改正、平成19年4月2日一部改正、平成21年8月28日一部改正、平成26年5月1日一部改正）に依拠してなされることになりますが、不動産鑑定評価基準に依拠しない、より簡便な価格査定業務もありますが、いずれの場合にも国土交通省の一定の制約下、監視下におかれています。不動産鑑定評価基準に依拠しない価格査定業務についてはQ97で後述します。

③　不動産鑑定評価の方式

　正規の不動産鑑定評価の方式には、原価方式、比較方式および収益方式の三方式があります。原価方式は不動産の再調達（建築、造成等による新規の調達をいう）に要する原価に着目して、比較方式は不動産の取引事例または賃貸借等の事例に着目して、収益方式は不動産から生み出される収益に着目して、それぞれ不動産の価格または賃料を求めようとするものです。

　また、不動産の鑑定評価の方式は、価格を求める手法と賃料を求める手法に分類され、それぞれの鑑定評価の手法の適用により求められた価格または賃料を試算価格または試算賃料といいますが、不動産の価格を求める鑑定評価の基本的な手法は、原価法、取引事例比較法および収益還元法に大別され、このほかこれら三手法の考え方を活用した開発法等の手法があります。

④　鑑定と評価の相違

　世にある多くの不動産の価格査定を要する局面のうち、不動産の鑑定評価

第1　不動産鑑定・評価の簡易的手法概説（Q95）

は不動産鑑定士、不動産鑑定業のみができるのに対して、鑑定ではない評価は、その制約はなく、むしろ誰がやっても同じ価格となることを志向しているものも多く、税務評価はその典型例です。

　他にも、通常生じる損失の補償額の算定も志向の方向性は同じです。鑑定と評価の相違は前記Q7で解説したとおりですが、他にも宅地建物取引業者による価格査定もあります。さらには、全くの無免許者による価格査定もあります。多くの価格査定等、価格に関する意見を要する場面がありますが、価格査定をする者の責任の所在を明確にしておく必要性があります。不動産の鑑定評価に関する法律に規定された業務違反についてはQ98②で後述することとしますが、報酬の有無、多寡を問うことなく、価格に関する意見を表明した以上は、責任の所在が問われて当然ということになります。

　その点、税務評価等は原則的に一律、機械的なマニュアル方式であり、誰が評価しても同額になることを志向しているという公平性、中立性を主眼にしている点で、責任の所在は、マニュアル通りである以上は、評価主体、評価した人にではなく、マニュアルに帰せられることとなります。

　民事執行法上の評価は、不動産の鑑定評価に関する法律に規定されたものではなく、評価主体たる評価人についても不動産鑑定士の有資格者であることを要求していませんので、鑑定評価ではない評価に位置づけられています。民事執行法上の評価についてはQ99、Q100を参照してください。

⑤　過去時点の評価

　鑑定評価では、いつ時点の価格であるかの時点を日付けで特定しなくてはなりません。したがって、ある一定期間における価格とか、何年何月時点といった日まで特定しない価格は、少なくとも正規の鑑定評価では求めることはできません。では過去のある時点における評価は可能でしょうか。結論からいうと可能です。たとえば3年前の特定した日時点の価格を求めることは可能です。ただし、大正期や明治期になると相応の資料があったとしても、鑑定評価をなすことは困難となります。不動産の鑑定評価に関する法律ができたのは、昭和38年ですし、不動産鑑定評価基準も同年の答申により昭和44年にできたものです。地価公示制度は昭和45年からですし、取引事例についても昭和45年地価公示のためのものからしか保管されていません。

　以上によって、正規の鑑定評価をなすのであれば、通常は、昭和45年が限

303

第7章　不動産鑑定・評価の簡易手法

界といったところになります。なお、借地権は大正期に創設されたものも多く、大正期創設の借地権や地代の鑑定評価をなすことは少なくありませんが、大正期創設でも価格時点が昭和45年以降であれば鑑定評価をなすことが可能となります。

　一方、相続税路線価については、「相続税財産評価基準書」は昭和28年からありますが、地域によって掲載は異なります。昭和25年「富裕税財産評価基準書」は国立国会図書館にマイクロフィルムとして保管されています。市街地価格指数は昭和11年9月の旧日本勧業銀行調査からあります。

Q96　仮差押えのための評価とはどのようなものですか

（A）　民事保全のうち不動産仮差押えのための評価は、暫定性、迅速性、密行性の前提という限られた条件下、制約下での評価となります。仮差押えが本差押えに移行した場合の強制執行のための評価は、民事執行法に規定された評価になるため、不動産の鑑定評価に関する法律に規定された不動産鑑定評価には該当しないことになります。

　本差押え時には、執行官とともに、執行裁判所から評価命令を受けた評価人（指定された評価人候補者）が不動産を調査したうえで評価をなすことになりますので、仮差押え時の評価とは評価額が異なることは、価格時点（価格算定の基準となる日）も同一時点ではないことから、避けられないとみるべきこととなります。

解説

① 仮差押えの評価局面

　民事保全の不動産仮差押えをなすときの評価を要する局面としては、①申立てのための評価、②仮差押命令の際の担保金額の算定のための評価、③仮差押解放金算定のための評価、④将来の本差押えを見据えた評価、以上の四つの場合が相当します。

　まず、申立てにあたっては、民事保全規則20条1号ハにより、「不動産の価額を証する書面」の添付を要しますが、当該書面については実務上、固定資産評価証明書の添付でこれに代えているようです。固定資産評価証明書があ

304

る不動産については当該書面の添付を要し、未登記不動産のように固定資産評価証明書がない不動産の場合に限って、他に価格に関する書面の提出で代用できるという実務が標準となっています。

ただし、固定資産評価証明書の価格とは、税務上の課税の便宜を図った価格であり、時価を示すものでも、差押え時における経済価値を示すものではないことは、前記で縷々述べてきたとおりです。

したがって、価格の精度面においては、固定資産評価証明書記載価格は、鑑定評価書等の価格に関する書面よりも劣ることになります。

もう一つは、仮差押えにあたって、本差押え時の評価を見据えた評価を要することになります。もっとも将来の本差押えはいつになるかわかりませんので、仮差押え時の評価は、将来の地価変動等の時点修正を考慮できないことになるので、仮差押え時においては、暫定的に、仮の概算見積もりとせざるを得ないことになります。言い換えれば、高い精度は要求されないこととなります。

ただし、無剰余や超過の判断のためにも、債権回収可能額の見積もりのためにも本差押え時を見据えた評価は不可欠であり、仮差押えの暫定性をもってしても、底地や老朽家屋等、抵当権との優劣関係、法定地上権成否判断は、大きく価格に影響するので、その面の調査と併せた簡易評価が不可欠とされることとなります。

② 暫定性、迅速性、密行性

民事保全のための評価は、暫定性、迅速性、密行性の下での評価になるので、じっくりと時間と費用をかけて評価をなすことができない場合が多く、評価専門機関への有償依頼も消極的にならざるを得ない場合も多いことになります。

この暫定性、迅速性、密行性の要請により、精度の高さを犠牲にして簡易、簡便に評価をなすこととなりますが、その場合においても、将来の本差押えを見据えた評価を意識することが重要となってきます。

迅速性の前提の下においては、精微さ、厳密さよりも民事保全をなす目的が優先されることになり、資料や情報の収集に多くの時間を費やすことを避けた評価となります。

密行性の前提下においても、たとえば、借地や底地であっても当該契約書

第7章　不動産鑑定・評価の簡易手法

面の入手ができなかったり、貸しビルの場合には、賃料総収入や経費に関する資料の入手ができなかったりして、評価も大まかに、概算として対応せざるを得ず、厳密さが犠牲になることとなり、評価は限られた情報の制約下における暫定的なものに留まることになります。

③　不動産の価額を証する書面

不動産仮差押えにおいては、申立てにあたっては、被保全権利および保全の必要性の存在を裏付ける証拠書類としての疎明資料の他に、登記事項証明書、不動産の価額を証する書面の添付が要求されています（民保規20条1号）。「不動産の価額を証する書面」とは、民事保全法に関する解説図書によっても、実務においても、固定資産評価証明書と同義として扱われている場合が多いのですが、必ずしも固定資産評価証明書でなくてはならないという規定は存せず、未登記不動産のような場合には、別の書面であっても否定されるものではないことは、前記で述べてきたことですが、「不動産の価額を証する書面」として固定資産評価証明書に代えるということであれば、それなりの体裁を整える必要があると思われます。

要するに、固定資産評価証明書とは、市長等に行政機関の公印が押印された公文書であり、誰しも入手可能なものではない個人情報であり、証明力が高いことと平仄を合わせる必要があり、不動産価格を証する書面についても、評価専門機関による評価に関する有資格者の押印があり、価格算定のプロセスが明記された書面が望ましいと思われます。

306

第1　不動産鑑定・評価の簡易的手法概説（Q97）

Q97　価格等調査ガイドラインとはどのようなものですか

A　　不動産鑑定士といえば不動産鑑定評価ですが、不動産鑑定評価基準にのっとった不動産鑑定評価だけではなく、不動産鑑定士が不動産の価格等の調査を行う際のガイドラインとして「価格等調査ガイドライン」があり、不動産鑑定士は価格等の調査を行う際には、当該ガイドラインに依拠することになります。

　「価格等調査ガイドライン」は、不動産鑑定士が不動産に関する価格等調査を行う場合の業務の目的と範囲等の確定および成果報告書の記載事項に関するガイドラインの略称であり、不動産鑑定評価基準にのっとったものも、簡易なものも含め、不動産鑑定士が行う価格等調査全般について最低限のルールを定めたものです。

　「価格等調査ガイドライン」は、国土交通省のホームページで公表されています（http://tochi.mlit.go.jp/wp-content/uploads/2011/02/20090828kakaku_zenbun.pdf）。

解説

1　ガイドラインの趣旨

　価格等調査ガイドラインは、①その所属する不動産鑑定業者が業として行う鑑定評価等業務として、または、②不動産鑑定士が業として行う不動産の鑑定評価に関する法律3条2項の業務として、価格等調査を行う場合に、不動産鑑定士が当該価格等調査の目的と範囲等に関して依頼者との間で確定すべき事項および成果報告書の記載事項等について定めるものとされています。

　そして、このガイドラインの適用範囲および不動産鑑定評価基準との関係として、ガイドラインは、不動産の鑑定評価に関する法律3条1項に規定する不動産の鑑定評価であるか、同条2項に規定するいわゆる隣接・周辺業務であるかを問わず、価格等調査を行う場合に、不動産鑑定士が従うべき業務の方法等を示すものであり、不動産鑑定評価基準にのっとった鑑定評価を行う場合は、不動産鑑定評価基準のほか、本ガイドラインに従うものとされています。

307

第7章　不動産鑑定・評価の簡易手法

　なお、他の不動産鑑定業者が依頼者から受注した価格等調査業務の全部または一部について価格等調査を当該他の不動産鑑定業者から再受注する場合の再受注する価格等調査については、ガイドラインは適用されません。ただし、必要に応じ、本ガイドラインに準じた措置を取るよう努めるものとされ、さらに、国または地方公共団体が依頼する手法等が定型化された価格等調査についても、このガイドラインは適用しないとされています。

　一方、ガイドラインを逸脱することにより不当な不動産の鑑定評価その他鑑定評価等業務に関する不正または著しく不当な行為が行われた場合には、不動産の鑑定評価に関する法律に基づく指導監督を行うものとされています。

② 不動産鑑定評価基準にのっとった鑑定評価とそれ以外の価格等調査との峻別

　不動産鑑定評価基準は、不動産鑑定士が不動産の鑑定評価を行うにあたっての統一的基準であり、不動産鑑定評価制度の適切な運用に寄与し、もって不動産の適正な価格の形成に資することを目的とするものですから、不動産鑑定士が不動産の価格等を調査するにあたっては、不動産鑑定評価基準にのっとった鑑定評価を行うことを原則とすることになります。

　ただし、①調査価格等が依頼者の内部における使用に留まる場合、②公表・開示・提出される場合でも公表される第三者または開示・提出先の判断に大きな影響を与えないと判断される場合、③調査価格等が公表されない場合ですべての開示・提出先の承諾が得られた場合、④不動産鑑定評価基準にのっとることができない場合、⑤その他「依頼目的、調査価格等が開示される範囲または公表の有無等」等を勘案して不動産鑑定評価基準にのっとらないことに合理的な理由がある場合には、不動産鑑定評価基準にのっとった鑑定評価を行うことを必ずしも求めるものではないとされています。

③ 特定の想定上の条件を付加した価格等調査について

　ガイドラインによると、以下①～④の想定上の条件を付加した価格等調査は、不動産鑑定評価基準にのっとった鑑定評価ではないものの、調査価格等または成果報告書が公表・開示・提出される場合（公表される第三者または開示・提出先の判断に大きな影響を与えないと判断される場合を除く）には、不動産鑑定評価基準「第5章　鑑定評価の基本的事項　第1節　対象不動産の確定」、「第8章　鑑定評価の手順　第3節　対象不動産の確認」のうち、これ

308

第1　不動産鑑定・評価の簡易的手法概説（Q97）

ら想定上の条件に係る部分以外は不動産鑑定評価基準にのっとるものとされています。

① 未竣工建物を含む不動産に係る価格等調査
② 土壌汚染の可能性を考慮外とする価格等調査
③ 建物環境についてアスベスト等の有害物質の存在の可能性を考慮外とする価格等調査
④ 埋蔵文化財または地下埋設物の埋蔵または埋設の可能性を考慮外とする価格等調査

ただし、調査価格等が公表されない場合ですべての開示・提出先の承諾が得られた場合、その他「依頼目的、調査価格等が開示される範囲または公表の有無等」等を勘案して合理的な理由がある場合は、この限りではありません。

なお、前記①〜④の想定上の条件は、実現性、合法性、関係当事者および第三者の利益を害するおそれがないか等の観点から妥当な想定上の条件に該当しないと判断されるため、依頼目的、調査価格等が開示される範囲または公表の有無等に照らして当該想定上の条件を付加することが合理的である理由を検証のうえ、合理的と認められる場合に限って、これら条件を付与した価格等調査を行うとされています。

④ 業務の目的と範囲等の確定

ガイドラインでは、業務の目的と範囲等の確定を担当する不動産鑑定士（確定担当不動産鑑定士）は、価格等調査の業務開始までに、以下の事項を依頼者に確認したうえで確定するものとしています。不動産鑑定業者は以下の事項を明記した文書等を業務開始までに依頼者に交付するものとし、また、業務開始後にこの文書等に記載された事項を変更する場合には、確定担当不動産鑑定士は変更について依頼者に確認したうえで確定し、不動産鑑定業者は、成果報告書の交付までに、変更を明記した文書等を依頼者に交付するものとされています。

不動産鑑定士は、文書等に記載された内容に従って価格等調査を行うものとされています。

(1) 依頼者および成果報告書の提出先
① 価格等調査の依頼者

309

② 依頼者以外の者に成果報告書を提出する場合は、当該提出先

(2) 依頼目的、調査価格等が開示される範囲または公表の有無等

① 価格等調査の依頼目的

売買の参考のための調査、担保評価のため調査、不動産投信等の保有資産の調査、棚卸資産の低価法適用のための調査、賃貸等不動産の時価評価のための調査、訴訟に使用するための調査等。

② 開示範囲または公表の有無

㋐調査価格等が依頼者以外の者に開示される場合にはその範囲、㋑不特定多数の者に広く公表される場合はその旨。

なお、公表・開示・提出されるにもかかわらず、公表・開示・提出される第三者の判断に大きな影響を与えないと判断される場合は、その判断が合理的である理由を検証するものとされます。ただし、不動産鑑定評価基準にのっとった鑑定評価を行う場合には、この限りではありません。

③ 事後の公表・開示範囲の拡大の際の承諾の必要性

価格等調査終了後に、㋐当初公表が予定されていなかった調査価格等について公表されることとなる場合や、㋑当初定めた開示範囲が広がる場合には、当該公表または開示の前に依頼者が不動産鑑定業者に文書等を交付することにより、不動産鑑定士の承諾を得る必要があること。

④ 開示・提出先の承諾

調査価格等が公表されない場合であって、すべての開示・提出先から不動産鑑定評価基準にのっとった鑑定評価としないことについて承諾が得られている場合は、その旨。

第1　不動産鑑定・評価の簡易的手法概説（Q98）

Q98　宅地建物取引業者による価格資料の精度はどのようなものですか

A　　近年、宅地建物取引業者である各社はこぞって、無償で不動産に関する価格資料を提供するサービスを展開しており、大胆かつ大々的にチラシ配布、ネット上、店頭で大きく宣伝されています。宅地建物取引業者、媒介業者による価格査定は無償であるゆえ、多用されており、裁判所の証拠資料の一つとして提出することすらあります。

　一方、不動産鑑定評価に関する法律は、不動産鑑定士でない者は、不動産鑑定業者の業務に関し、不動産の鑑定評価を行ってはならないと規定しています（鑑定評価36条1項）。この条文は不動産鑑定評価について不動産鑑定業者による独占業務であることを示しています。宅地建物取引業者による価格に関する資料は、この不動産の鑑定評価に関する法律に照らして適法であるか、その精度等について以下で解説します。

解説

① 宅地建物取引業者による価格資料の根拠

　宅地建物取引業者が発行する価格資料の根拠は、宅地建物取引業法34条の2にあります。条文では、宅地建物取引業者が宅地または建物の売買または交換の媒介の契約を締結したときに、依頼者に書面を作成して交付しなければならない事項（宅建業34条の2第1項）の一つとして、「当該宅地または建物を売買すべき価額またはその評価額」（同法34条の2第1項2号）を掲げています。この条文によって広く顧客に不動産の価格査定サービスがなされ、さらに、公益財団法人不動産流通推進センター（旧不動産流通近代化センター）による価格査定ソフトの販売がなされています。

　この価格資料は、当然のことですが、法定地上権の成否等の民事執行法、民事保全法特有の諸事情を考慮していない平面的、単一的な価格査定であり、しかも、仲介市場での流通を主眼とした価格査定、あるいは業者買い取りをも考慮した価格査定であって、その報酬が無報酬であることもあり、価格算定プロセスや責任の所在が曖昧なものもあります。

　裁判等の紛争に関しては、通常複数の業者から価格資料が提出されることがありますが、その業者間の開きが少なくないという場合もあります。

311

第7章　不動産鑑定・評価の簡易手法

② 不動産の鑑定評価に関する法律の規定

不動産の鑑定評価に関する法律では、上記のように鑑定評価を鑑定業者の独占業務と位置づけ、違反者には、6月以上の懲役もしくは50万円以下の罰金、またはこれを併科するとしています（鑑定評価57条5号）。そこでよくいわれるのが、媒介業者の価格資料は鑑定評価ではないから、独占業務に抵触しないという主張です。しかしながら、不動産の鑑定評価とは、不動産鑑定評価に関する法律2条1項によると、「不動産（土地若しくは建物またはこれらに関する所有権以外の権利をいう）の経済価値を判定し、その結果を価額に表示する」ことと明確に定義していますので、多くの場合が不動産の鑑定評価に該当する可能性があることになります。

③ 人工知能と価格査定

近年の人工知能技術の飛躍的な向上により、不動産の価格査定についても人工知能が活躍し始めています。たとえば、「不動産業界で中古マンションの適正価格を人工知能（AI）で推定したり、住宅ローンの借り換えをIT（情報技術）で支援したりするベンチャー企業が増えている」等の新聞報道（日経新聞平成28年10月24日版）があり、また、IT系各社は人工知能（AI）等を使って公示地価や地図、売買実績等、日々更新される情報をビッグデータとして自動で収集、分析して、査定価格を随時算出するシステムを独自に開発しており、その動きを後押しするため、国土交通省は不動産情報の開示を拡大し、毎年の地価公示で不動産鑑定士が調べる建造物の形態や賃料等、これまで非公開だったデータを開示する検討を始めたということです。

要するに周辺における多数の事例等のデータベースを分析、応用して価格査定をなすということです。人工知能による査定価格の妥当性の検証結果報告はまだ世に出ていませんし、その価格査定プロセス（プログラム）も開示されていないので有用性については今のところ未知であるといわざるを得ません。ともかくも、不動産の価格査定についても、人工知能の利用という新しい局面に入っていることは事実であり、これらの動向にも注視する必要があります。国土交通省による取引事例データの公開（土地総合情報システム http://www.land.mlit.go.jp/webland/）等、不動産市場分析のIT化は急速に進み、多数の事例さえあれば、数式一つで不動産の価格の適正算出がなされ、かつ法定地上権の成否等の必要な情報も提供してくれるという時代はもう間近ま

で迫っているといえるかもしれません。

　そのような新しい人工知能による価格査定に不動産の鑑定評価に関する法律はどう対応すべきなのか、今後の動きが注目されることになります。人工知能を引き合いに出すまでもなく取引事例の収集とデータベースの公表により不動産流通市場の整備は急速になされてきたといえます。

コラム6

価格の論理

　価格は、経済学では需要と供給が一致するところで決まるという古典的な説明はともかく、価格は争いの決着点、代理戦争を意味する場合が多いという性質があることを指摘しておきたいと思います。もとより、貨幣経済ができあがる前は、人は戦闘によって侵略等を繰り返して領土、封土、領地を増やしてきました。武士とは、まさしく主君のために闘い、その褒美としての土地を与えられる職業戦士でした。貨幣流通が充分ではなかった時代では、野生動物の縄張り争いのようにもっぱら戦闘によって、領土拡大を図ってきました。一方、戦闘ではなく売買という方法で土地拡大を図る行為も徐々に増え、アメリカはその開拓時代を戦闘だけではなく買い入れるという方法によっても土地拡大を図ってきたことは先進であったといえるでしょう。

　ちなみにアメリカは、1803年フランスよりルイジアナ214万㎢を1,500万ドルで、1819年スペインよりフロリダを500万ドルで、1848年米墨戦争によりカリフォルニアをニューメキシコとともにメキシコから1,500万ドルで、1867年アラスカ170万㎢をロシアより720万ドルで、インディアン所有地1エーカー（1200坪）を1セント（現在価値で12円）で購入したとされています（注）。

　価格決定は当然より強い者が主導権を握りますので、価格の交渉および決定は、代理戦争的な意味があります。地代家賃の値上げ交渉等も戦闘のなごりか紛争に発展します。このように価格とは戦闘の仲介、審判的役割としての意味があります。訴訟における損害賠償額等もすべて価格であり、価格こそ最終決着点であるとみることができます。

　（注）武田知弘『ワケありな国境』14頁〔筑摩書房〕。

第 7 章　不動産鑑定・評価の簡易手法

第 2　民事執行法に基づく評価

Q99　仮差押え時の評価と民事執行法適用の法定評価ではどのように違いますか

A　不動産仮差押えの申立て時においては、債権者の代理人である弁護士や債権者本人が評価をなす場合があるでしょうが、仮差押え後に本差押えに移行した場合の強制執行に基づく評価は、執行裁判所選任の評価人候補者が評価人となって中立の立場で評価をなすことになることは前述したとおりです。この評価人の評価は、不動産の鑑定評価に関する法律の適用を受ける鑑定評価ではなく、民事執行法の適用を受ける評価となることに留意を要します。

また、差押え時の評価は、民事執行法の適用を受ける法定評価であることに対して、仮差押え段階の評価とはあくまで、債権者が債権回収額の見込額把握のためになされる任意的な簡便評価であり、民事保全法には評価に関する規定をしていませんし、法定評価でもありません。

解説

① 民事執行法による評価

民事執行法は、「執行裁判所は、評価人を選任し、不動産の評価を命じなければならない」「評価人は、近傍同種の不動産の取引価格、不動産から生ずべき収益、不動産の原価その他の不動産の価格形成上の事情を適切に勘案して、遅滞なく、評価をしなければならない。この場合において、評価人は、強制競売の手続において不動産の売却を実施するための評価であることを考慮しなければならない」（民執58条1項・2項）と規定しています。これは、不動産の換価を適正に行うために適正な売却基準価額の決定が前提となることによっています。さらに、民事執行法が規定している適正な価格とは何かについては、正常価格とする説もありますが、競売市場を前提とした価格が合理的な価格として、ここにいう適正な価格とする説は、正常価格と異なってもやむを得ないとする考えであり、この正常価格と異なる価格を採用するに至っています。

314

要するに不動産鑑定評価でいう正常価格とは異なった価格ということになり、鑑定評価とは明確に区別されていることが重要です。

執行官の現況調査に評価人も同行するような配慮がなされ（民執規30条の2）、現況調査結果と評価の前提となる現況の整合性が要求されていることは、評価命令の主旨によっても明らかであるといえます。

評価人には一定の権限が付与されています。たとえば、不動産に課せられている租税とその他の公課について、所管の官公庁または公署に対して必要な証明書の交付を請求することができ（民執18条2項）、市町村に対しては、不動産に課せられる固定資産税に関する図面その他の資料の写しの交付請求が可能（民執57条4項）で、電気、ガスまたは水道水の供給他を行う公益事業を営む法人に対して必要な事項の報告を求めることができる（民執57条5項）とされています。

② 評価額

民事執行法により求める価格は、競争により形成される価格が合理的な価格として適正な価格であることを前提とした価格、すなわち、競売不動産の現状有姿における価格であり、不動産競売の社会的、手続的特殊性も加味されることになります。これら競売不動産特有の状況を前提とした価格は正常価格から乖離し、卸売価格に近いものになるとされています。

評価額については民事執行規則によって評価をなすことになりますが、売却基準価額を最終的に決定するのは執行裁判所であり、評価人ではありません。評価人は競売対象の目的不動産を評価し、評価書を執行裁判所に提出するに留まります。評価人による評価額が執行裁判所が定める売却基準価額と一致していたとしても、決定権者は執行裁判所になります。

評価は、競売不動産を競売市場で売却するための売却基準価額のために必要なだけではなく、配当段階で債権の割り付けを行うため、超過の判断をするためにも必要となります。

さらに、任意交渉のために評価額を債権者が利用する場合も少なくありません。

また、評価が妥当性を欠くと認められる場合においては、売却許可決定が取り消される要因となります（仙台高決平成6・2・4判時1419号76頁）。

315

第 7 章　不動産鑑定・評価の簡易手法

③　補充評価と再評価

　正規の評価の他に補充評価と再評価があります。補充評価とは、補充評価命令に基づき、時間の経過または不売になった事実に鑑み、机上で評価を見直し、あらためて評価をなすことをいいます。ただし、この補充評価がないと評価額を変更することはできないわけではなく、執行裁判所は評価人の意見を聞いて最低売却価額を変更することができるとされています（民執規30条の3）。

　なお、原則的には、前回評価時点から時間が経過し、地価変動や建物残存価値が変更したことによる補充として発令されることが多い実務となっています。

　再評価とは、評価の前提、すなわち、現地確認等を経て、再度、あらためて評価をなすことをいいます。競売不動産の占有関係の変化、対抗力ある賃借権の終了等による評価の前提条件が変化した場合に発令されることが多く、時点修正が中心の補充評価とは異なることとなり、再評価により評価書もあらためて一新されることとなります。

④　売却基準価額

　執行裁判所は評価人の評価書を参考にして売却基準価額を決定しますが、その決定された売却基準価額は評価人が評価した評価額と同額となることが通常となります。買受希望者は入札するうえで、当該売却基準価額の8割に準じた額を下限として、もっとも高い札を入れた者が買受人となります。

　なお、競売市場においては、落札した競売不動産が暴力団事務所として確保され、利用されている傾向があることを踏まえ、民事執行法改正が予定されていることは前記Q83①で記載したとおりです。

　競売市場において、買受希望者は、どの程度売却基準価額より高額な札を入れないと落札できないかについては、物件の種類、地域、目的物件の状況にもよるので一概にいえませんが、売却基準価額が一般の取引市場における時価の7割程度（競売市場修正が7割）とされているときは0.70で割り戻した水準、すなわち、約1.43（＝1÷0.70）が市場価格ベースとなりますので、売却基準価額の1.42倍以上で札を入れると落札できる可能性が高いようにいわれることがあります。

　しかしながら、後述するような競売市場のパラドックス（Q137②）もあり、

相当に高額な札を入れないと落札できることは困難であり、買受希望者の入札額の設定は容易ではありません。特に近年における売却率の好調期には、落札するためには売却基準価額から相当の乖離を見込んだ入札が必要となると思われます。競売市場の動向についてはＱ137を参照してください。

Q100　民事執行規則に基づく評価とはどのようなものですか

A　民事執行法の評価に関しては、民事執行規則によって、より細かく規定されています。

評価人の不動産評価にあたって規定された民事執行規則の該当部分として、29条の2「評価の方法」、30条「評価書」、30条の2「執行官及び評価人相互の協力」の条文が重要ですので、それぞれ順にみていくこととします。

１　評価の方法

不動産評価の方法について民事執行規則は29条の2で「評価人は、評価をするに際し、不動産の所在する場所の環境、その種類、規模、構造等に応じ、取引事例比較法、収益還元法、原価法その他の評価の方法を適切に用いなければならない」と規定しています。

この条文は評価人による評価方法を規定したものですが、民事執行法による評価にあたっても不動産鑑定評価基準の趣旨に鑑みて評価すべきことを示したものとみることができます。一方において、民事執行法による評価は不動産の鑑定評価ではないので、その点の配慮はなされてしかるべきとなります。民事執行法の評価は不動産鑑定士の独占業務でもなく、不動産鑑定士の資格を要するものではないこともそのことを裏付けています。したがって、法的に基準の準拠が要求されているとまではいえないことになります。ただし、できる限りこれに従って行うことが望ましいと解されており鑑定評価と民事執行法の評価とは必ずしも無関係であると即断することはできないことになります。さらに、基準以外でもより合理的な鑑定評価理論が開発され、それが適切に適用できるのであれば、評価人はこれに従って評価を行うべき

第7章　不動産鑑定・評価の簡易手法

とされていることから、条文上も「その他の評価方法の活用」が述べられています。

　現在の評価事務は、原則として、取引事例比較法、収益還元法、原価法、すなわち、市場性、収益性、費用性の三面から価格検討がなされる姿勢が維持されていますが、所在地の実情、賃料の信頼性、不動産の種類等の事情、時間と費用が限定される不動産に対する強制執行手続の評価における制約等の事情によって、これらの手法の併用が困難な場合も少なくなく、これらの評価の方法を適宜、取捨選択して適切な評価方法によって評価するものとされています。

　② **評価書**

　民事執行規則30条1項では、評価人は不動産の評価をしたときは、次に掲げる事項を記載した評価書を所定の日までに執行裁判所に提出しなければならないとしています。

　①事件の表示、②不動産の表示、③不動産の評価額および評価の年月目、④不動産の所在する場所の環境の概要、⑤評価の目的物が土地であるときは、次に掲げる事項（イ.地積　ロ.都市計画法、建築基準法その他の法令に基づく制限の有無および内容　ハ.規準とした公示価格その他の評価の参考とした事項）、⑥評価の目的物が建物であるときは、その種類、構造および床面積並びに残存耐用年数その他の評価の参考とした事項、⑦評価額の算出の過程、⑧その他執行裁判所が定めた事項、です。

　同条2項では、評価書には、不動産の形状を示す図面および不動産の所在する場所の周辺の概況を示す図面を添付しなければならないとしています。

　民事執行法制定の眼目の一つである「不動産執行における売却の適正化」は、特に不動産の価額について実現されなくてはならず、適正な評価が民事執行の中核とされていることを示しているといえます。民事執行法は、評価を命ずる者を不動産鑑定士には限定せず、これに「評価人」との呼称を与え、評価人に一定の権限を与え、評価をより充実、適正化する一方、売却基準価額は「評価に基づいて」定められるものとして、売却基準価額の決定において評価をより重視することとされています。

　なお、評価額とは、目的不動産だけではなく、付随する従物、たとえば、建物についての借地権等の付帯の権利を含んでおり、また、制限物権等の価

318

額である不動産上の負担を控除した買受人の取得する権利の評価額であると
されています。

　要するに、建物のみが目的物件であっても、評価額は敷地利用権付建物価
額となり、土地が目的物件であっても法定地上権が成立する場合には、土地
は法定地上権価格を控除した残額、建物は法定地上権価額を加算した額とな
ります。そのため、評価書をみて、高額すぎる建物価格と低額すぎる土地価
格に対して、誤った評価であると勘違いされてしまうこともあります。

　評価額は、物件目録ごと、つまり物件番号ごと、不動産ごとに示す必要が
ありますので、土地であれば筆ごとに評価額を求めることとされており、そ
の点においても一般の不動産鑑定評価とは異なります。

　民事執行規則30条1項の条文のうち「八　その他執行裁判所が定めた事項」
とは、評価書に記載すべきことに対して、執行裁判所に記載事項の追加権限
を与えていることを示しています。この事項は特に制限もなく、もっぱら執
行裁判所の裁量となりますが、評価の目的が立木、工場財団等の場合には記
載事項を定める必要があると解されています。

　さらに、同条2項においては添付図面の規定があります。添付図面として
は、具体的には、不動産の形状を示す図面、地積測量図、建物の各階平面図
等が必要とされています。執行官の現況調査報告書に添付すべき見取り図よ
りも精度の高い、正確な縮尺、方位で作成されるべきとされています。添付
すべき「不動産の所在する場所の周辺の概況を示す図面」は目的物件の位置
が明示され、図面に基づいて現地到達達成できるものであることが要求され
ていると解されています。

③　執行官および評価人相互の協力

　民事執行規則30条の2では「執行官及び評価人は、現況調査又は評価をす
るに際し、それぞれの事務が円滑に処理されるようにするため、相互に必要
な協力をしなければならない」とされています。

　執行官と評価人とは本来、執行裁判所が発令する命令も、調査すべき内容
も、業務内容も異なっていて別のものです。ただし、不動産の場合にあって
は、双方別々の視点、観点により同一不動産を確認し、調査する点で重複も
少なくなく、相互協力義務が規定されてしかるべき関係にあります。

　資料や情報の共有や意見交換が、相互協力義務の一つですが、その他にも、

第7章　不動産鑑定・評価の簡易手法

目的不動産への同行があり、むしろこの同行が相互協力義務の中核とされている向きがあります。

　評価人には強制解錠権限や抵抗排除権限が認められていませんが、このデメリットも執行官の同行により治癒されますし、執行官にとっては、不動産に関する情報を両者が現地立会いのうえで確認でき、共有できるメリットがあります。さらに、占有者にとっては、執行官と評価人とが別の日に別々に来るよりは1回で済むメリットがあります。このことは、逆にいうと、執行官と評価人とが協働しない単独調査だけでは、評価は充分でなく片手落ちになってしまう可能性があることを示しています。本差押え前の仮差押えのための調査は弁護士、債権者等が密行性、迅速性の前提下で単独で行うこととなるので、調査にはおのずと限界があることは今まで縷々述べてきたとおりです。

　なお、以上については、最高裁判所事務総局民事局監修『条解民事執行規則〔第3版〕』〔司法協会〕を参考にしました。

第2 民事執行法に基づく評価（Q101）

Q101　民事執行法の「無剰余」と「超過」とは何ですか

A　民事執行法には、無剰余と超過という重要な概念があります。無剰余とは、請求債権ついて全く弁済を受けられないことが見込まれる場合をいい、剰余主義とは剰余を生じる見込みのない差押えを禁ずる、つまり、売却代金から差押債権者が全く配当等を受けることができない場合には、差押債権者の債権回収としての機能を課すことができないので、それにもかかわらす売却実施することは無益であることから、そのような場合には売却実施を許さないということ（無益執行禁止の原則）です。

超過とは、一つの不動産の売却で弁済可能であるのに、複数の不動産を売却することを許さないという原則で、たとえば土地だけか、またはその地上建物だけで競売実施が充分であるところ、土地建物を一括売却することはできないということです。必要のある売却を超過する不必要な売却を是認しないという趣旨です。土地と建物とが別個の不動産とされているわが国では、重要な原則です。

そして、この無剰余と超過の判断のために評価が必要となります。仮差押え時においては無剰余や超過の判断のために簡易評価が必要となり、簡易評価次第では無益な仮差押えをしなくて済む場合もあります。

正式には差押え時の評価人の評価、または評価人の意見を基礎として無剰余や超過の判断を執行裁判所がなすことになります。

解説

1　無剰余と民事執行法63条

（1）　無剰余とは

無剰余とは、執行裁判所が定めた買受可能価額が優先債権と手続費用（差押えの登録免許税や現況調査・評価の費用）の合計見込額を下回る場合をいい、民事執行法は、競売を実施しても差押債権者に配当される剰余の見込みがない場合には、配当にあずかれない債権者からの競売申立ては無益な競売として認めていません（民執63条1項、剰余主義）。

この規定がないと、優先債権者を害するような無益な売却がなされる可能

321

性があるので、この原則が規定されました。

(2) 民事執行法63条

(ア) 1項

同条1項では、①差押債権者の債権に優先する債権（優先債権）がない場合、不動産の買受可能価額が執行費用のうち共益費用であるもの（手続費用）の見込額を超えないときか、②優先債権がある場合において、不動産の買受可能価額が手続費用および優先債権の見込額の合計額に満たないとき、いずれかに該当すると執行裁判所が認めるときは、その旨を差押債権者に通知しなければならないとしています。

(イ) 2項柱書

続いて同条2項柱書では、差押債権者が、前項の規定による通知を受けた日から1週間以内に、優先債権がない場合にあっては手続費用の見込額を超える額、優先債権がある場合にあっては手続費用および優先債権の見込額の合計額以上の額（申出額）を定めて、次の各号（下記）に掲げる区分に応じ、それぞれ当該各号に定める申出および保証の提供をしないときは、執行裁判所は、差押債権者の申立てに係る強制競売の手続を取り消さなければならないとしています。

(ウ) 2項各号

同条2項の条文中の各号とは、次のとおりです。

① 差押債権者が不動産の買受人になることができる場合

　申出額に達する買受けの申出がないときは、自ら申出額で不動産を買い受ける旨の申出および申出額に相当する保証の提供

② 差押債権者が不動産の買受人になることができない場合

　買受けの申出の額が申出額に達しないときは、申出額と買受けの申出の額との差額を負担する旨の申出および申出額と買受可能価額との差額に相当する保証の提供

上記②の差押債権者が不動産の買受人になることができない場合とは、たとえば、目的物件が農地であり、買受けの資格が制限される場合がこれにあたります。

(エ) 2項ただし書

さらに同条2項ただし書として、ただし、差押債権者が、その期間内に、

前項各号（上記①②）のいずれにも該当しないことを証明したとき、または同項2号に該当する場合であって不動産の買受可能価額が手続費用の見込額を超える場合において、不動産の売却について優先債権を有する者（買受可能価額で自己の優先債権の全部の弁済を受けることができる見込みがある者を除く）の同意を得たことを証明したときは、この限りでないとしています。

　㋐　3項

　同条3項では、上記②の申出および保証の提供があった場合において、買受可能価額以上の額の買受けの申出がないときは、執行裁判所は、差押債権者の申立てに係る強制競売の手続を取り消さなければならないとしています。

② 超　過

　超過について民事執行法は、数個の不動産を売却した場合において、ある不動産の買受けの申出の額で各債権者の債権および執行費用の全部を弁済することができる見込みがあるときは、執行裁判所は、他の不動産についての売却許可決定を留保しなければならない（民執73条1項）と規定しています。

　これは、金銭債権の満足を目的とする民事執行手続においては、債権回収の目的が達するのであれば、それ以上の不要な執行を許さないという過剰執行禁止の要請によっています。具体的にはたとえば、土地だけの売却で債権弁済がまかなえるのに、土地上の建物まで売却するというような無益な売却を阻止しようとすることです。

　ただし、一方的に執行裁判所が阻止できるかというと、そうではなく、買受けの申出の額で各債権者の債権および執行費用の全部を弁済することができる見込みがある不動産が数個あるときは、執行裁判所は、売却の許可をすべき不動産について、あらかじめ、債務者の意見を聴かなければならない（民執73条2項）と規定しています。

　そして超過の判断により、売却許可決定が留保された不動産の最高価買受申出人または次順位買受申出人は、執行裁判所に対し、買受けの申出を取り消すことができる（民執73条3項）とし、売却許可決定のあった不動産について代金が納付されたときは、執行裁判所は、前項の不動産に係る強制競売の手続を取り消さなければならない（同条4項）としています。別個の不動産である土地とその上の建物を一括して共同抵当にとる慣習が根強いわが国においては、この超過判断は、執行にあたっては重要な判断となります。

323

第7章　不動産鑑定・評価の簡易手法

③　評価の役割

　無剰余と超過は、評価人の評価額を基礎として判断されることから、評価額の活用方法は売却基準価額のためだけではないことになります。他にも物件ごとの配当計算のためにも評価額は活用されます。

　仮差押え時点における簡易評価で剰余を生じる見込みのないことが推定できる場合もありますが、差押え時の評価人の評価額を基礎として執行裁判所が無剰余や超過を判定することになります。ただし、土地の上に建物が存している状態で、土地または建物のみを売却に付した場合と土地建物双方を一括で売却に付した場合とでは評価額は同額ではありません。

　土地のみを売却に付するということは、買受人は地上建物の所有権を得ることはできないので、買受人は建物のための敷地利用権を控除した底地を取得することになりますし、建物のみを売却に付するということは、買受人は土地の所有権を得ることはできないので、買受人は敷地利用権付建物を取得することになります。

　要するに土地・建物を一括して売却するよりも、買受人は完全な土地建物の所有権を取得できないという市場性の減退を考慮すべきということです。この場合の市場性減価の割合は、物件によって異なるので一概にはいえませんが、おおむね20％を中心に10％～30％の幅があると思われます。すなわち、土地建物一括の場合よりもおおむね20％前後の市場性減価を見込んで80％程度の水準になるということです。この減価割合についても評価人が物件の種類や状況、地域の特性等に鑑みて不動産ごとに個別に判断することになります。

　そして超過判断は、この市場性減価を考慮した評価額を基礎として、執行裁判所が判断することになります。

324

第2　民事執行法に基づく評価（Q102）

Q102　評価の単位・評価の順番により生じる違いとは何ですか

A 　評価にあたって重要なのは評価単位の特定と評価の順番です。たとえば、規模の大きなある画地を一括一画地として評価する場合と、複数画地に分割して評価する場合とでは、合計評価額、債権回収額に差が出ることになりますし、場合によっては過大な開差を生じることもあるので重要です。

　また、評価の順番は、結論としての計算結果は差がほとんどない場合であっても、理論性の維持の場合に必要なことがありますので軽視できないこととなります。

解説

1　評価単位

　市街地再開発事業等の場合には、市街地再開発組合等の施行者内部において評価基準を充分な検討を経て策定し、策定した当該評価基準を運用することによって従前資産である個々の画地評価をなしていくこととなります。市街地再開発事業が計画される地域は、古くからの区画整然とされていない狭小街路沿いの狭小画地であり、権利が複雑に絡んでいる画地も多く、単なる一建物の敷地ごとに個別に評価するという単純図式では対応できないことが多いため、地権者らによる勉強会等で充分な検討を経て評価単位の確定基準を練っていくこととなります。

　筆者が経験した組合施行のある第一種市街地再開発事業においては、評価単位について以下のように評価基準を定めました。

「宅地評価の前提となる画地評価単位は、原則として次のとおりとする。

① 　所有者が同一人であっても利用現況が異なる場合は、利用区分（借地権毎）にしたがって一画地とする。

② 　借地権者等が２筆以上の異なる地番を用いて土地の一体利用を行っている場合は、所有区分にかかわらず一画地とする。ただし、その権利について争いがない場合に限る。

③ 　上記①②にかかわらず、地域の実情及び当事者間の合意を尊重して実態に即して区画単位を設定するものとする」。

325

第7章　不動産鑑定・評価の簡易手法

　この基準に照らすと、たとえば、1筆上の複数棟の建物は、同一所有者で
あったとしても、建物の敷地ごとに画地区分されることになり、所有者区分
よりも利用区分が優先されることになります。同一所有者に帰する2筆の更
地であったとしても、2筆の画地に高低差があり、一体利用とみることが困
難な場合には2分された2画地として別々に評価することになります。

　相続税財産評価基本通達7-2によると、宅地の評価単位は、1画地の宅地
（利用の単位となっている1区画の宅地）を評価単位とし、贈与、遺産分割等に
よる宅地の分割が親族間等で行われた場合において、たとえば、分割後の画
地が宅地として通常の用途に供することができない等、その分割が著しく不
合理であると認められるときは、その分割前の画地を「1画地の宅地」とす
ると規定されています。

　固定資産税評価基準においては、鉄道軌道用地を除いて評価単位について
の記載はありません。

2　売却単位と評価

　民事執行法61条は、「執行裁判所は、相互の利用上不動産を他の不動産（差
押債権者または債務者を異にするものを含む）と一括して同一の買受人に買い受
けさせることが相当であると認めるときは、これらの不動産を一括して売却
することを定めることができる。ただし、1個の申立てにより強制競売の開
始決定がされた数個の不動産のうち、あるものの買受可能価額で各債権者の
債権及び執行費用の全部を弁済することができる見込みがある場合には、債
務者の同意があるときに限る」と規定し、一括売却を前提とした評価と、そ
の内訳価格として個別の物件ごとの価格を求めることとされています。これ
は、競売対象不動産の物件目録は物件ごと、すなわち、登記上の1筆の土地、
建物を1個の不動産として物件番号を付しており、物件番号ごとの価格を評
価するものの、物件番号ごとに個別売却に付すものではないことを示してい
ます。

　差押え単位は不動産登記上の区分、すなわち、土地については筆界によら
ざるを得ないのですが、売却は筆界、筆ごとではなく、利用現況に応じた区
分によってなされることになります。たとえば、数筆からなる土地があって
も地上建物が一つなら、それら数筆の土地は一つの建物の敷地として、1個
の不動産として評価、売却されるということです。筆数が数百あろうと変わ

326

りません。2棟の建物があり、当該2棟は同一所有者に帰している場合であっても、当該2棟が主である建物と附属建物の関係ではなく、主である建物2棟であれば、それぞれの土地は別々の画地として評価するということです。仮に一方の敷地が無道路地扱いとなり評価額が低廉になったとしてもです。

このことは極めて重要なことで、評価方法、売却単位一切に関する重大な論点となることも少なくなく、たとえば、大規模画地上に数棟の建物、目的外建物、附属建物、道路等が混在しているときは、評価単位、売却単位の判断次第では合計評価額、債権回収額、買受け後の利用状況、地域への影響に関して大きく差が出ることになりますが、この点に関して精緻な検討を経た解説等はあまりなされていないようです。これについては、今後の精査、充分な検討が期待されます。

③ 評価の順番

民事執行法の換価のための評価に限らず、評価、鑑定評価は、税務上の画一的、機械的、マニュアル的評価を除いて、評価の順番があります。税務上の評価は機械的にマニュアルどおりにするだけなのですが、競売評価や鑑定評価にあたっては、評価のための順序があり、これに違背することは、誤りとまではいえないにせよ、理論的妥当性を欠く可能性があるということです。

抽象的に説明してもよくわからないので、具体例をあげますと、共有持分の戸建住宅およびその敷地の評価のとき、土地価格、建物価格の算出過程で共有持分を乗じた持分地積、持分の床面積をもって評価となすか、それとも、まず1棟全体の価格を求め、その後共有持分を土地、建物それぞれに乗じるかということです。計算結果は同額になるものの、計算結果さえ一致していれば、どんな順番でも常に正しいとは限らないということです。競売評価にあたっては、競売市場修正と、競売市場修正以外の市場性修正の双方を考慮することもありますが、その順序はどちらが先でもよいというものではありません。もっともこのことは、評価人等の専門家が考慮すべきことであり、専門家以外の債権者や弁護士による簡易査定にまで拘束すべきものでないことはいうまでもありません。

競売評価にあたっては、管理費滞納控除、買受人に対抗できる賃借権の預かり一時金の返済債務の控除、市場性修正、競売市場修正、共有持分、その他の補正等が一つの物件について何重にもなされることもあるので、その順

第7章　不動産鑑定・評価の簡易手法

序への配慮は評価人によってなされることとなります。もっとも、競売評価についていえば、近年におけるマニュアル化、事務標準化、評価方法および書式統一化によって画一化が一挙に推し進められてきています（注）。

　共有持分の評価については、原則として、共有持分を乗ずる前の価格を求め、評価額決定段階で共有持分を乗ずることになります。したがって、貸しビルの共有持分が競売対象不動産であったとしても共有持分に応じた収支計算、キャッシュフロー計算を基礎にした持分に応じた収益還元法による収益価格を試算することはありません。

　これは、総費用は持分に応じて費用となるのではなく、たとえば、エレベーターやエントランスの照明は常に費用を構成し、共有持分であることの影響もあまり受けないことによっています。もっとも、共有持分であることに対しては共有減価を要することを原則としますが、これについてはQ141④を参照して下さい。

　共有持分を乗じた後に、共有持分であることによる市場性減価、競売市場修正がなされるという順番になります。

　　　（注）金融法務事情1668号30頁、1718号28頁〔金融財政事情研究会〕を参照。

328

第3　土地の鑑定・評価の簡易手法（Q103）

第3　土地の鑑定・評価の簡易手法

Q103　「地価公示価格との規準」とはどういう意味ですか

A　土地の価格を求めるための鑑定、評価の簡易手法としての定石、定番が、地価公示価格、都道府県地価調査基準地価格との規準となります。

一方において、この規準とは、簡易手法としての側面だけでなく、地価公示法に定められた重要な法定評価であり、不動産鑑定評価においても鑑定評価の手法ではないものの重要な価格算定方法として位置づけられています。なお、地価公示価格との規準とは、厳密な地価公示価格だけではなく、都道府県地価調査基準地価格との規準も含めていうことが一般的なので、本書においては両者を区別せず「地価公示価格との規準」として一括して表示することとします。ちなみに「規準」という用語は、正確には「規準とする」といいます。

解説

① 地価公示価格との規準の意味

地価公示法9条は地価公示区域内の土地にあって「土地収用法その他の法律によつて土地を収用することができる事業を行う者は、公示区域内の土地を当該事業の用に供するため取得する場合（当該土地に関して地上権その他当該土地の使用又は収益を制限する権利が存する場合においては、当該土地を取得し、かつ、当該権利を消滅させる場合）において、当該土地の取得価格（当該土地に関して地上権その他当該土地の使用又は収益を制限する権利が存する場合においては、当該権利を消滅させるための対価を含む）を定めるときは、公示価格を規準としなければならない」としています。したがって、該当地域内の土地の公共用地取得の際には地価公示価格との規準とすべきことが法的に規定され、義務付けられていることになります。

地価公示価格とは、政府が公表する唯一の価格指標であり、意義は大きく、

329

第 7 章　不動産鑑定・評価の簡易手法

地価公示価格を無視、軽視した価格は公的価格としては許容しがたいことがその理由となっています。

　一方において、この「規準」とは、どのような意味か釈然としないとされることもあり、「規準とする」だけではなく「規準する」と動詞形で使用されることも口語上あります。「公示価格を規準とする」とは、「対象土地の価格（当該土地に建物その他の定着物がある場合又は当該土地に関して地上権その他当該土地の使用若しくは収益を制限する権利が存する場合には、これらの定着物又は権利が存しないものとして成立すると認められる価格）を求めるに際して、当該対象土地とこれに類似する利用価値を有すると認められる一又は二以上の標準地との位置、地積、環境等の土地の客観的価値に作用する諸要因についての比較を行ない、その結果に基づき、当該標準地の公示価格と当該対象土地の価格との間に均衡を保たせることをいう」（地価公示11条）と明確に定義されていますが、「規準とする」について積極的に説明した住民訴訟についての裁判例（名古屋地判平成元・10・27行集40巻10号1501頁）があるので、それを紹介したいと思います。

　「地価公示価格を規準とする」とは、「対象土地の価格が不動産鑑定評価基準にのっとった鑑定評価方式によって鑑定されることを前提に、その算定過程における価格形成要因の分析等が、標準地の公示価格の算定過程で行われる価格形成要因の分析に照らして不合理ではなく、かつ右算定の過程において標準地の公示価格やその価格形成要因の作用に対する適切な配慮がなされていることをいうものと解され、以上のことが遵守されている場合には、公示価格規準義務は尽くされていると評価する」とし、さらに、価格形成要因の分析等の技術的事項については、原則として、当該不動産鑑定士の裁量に委ねられており、ただ、当該取引事例の選定や地域要因の分析等が明らかに不合理で、標準地の公示価格における価格形成要因の作成に対する配慮を著しく欠いたと評価できるような場合に限って、公示価格規準義務に違反するとしました。

　この裁判例は、控訴審で上記一般論を前提として、公示価格規準義務違反はないと結論づけました（名古屋高判平成2・11・28行集41巻11・12号1912頁）。

　一方において、具体的な土地利用計画が定まらないまま、単に普通財産として所有することを目的とする土地取得には、公示価格規準義務の限定は適

330

用されないとした裁判例（名古屋地判平成元・10・27行集40巻10号1476頁、（控訴審）名古屋高判平成2・7・25行集41巻6・7号1266頁）もありますが、当面利用計画のない土地を取得する場合であっても、当然公示価格規準義務を負っていると解することも可能なように思われる、とする意見があります（注1）。

② 民事執行規則と地価公示価格との規準

競売評価にあたっては、地価公示価格との規準はさらに重要な意義を帯びています。すなわち、評価の迅速性と費用その他の制約下に鑑み、土地価格について、取引事例比較法、収益還元法および原価法の厳格な試算には限界があることから、公的評価の指標たる地価公示価格を活用して目的土地の価格を算出することは、競売評価の趣旨にも合致しており、合理性があるとされます。

民事執行規則30条1項5号ハにおいては、評価の目的物が土地であるときは、評価書記載事項として、「規準とした公示価格その他の評価の参考とした事項」をあげています。これは法定の公示区域内の土地について鑑定評価を行う際に不動産鑑定士が公示価格を規準とすべき地価公示法8条の規定によるものですが、不動産鑑定士に評価人を限定していない民事執行の評価においても、地価公示法の適用はないものの、地価公示価格を規準とするべきであることを示しています。

なお、「その他の評価の参考とした事項（1項5号ハ）」としては、取引事例比較法における近隣地域または同一需給圏内の類似地域における取引事例、都道府県の指定基準地価格、固定資産税評価額、相続税路線価、収益還元法による維持管理費、賃貸料、原価法における造成、埋め立てに要した費用等があります（注2）。

③ 地価公示価格の意義

地価公示価格は地価公示法に規定された法的価格ですが、地代家賃統制令のような官製価格としての経済統制の意味はなく、わかりにくい不動産の価格水準の指摘を制度的に整備することによって、取引等の指標に役立てようという趣旨であり、政府主導の唯一の価格公表制度として国民社会の便に供されています。

一方において、前記Q6③でも指摘したとおり、地価公示価格は、市中の

市場価格よりは低廉な水準であり、市場取引価格とは一定の乖離があるとされています。この点については、近年において時価ベースへの修正が意図されており、地価公示価格水準と市場価格水準との乖離は縮小方向にあるといえます。また、地価公示価格の鑑定評価書の公開制度も整備され、より充実が図られており、国土交通省が公表している取引事例公表制度とセットで活用すれば、より有用な価格情報を得ることができます。したがって、地価公示制度はより利用しやすい方向に更新されているといえます。

④　**地価公示価格との規準の実際**

仮差押え、本差押えにあっての土地価格水準把握のためには、簡易的な地価公示価格との規準が有用となります。その考えとしては、まず、

① 　調査対象土地の周辺地域において、最寄駅、用途地域、容積率、環境条件等の地域要因が似た地価公示のポイントを探し、規準とする地価公示地点を特定します。地価公示ポイントを探す際には、日本全国の地価マップ（http://www.db-map.com/ztika/a.html）をはじめ各種マッピングがインターネットで閲覧できるので便利です。

② 　時点修正を考慮します。地価公示は毎年1月1日の価格で、3月中旬から下旬にかけて公表され、都道府県基準地価格は毎年7月1日の価格で9月中旬から下旬にかけて公表されます。時点修正率については、その方面に詳しい専門家等の知見を得るしかありません。

③ 　地価公示地についての標準化補正を行います。選択した地価公示地点が角地や不整形地であれば、その増減価分が価格に反映されていることになりますので、角地や不整形地でない場合に補正する（補正率を戻す）必要があるからです。

④ 　地価公示地の所在する地域と調査対象土地が所在する地域の地域要因について比較します。具体的には駅距離等の交通接近条件、街路の幅員や連続性等の街路条件、住環境や商業繁華性等の環境条件、用途地域や容積率等の行政条件等について地域格差を判定していくこととなります。

⑤ 　最後に、調査対象土地の個別的要因の比較、すなわち、角地、二方路、不整形、高低差、間口狭小等による増減価をなします。地価公示価格との規準は以下のように分数を掛け合わせていく方法によります。

⑥ 　②〜⑥は分数で表示しますが、分数は格差がなければ100／100、そし

第3　土地の鑑定・評価の簡易手法（Q104）

て分母が地価公示地、分子が調査対象土地を示しています。増価なら100
より大きく、減価なら100より小さくなります。さらに、時点修正と個別
的要因の比較の分母は100で固定、標準化補正と地域要因の比較の分子は
100で固定、時点修正と個別的要因の比較の分子と、標準化補正と地域要
因の比較の分母が可変という算式となります。

　以上の①〜⑤項目について、以下で具体的な例示式を示します。一つの数
式をもって地価公示価格との規準を表すことになります。

地価公示価格　時点修正　標準化補正　地域要因の比較　個別的要因の比較　対象土地価格
〇〇千円／㎡×101／100×　100／100　×　　100／110　　×　　102／100　　＝〇〇千円／㎡

　　（注１）碓井光明『要説　住民訴訟と自治体財務〔改訂版〕』243頁〔学陽書
　　　　　房〕。
　　（注２）最高裁判所事務総局民事局『条解民事執行規則〔第３版〕』158頁〔司
　　　　　法協会〕。

Q104　路線価方式による簡易査定はどのようにするのですか

A　　簡易的査定方法は地価公示価格等、既存の価格情報を基礎とす
ることになります。路線価方式もその一つです。ある土地の価格
が判明しているときに、その土地の相続税路線価と調査対象土地の路線
価とを比較して調査対象土地の査定価格とする方法です。

解説

①　路線価方式による価格査定

　ある土地の価格が、取引事例、鑑定評価、用地買収等、何ら
かの原因により判明しているときは、その土地の相続税路線価
と調査対象土地の路線価とを比較することによって簡易価格査定をなすこと
ができます。

　たとえば、ある土地の価格が50万円／㎡で、その相続税路線価が40万円／
㎡、対象土地の前面道路路線価が35万円／㎡であれば対象土地の価格は、
　50万円／㎡　×　35万円／40万円　＝　43.75万円／㎡となります。

　この方法には、別途、時点修正を考慮しなければならず、またある土地が

333

第7章　不動産鑑定・評価の簡易手法

調査対象土地の双方または一方の前面道路に路線価が付設されていないとき
は使えず、角地や不整形等の土地の個別的要因が反映できない等のデメリッ
トがあります。

　さらに、ある土地の価格が判明しているときといっても、その価格が適正
な価格かどうかの検証も必要でしょう。

　相続税路線価は地価公示価格と比較にならないほど多数地点付設されてお
り、地価公示価格より利用度は高いという特色があります。一方において前
述したデメリットに加えて、税務特有の単一的、機械的評価のために、この
方式の活用はあくまで簡易的な水準把握に留まることになります。ただし、
地域格差の把握、判断が困難な場合には極めて有用な手法となります。

　先の地価公示価格との規準にあたっても、地域格差（地域要因の比較）の判
断は、この路線価割合の比較に変えることが可能です。地価公示価格が１地
点における地点評価であるのに対して、路線価は、地域一帯の地域格差を考
慮したバランス評価ですので、両者を組み合わせることにより精度は一挙に
向上することになります。両者を組み合わせた簡易評価例は次の通りです。

　地価公示価格　　時点修正　　標準化補正　　相続税路線価比　　個別的要因の比較　　対象土地価格
　〇〇千円／㎡×101／100×100／100×35万円／40万円×　102／100　＝〇〇千円／㎡

②　路線価割り戻し法

　前記Ｑ６③では路線価≒地価公示価格の80％水準であることを解説しまし
た。このことを踏まえると、路線価を0.8で割り戻した水準が地価公示価格ベー
スであり、時価水準の推定が図れることになります。

　一方において路線価が地価公示価格の80％水準であるとはあくまで目安、
指標に過ぎず、全国一律、どのような画地でもそのことがあてはまるわけで
はありません。工場地域における工場用地等、路線価水準が時価水準と合致
する地域、画地も少なくなく、都内の優良地域では、路線価の２倍近い水準
で取引されることも多く、証券化に至っては路線価の数倍に至ることは珍し
いことではありません。

　したがって、単純に調査対象土地の前面道路に付されている路線価を0.8で
割り戻した値をもって時価水準とするには早計であり、簡易評価としても少
し簡易過ぎることになります。

　一方、他に価格に関する情報も査定方法もない場合には、一定の意味があ

334

る価格として考えることができる余地がありますし、厳密な鑑定評価の最終結果と大差ない場合もありますので、一概に否定することもできないというべきこととなります。

> **Q105　固定資産税路線価でも価格情報として利用をすることができますか**
>
> A　固定資産税路線価についても、相続税路線価と同様に価格情報として利用することができます。

　　固定資産税路線価も、東京都主税局HP路線価公開（東京23区）(http://www.tax.metro.tokyo.jp/map/H27/index.html) や一般財団法人資産評価システム研究センターの全国地価マップ (http://www.chikamap.jp/) 等により公開されていますので、相続税路線価と同様に活用することができます。ただし、相続税路線価のほうが固定資産税路線価よりも一般の認知度は高く、多く利用されており、時価との乖離が小さいことから、相続税路線価方式の方がより一般的ということになります。さらに、固定資産税の場合、正規の評価は3年に一度であり、3年間価格は据え置かれますので、時点的精度は相続税路線価のほうが良好ということになります。

　一方、仮差押えをはじめとする訴訟の局面においては、固定資産評価証明書が公的価格証明書として一定の位置を占めていることは否定できないことから、固定資産税課税上の情報は軽視することはできず、地代算定や建物価格算定の際には有力な情報として扱われることが多いことは指摘しておくべきことと思われます。

第7章　不動産鑑定・評価の簡易手法

Q106　大規模画地と多数画地の簡易評価にはどのような方法があります か

A　土地のうち大規模画地については、マンション分譲や宅地分譲を想定して土地価格を求める「開発法」という方法の簡便法が便利な場合があります。

また、多数画地についての評価は標準地比較方式が有用です。

□1　「開発法」という評価方法

解説　調査対象土地の規模が地域における標準的規模より大きい場合で、マンション分譲や宅地分譲の想定が可能な宅地については、開発法という方法で土地価格を求めることができます。この手法は原価法、取引事例比較法、収益還元法の3試算とは別の鑑定評価の手法です。

不動産鑑定基準では開発法について、「更地の面積が近隣地域の標準的な土地の面積に比べて大きい場合等においては、次に掲げる価格を比較考量して決定するものとする（この手法を開発法という）。(1)一体利用をすることが合理的と認められるときは、価格時点において、当該更地に最有効使用の建物が建築されることを想定し、販売総額から通常の建物建築費相当額および発注者が直接負担すべき通常の付帯費用を控除して得た価格、(2)分割利用をすることが合理的と認められるときは、価格時点において、当該更地を区画割りして、標準的な宅地とすることを想定し、販売総額から通常の造成費相当額及び発注者が直接負担すべき通常の付帯費用を控除して得た価格」と説明しています。

具体的にはマンション分譲や宅地分譲を想定して、総販売収入から造成費、建築工事費、負担金、販売費および一般管理費を控除して、さらに、不動産取得税、公租公課の負担を考慮して土地価格を求める方法です。重要なのは、投下資本収益率を用いて、総収入も経費も現在価値に割り戻していくことです。そしてその割引期間の査定を裏付けるのが、土地取得から始まって販売を終え、全行程を完了するスケジュールの策定です。可能な限り現実的な計画を立案していくことが大切になります。少し高めの販売価格設定で販売が長期になる場合、低めの販売価格で即日完売を想定する場合等を予測して計

336

画することになります。

厳密な鑑定評価ではなく、簡便に計算するには、建築可能建物のボリュームから、販売総収入を割り出し、建築工事費、販売費等の諸経費を控除して、残余を土地価格とする方法もあります。この開発法の価格とは、マンション業者が土地を買う価格であるとされ、マンション業者は実際に各社で独自の事業計画、シミュレーション等を行って土地取得計画を展開しています。

② 投下資本収益率

簡便的な開発法の試算においては投下資本収益率を考慮しない場合も多いのですが、この投下資本収益率は、開発法の中核概念として重要ですので、少し専門的になりますが説明します。

まず、投下資本収益率とは、投下資本に対する標準的な収益率のことであり、開発計画期間内におけるキャッシュフローを価格時点へ割り戻すための率として認識され、以下の内容から構成されます。

① 投下資本収益率は、「借入金利率（または自己資本に対する配当率）＋狭義の開発利潤率＋危険負担率」であり、借入金利率は、借入金に対する金利率（自己資本の場合はその配当率）、狭義の開発利潤率は、ディベロッパーの通常の適正な利潤率、危険負担率は、開発事業に対するリスクプレミアムのことであり、開発事業が当初の計画通りに行われた場合にはディベロッパーの超過利潤となり、狭義の開発利潤率と危険負担率を合わせて広義の開発利潤となります。

② 投下資本収益率と内部収益率（IRR）との関係としては、内部収益率（IRR）とは、得られる現金収入の総和と総投資額が等しくなる割引率のことであり、投下資本収益率との関係では、借入金利（または自己資本に対する配当率等）負担分を総投資額に含めないならば、投下資本収益率とその構成内容は同じものとなります。

③ ディベロッパーの土地取得時における投資採算性分析において考慮される指標としては、前記内部収益率（IRR）のほか、販売粗利益率と販売純利益率があります。

　　販売粗利益率＝（販売総額－土地取得費－建築費）÷販売総額

　　販売純利益率＝（販売総額－土地取得費－建築費－販売費および一般管理費－金利）÷販売総額

第7章　不動産鑑定・評価の簡易手法

コラム7

リスクとリターン

　不確実性が高く、投機性があることは、危険性（リスク）が高いことを意味しますが、リスクが高ければ高いほど見返りも大きいという博打の性向をあらためて説明するわけではありませんが、何らかの減価要因があり、リスクを反映して市場性減価を考慮すると、割安感から入札が多くなり、結果として価格が競り上がって高値売却される傾向があることは、リスクがリターンにつながる好例といえます。

　老朽下、陳腐化その他何らかの減価要因があれば、その不動産の価値は下がりますので、利回りは上昇し、結果として投資効率が上昇することがありますし、開発法によっても投下資本収益率を多く見積もるほど試算価格は下がっていきます。保険会社はリスクが大きいほど保険料を上げてくる（保険会社から見ると収益増加）でしょうし、リスクはリターンと表裏の関係であることは価格についても重要な前提として知っておくべきこととなります。

　逆にリスクの少ない安定的な堅実志向の金融商品はリターンも少なくなりますし、リスク管理、リスクの除去が金融商品、投資商品開発の重要な課題である一方で、リスクを極限まで削り、リターン最大化を図る取組みは、市街地再開発事業においても、重要なテーマとなっています。

　市街地再開発事業でもっとも心配なのは、①施行期間中における地価下落等の不動産市況悪化リスク、②デベロッパーやキーテナント撤退リスク、③施行期間延長リスク、④未同意者対応リスクの四つに集約できるといってよいでしょう。

　他にも事業頓挫リスク、環境汚染リスク、訴訟リスク等が考えられますが、市街地再開発事業は営利目的ではない公共事業と位置づけられていることから、リターンの期待がないままリスクのみを抱えこむという事業の性格を有することがあります。リターンは、リスクを抱えた地権者ではなく、周辺住民にもたらされることも多く、周辺住民はリスクなきリターンのみを享受するフリーライダーと化す可能性があります。

338

③ 標準地比較方式

たとえば、〔図１〕の①〜⑤のようにつながっている画地がある場合には、①〜⑤のそれぞれの画地を個別に評価していく方法もありますが、標準地比較方式を使うと便利です。①〜⑤の画地は地域要因は同じ、すなわち、地価水準は同水準で、異なるのは各画地の形状等の個別的要因だけですので、先に地価水準を求め、その後、各画地の個別的要因を考慮して増減していく方法です。

〔図１〕

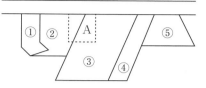

標準地比較方式とはまず、地域における標準的画地（標準地）を設定（想定）します（図１ではＡ）。そして、Ａの土地価格を取引事例比較法、収益還元法、地価公示価格との規準、路線価方式等により求めます。画地①〜⑤のそれぞれの画地について標準地（設定標準地といいます）Ａとの個別的要因の比較、すなわち、形状、間口奥行、高低差、接道等を考慮して増減して、各画地①〜⑤の土地価格を求めます。

右の〔図２〕のように二方で街路に接している多数画地については、それぞれの街路沿いに設定標準地（図２ではＢ、Ｃ）を設定し、画地⑥⑦については、設定標準地Ｂと個別的要因を比較し、画地⑧⑨⑩⑪は設定標準地Ｃと個別的要因を比較して土地価格を求めることになります。具体例としては、画地⑥角地＋３、⑦奥行長大－５、⑨不整形－５、規模－５、奥行－３の計－13、⑪無道路地－40といった個別性評価が考えられることになります。

〔図２〕

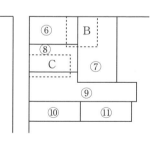

339

第7章　不動産鑑定・評価の簡易手法

Q107　不動産業者の価格査定とはどのようなものですか

A　現在では不動産業者（宅地建物取引業者）による無料価格査定は、ポスト投函チラシ、インターネット、その他さまざまな広告宣伝として、世に溢れています。瞬時、数秒による価格査定を営業文句として大きく宣伝している場合もあれば、人工知能の活用を宣伝文句にしている場合もあります（Q98③参照）。

解説　不動産業者の価格査定は、前記Q98①のとおり、宅地建物取引業法34条の2に基礎を置くものとされており、媒介のための価格査定そのものを法律的に認めたものではないとみることも可能であり、その精度は作成する業者によってもまちまちです。

民事執行法上の競売評価書はBITにより公開されていますが、その評価書の書式をそのまま活用した業者査定もあります。無料としている業者が多いので数社から当該査定書を取得し、価格水準把握の参考にすることが考えられますが、業者によって価格査定は大きく乖離することもあるので、その場合はどうするか、どの業者に依頼するか、密行性確保のための守秘義務の確認等について考えておくべきこととなります。

要するに不動産業者への価格査定依頼は一長一短があるので、その依頼については検討を要することとなりますが、収益物件、権利が複雑な物件、特殊な物件等については、特に慎重な検討を要するべきであるといえます。

なお、不動産業者の価格査定は、媒介のためのものであり、仮差押え、差押えのために活用できるかについては、消極的に考えるべきであり、活用場面は一定の限界があることをわきまえるべきこととなります。

340

第3　土地の鑑定・評価の簡易手法（Q108）

Q108　価格査定にあたり取引事例はどのように活用されていますか

A　　不動産業者の価格査定書には取引事例が掲載されているものも少なくなく、人工知能による価格査定も膨大な価格情報をデータベースとして保有していることになります。不動産の価格査定にあたっては取引事例の活用は不可欠であり、不動産鑑定評価であるか否かを問わず、取引実勢の把握は避けることができません。

解説

[1]　鑑定評価と取引事例

不動産の鑑定評価は「百の理論より一つの事例」といわれるほど、高尚な学術的理論よりも取引事例が重視される傾向にありますが、これは、鑑定評価がそのような制度であることを意味しているのではなく、説得力、説明力の要請によっています。すなわち、再開発事業等の局面にあたって鑑定評価額を地権者に納得してもらうには、難解な数式を振りかざすよりも、実際の事例を説明することが、より合意形成が図れるという実体験によっているということです。

バブル崩壊によって、DCF法という収益還元法の一手法が脚光を浴び、大がかりな導入が鑑定評価に図られましたが、その後の2007年のサブプライムローン破綻は、収益還元法の信頼性を喪失させるのに寄与しました。

要するに収益還元法が時代、社会風潮に大きく左右されるのに対して、取引事例を基礎とした価格算定手法である取引事例比較法は鑑定評価制度創設当初から現在に至るまで一環として、鑑定評価の核心として、鑑定評価手法の中枢に位置していたことは重要なことであるといわざるを得ません。

なお、取引事例には、成約、募集の区別がありますし、この他にも鑑定評価先例価格、賃貸事例、収益事例、造成事例等の各種事例があります。さらに、不動産鑑定評価業務の取引事例比較法の適用により採用する事例は、原則として、成約事例（現実に契約まで至った事例）であり、募集事例（広告に出して顧客を募っている段階で、契約締結にまで至っていない事例）を使用しません。一般に不動産業者は募集事例を基礎として価格水準の把握等をなすのと異なり、鑑定評価は成約事例を扱います。

341

第7章　不動産鑑定・評価の簡易手法

② 取引事例の公表制度

国土交通省は不動産の取引価格情報提供制度により取引事例を公表しています（http://www.land.mlit.go.jp/webland/servlet/MainServlet）。四半期ごとの取引件数の推移をクリック一つで表示できる便利なシステムとなっており、アクセス数は多く大変好評なようです。

現在のシステムで表示される項目は、不動産の種類（宅地、中古マンション等、農地、林地の別、このうち宅地については、さらに、土地、土地と建物の別）、所在地（町・大字まで）、地域　（住宅地、商業地、工業地、宅地見込地の別）、最寄駅までの時間距離、取引総額（上位3桁目を四捨五入し、上位2桁）、面積（㎡）、土地の坪単価、土地の㎡単価、土地の間口、土地の形状、建物の延床面積（㎡）、建物の建築年、建物の構造、専有部分の間取り、用途（利用の現況）、今後の利用目的、前面道路（幅員、種類、方位）、都市計画、建ぺい率・容積率（％）、取引時期となっており、位置の特定や詳細情報はわかりませんが、地域における相場の把握にはおおむね足りる情報量に仕上がっており、利用しやすく評判もよいようです。これがわが国で最も信頼性の高い取引事例データとなっています。さらに利用しやすい改善も日々なされています。

一方、民間事業者による取引事例を公開しているサイトも多くあり、地図プロットをなしているサイトもあります。今後ますますこの傾向は強まり、ネット上の事例情報の充実化が図られていくと予測することができます。

地価公示価格、相続税路線価、固定資産税課税情報にこの取引事例情報を加え、価格情報を収集すればするほど価格査定の精度は高まることとなります。

上記以外にも、公売による情報、BITによる競売公開情報等、公共機関による信頼性の高い有用なサイトがあります。

③ 不動産鑑定評価と取引事例の管理

不動産鑑定評価は取引事例を基礎として土地価格を導き出すことを主眼となす業務であり、取引事例は不動産鑑定業で極めて重要なものとなっています。したがって、不動産鑑定業者は、鑑定評価や価格査定することなく、取引事例のみを依頼者に提供することはありません。

これは、不動産鑑定業は国土交通省の監督の下で、取引事例を作成から保管まで、適切かつ厳重な管理下においているためであり、不動産鑑定士、不

第3　土地の鑑定・評価の簡易手法（Q109）

動産鑑定業者といえども無条件、無制限に、容易に取引事例にアクセスすることはできないスキームとなっていることによっています。さらには、不動産鑑定士は日頃、取引事例の作成に相当な時間を割いているという現実がありますので、この取引事例作成に要する手間、経費、時間が、不動産鑑定業の経営における経費の大半に相当することになります。

　不動産鑑定士が作成する取引事例は、登記異動の証憑等を基礎として作成するので、その確認、検証が可能な点で不動産関連業者が扱う事例と異なる場合があります。いずれにしても、取引情報は個人情報に該当するので、厳密な管理下に置かれ、取引情報の内容は公開されることはありませんし、一定の手続をとることによって取引情報の詳細を入手できるということもありません。

Q109　不動産鑑定業者への依頼はどのようにするのですか

A　不動産鑑定業者に価格査定を依頼する場合は、不動産鑑定評価基準にのっとる場合とそうでない場合とに分けられますが、簡易査定であれば不動産鑑定評価基準にのっとらない価格査定となります。

　また、簡易であっても専門家に依頼する場合には費用と時間がかかりますし、必要な情報の提供も要します。不動産鑑定業者への依頼にあたっては前記Q97④の承諾書、確認書の交付を要することになります。

解説

① 不動産鑑定業者の受諾

　不動産鑑定業者は価格査定を業とする専門業であり、不動産鑑定士はその専門家ですから、依頼された仕事は責任をもって対応します。一方において、不動産鑑定業者はどんな内容の依頼であっても常に請け負うべきものとはされていないので、当然、依頼内容によっては断らざるを得ない場合もあることは、あらためて指摘するまでもないでしょうが、作業が終了してから、あるいは作業中に、依頼内容等についての誤解、食い違いが依頼者側と業者側にあり、トラブルになることも少なくなく、その意味で、価格等調査ガイドラインで示された承諾書、確認書の交付を要す

343

第7章　不動産鑑定・評価の簡易手法

ることになっています。

　また、価格時点（いつ時点における価格か）、依頼目的、対象不動産の価格の種類等の基本情報は資料を添えて鑑定業者に明確に伝えなければなりませんし、報酬、納期についても依頼時に確認すべきことになります。外注の有無、成果品部数、提出先、価格査定の条件についても事前確認を要することになります。

　なお、簡易評価であれば鑑定評価基準にのっとらない簡便法にならざるを得ませんが、「収益還元法の試算は要する」等の一定の条件は明確に依頼業者に伝えておくべきであり、簡易評価の内容の確認も事前に打ち合わせておくことになります。もっとも不動産鑑定業者にお任せというのであれば、事前確認は不要となりますが、成果品のボリューム程度はサンプル等によって確認しておいたほうがよいことと思われます。

　無料の不動産業者による価格査定よりも、有償の不動産鑑定業者による価格査定のほうが、報告書等成果品の体裁が見劣りする、頁数が少ないこともあります。

② 依頼者プレッシャー通報制度

　不動産鑑定業者に価格査定を依頼する際に、査定価格結果を依頼者の希望価格に誘導する、誘導するために鑑定業者にプレッシャーをかける、最終価額をいくらで書いて欲しいと明確または暗に要求、指示するということはできないことはいうまでもありません。もしもそのようなことがあれば、「依頼者プレッシャー通報制度」によって、国土交通省への報告、公表ということになります。

　もとより価格査定結果が、依頼者の当初の思惑、予想から大きくズレることは少なくなく、そのような結果であれば不要となることもあるでしょうが、価格査定結果を提供するのが鑑定業者の業務である以上、結果について依頼者が納得できるかどうかは別の話となります。不動産鑑定業者に対しては、依頼者によるプレッシャーに屈してはならないことはいうまでもないと同時に、無理な価格査定は謝絶する勇気も必要であると説かれています。

　なお、依頼者プレッシャー通報制度はもともと鑑定協会の業界内部制度でしたが、依頼者プレッシャー問題が深刻化しているとして、国土交通省は明文化で規定する方針であると報じられました（朝日新聞平成29年7月5日版）。

344

第4　借地権等の鑑定・評価の簡易手法（Q110）

第4　借地権等の鑑定・評価の簡易手法

Q110　借地権における権利割合はどのように違うのですか

A　借地権の価格査定にあたっては借地権の権利割合が重要になってきますが、これは、借地権の取引慣行の成熟の程度に依存しますので、全国一律、どこでも借地権割合が重要であるということではありません。

解説

① 借地権の取引慣行の成熟の程度

借地権の価格査定は、借地権の取引慣行の成熟の程度いかんによってその査定方法が異なります。すなわち、都心部等の借地権の取引慣行が成熟している地域においては、借地権割合が社会的、地域的に浸透し、借地権が単独で経済価値を有して取引の対象となることを示しています。

一方において、地方によっては、借地権の取引慣行がみられない、または取引慣行が未成熟な地域もあり、そのような地域においては権利割合どころか、借地権の取引もなく、借地権の経済価値は認めがたいとされていることになります。山間部や原野周辺地域がこの地域に該当する場合があります。もとより借地権とは建物所有目的なので、宅地以外の山林、原野に借地権が存することは少ないのですが、税法の借地権のように必ずしも建物所有を目的としないものもあり、ゴルフ場、集落、里山、農村、離島においても借地権とまでは言い難い土地賃借権もあり、それらも含めて取引慣行の成熟の程度の判定がまず要求されることになります。

相続税路線価の財産評価基準図において権利割合がAからDと記号で表示されている地域は、借地権の取引慣行が成熟している地域とほぼ一致しています。権利の強さは90％〜60％まで幅があることは、AからDの記号があることにも照応しています。EからGの記号で表示されている地域は借地権割

345

第7章　不動産鑑定・評価の簡易手法

合が50％～30％ということですが、この地域は借地権の取引慣行が成熟していること、取引慣行があることを意味していません。また、路線価が定められていない地域の土地等を評価する場合に用いる評価倍率表においては、借地権割合が記載されている地域とハイフンで記載がない地域とに分けられており、記載がない地域は借地権の取引慣行が成熟していない、取引が慣行化していない地域であるとみなすことができます。

　借地権の取引慣行が成熟していない地域においては、借地権割合という概念が成り立たないことになりますので権利割合方式は活用することができないことになります。

　②　路線価図と権利割合

　借地権の取引慣行の成熟の程度が高い地域に存する借地権の簡易評価においては、借地権割合はもっぱら相続税路線価図、評価倍率表記載の権利割合を、そのまま対象借地権の借地権割合とすることがあります。相続税路線価図等記載の借地権割合は、不動産鑑定士による意見が反映されていますので、地域の実情を反映した権利割合として一定の合理性と説得力を有しているといえます。

　したがって、相続税路線価図等記載割合をもってそのまま権利割合とするのは、合理性を欠くとはいえず、おおむね適当であるといえます。もっとも、地域の実情によっては補正をなす等、必ずしも路線価図どおりの借地権割合とすることはありません。緻密な鑑定評価の結果よりも、路線価図のほうが公平で説得力を有しているとして合意に至ることが多く、再開発等においては路線価図記載割合によって従前資産評価の合意形成が図られている地区も少なくありません。

　なお、取引慣行が低い地域においては、権利割合が慣行化していないので権利割合方式を使用することができず、別の方法により評価することになります（後記④参照）。

　③　借地権割合の考え方

　借地権割合は、一般に地域的には、地価が低いところよりは高いところ、住宅地域よりは商業地域、商業繁華性が希薄なところよりは高いところ、容積率が低いところよりは高度利用可能な高容積率の地域のほうが高くなる傾向があります。

346

第4　借地権等の鑑定・評価の簡易手法（Q110）

　また、地上建物としては、住宅よりは店舗、事務所のほうが、低層よりは高層、非堅固よりは堅固のほうが借地権割合は高くなります。

　さらに、借地権とは賃借権だけではなく地上権を含むことになりますが、賃借権よりも地上権の権利割合が高くなりますし、その差は地上権が譲渡承諾料の授受を要さない物権であることによっています。民法388条の法定地上権は地上権ですので、法定地上権割合は、賃借権ベースの借地権割合よりは10％高い権利割合とみなすことが一般的となります。

　なお、借地権割合は路線価図記載のとおり10％きざみで表示されるのは、おおむねの割合水準を表示したにすぎないことと、明晰性、単純化の要請のためです。あまり細かい権利割合の設定はなじまないということです。一方において正規の不動産鑑定評価はこの限りではないことはいうまでもないのですが、このことは、不動産鑑定評価が完全所有権を権利割合によって借地権と底地とに配分する、言い換えれば、借地権割合と底地割合とを合計すると1になる思考によっていないことによります。

　なお、不動産鑑定評価基準においては、借地権割合の考え方を採用することはできるとしていますが、必ずしも権利割合法を試算すべきこととはされていません。実務的には、地域において慣行化した標準的借地権割合をまず求め、その慣行割合に対して対象借地権の個別性を反映させて対象借地権の権利割合を査定するという手順を採用することが一般的となります。そしてこの権利割合により借地権の評価をなすことは、借地権の取引慣行が成熟している地域に限定されることはこれまで述べてきたとおりです。

コラム8

店舗と住居

　不動産と一口にいっても、商売のための店舗と居住生活のための住居とは、同じ不動産として一括してよいかという議論がかつてよりありました。店舗は売り上げ、収入を得るための事業用であり、住居は衣食住の一つとして生きていくのに欠かすことのできない基本的空間、生活の場であり、生活、育児、休息、睡眠、療養、憩いの場であり、住居なくては生きていくことが困難である等の相違点が多くあります。

第7章　不動産鑑定・評価の簡易手法

　そして、海外においては、この点を重視してか、不動産売買、仲介業者、不動産鑑定士、仲介人等の職業専門家は、商業用、収益用の非住居と住居用とで明確に分けています。資格も異なり、非住居、住居双方を取り扱うことは少なく、職業分化、棲み分けが的確になされています。当然、鑑定評価方法も異なり、両者は同じ不動産というよりは、別々の資産のように取り扱われています。

　借地権の目的であっても、自宅目的と賃貸目的、店舗目的とでは意味も相当異なっているとみるほうが自然と思えます。家賃、地代でも双方を一緒にして語ることはよいかどうか疑問が湧きます。固定資産税も消費税も住宅用と非住宅用とは明確に峻別されています。

　なぜ、わが国では、住宅と非住宅とが区別されずに、同じ不動産として一括してしまうのか調べてみたことがあります。その答えは、わが国では元来、豆腐屋さんや氷屋さんのように、店舗と住居を兼ねた店舗付住宅が多いこと、町の商店街の店舗のように1階は店舗で2階はその住居、または平面的にも建物の一部は店舗その余は住居という建物が多く、また、地域としては、小規模店舗と住宅が入り交じって建ち並んでいる混在地域が圧倒的に多いことがその理由であることがわかりました。言われてみれば、時代劇のセットもそのような住宅型店舗、店舗と住宅の間のような用途が多いことは下町描写だけではないようです。

　この独特さが、土地と建物を分けたという特異な法体系をつくったわが国において、店舗と住宅とを分けないという風潮を生み落としました。

4　鑑定評価基準の解説

　簡易評価ではなく不動産鑑定士が正規に借地権の鑑定評価を行う場合には、不動産鑑定評価基準にのっとることになりますが、不動産鑑定評価基準では、

　「借地権の価格は、借地借家法（廃止前の借地法を含む）に基づき土地を使用収益することにより借地権者に帰属する経済的利益（一時金の授受に基づくものを含む）を貨幣額で表示したものである。

　借地権者に帰属する経済的利益とは、土地を使用収益することによる広範な諸利益を基礎とするものであるが、特に次に掲げるものが中心となる。

348

ア　土地を長期間占有し、独占的に使用収益し得る借地権者の安定的利益

　イ　借地権の付着している宅地の経済価値に即応した適正な賃料と実際支払賃料との乖離（賃料差額）およびその乖離の持続する期間を基礎にして成り立つ経済的利益の現在価値のうち、慣行的に取引の対象となっている部分」

としています。

　借地権の鑑定評価については、「借地権の鑑定評価は、借地権の取引慣行の有無及びその成熟の程度によってその手法を異にする」と前置きをして、借地権の取引慣行の成熟の程度の高い地域については、

　「借地権の鑑定評価額は、借地権及び借地権を含む複合不動産の取引事例に基づく比準価格、土地残余法による収益価格、当該借地権の設定契約に基づく賃料差額のうち取引の対象となっている部分を還元して得た価格及び借地権取引が慣行として成熟している場合における当該地域の借地権割合により求めた価格を関連づけて決定するものとする。

　この場合においては、次の㋐から㋖までに掲げる事項（定期借地権の評価にあっては、㋐から㋘までに掲げる事項）を総合的に勘案するものとする。

　㋐　将来における賃料の改定の実現性とその程度

　㋑　借地権の態様および建物の残存耐用年数

　㋒　契約締結の経緯並びに経過した借地期間及び残存期間

　㋓　契約に当たって授受された一時金の額及びこれに関する契約条件

　㋔　将来見込まれる一時金の額及びこれに関する契約条件

　㋕　借地権の取引慣行及び底地の取引利回り

　㋖　当該借地権の存する土地に係る更地としての価格または建付地としての価格

　㋗　借地期間満了時の建物等に関する契約内容

　㋘　契約期間中に建物の建築及び解体が行われる場合における建物の使用収益が期待できない期間」

としており、借地権の取引慣行の成熟の程度の低い地域については、「借地権の鑑定評価額は、土地残余法による収益価格、当該借地権の設定契約に基づく賃料差額のうち取引の対象となっている部分を還元して得た価格及び当該借地権の存する土地に係る更地又は建付地としての価格から底地価格を控除

して得た価格を関連づけて決定するものとする。この場合においては、前記(ア)から(キ)までに掲げる事項（定期借地権の評価にあっては、(ア)から(ケ)までに掲げる事項）を総合的に勘案するものとする」としています。

> **Q111 税務上の借地権とそれ以外の借地権の簡易評価における違いは何ですか**
>
> A　税務上の借地権は、税務特有の処理であり、税務の局面に限定された事務であり、税務以外においては別扱いとなることが前提となります。
>
> したがって、たとえば、無償返還の届出を提出している場合であっても借地権は別途に考慮され得ることになります。

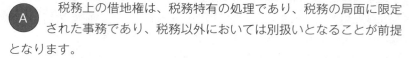

① 法人税法における借地権

税務上の借地権について、以下で簡単にみていくこととします。

借地権の設定にあたって、権利金授受の取引慣行がある地域において、法人である地主が無償または低額の権利金授受により借地権の設定を行った場合には、法人税法では、法人地主は一度権利金収入を受け取った後で、それを借地権者に寄付したものとみなして、法人地主に対して課税がなされます。

一方、次の(1)～(4)に該当する場合には、無償または低額の権利金授受によって借地権を設定しても、法人地主に対して権利金の認定課税はなされないこととされています。

(1) 相当の地代を授受する場合

権利金の授受に代えて土地価額に相当する地代（相当の地代）を実際に収受している場合、相当の地代に満たない地代しか収受していない場合には、その差額に対応する権利金の認定課税がなされます（基本通達・法人税法13－1－3）。相当の地代の額は更地価額から収受した権利金の額を控除した残余に6％を乗じた額です。

(2) 土地の無償返還の届出書を提出している場合

法人地主が所轄税務署長に将来、借地人がその借地権を無償で返還するこ

とを約定し、届出書を提出することによって、権利金認定課税に代えて地代認定課税がなされます。

 (3) 相殺、特別な経済的利益を収受している場合

 相殺、特別な経済的利益の収受等、経済合理性があると考えられる場合には、権利金認定課税はなされません。

 (4) 第三者間取引

 正常な第三者間、すなわち、土地賃貸借当事者が法人と代表者、関係会社等の特殊な関係ではない場合は、権利金の授受がない場合には、相当の理由があると推定されることにより、その合理性が認められる限りにおいて権利金認定課税はなされません。

 ② **法人税法と権利金認定課税**

 法人税法においては、土地賃貸借にあたって権利金等の一時金授受の取引慣行がある地域において、権利金等の一時金の授受がなされなかった場合に、権利金の認定課税がなされます。

 権利金の認定課税にあたっては、権利金授受の取引慣行があることを前提としていますので、権利金授受の慣行がないのであれば、認定課税はなされません。

 一方、市街地およびその周辺においては慣行があるとされ、路線価図および倍率表では借地権割合が表示されているので取引慣行があるとされます。人里離れた農村、山林、山間部においては借地権取引慣行がないことが多く、さらに、借地権割合が30％未満とされている地域においても権利金認定課税はなされません。

 なお、注意すべきなのは、借地権設定のための借地契約が正常な第三者間でなされている場合には、経済合理性に従って行動しているとみなされることにより、結果として、授受される権利金等の額が路線価図等の借地権割合を下回っているとしても、権利金の認定課税がなされることはありません。

 権利金授受の慣行が認められる場合であっても、相当の地代を授受する場合には正常な取引として認められます。

 ③ **土地の無償返還の届出**

 「土地の無償返還に関する届出」は当事者双方、または一方に法人が含まれている場合のみ適用され、当事者双方はともに法人でない個人である場合に

第7章　不動産鑑定・評価の簡易手法

は適用がありません。このことは、個人の場合には使用貸借を認めていることと平仄が合致しています。

　土地の無償返還の届出書が提出されている場合には、原則として、借地権価額はゼロとされ、貸地価額は借地権等の権利付着はないとされます。したがって、この場合、借地権評価はゼロ、借地権価格なしということになります。

　一方、貸地の相続税評価額は、この届出書が提出されていると、自用地価格の80％相当額として評価されることが原則となります。

　④　無償返還と借地権価格

　こんな事例がありました。ある株式会社は代表取締役の個人所有地上の借地権を有していますが、借地権の設定にあたり無償返還の届出を所轄税務署長に提出しています。代表取締役死亡後の長男は別の株式会社に借地権を譲渡するため、借地権譲渡許可を裁判所に申立てをしたという事案です。

　借地権の譲渡が認められるか、無償返還の届出がある借地権の借地権価格をどう考えるかが問題となります。無償返還の届出が提出されている場合の借地権価格はゼロと考えるべきであることは前述のとおりですが、この考えは税務上の取扱いであって、譲渡という第三者との関係では無効と考えるべきこととなるでしょう。

　要するに、権利金認定課税に対する税務上の処理を第三者に主張できないとすべきで、一般の借地権と同様に考えるべきこととなると思われます。当事者間の税務上の処理を第三者にまで適用するのは筋が異なり、合理性を失するといったことになります。

　⑤　仮差押え、本差押えのケース

　法人税法上の無償返還の届出制度とは、借地権価格の発生を人為的におさえる税務上の制度であり、税務以外においてもその効果が及ぶものではないと思われます。

　たとえば、密行性のもとで債務者情報がないまま、債務者所有の建物を、仮差押えをした後、本差押えに移行後の強制執行による競売換価によって買受人の取得に帰したとき、建物の買受人は、無償返還の届出をしているからといって敷地利用権がないというわけではありません。法人とその代表者との建物所有者関係が、競売換価によって第三者間へと変わってしまった以上、

352

第4　借地権等の鑑定・評価の簡易手法（Q112）

換価前の土地建物所有者間における税務上の処理を買受人たる第三者へ対抗できないことになります。

Q112　借地権以外の敷地利用権の権利割合の査定はどのようにするのですか

A　借地権以外の権利としては、使用借権、法定地上権が成立しない場合等があります。ここでは、使用借権、法定地上権が成立していない場合、区分所有建物のための敷地利用権についてそれぞれみていくことにします。なお、資材置き場等の借地権ではない民法上の土地賃借権については、建物所有目的ではないので、取引慣行がなく、権利割合の成熟が慣行的に認められていませんので、経済価値の認定は困難となります。もっとも既存の資材、廃材等の撤去にかかる費用、原状回復に要する費用等の考慮まで否定する必要性はないものと判断することができます。

解説

１　使用借権

建物所有目的の借地権は地代授受を前提としていますので、地代授受がないと借地権とはみなされず、使用借権となります。使用借権は買受人に対抗できませんが、使用借権に基づき建物所有する場合においても、敷地利用権割合による敷地利用権を評価することになります。

使用借権割合については、公共用地の取得に伴う損失補償基準（以下、「基準」という）および同細則が参考になります。基準13条は、使用貸借による権利に対する補償として、次のように規定しています。「使用貸借による権利に対しては、当該権利が賃借権であるものとして前条の規定に準じて算定した正常な取引価格に、当該権利が設定された事情並びに返還の時期、使用及び収益の目的その他の契約内容、使用及び収益の状況等を考慮して適正に定めた割合を乗じて得た額をもって補償するものとする」。前条とは、「地上権、永小作権及び賃借権の正常な取引価格」を示しています。

さらに、同細則３は、基準13条（使用貸借による権利に対する補償）を受けて「賃借権に乗ずべき適正に定めた割合は、通常の場合においては、３分の

353

第7章　不動産鑑定・評価の簡易手法

１程度を標準とするものとする」と規定していますので、結局、借地権割合の３分の１程度が使用借権割合ということになります。

　この細則に照らすと、市街地については借地権割合が60％、70％の地域が多いことに鑑みると、使用借権割合は20％、25％程度となる地域が多いことになります。実務としては、当該補償による権利割合を参考としつつも、使用貸借契約の経緯、内容に鑑み、非堅固建物所有目的の場合10％、堅固建物20％を標準として使用借権価格を判定し、建物価格に加算することが多いようです。使用借権の負担付土地については、１から使用借権割合を控除した底地割合を建付地価格に乗じて価格を算出することになります。

　当然、この方法は簡便的であり、厳密には借地権と同様に地域における取引慣行の成熟の度合を判定して権利割合を認めることとなりますが、使用借権については相続税路線価図への記載もなく、一般に使用借権価額の有無、あるいは使用借権の取引市場の考慮は困難であることになります。

　昭和48年11月１日国税庁長官の通達「使用貸借に係る土地についての相続税及び贈与税の取扱いについて」においては、「建物又は構築物（建物等という）の所有を目的として使用貸借による土地の借受けがあった場合においては、借地権（建物等の所有を目的とする地上権又は賃借権をいう）の設定に際し、その設定の対価として通常権利金その他の一時金を支払う取引上の慣行がある地域においても、当該土地の使用貸借に係る使用権の価額は、零として取り扱う。この場合において、使用貸借とは、民法593条に規定する契約をいう。したがって、たとえば、土地の借受者と所有者との間に当該借受けに係る土地の公租公課に相当する金額以下の金額の授受があるにすぎないものはこれに該当し、当該土地の借受けについて地代の授受がないものであっても権利金その他地代に代わるべき経済的利益の授受のあるものはこれに該当しない」としています。これは、個人間において税務上、使用貸借を認めていること、翻っていうと、法人が当事者であるときは無償返還の届出を要することになります。

　一方において、使用借権は物権ではない債権であり、買受人への対抗力を欠いている権利ですが、一定の敷地利用権としての経済価値を認め得ること、言い換えれば、当該権利を権原とした建物所有の効用を否定できないことから、権利割合を認めることは合理性を失しているということはできないもの

354

と思われます。

② 法定地上権不成立の敷地利用権

前記Q53以下で解説したように、法定地上権が成立しない場合は建物のための敷地利用権は法定地上権ではなくなります。ただし、法定地上権の不成立が直ちに敷地利用権を認めないことにつながるわけではなく、一定の建物のための敷地利用権を認めることができます。

この場合、建物が土地を現実に占有しているという事実をくみ取り、建物は、場所の利益を享受していると判断し、一定の経済価値（経済的利益）の認定が許容されることになります。その趣旨により、この利益を「場所的利益」といいます。したがって、法定地上権の成立要件を満たさず、法定地上権不成立の場合であっても場所的利益として敷地利用権価格を認め、建物について当該場所的利益を加算、土地については場所的利益を控除することになります。場所的利益の割合としては、建付地価格の10％〜20％程度となり、おおむね使用借権と同程度とされ、地上建物の構造等により差があるということになります。

場所的利益は、建物が存する限り、一定の土地を排他的に支配している事実、現実に着目したもので、法律的な権原というよりは、事実上の建物収去の困難性、すなわち、訴訟等の費用、時間を考慮したものとされています。なお、裁判により建物収去土地明渡命令が確定しているときは、この割合は縮小され、０〜10％程度を認めるに過ぎないことになります。

③ 区分所有建物のための敷地利用権

区分所有建物には敷地権付きと敷地権ではない土地持分付きの二つのタイプがありますが、後者の改正前の旧建物の区分所有等に関する法律に規定された分離型マンションについては、土地と建物から構成されているので、地上の区分所有建物のための敷地利用権を考慮する必要があり、建物については当該敷地利用権を加算、土地については控除することになります。区分所有建物は、原則として法定地上権成立の射程から外れることは前述したとおりですが、その場合でも、前記②の場所的利益の考慮にとどまることなく、別の敷地利用権を考慮することになります。すなわち、ある土地の地上に別人所有の複数の区分所有建物が存することにより、現実的な収去の困難性が、地上建物が区分所有でない場合よりも強いことを配慮した敷地利用権の考慮

第7章　不動産鑑定・評価の簡易手法

を要するということです。

　この収去困難性については、「収去されない価値率」ということが多く、当該権利割合をもって敷地利用権とすることになりますが、権利割合は、場所的利益よりは強く、かつ借地権等の法的保護がある土地利用権原よりは弱いという中間的な権利としての色彩を考慮して、おおむね30％～50％の割合とされており、原則的および実務的には40％水準が標準とされています。

Q113　法定地上権の簡易評価はどのようにするのですか

Ａ　法定地上権の簡易評価は、法定地上権といえども借地権の一つですので、借地権の評価を前提とすることになります。具体的には土地賃借権としての借地権に対して、おおむね10％程度増価した権利割合を法定地上権割合と認定することとなります。建付地価格に法定地上権割合を乗じて得た額が法定地上権価格となります。

解説

① 法定地上権割合

　法定地上権は物権であり譲渡性を有し、登記請求権を有している点において、同じ借地権である建物所有目的の土地賃借権とは異なります。地上権ではない建物所有目的の土地賃借権は物権化が指摘されつつも債権であり、賃借権が登記されている場合はまれであって譲渡にあたっては、譲渡承諾料、名義書換料等の名目で一時金の授受が行われることが多く、地上権と賃借権とは当該一時金に相当する経済価値に差があるとされます。

　借地権とは建物所有を目的とする地上権または土地の賃借権をいう（旧借地法1条、借地借家2条1号）ので、地上権も賃借権とともに借地権となりますが、その経済価値、権利割合は同水準ではなく譲渡承諾料相当額の分だけ地上権割合が高くなるということです。地上権は譲渡にあたって譲渡承諾料もないことをその根拠にしています。

　譲渡承諾料の水準は、借地権価格の10％程度とされていることに鑑み、法定地上権割合は土地賃借権としての借地権割合10％を加算した権利割合を標

356

準とすることになります。

一方において、世間でいう借地権割合は、地上権を含んでいることが一般的、言い換えれば、地上権と賃借権とを区別していないことが一般的ですので、借地権のうち地上権ではない土地賃借権の権利割合は、路線価図等の指標もなく、地上権と賃借権は区別することなく一括して借地権割合として認識されていることを踏まえると、借地権割合と法定地上権割合の区別は困難であり、おおむね借地権割合と同水準と認識しても格別不合理であるとはいえないという判断が妥当ということになり得ることになります。この件については、法定地上権は賃借権たる借地権と比較して、特別に高い配分割合を認める根拠は乏しいとして、賃借権の場合と同じ権利割合とした事例（平成16・6・18群馬県収用委員会裁決）があります（注）。

なお、簡易ではなく厳密な鑑定評価は、借地権の鑑定評価としてＱ110④の方法によることになります。

② 法定地上権が成立しない場合

法定地上権が成立しない場合は前記Ｑ112②のとおりです。なお、地上建物が建物の区分所有等に関する法律の適用を受ける分離型マンションであるときは、法定地上権不成立の場合でも、場所的利益を敷地利用権とするのではなく、Ｑ112③の「収去されない価値率」により敷地利用権が考慮されることになります。もっとも、すべての区分所有建物に収去されない価値率を考慮すべきではなく、法定地上権の成立を認めることができる場合もあることは、前記Ｑ57②でみてきたとおりです。

③ 法定地上権負担付底地

法定地上権が成立する場合の土地は、法定地上権が付着した土地として、法定地上権負担付底地として扱われることになります。土地価額から法定地上権価額を控除した残余となります。

通常の底地と同様に評価すべきことになり、具体的には建付地価格に底地割合を乗じて求めることになります。底地割合は１から法定地上権割合を控除した残余の割合とすることになります。

④ 地　代

法定地上権とは、当事者双方の合意の場がないままの法定の権利設定であり、地代交渉の機会もないまま権利設定がなされることになります。地代に

第7章　不動産鑑定・評価の簡易手法

ついては当事者による話し合い、合意によって決まるべきことを第一義としつつも、民法388条後段は、「地代は、当事者の請求により、裁判所が定める」と規定し、合意に至らない地代の解決の場として裁判所による定めを規定するという二段構えになっています。これは、法定地上権は権利設定に対して地代の額が後から決まるという性質に基づいていることによっています。この点は、通常の借地契約とは異なる点です。地代については裁判所指定の鑑定人により鑑定評価がなされることになります。地代の額は新規の権利設定であれば、継続地代ではない新規地代として積算法、賃貸事例比較法等の手法を試算して、地域において慣行化した地代水準に照らしながら地代の鑑定評価額を追究していく作業を経ることになります。

　ただし、法定地上権の地代事例は地域において極めて少ないことにより、地域において慣行化した法定地上権の地代水準の把握は容易ではなく、実務においては法定地上権に限らない一般の借地権の地代水準を参照することになります。

　　（注）公共用地補償研究会編『損失補償関係裁決例集』65頁〔大成出版社〕。

Q114　簡易評価をするうえで、借地権の一時金の取扱いにはどのような違いがありますか

　A　借地権の評価にあたって、一時金の考慮は重要な意味があります。借地契約を締結し、借地関係を継続し、借地権を譲渡するという一連の流れの中で、権利金、礼金、増改築承諾料、借地条件変更承諾料、更新料、譲渡承諾料、建替承諾料等の一時金が授受されることが慣行化している地域が少なくなく、これらの一時金の授受を、名目のいかんを問うことなく、考慮すべきことになります。

　これら一時金の授受については、借地非訟事件における取扱いが参考になります。

　以下においては、更新料、増改築承諾料、借地条件変更承諾料、譲渡承諾料の四つについてそれぞれみていくこととします。

第4　借地権等の鑑定・評価の簡易手法（Q114）

解説

1　更新料

借地契約の更新にあたっては、更新料の授受が慣行化している地域においては、更新料相当額の考慮をすることとなります。すなわち、更新直後で、更新料を支払ったばかりの借地権と、更新直前で更新料を支払う前の借地権とでは更新料相当額の経済価値の差があってしかるべきであり、同一の経済価値であるとはみなされません。市街地再開発事業における未登記借地権の申告を経た借地権、既登記借地権の従前資産評価は、上記のように更新時期における更新料授受を反映させて評価をなすことになります。具体的には将来の更新料割合の現在価値を、地域において慣行化した標準的借地権割合から減じて借地権割合を認定することとなります。

簡易評価にあたっては、更新料支払についての法律的な支払義務の有無判定とは別に、地域において授受が慣行化していると認め得る場合においては更新料授受を考慮し、評価に反映させるという実務となることが標準的となります。

更新料割合の水準としては、地域によって異なることはいうまでもなく、地上建物の構造、用途、階層によっても異なり、一概にはいえないこともいうまでもなく、実例、裁判例、鑑定評価例に鑑みても、幅があり、更新料割合の一般的な相場の指摘は困難となります。日税不動産鑑定士会の調査によれば「東京都区部における更新料の更地価格に対する割合は2％以上6％未満のものがもっとも多い」（注）等の記述がありますが、既成市街地における標準的な更新料割合をあえていうと、東京圏で更地価格の3％から5％程度の水準であると考えられることが多いようです。

裁判例としては、賃貸人からの更新料請求は借地権価格の7.5％であったが、鑑定の結果に従い、更新料を借地権価格の3％前後と判示し、判決は、慣習によって更新料支払義務が生じる場合、更新料の金額も慣習によって定まるとしていたもの（東京地判昭和49・1・28判時740号66頁）等があります。

なお、更新料割合を考えるときは当該割合は更地価格に対してか、借地権価格に対してか、建付地価格に対しての割合かによって、金額が全く異なるので、その点の留意は不可欠となります。

2　増改築承諾料

借地契約書には、「増築、改築をなすときは土地賃貸人の書面の承諾を得る

359

第7章　不動産鑑定・評価の簡易手法

必要がある」と明記されていることが少なくなく、一時金の授受がなされる
ことが少なくありません。

　どのような増築、改築が承諾を要する増築、改築に該当するか、細かく規
定されている契約もあります。

　借地権の存続は、その目的たる地上建物の状態に依存するので、地上建物
の改良は、経済的残存価値の延長、建物寿命をなすこととなり、また、建物
面積の増加は改良とともに借地に基づく借地権者に帰属する効用を増大され
ることになり、借地権の経済価値増価にも寄与する、すなわち、借地権設定
者に帰属する底地分の経済価値の減少を伴うので、単純に考えると、借地権
設定者の承諾を得ることは当然のことであるといえます。増改築によって発
生する借地権の増価分、あるいは、底地の減価分が増改築承諾料の根拠とい
うことになります。

　借地人の増改築許可事件の借地非訟事件を申し立てることになりますが、
事件の扱いは全面改築をする場合と、そうではなく増築や一部改築の場合と
で異なっています。

　増改築承諾料の相場としては幅があり一概にはいえないことはいうまでも
ありませんが、更新料ほどの幅はなく、比較的収れんしている傾向があると
はいえ、非訟事件においても大きな差はない扱いとなっている感があります。

　具体的には、全面改築する場合には、更地価格のおおむね３％が一つの基
準となっており、改築後の建物の効用増の程度によって、５％までの上限が
認められ得る傾向となっているようです。

　全面改築でない増築、一部改築の場合は更地価格の３％を上限の一つの基
準として、増改築面積の建物全体に対する割合を考慮するような傾向がある
ように見受けられます。

③　借地条件変更承諾料

　たとえば、借地権の目的たる既存の木造建物を取り壊して、新たに鉄筋コ
ンクリート造の建物を再築する場合においては、借地契約の目的が変わるこ
とになるので、借地権設定者に対して借地条件変更を求めることになります。
低層木造居宅と高層鉄筋コンクリート造のビルとでは、借地権者に帰属する
効用、実収入（収益）、建物耐久性、建物経済的耐用年数も大きく異なりま
す。借地条件の変更は建物構造の変更、具体的には普通建物または非堅固建

物所有目的から堅固建物所有目的への変更を意味することが中心となります。

　この場合、単に当事者の合意だけではなく、高度利用可能性等の用途地域、容積率、都市計画道路の計画決定等、地域的制約も大きくかかわってきますので、借地条件変更承諾料は地域性を前提に考慮することになりますが、借地条件変更承諾料の具体的な水準の目安としては、非堅固建物を堅固建物へと変更する場合において、更地価格の10％の水準を示すことができると思われます。

　したがって、借地条件変更承諾料は更地価格の10％を考慮することが標準的という取扱いが中心となります。

④　譲渡承諾料

　譲渡承諾料についてはすでに解説したように、借地権の取引にあたって一定の金員が取引当事者から土地賃貸人、借地権設定者に対して支払われる承諾料であり、名義書換料、名義変更承諾料等と呼ばれることもあります。

　譲渡承諾料の水準としては地上権価格と土地賃借権価格との差として説明され、具体的な割合は、借地権価格の10％が基準となります。

　本差押え時の借地権の評価にあたっても、当該譲渡承諾料として借地権価格の10％を借地権価格の評価に反映させることとされており、具体的には、査定する借地権割合に10％の譲渡承諾料の控除をなして評価することになります。

　もっとも借地権といっても、地上権は除外され土地賃借権に限定することは、その趣旨からも当然のことといえます。市場における取引ではなく、相続の場合には事情が異なり、譲渡承諾料の授受が発生しない、考慮しない場合は少なくないことになります。

　転借地の場合には転借地権価格の、転々借地の場合には転々借地権価格の10％が基準となります。

　なお、譲渡承諾料は取引当事者のうち、譲渡人、譲受人のいずれが負担するかについては、個別によって異なりますが、地域の慣行によるとされています。差押えの評価においては買受人が負担することを前提とした評価となっており、一般の取引市場においても譲受人が負担する場合が多いように見受けられます。

　　（注）西村宏一ほか編『現代借地・借家の法律実務Ⅱ』115頁〔ぎょうせい〕。

第7章　不動産鑑定・評価の簡易手法

第5　建物の鑑定・評価の簡易手法

Q115　建物の簡易評価はどのような点に注意すればよいですか

A　建物は土地と異なり、建物だけ、すなわち、借地権等の敷地利用権のない建物単体の取引はなく、必ず敷地利用権価額が随伴することになります。したがって、敷地利用権から離れた建物単体の取引市場もないことから、建物単体の取引市場における取引価格、時価、実勢価格は、土地ほどには明確ではなく、わかりにくいという特色があります。

解説

① 建物評価の考え方

建物の評価額は、次の算式で表すことができます。

建物価格　＝　再調達原価　×　床面積　×　現価率

この算式の意味は、まず、再調達原価に床面積を乗ずることによって、同じ建物を新しく建築したと仮定した場合の総原価を計算し、新築時における建物価額を求めます。次いで、経年減価を考慮した現価率を乗じて、調査時点における建物価額を求めて建物評価額とすることになります。

② 再調達原価の査定

再調達原価とは、「対象不動産を価格時点において再調達することを想定した場合において必要とされる適正な原価の総額」とされており、推定再建築費といわれることもあります。この再調達原価は景気経済の影響を大きく受けるので、固定的ではなく、変動の過程にあり、水準の把握は容易ではありません。建築関連業者や専門家に聞くか、建築積算の図書等で調べることになりますが、建築費については、地価公示価格や路線価のような公的指標もなく、建築業者による「坪あたりいくら」という相場勘もどこまで信頼できて、検証可能か不明です。

建物鑑定に関しては、『建物の鑑定評価必携』（建物実例データ集、改訂版、

362

財団法人建設物価調査会、平成23年4月）の図書が参考になるので、当該資料記載の再調達原価が参考になります。当該図書記載の再調達原価を用途や仕様を考慮せずにごく大まかに捉えると、おおむね木造個人住宅170,000～220,000円／㎡というように読み取れることができるので、当該水準を再調達原価と把握することはそれほど的外れなことにはならないといえるでしょう。

もっとも、再調達原価は建物の仕様書だけではなく、地域や立地条件にも大きく影響するので、その点の考慮は不可欠となります。具体的には狭小街路沿い、山間部、離島等の島嶼においては、搬入、運搬コストは割高ないしは大幅にアップされることになります。

③ 床面積の査定

再調達原価に乗ずる床面積は、床面積と一口にいっても、容積対象床面積、法定床面積、施工床面積、延べ床面積、登記床面積等の別があり、さらに、区分所有建物には専有面積（内壁面積）、壁芯面積、共用部分按分面積を加算した現況床面積があります。

要するに、再調達原価が判明し、確定できたとしても採用する床面積によっては、大きく建物評価額がぶれてしまうことになります。それでは、数ある建物床面積のうち、どの床面積を採用すべきなのでしょうか。禅問答のようですが、その答えは再調達原価がどの床面積あたりの単価かによります。施工床面積あたりの単価であれば施工床面積を乗ずるべきことになり、容積対象床面積あたりの単価であれば容積対象床面積を乗ずるべきことになります。つまり再調達原価の査定は床面積とセットになっているということです。したがって、登記床面積あたりの単価に施工床面積を乗ずることは誤りということになります。

なお、一般的には、容積対象床面積に容積対象外床面積を加算した延べ床面積を基準となすことが多いようです。

建築基準法、不動産登記法、固定資産課税上の床面積はそれぞれ異なることはQ66でも述べてきたとおりです。

暫定性における仮差押えの段階においては、登記床面積を建物床面積と把握することが実務的になると思われます。厳密には階高、吹き抜け、中間階、床下、ロフト、サンルーム、附属建物等を床面積算入するか否かによって建物評価額に差が生じてきます。

第 7 章　不動産鑑定・評価の簡易手法

④　現価率

　現価率は建物について、経済的耐用年数に対する経済的残存耐用年数の割合に観察減価等の調整を行った率です。したがって、現価率50％とは新築建物建築額の半額という理解になります。一般に建物の経済価値は経済的残存耐用年数に依存することになりますが、残存耐用年数の耐用年数に対する割合と一致するものではありません。具体的には耐用年数の半分を超過した時点の建物価値は新築時の半額になるわけではなく、価値はより小さくなること、言い換えれば、耐用年数の経過割合より経済価値は縮小されることを示します。

　観察減価法とは、「対象不動産について、設計、設備等の機能性、維持管理の状態、補修の状況、付近の環境との適合の状態等各減価の要因の実態を調査することにより、減価額を直接求める方法」であり、調査主体が目視等によって劣化、破損、老朽化等の程度を判断し減価割合を考慮することになります。現価率の算定式としては、鑑定評価においては建物を躯体、仕上げ、設備の三つの部分に分解して、それぞれについて、経済的残存耐用年数の経済的耐用年数の割合を判定し、合計していくことになりますが、簡易評価においては、分解することなく単純に、「現価率＝経済的残存耐用年数÷経済的耐用年数×（1−観察減価率)」とする算定方法もあります。

　経済的耐用年数は構造により異なりますが、特に設備については15年程度が目安とされていますので、新築以外の建物については、設備についてある程度のメンテナンスをしたと仮定して、残存耐用年数を判定することが標準となります。

　設備に限らず、建物維持管理のための改修、修繕工事、配管交換等のメンテナンスは経済的残存耐用年数の延長につながるので、メンテナンス情報は重要となりますし、エンジニアリングレポート等の詳細調査結果があれば重要な資料となります。

　なお、経済的耐用年数とは、減価償却等の税務上の法定耐用年数と対比する意味で用いられている用語であり、法定耐用年数ではなく経済価値判定のための経済的効用が存続できる期間という意味において用いられています。したがって、経済的耐用年数と法定耐用年数とは一致しません。

364

第5　建物の鑑定・評価の簡易手法（Q117）

Q116　固定資産評価証明書の価格が利用されるのはどのような場合ですか

A　建物については、上記のとおり建物単体の取引市場もなく時価水準の把握が困難である等の理由によって、固定資産評価証明書記載の価格が利用されることがあります。

固定資産評価証明書の価格は地方公共団体職員が評価基準等に従って算定した価格で、証明書には市町村長の公印が押され、公的に認められた正規の価格として証明力は低くないことがその理由です。

解説　土地と異なり時価の7割水準という扱いもなく、不動産鑑定士の関与もない正真正銘の地方公共団体による価格です。固定資産税のためだけではなく相続税その他の申告、訴訟等にも利用されています。特に経済的耐用年数が超過している老朽建物においては、あらためて評価をなすまでもなく、固定資産評価証明書記載価格が活用されることがあります。土地と異なり、不動産会社による価格査定も、建物の相続税路線価も、地価公示のような基準とすべき指標もない建物価格については、参考とするものがないことから、固定資産評価証明書が意義をもつということです

Q117　建物の鑑定評価に必要な資料および調査とは何ですか

A　簡易評価ではない正規の建物の鑑定評価については、不動産鑑定評価基準にのっとって鑑定評価をなすこととなり、簡易評価よりも精微となります。

新築時においては工事費内訳明細がわかる資料、建築設計図面等が必要となりますし、中古建物においては、エンジニアリングレポート等の調査報告書面が必要となる等の前提を要することが原則となります。建物内部調査も欠かせないだけではなく、屋上、機械室、ピット、床下収納、屋根裏部屋等の調査をすることが一般的となります。

365

第7章　不動産鑑定・評価の簡易手法

解説

① 建物鑑定評価と不動産鑑定評価基準

建物の鑑定評価については、不動産鑑定評価基準は次のように解説しています。

「建物は、その敷地と結合して有機的に効用を発揮するものであり、建物とその敷地とは密接に関連しており、両者は一体として鑑定評価の対象とされるのが通例であるが、鑑定評価の依頼目的及び条件により、建物及びその敷地が一体として市場性を有する場合における建物のみの鑑定評価又は建物及びその敷地が一体として市場性を有しない場合における建物のみの鑑定評価がある。

Ⅰ　建物及びその敷地が一体として市場性を有する場合における建物のみの鑑定評価

この場合の建物の鑑定評価は、その敷地と一体化している状態を前提として、その全体の鑑定評価額の内訳として建物について部分鑑定評価を行うものである。この場合における建物の鑑定評価額は、積算価格を標準とし、配分法に基づく比準価格及び建物残余法による収益価格を比較考量して決定するものとする。ただし、複合不動産価格をもとに建物に帰属する額を配分して求めた価格を標準として決定することもできる」。

Ⅱ　建物及びその敷地が一体として市場性を有しない場合における建物のみの鑑定評価

この場合の建物の鑑定評価は、一般に特殊価格を求める場合に該当するものであり、文化財の指定を受けた建造物、宗教建築物又は現況による管理を継続する公共公益施設の用に供されている不動産のうち建物について、その保存等に主眼をおいて行うものであるが、この場合における建物の鑑定評価額は、積算価格を標準として決定するものとする。」

上記のように二つの場合において分けて記載されており、建物の鑑定評価は実務上は原価法による積算価格が中心となります。取引事例比較法や収益還元法は理論的ですが、実務的な現実としては、敷地利用権を考慮しない建物単体の取引も取引市場もなく、建物だけに帰属する収益の把握も困難であることがその理由です。

② 中古住宅評価書式

中古住宅の評価書式はいくつかありますが、そのうちの一つには、リフォ

ーム住宅ローン担保評価整備推進協議会による「中古住宅評価用の価格調査報告書」（注1）があります。

　これは、平成26年度および平成27年度国土交通省住宅局の補助事業「リフォーム住宅ローン融資に係る担保評価手法及び評価体制の整備に関する調査研究」の成果に基づくもので、不動産鑑定業者による不動産鑑定評価基準にのっとらない価格調査とされています。定められた書式に数値を入力していく簡易版ですが、リノベーション工事費が反映され、さらに、減価分もリフォーム未実施部分の減価額、リフォーム実施部分の減価額が耐用年数に基づく方法と観察減価法の双方で考慮される等、相応の体裁となっています。

　また、日本不動産鑑定士協会連合会が開発した建物評価に関する鑑定評価補助である既存戸建住宅住宅評価支援システム「JAREA－HAS」（ジャリアハス、Japan Association of Real Estate Appraisers house appraisal systemの略）があります。このシステムは、一般財団法人建設物価調査会の協力の下で、建築費、再調達原価について精度の高い査定を可能にし、さらに、建物を基礎、躯体、屋根等の11の部位に分けて価格を算出するという緻密なものに仕上がっています。

　JAREA－HASには、主に次の四つの特徴があります（注2）。

　①　精度の高い再建築価格（再調達原価）の査定が可能
　②　建物劣化状況に応じた価値の修正（減価修正）が可能
　③　リフォーム後を想定した価格の査定が可能
　④　建物修繕サイクルを反映した価格の査定が可能

　③　**仕　様**

　建物内部調査が可能な場合には、建物内部に立ち入って壁紙、床、天井の素材、施工状態等の仕様を確認するとともに、建物内部の維持管理、保守状況を確認することになります。飛散性アスベスト含有等の危険有害物質についての調査もしますが、正規のインスペクションのような建物診断ではないので、原則として、目視可能な部分に限定することはいうまでもなく、引き出し、押し入れ、収納内部を開けて見ることもなく、床下、点検口、屋根裏等の調査もしないことが多く、評価に関係する部分に限定した調査となります。

　厳密には同じビニールクロスでも壁紙の仕様、種類によって価格差がある

第7章　不動産鑑定・評価の簡易手法

のはあたりまえで、フローリングも集成材か否かによって異なりますが、中古建物評価のための調査は、細かい仕様の追求まで要求されていないことは、価格のための調査であることによっています。仕様の名称は時代によっても人によっても異なり、また、商品名との区別も曖昧で正規の区分のための基準、指標となるものも存在していません。

　檜風呂等の高価な銘木の存在を見落とすことはできませんが、特別に希少で高価なイタリアのある地方特産の大理石を使用していても、その情報がなければ目視でわかる人は多くないでしょう。原価法による積算価格をそのまま鑑定評価額とする思考をとっていない鑑定評価の主旨に鑑みても、一部に高価な仕様資材を使用していることが、そのまま高額な評価額に直結するわけではないことは、建物調査においては前提となります。

　　　（注1）価格報告書のサンプルは、熊倉隆治ほか監修『中古住宅の価値評価
　　　　　が変わる』126頁〔日本経済新聞出版社〕に掲載されています。
　　　（注2）熊倉・前掲（注1）132頁。

Q118　老朽家屋の評価についてはどのような点に注意すればよいですか

Ⓐ　　建築後相当な年数を経過した老朽家屋については、建物の経済的残存価値を認定して建物評価をなすか、建物価値をなし（ゼロ）とするか、既存建物の取り壊し費用を見積もるか等について、どう考えるのかが問題となることがあります。

　老朽家屋の簡易評価としては、固定資産評価証明書記載の価格は有力な価格情報となりますが、固定資産税課税上は免税点未満の価格であることにより税額ゼロになることはあっても価格がゼロになることはなく、固定資産評価証明書を見ただけでは、取り壊しの想定が相当、適切かどうかわかることはありません。

解説

①　取り壊し最有効使用

　不動産の鑑定評価においては、「取り壊し最有効使用」という考え方があります。これは、土地建物（自用の建物およびその敷

第5 建物の鑑定・評価の簡易手法（Q118）

地）の取引にあたっての鑑定評価において、地上建物が老朽化しており、そのまま使用を継続するよりは、取り壊して取引することが相当であると思われる場合に、取り壊しを想定することが最有効使用であるという考え方です。

なお、最有効使用とは、「良識と通常の使用能力を持つ人による合理的かつ合法的な最高最善の使用方法」を意味しています。この思考によって自用の建物およびその敷地の鑑定評価額は、更地価格に既存建物の取り壊しに要する費用を加算することになります。

老朽化した建物について、取り壊しをすることが最有効使用であるかどうかの判断は、もっぱら鑑定評価の主体たる不動産鑑定士がなすこととなり、経済的耐用年数の年数をどのくらい経過すれば取り壊しを最有効使用とするか等の法令、基準等はありません。

もっとも、建物が抵当権等の担保に供されている場合には、担保権者の同意もなく、不動産鑑定士等の鑑定主体が取り壊すことを想定することは許されていないことは、現に建物賃借人の占有に供されている貸家およびその敷地においても、建物占有者の同意ないまま取り壊しの想定ができないことと平仄が合っています。

取り壊し最有効使用の思考は鑑定評価、簡易評価の局面のうち、取引を目的とした鑑定、評価の場合に限定されることになり、現に、強制執行、抵当権等実行による競売換価のための評価局面においては、取り壊し最有効使用の考えはなく、取り壊すことを想定しない現況有姿を所与とした評価となります。

2 取り壊しの想定

既存建物の取り壊しを想定する場合としては、上記の既存建物が老朽化している状況に限らず、次の状況において取り壊しの想定をすることがあります。

① 既存建物の用途が法令に違反している、または地域における標準的使用と乖離が大きい場合

② 既存建物が建築基準法その他の法令に大きく違背した違反建築物である場合

③ 耐震偽装、地盤データ偽装等により既存建物を存続させておくことが、危険である場合

369

第7章　不動産鑑定・評価の簡易手法

④　倒壊の危険がある等、既存建物が危険、有害であり、周囲への影響が大きい場合

⑤　廃墟と化した旅館、病院、学校等の大型物件等で安全上、治安上、防犯上も除却が望まれる場合

⑥　空家等対策の推進に関する特別措置法14条の特定空家等に対する措置の対象となっている場合

⑦　マスコミで大きく報道された凄惨な事故、事件物件、犯罪現場である場合

⑧　地震、火災、その他の自然災害等の罹災により、現状のままの使用が困難であるとき

⑨　悪臭、不衛生、醜悪な外観、害虫や病原菌発生等により地域一帯に対する負の影響が大きい場合

③ 取り壊し費用の見積もり

　取り壊すことを前提とした場合には、既存建物を取り壊して更地化する費用を見積もることになります。既存建物解体撤去費用だけでなく、廃材価格、発生材料についても考慮することになります。

　住宅ではなく事務所ビル等の非住宅の解体に要する費用は、原則として、建替費用として新築も解体も一括で見積もられることになり、解体に要する費用単独の見積もりとは、見積もり金額が異なることになります。

　解体工事費（東京価格）としては、

①　木造　　基礎　2,530円～8,070円／延床㎡

　　　　　　上屋　3,120円～6,240円／延床㎡

②　RC造、SRC造、S造　　基礎　10,500円～34,900円／㎥

　　　　　　・RC造躯体　　7,600円～27,600円／㎥

　　　　　　・SRC造躯体　10,700円～12,500円／㎥

　　　　　　・S造上屋　　　3,100円～8,000円／延床㎡

という目安があります（注1）が、平成23年の東日本大震災により解体費は高騰し、執筆時点（平成29年6月）においては相当落ち着いてきましたが、流動的であり、見積もりにあたっては建築士や専門業者による意見聴取、解体業等の建築関連業者による見積もり、公表されている建築単価指数等の客観的な意見、データが必要となります。

第5　建物の鑑定・評価の簡易手法（Q118）

　見積もりに際しては、杭が何本も打ち込まれている場合には建築図面、杭の長さ、太さの情報、地盤補強の情報等の建物建築情報が必要となります。

　なお、解体専門業者等の建築関連業者による見積もりは、業者間の開きが大きいことが通常なので、複数社の見積もりがあることが望ましく、見積もりにあたっては、見積もり依頼の提供資料等の前提条件を同一とすること等の配慮が不可欠となります。

　また、見積もりにあたっては、注文者のふりをするのではなく、見積もりを要する理由、目的を、正しく業者に伝えるべきです。

④　用途変更

　既存建物について最有効使用の用途からの乖離、用途制限違反、地域における標準的用途との齟齬等が指摘できる場合には、評価対象の建物について用途変更を考慮した用途変更費用を見積もることになります。

　特段に用途変更の要請がなくても、老朽化した事務所ビルを住宅用途に変更して、賃貸借需要惹起を期待するケース、既存店舗の２階部分を店舗から住宅用途に変更して、１階店舗経営者の居住用とするケース等についても検討することとなります。用途変更（コンバージョン）の考慮は、大きく不動産価値を左右する場合があるので留意が必要になります。地域は変化の過程にあり、標準的使用も流動的、変動の過程にあり、競争力強化、需要惹起の視点からも用途変更の考慮は重要となります。一方において、用途変更に要する費用と用途変更に伴う効果の費用対効果の検討は不可欠となります。用途変更（コンバージョン）の工事費の見積額も流動的であり、一概には言えない傾向がありますが、おおむねの水準を示すと、首都圏においては25㎡程度のワンルームへの用途変更は14万円／㎡～18万円／㎡、70㎡程度のファミリータイプへの用途変更は９万円／㎡～13万円／㎡程度、建物１棟を一括に用途変更する場合には新築工事費用の５割から６割程度の見積もりとされています（注２）。

　見積額については、既存建物の状況や地域によっても変わってくることは言うまでもありません。

　なお、評価対象建物が借地契約の目的となっている場合には、土地賃貸人の承諾なく用途変更できないことが一般的ですので、自由な用途変更の想定はできない、ないしは借地条件変更承諾料、改築承諾料の考慮を要すること

に留意を要することになります。

> （注１）「建物の評価必携」編集委員会編『〔改訂版〕建物の鑑定評価必携（建物実例データ集）』778頁〔建設物価調査会〕。
> （注２）秋山英樹『実践・建築の企画営業〔第９版〕』221頁〔清文社〕。

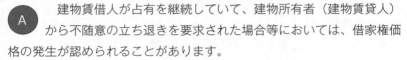

建物賃借人が占有を継続していて、建物所有者（建物賃貸人）から不随意の立ち退きを要求された場合等においては、借家権価格の発生が認められることがあります。

以下では、借家権価格の簡易査定についてみていきます。

1 借家権価格とは

解説 不動産鑑定評価基準における借家権価格についての記述を紹介すると、次の通りです。

「借家権の取引慣行がある場合における借家権の鑑定評価額は、当事者間の個別的事情を考慮して求めた比準価格を標準とし、自用の建物及びその敷地の価格から貸家及びその敷地の価格を控除し、所要の調整を行って得た価格を比較考量して決定するものとする。借家権割合が求められる場合は、借家権割合により求めた価格をも比較考量するものとする。この場合において、前記貸家及びその敷地の1.から6.までに掲げる事項を総合的に勘案するものとする。さらに、借家権の価格といわれているものには、賃貸人から建物の明渡しの要求を受け、借家人が不随意の立退きに伴い事実上喪失することとなる経済的利益等、賃貸人との関係において個別的な形をとって具体に現れるものがある。この場合における借家権の鑑定評価額は、当該建物及びその敷地と同程度の代替建物等の賃借の際に必要とされる新規の実際支払賃料と現在の実際支払賃料との差額の一定期間に相当する額に賃料の前払的性格を有する一時金の額等を加えた額並びに自用の建物及びその敷地の価格から貸家及びその敷地の価格を控除し、所要の調整を行って得た価格を関連づけて決定するものとする。この場合において当事者間の個別的事情を考慮するも

第5　建物の鑑定・評価の簡易手法（Q119）

のとするほか、前記貸家及びその敷地の1.から6.までに掲げる事項を総合的
に勘案するものとする」。

なお、「前記貸家及びその敷地の1.から6.までに掲げる事項」とは、次の
とおりです。

「1.将来における賃料の改定の実現性とその程度、2.契約に当たって授受さ
れた一時金の額及びこれに関する契約条件、3.将来見込まれる一時金の額及
びこれに関する契約条件、4.契約締結の経緯、経過した借家期間及び残存期
間並びに建物の残存耐用年数、5.貸家及びその敷地の取引慣行並びに取引利
回り、6.借家の目的、契約の形式、登記の有無、転借か否かの別及び定期建
物賃貸借（借地借家法第38条に規定する定期建物賃貸借をいう。）か否かの別」。

建物占有を継続している借家権が常に経済価値を備え、借家権価格がある
のではなく、次の二つに該当する場合に限って借家権価格が認められ得ると
いう、極めて限られた局面においてのみ借家権価格が認められる傾向にあり
ます。

一つ目は、建物所有者（建物賃貸人）から自らの都合で不随意の立ち退きを
求められたとき、公共用地取得に伴い損失補償を受けるとき、市街地再開発
事業等により地区外へ転居せざるを得ない場合等です。

二つ目は、建物賃借継続期間が長期間にわたり、地域への貢献、地域発展
への寄与が認められ、地域住民や地域自治等へのなじみ、密着性、関係があ
る程度成熟していること。

以上の二つ双方に該当するときに、借家権価格が認められ得る場合がある
ことになります。

なお、弱者救済の視点により、経済的弱者たる借家人に多額の借家権価格
を認めるような社会風潮があった時期もありましたが、平成4年の定期借家
制度創設等を経過した現在においては、借家権価格を認めることはむしろ例
外的なこととされています。なお、定期借家、一時借家、間借り、下宿等は
借家権価格が認定されることは原則としてありません。

また、借家権価格とは立退料、借家権補償、譲渡権利といった用語と混合
して使用されることがあります。立退料は、借家権価格と同じ意味ではあり
ませんが、借家権価格は引越費用、移転費用、移転雑費等とともに立退料を
構成する関係があります。借家権価格と補償の相違については次に解説しま

373

第7章　不動産鑑定・評価の簡易手法

す。

　なお、借家権があることは借家権価額があることを意味せず、借家権の不動産鑑定評価をなすことは借家権価額があることを意味しません。したがって、不動産の鑑定評価をなした結果は借家権価額ゼロ（なし）ということもあります。

②　借家権価格と借家権補償

　借家権価格と借家権補償とは全く別の概念であり、明確に分けて使用すべきとなります。借家権価格とは権利の対価であり、借家権補償とは権利ではない費用補填を意味しており、両者は意味も取扱いも算定方法も大きく異なります。

　両者の相違を的確かつ明晰に表しているのが都市再開発法の規定です。都市再開発法91条は補償金等として借家権の対価補償を規定するとともに、97条は土地明渡しに伴う損失補償として、物件に関し権利を有する者が通常受ける損失を補償しなければならないとしています。91条補償を対価補償、97条補償を損失補償として、補償という用語を共通使用しているものの、両者を明確に区別しています。

　これだけではわかりにくいのでより細かくみていきますと、91条補償は土地や建物と同様に従前資産を構成し、施行者が策定した評価基準に基づき、不動産鑑定業者が資産評価をなすのに対して、97条補償は、移転費、移転雑費、工作物補償等と同様に、施行者が策定した損失補償基準、同細則に基づき、補償コンサルタント会社が算定するという相違がありますが、もっとも大きくかつ根本的な相違点とは、91条の借家権価格は建物等所有者が負担するものとして建物所有者の従前資産評価額から控除されるのに対して、97条補償は、事業の施行に伴う費用補填なので、事業費の負担となり、建物所有者は関知しないという点です。金額としても91条と97条とは大きな差が出ることもあります。また、税務上の扱いも両者は異なっています。

　なお、実務上、91条対価補償と97条損失補償の二重補償はできないとされており、どちらか一方の補償がなされるという扱いが標準となっています。

③　借家権価格の簡易評価

　長期占有により借家権が成熟し、地域発展への寄与、貢献が認められる等により借家権価格の発生が認められ得る場合には、簡易的評価を用いて借家

374

第5　建物の鑑定・評価の簡易手法（Q120）

権価格の算定をなすことが、再開発等の従前資産評価の場合にあります。簡易評価の方法としてはいくつかありますが、ここではそのうちの一つとしての割合方式を紹介します。

割合方式とは、建物に対する借家占有部分の割合（a）をまず求め、建物価格にaを乗じた借家占有部分に対応する建物価格に、借家権割合（A）を乗じた値と、土地価格にa'を乗じた借家占有部分に対応する土地価格に、借家権割合（B）を乗じた値を合算して、所要の調整を行って借家権価格を求める方法です。数式にすると次の通りです。

借家権価額＝｛一棟建物価格×a×（A）＋一棟建物価格の敷地価格×a'×
　　　　　　（B）｝×（1－調整値）

この場合、aとは借家面積の1棟建物面積に対する比率であり、a'とは借家面積の1棟敷地面積に対する比率を表します（通常は$a＝a'$となります）。

所要の調整（調整値）とは、占有期間による補正、用途による補正、賃料差額等による補正、代替物件移転の困難性等を総合的に考慮して判断すべきこととなります。

具体的な指標としては、Aは30％〜50％、Bは地域において慣行化した標準的な借地権割合×30％を目安、基準としている場合が標準となります。

Q120　買受人に対抗できる建物賃借権の評価はどのようにするのですか

A　差押え後の換価により、買受人に対抗できる建物の賃借権としては、抵当権に優先する賃借権（長期賃借権）、短期賃借権、抵当権者の同意の登記をした賃借権の三つがあります。その他にも明渡猶予がありますが、それぞれの場合における民事執行法の規定に従った評価人による評価についてみることとします。

重要なのは、占有減価、借家権減価、預かり一時金控除の3点です。

解説

① 占有減価

建物が建物所有者以外の者により利用されている場合において考慮される価格補正として、占有減価があります。占有減価

375

は、買受人に対抗できるか否か、すなわち、引渡命令の対象であるか否かを問わず、考慮されることがあります。建物所有者以外の建物利用者が建物を利用に供していることによる価値減少の考慮は、占有減価を要しない自用の場合との比較によって必要となります。

競売評価においては、自用以外の場合に占有減価として一定額の控除をなすことが一般的、原則的取扱いであった時代もありますが、価値減少の評価が占有屋等による価値減少の目論見と合致すること、すなわち、低い評価額への誘導のための意図的占有が、占有減価の考慮によって、低廉評価という目的達成に至ってしまうことにより、占有減価の考慮は原則、消極的に解されています。

もっとも積算価格算定の過程において、現占有者の占有によって一定の減価が見込まれる、ないしは減価を見込むことが的確であると思われる場合には、占有減価が考慮されることになります。

② 借家権減価

買受人に対抗できる建物賃借権を考慮した評価としては、占有減価を考慮する場合、借家権減価を考慮する場合、占有減価も借家権減価も考慮しない場合の三つの場合がありますが、試算の過程で考慮される場合と評価額の最終決定段階で考慮される場合とがあり、やや紛らわしいので留意を要します。

なお、占有減価と借家権減価の双方が考慮されることはありません。

また、借家権減価とは、貸主側からみると貸家減価といわれることになります。買受人に対抗できる建物賃借権の評価は建物価格の10％～40％程度を考慮することが一般的であり、その内訳は短期賃借権の場合は建物価格の10％～20％、抵当権に優先する長期賃借権、抵当権者の同意登記をした賃借権は建物価格の20％～40％程度の考慮とされています。ただし、実務上、建物賃借権が買受人に対抗できるということは、現占有者が建物占有を継続できること、すなわち、現占有者による賃貸借収支を基礎とした収益還元法による収益価格が重視される場合には、借家権減価の考慮は不要とされていることに鑑みた評価事務がなされる傾向にあります。

一方において現占有者の賃料水準が、地域における標準的な相場より低廉である等の減価要因が具体的にあった場合には減価が積極的に考慮されることになります。翻っていうと、現占有者の賃料水準が地域の標準的な賃料水

準とおおむね一致、ないしは開差が大きくないと目される場合においては、買受人から見ると買受人に対抗できる建物賃借権の存在は減価要因にならず、占有減価、借家権減価は不要ということになります。不動産鑑定評価基準においても「自用の建物及びその敷地の価格」と「貸家及びその敷地の価格」との差が借家権価格と位置づけていることと平仄が合うことになります。

③ 返還すべき預かり一時金の控除

買受人に対抗できる建物賃借権については、返還すべき預かり一時金を建物価格から控除することになりますが、これは、現占有者が占有を継続できること、つまり、現占有者が建物賃借人に預けた敷金等の一時金を返還してもらう時は将来になることによって、預かり敷金の返還請求する建物賃貸人の地位が買受人に移転すること、つまり、買受人が賃借人に対して返還する預かり一時金を考慮することです。

建物賃借権が買受人に対抗できるということは、返還請求は将来になること、言い換えれば、買受人に対抗できない建物賃借権は現所有者（現建物賃貸人）に返還請求をなして、賃貸借関係を解消するということです。

したがって、賃借権が抵当権に優先する場合、抵当権の同意登記がある場合、短期賃借権の場合のいずれかに該当する場合には、建物価格から敷金等の返還すべき預かり一時金の額が控除されているので、買受人は建物賃借人に預かり一時金を返還すべきことになり、建物賃借人は解約時には預かり一時金の返還請求は旧所有者ではなく、買受人に対してなすことになります。

対抗力を有する建物賃借権がある建物の評価は、特に占有、借家に伴う減価が発生していると見込むことができずに、占有減価、借家権減価を考慮しない場合においても、返還すべき預かり一時金の控除をなすこととなります。実務上は、占有減価、借家権減価の考慮をすることなく、返還すべき預かり一時金の控除のみする場合が多いようです。

なお、礼金、権利金、敷引、償却等の名目のいかんを問わず、返還義務のない一時金については、控除する必要はありませんし、使用借権等の買受人に対抗できない建物利用権の場合においても、引渡命令の対象となるので一時金の控除は不要となります。

④ 高額敷金の控除

商業繁華性が優れた商業地域にある店舗等の賃貸借にあたっては、高額な

第7章　不動産鑑定・評価の簡易手法

保証金が差し入れられていることが一般的であり、特にバブル期においては月額賃料の数十カ月分の保証金も珍しいことではありませんでした。差押え時の建物価格から返還すべき預かり一時金を控除するという評価方法により評価すると、返還すべき預かり一時金の額のほうが建物価格より高額であるために控除しきれない場合があります。

　このような場合には、原則通り控除してマイナスの評価額となすか、建物価格をゼロとするか、控除しきれない分を土地価格からも控除する等の方法が考えられますが、まず、高額な一時金の額が地域慣行に照らして相当と認められるか否かの検討がなされることになります。地域において慣行化した一時金の水準から逸脱した一時金の額は、買受人が負担すべき一時金の額を超えているとして、慣行に見合った適正水準を控除する方法が採用されることがありますが、そのような場合の現実の評価事務は評価人が執行裁判所と協議して評価していくこととなります。

　なお、一般に敷金、保証金、協力金等の名称で呼ばれている一時金は、その性格によって、賃料滞納等の契約不履行に基づく損害賠償の担保たる性格を有するもの、賃貸借契約に定められた契約期間の完全履行を保証するための性格を有するもの、建物等の建設資金またはすでに調達した建設資金等の返済にあてるための金融的性格を有するもの等があり、敷金、保証金、建設協力金等の名称のいかんにかかわらず、その性格の判断は容易ではないこともあるので、執行裁判所との協議は重要となります。

Q121　買受人に対抗できない建物賃借権の評価はどのようにするのですか

Ⓐ　差押え後の換価によって不動産を取得した買受人に対抗できない建物利用権としては、差押え後に占有開始した建物賃借権、平成16年4月1日以降に抵当権に後れて占有を開始した建物賃借権、抵当権に後れる非正常な短期の賃借権、一時使用等がありますが、原則として、占有減価、借家権減価を考慮することなく、また、返還すべき預かり一時金の控除もすることなく評価します。

378

第5　建物の鑑定・評価の簡易手法（Q121）

① 明渡猶予

解説　平成15年の民法改正により短期賃借権保護制度は廃止されましたが、その代わりに明渡猶予制度が創設されました（民法395条）。平成16年4月1日以降に占有を開始し、かつ抵当権に後れる賃借権は短期賃借権保護対象外となりますが、建物賃借人は明渡猶予として、買受人の買受けの時から6カ月間は占有継続ができるという規定です。

　もっともこの適用が認められるには、期間中も使用料を支払い続けること、非正常賃借権ではないこと、差押え後に占有開始したものではないこと、執行妨害目的ではないこと等の要件があります。建物占有者は競売によって建物賃貸人が新たに買受人に変更されたといっても、6カ月間の引越先選定等の移転準備期間があるので、スムーズな生活再設計が可能となります。評価にあたっては、6カ月の猶予でしかないので、占有減価、借家権減価の考慮は不要と考えられるので、原則として、減価を考慮しない評価となります。

　一方において、たとえば、1棟アパート等が落札により買受人へと所有権移転した場合に、1戸を除いて全戸空室で借入金による建替計画があるとき、その1室についての明渡猶予のため6カ月間は取り壊しできず、1戸分のみの賃料収入があっても、6カ月間の金利は実損となりますので、そのような場合には一定の減価を見込むことが相当とされる場合があります。

　明渡猶予においては、占有、借家による減価を認めないことを原則としつつも、目的不動産の状況によっては例外的に減価を認め得る場合があることになります。

② 差押え後の占有、非正常の賃借権等

　買受人に対抗することのできない建物利用権としては、具体的には差押え後に占有を開始した占有、短期賃借権の期限が切れた占有、非正常であるため短期賃借権の保護対象外となった賃借権等があります。これらの占有は、引渡命令の対象となり、競売による換価後も占有を継続できる権利ではないことから、占有に伴う減価の考慮は不要ということになります。

　使用借権、不法占拠、執行妨害目的の占有、占有屋による占有、占有の実態がない形式上の賃貸借、一時使用の占有、間借り等においても同様となります。もとより執行妨害や占有屋等による占有は減価の考慮により売却価額が低廉になることを目的としたものですので、減価によって低廉に評価する

379

第7章　不動産鑑定・評価の簡易手法

ことは目的どおりとなってしまうことから、占有減価の考慮はなされること
がありません。

　引渡命令の発令が可能であることにより、占有の事実が買受人の負担にな
ることがない以上は、減価を考慮して評価額を下げる必要がないということ
により、減価の考慮はなされないことになります。

Q122　借家人が留置権を主張した場合の評価はどうなりますか

Ａ　　建物賃借人により留置権の主張がなされることがあります。す
なわち、占有者の費用償還請求権、建物工事代金請求権等の被担
保債権として留置権を主張する場合があります。
　留置権とは、目的物の占有者が一定の法律関係によって生じた被担保
権の弁済を受けるまで目的物を留置する権利、法定担保物権です。

解説　　留置権が主張された場合の評価は、留置権が成立するか否か
によって異なります。留置権が成立する場合は、建物価格から
被担保債権額を控除する評価方法となります。留置権の主張が
なされているが留置権が成立するか不明である場合の評価は、被担保債権額
を控除する方法に代えて、係争減価等の減価を被担保債権額に相当する割合
によって考慮することがありますが、評価人の判断だけでは評価は困難です
ので、執行裁判所との協議を要することになります。

　占有者の費用償還請求権による留置権は、造作買取請求権とは異なりま
す。造作買取請求権は、建物との牽連関係が認められない債権については否
定されますが、商事留置権は目的物との牽連関係を不要としており商事留置
権が成立する場合もあることに留意すべきとなりますが、造作買取請求権に
ついても、評価人は執行裁判所との協議を経て評価をなすことになります。

380

第6 区分所有建物の鑑定・評価の簡易手法（Q123）

第6　区分所有建物の鑑定・評価の簡易手法

Q123　区分所有建物の価格査定はどのようにするのですか

A　区分所有建物（マンション）の簡易的な評価方法としては、周辺地域におけるマンションの取引価格、募集価格等を参照して求める方法が標準となります。同一マンションの他の部屋の取引事例に関する資料を入手できれば、当該資料を参照して価格査定をすることになります。簡易ではない正規の不動産鑑定評価においては、自用の場合と賃貸借に供している場合とでは評価方法は異なります。

1　マンションの不動産鑑定評価

解説　まず、簡易ではない正規の不動産鑑定評価についてみていくこととしますが、不動産鑑定評価ではマンションの場合、自用であるか賃貸借に供されているかによって区別しています。

他にも住宅、店舗、事務所等の用途によっても異なります。不動産鑑定評価は、原価法による積算価格、取引事例比較法による比準価格、収益還元法による収益価格の三つを試算し、試算価格を調整、検討して鑑定評価額決定に至ることとしており、賃貸借に供されている場合や店舗等の非住宅用途の場合には収益価格を標準とすることになります。いわゆる一般的なマンションの場合には、地域におけるマンション取引価格水準が重要になるので、取引事例を基礎とした取引事例比較法による比準価格は重要な価格と位置づけられることになります。

一方、評価対象の区分所有建物を含んだ1棟全体の建物およびその敷地の価格を求め、そこから、適正な配分率を用いて評価対象の区分所有建物およびその敷地の価格を求めるという原価法による積算価格は、階層、位置による価値差を考慮した価格として試算の意義は小さくありません。

マンションの不動産鑑定評価は、以上の三つの試算を経て、三つの試算価

381

第7章　不動産鑑定・評価の簡易手法

格を調整、検討して最終結論たる不動産鑑定評価額に至ることになります。

② 民事執行法上のマンションの評価

民事執行規則においては、評価は、取引事例比較法、収益還元法、原価法の手法を用いることを明記しています（29条の２）ので、マンションにおいてもこれらの試算を要することになります。

一方において、民事執行法の評価とは、不動産鑑定評価とは異なること、不動産鑑定評価基準に準拠したものではないこと、迅速性その他の制約下での評価作業であること等の特色があり、必ずしも三つの試算価格を厳密に試算するだけではなく、三つの試算の意義を反映した方法により評価がなされる場合があります。

また、マンションには敷地権付マンションと分離型マンションの二つの形態があり、さらには敷地利用権の判定等の強制執行特有の特色があります。

以上によりマンションの評価は、簡便的に積算価格と収益価格を試算し、調整して評価額を求める評価方法が採用されている地域が多いのですが、その場合でも地域における取引実勢の反映、つまり取引事例比較法の思考が繰り込まれた評価方法となっています。

Q124　中古マンションの査定において比較するのはどの価格ですか

A　中古マンションは、マンション取引市場が比較的整備され、一般の戸建住宅より売れやすく、取引しやすいという特色があり、地域におけるマンション価格相場の目安があります。中古マンションの価格査定においては、原価の積み上げ方式たる積算価格、賃貸収入から経費を控除した純収益を還元利回りで還元する収益価格よりも、この「地域における中古マンション価格相場との比較」が最も重視されるべき価格となることが標準となります。

解説

① 中古マンション価格情報

中古マンション価格相場については、地価公示価格のような政府主導の指標、基準価格はなく、民間の情報に頼るしかあり

第6　区分所有建物の鑑定・評価の簡易手法（Q124）

ません。一部で住宅指数の公表もなされていますが（国土交通省土地総合情報ライブラリー「不動産価格指数」http://tochi.mlit.go.jp/kakaku/shisuu、一般財団法人日本不動産研究所「不動研住宅価格指数」http://www.reinet.or.jp/?page_id=14347、米・Ｓ＆Ｐ／ケースシラー住宅価格指数等）、知名度も低く、多くの人に利用されているとは言い難い状況です。

　インターネットでマンション価格情報を検索すると、それなりにヒットすることもありますが、その情報の信頼性、検証可能性については未知であるといわざるを得ず、安易にそれらの情報を鵜呑みにすることはできません。

　中古マンション情報としては、ある調査対象マンションを特定し、同一マンションの取引事例情報と、周辺の中古マンションの取引事例情報、周辺の中古マンション相場情報の三つがありますが、これらの情報を会員向けに提供している有償のサービス（注）もあります。

　不動産鑑定業者や不動産関連事業者等が会員となっていますので、それらの加盟会員であれば情報提供のサービスにより入手可能です。新築マンションの価格を調査する局面は極めて例外的であり、新築後1年以上経過した場合、一晩でも入居者がいた場合、一度でも購入者がいた場合には、もはや新築ではなくなりますので、評価対象マンションは中古であることが一般的となります。

　中古マンションの価格査定にあたっては、新築時の販売価格情報は特には必要ありません。中古マンション価格相場が新築販売価格を超過することも珍しいことではありません。

② 中古マンション価格と単価

　中古マンション価格は、坪、平米の単価で比較がなされます。床面積50㎡で5,000万円の中古マンションであれば取引市場における相場が㎡あたり100万円となり、地域が近く、地域要因が似た同程度の建物品等のマンション55㎡であれば、100万円×55㎡＝5,500万円となります。したがって、取引された総額がわかっても、面積あたりの単価が判明しないと比較できないことになります。床面積には、壁芯、内壁等の相違があるので、単価の基礎となる床面積を揃えるべき必要があります。壁芯あたりの単価であれば、壁芯床面積に乗ずることになるので、単価がわかっていても、壁芯あたりの単価か内壁あたりの単価であるか等について把握しておかなければなりません。

383

なお、一般的には床面積というと壁芯面積を示すことが多く、販売面積、カタログやパンフレット記載面積等は壁芯面積を示すことが一般的です。

③ マンション価格と間取り

マンション価格は、規模、間取り、リゾートマンションかどうか等のタイプによって価格水準（マンション単価）は異なります。ワンルームマンションは単価が割高になり、ワンルーム以外の単価と異なりますが、ワンルーム以外であっても40㎡〜60㎡クラスの2DK、2LDKタイプと、70㎡を超える3LDKクラスのファミリータイプとではマンション単価は異なります。

ワンルームマンションは、規模が小さくても月額賃料の最低水準の制約があるため、収益効率が高い収益物件として、また、規模により総額が抑えられることによる投資の容易性によって割高になります。そのためワンルームタイプはそれ以外の規模と比較することはできず、ファミリータイプとは別の市場で流通することになります。

一方、ワンルーム以外でも70㎡を超えるファミリータイプは40㎡〜60㎡の2DK、2LDKタイプよりも単価が高い傾向にあります。これは、70㎡を超える規模は余裕、ゆとりがある物件として、生活最低限規模ではなく、贅沢な規模として評価されていることによります。もっともこの風潮は少し前のものであり、現在では70㎡を超えるマンションは一般的、標準的であるともいえます。ゆとりある規模としては80㎡〜100㎡超といったところでしょうか。

マンション価格の比較をするときは、この規模、間取りを均一化することを要することになります。なお、ワンルーム、1K、スタジオタイプ等、不動産業者によっては同じ間取りでも呼び方が異なることも少なくありません。

また、規模、間取りの他にも、リゾートマンション、タワーマンション、超高層マンションによって価格相場は異なりますし、マンションといっても同一マンション内の別部屋のほとんどが事務所の用に供されている古いマンションもあります。事務所用途のマンションは、事務所としての価格として流通している場合と通常の中古マンションとして流通している場合とに区別されますが、事務所等の非住宅使用が規約違反となっていないかの視点も重要になります。住宅用途を装った事務所使用もありますし、寝泊まりの用に供している事務所もあります。

④ マンション価格比較法

取引事例等により中古マンション価格相場が判明したときは、簡易的な比較法により価格を求めることができます。同一マンションの取引事例が判明している場合は、その取引価格が個人的な事情等が介在した特殊な事例ではないかを検討すべきであり、一つの取引事例をそのまま適正な事例として信頼できるかどうかの検証は不可欠となります。

同一マンションの異なる部屋の取引価格が判明し、かつ当該事例が価格に影響を及ぼす特殊な事情があるものではないときと認められるときの評価は、以下の算式になります。

```
同一マンション事例    時点修正    個別的要因の比較   対象マンション単価
  ○○千円／㎡   ×○○／○○×   ○○／○○   ＝   ○○千円／㎡
```

個別的要因補正とは、階層別、位置別、間取り、その他の補正を意味します。階層、位置等の補正については次のＱ125③で説明します。

同一マンションではない周辺地域における類似の同程度のマンションの部屋の取引価格が判明し、当該価格に特別な事情がない場合には、以下の算式になります。

```
マンション事例   時点修正   地域要因の比較   建物格差   個別的要因の比較  対象マンション単価
  ○○千円／㎡ ×○○／○○×   ○○／○○  ×○○／○○×   ○○／○○   ＝   ○○千円／㎡
```

同一マンション事例との比較の場合に対して、地域要因の比較、建物格差の考慮を加えた算式となります。

　　（注）アットホーム株式会社のATBB（不動産業務総合支援サイト）等。

Q125　階層別・位置別の価値格差とは何ですか

マンションは一般に階層、位置、用途、間取り等により価格水準が異なります。

前記Q124の「地域における中古マンション価格相場との比較」は、取引事例比較法の簡易版ですが、比較の過程において、階層、位置、間取り等による格差も考慮することとなります。

一方において原価法による積算価格は、1棟マンションとその敷地の価格を求め、当該1棟マンションとの敷地の価格を階層、位置別、用途別等の配分率を使って、各部屋ごとに価格配分して求めることになります。

解説

1　階層別価値格差

一般にマンションは上階にいくほど価値は高くなり高額になります。その価格差はマンションによっても、地域によっても異なり一概にはいえませんが、タワーマンションや超高層マンションのように、高さ、眺望が売り物の物件ほど、価値格差は大きくなります。

エレベーターのないマンションとしては、筆者は6階建まで評価した経験がありますが、このような場合は引越料金、家具家電搬入費用等も割高になるので、階層と価格との比例関係は崩れることになります。ただし、階層が高ければ高いほどよいかどうかは住む人の快適性の主観によるので、客観的な数値の設定は困難となります。

高層階のほうがよいとする意見としては、眺望、威信、蚊やハエ等の害虫がこない、カーテンがなくても過ごせる、プライバシーを気にしなくてよい、贅沢な気持を満足させる等があります。

高層階をよしとしない意見としては、風が強い、日射が厳しい、災害時のはしご車のはしごが届かない、地震や火災時の避難が困難、自分の部屋までたどり着くのに時間がかかる、エレベーターの乗り換えを要する、気軽に外出できない、自宅に塞ぎがちになる、エレベーター点検時や故障時の対応に苦慮する等があります。なお、1棟建物の最上階でなくても、上に建物がな

第6　区分所有建物の鑑定・評価の簡易手法（Q125）

く部分的に最上階となっている部屋もあります。

　また、高層階であることの相続税、固定資産税の節税方法も平成29年度の税制改革で変更されることが決まっています（Q78参照）。なお、上階ほど価格が高くなるのは住宅用途だけであり、店舗、事務所等の非住宅用途は、地階を除いて、下階ほど価値が高くなります。

② 位置別価値格差

　同じ階層でも対象マンションの部屋の位置によって価値は異なることが一般的です。建物の端や角に位置している部屋は隣がないので、騒音、開放感、窓がある部屋は採光の面で、他の中間部屋より価値が高くなります。

　エレベーターや集会室に近い位置であると、近いことの利便性メリット、人の往来で騒がしいデメリットの双方がありますが、エレベーターの隣であると昇降時における音、振動が気になる場合があります。開口部・バルコニーの方位、ルーフバルコニーの有無、避難はしごの有無、非常階段への接近性、眺望も重要となります。

　眺望としては、富士山をはじめとする地域の名山、スカイツリー等のシンボル、自然景観や名勝等が重要となりますが、花火大会、大文字焼き等のイベント時における眺望も重要です。リゾートマンションや旅館、観光地、観光施設においては、眺望のいかんは極めて大きな価格形成要因として作用するので、眺望等の良否によってその価格差は数倍になる場合も少なくありません。

③ 階層別・位置別効用比

　階層別や位置別の価値差は、鑑定評価においては階層別効用比、位置別効用比とされ、1棟マンション価格の配当率の計算に用いられます。

　この価値差、効用比は、快適性、人の好みという感覚的、感情的、主観的、定性的な嗜好を定量的に数値化、指数化したことにその特色があります。したがって、人によって効用比は異なり、同一ではないことが当然ですが、多くの人が感じるであろうと認めるような効用比を探り当てることが効用比設定の意味となります。マンション分譲時における販売単価もこの効用比を示す情報ですが、この販売単価もマンション販売業者が仮に設定した効用比を反映したものであるに過ぎません。

　効用比は、価格差、賃料差として顕在化することになりますが、固定的で

387

なく常に変化の過程にあることに留意することとなります。たとえば、隣地により高層のマンションが建設され、眺望やステイタスを失った場合等が典型的な例となります。

効用比に床面積を乗じた効用積数の効用積数合計値に対する割合は、効用積数比率として、1棟マンション価格の配分率を表し、原価法による積算価格試算にあたって活用されることになります。

④ 1棟マンション価格の配分

ここで簡単に、階層別・位置別効用比を使った1棟マンション価格を各部屋に配分する方法の具体例をみてみることにしましょう。

階層別効用積数

階層	専有面積 （㎡）①	階層別効用比 ②	階層別効用積数 ③（①×②）	階層別効用積数比率 ④（③÷Σ③）
5階	250	108	27,000	21.26%
4階	250	105	26,250	20.67%
3階	250	100	25,000	19.69%
2階	250	100	25,000	19.69%
1階	250	95	23,750	18.70%
計	1,250	－	127,000	100.00%

位置別効用積数

部屋	専有面積 （㎡）①	位置別効用比 ②	位置別効用積数 ③（①×②）	位置別効用積数比率 ④（③÷Σ③）
301号	50	110	5,500	21.28%
302号	50	100	5,000	19.34%
303号	50	100	5,000	19.34%
304号	50	100	5,000	19.34%
305号	50	107	5,350	20.70%
計	250	－	25,850	100.00%

上記の表で、5階建マンションの3階303号室が対象不動産であれば、1棟の建物およびその敷地の積算価格に、階層別効用積数比率19.69%および位置別効用積数比率19.34%を乗じた値が、303号室のマンション価格（積算価格）

として試算されることになります。

この方法は、不動産鑑定評価基準においては「積算価格は、区分所有建物の対象となっている1棟の建物およびその敷地の積算価格を求め、当該積算価格に当該1棟の建物の各階層別及び同一階層内の位置別の効用比により求めた配分率を乗ずることにより求めるものとする」と説明されています。

Q126　滞納管理費の控除はどのようにするのですか

A　差押え時点における換価のための評価においては、滞納管理費を控除する評価事務が標準となりますが、執行裁判所によって取扱いはやや異なります。

区分所有建物の滞納管理費は先取特権の対象となり、買受人に継承されることはQ81で説明したとおりです。そこで、評価にあたっては、滞納管理費分を安く取得した買受人が滞納管理費を支払うような考慮をして、滞納管理費の額を控除することになります。

解説

1　滞納管理費の控除方法

滞納管理費を控除する評価事務における計算式は一般的に下記のようになります。

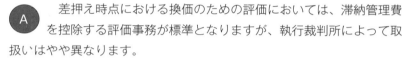

調整後の価格　　競売市場修正　　滞納管理費等相当額の減価　　評価額
　○○○円　×（1 －○.○○）×　　（1 －○.○○）　　≒○○○千円

上記は敷地権付区分所有建物およびその敷地の場合の評価方法です。また、調整後の価格とは、積算価格と収益価格との試算を経て試算価格を調整した価格です。

分離型マンションの場合は上記算式と異なり、土地、建物別々になりますので、滞納管理費は建物価格（敷地利用権付建物価格）より控除することとなります。

管理費がすでに滞納されている場合には、滞納が続き滞納額は膨らんでいくことになりますので、差押え後のある時点で滞納額を確定することになります。滞納額は執行官が管理会社、管理組合等に照会をなすことによって把

第7章　不動産鑑定・評価の簡易手法

握することになりますが、執行官や執行裁判所以外の債権者、弁護士等が滞納額を知り得る方法は、債務者が教えてくれない限りありません。

滞納額をある時点で確定したとしても、滞納は買受人が所有権を取得する時点まで続くことが通常となるので、控除すべき滞納管理費の額については、確定分だけでなく、確定時から売却実施時点までの将来の滞納予想分も含めた額とします。滞納しているかどうか不明のときは、不明である旨を物件明細書の備考欄に記載することになります。

② 滞納管理費の控除項目

滞納管理費として控除すべき項目としては純然たる管理費だけでなく、先取特権により担保される被担保債権としては、規約または集会の決議に基づき他の区分所有者に対して有する管理費、修繕積立金、組合費の債権のほか、これらに付加される遅延損害金も含まれていると解されており、また、区分所有者が共用部分に属する駐車場等について使用料を負担している場合には、原則として、これを滞納管理費に含めるとされています（注）。

以上により、管理費、修繕積立金、組合費、遅延損害金、駐車場使用料に対して滞納があれば、その未納分の控除をなすこととなりますが、これらの項目は、例示に過ぎず、これらの項目にとどまるわけではなく、他にもCATV使用料、町会費、駐輪場使用料、バイク置き場使用料、ルーフバルコニー使用料、専用庭使用料、トランクルーム使用料等についても滞納管理費として考慮することが標準であると考えることができます。

水道料金、電気料金、違約金も含めて考えることが可能でしょうが、対象物件のためだけに出費した、たとえば、専有部分内の設備修理費用等の費用項目は共益費に該当しないので滞納管理費に含めることはできません。エレベーター改良工事負担金、大規模修繕工事一時負担金等についても規約や集会決議を経た項目であれば滞納管理費として控除対象となります。

③ 控除の限界

滞納管理費を控除するにあたっては、時効を考えるべき局面もありますが、滞納期間が数年にもわたり、滞納額が相当な額になっている場合は少なくありません。古いマンションで、マンション価格が低い場合には、滞納管理費を控除しきれない場合もあります。特に分離型マンションの場合には建物価格から控除するので、建物価格よりも滞納額のほうが多額な場合もあります。

390

分離型マンションの場合で、建物価格から控除しきれない場合には、土地価格からも控除する評価事務になるかと思います。土地価格をもってしても控除しきれない場合や敷地権マンションの場合においては、マイナス評価、ゼロ評価とはしない実務となります。

具体的には最低価額として1万円の評価額となすことになります。これが滞納管理費控除の限界ですが、この場合、マンションの評価額は1万円となります。競り上がって数百万円で売却されたとなると、このマンションは売却基準価額に対して数百倍で売却されたという特異な売却結果になってしまいますが、このような特異な事件も珍しいことではないという競売市場特有の特徴があります。

　　（注）東京競売不動産評価事務研究会『競売不動産評価マニュアル〔第3版〕』110頁〔判例タイムズ社〕。

第7章　不動産鑑定・評価の簡易手法

第7　特殊な物件の鑑定・評価の簡易手法

Q127　事故物件の評価はどのようにするのですか

A　対象不動産の内外において、自殺、殺人事件等の不自然死があったことによって、買受希望者の心理的側面から買受けの申出を躊躇すると予想される物件（事故物件）においては、事故からの経過年数、事故の態様、周囲への影響を考慮した市場性減価を考慮する原則に従って売却基準価額を決めることになります。

解説

① 市場性減価

　事故物件においては、事故がなかった場合の不動産価値と事故があった場合の価値の差を予想し、当該差を市場性修正、市場性減価として考慮する評価となります。

　減価割合は0％～100％の間において評価主体が執行裁判所との協議等により判断することになりますが、個人的な感覚としては20％～30％減の市場性後退を見込むことが中心になることと思われます。

　当然、事故があったことによる心理的嫌悪感が希薄であれば減価割合はゼロに近づき、買受意欲の減退が著しいと予想される場合は大きな減価となります。

　具体的には、事故事実が相当な過去で、周辺住民も知らずないしは忘却され、風化していると判断できる場合は減価はゼロに近づき、事故が極めて凄惨でマスコミ等に大きく報道された等の周知である場合には減価率は大きくなります。減価割合の査定は、評価主体が独自に判断することになり、目安、指標、基準となるものはありません。

　なお、市場性減価には心理的側面に限定したものと、事故によるキズ、シミ、血痕、臭い、事故の形跡等の物理的減価要因も考慮すべきことがあります。さらに、床張り替え費用、建物その他改良工事費用、消毒滅菌、消臭、

392

お祓い等に要する費用を見込むことが必要な場合もあります。

② **孤独死**

孤独死は、自殺、殺人等の事件性がなく、不自然死とは異なるとされますが、死後経過時間が長く、腐敗臭、腐敗跡、体液跡、蠅や蛆発生等の建物への影響が大きい場合には、対象の部屋だけでなく、隣接している部屋・建物、階下の部屋にも影響が及びそれらの部屋についても何らかの減価を考慮する場合もあります。

一方、戸建住宅の場合において老朽化著しい建物の場合には、取壊しの想定が自然であるとして、減価の考慮は不要とする場合もあります。特に事件性がない孤独死の場合には、心理的嫌悪感は事故物件ほど強くない傾向があるといえます。

③ **土地建物と減価**

対象不動産がマンション、アパート等の共同住宅でない戸建住宅の場合の減価は、土地建物の一方から減価するか、双方より減価するかの問題があります。建物内の事故で、建物に係る心理的嫌悪感であれば、建物価格から控除することになりますが、老朽家屋の場合、建物のみの減価では不十分となる場合もあるので、土地からの減価の考慮を検討すべき場合もあります。

一方において、建物内ではない庭先、駐車場内、庭に設置された物置内や蔵の中、建物の玄関際の屋外、軒先、ウッドデッキ上、車庫、車庫駐車中の車内等で事故に及んだ場合等、建物か土地か判断困難な部分もありますが、事案によって個別に減価を検討していくことになります。

④ **共同住宅と減価**

対象不動産がマンション、アパート、寮、寄宿舎等の共同住宅の場合には、対象となる部屋だけでなく、建物全体、隣の部屋、階下の部屋への影響も考慮することになります。隣の部屋と囲障を隔てている障壁において事故があった場合には、対象となる部屋だけでなく隣の部屋に対する心理的影響も見込むべき場合もあります。対象不動産が敷地権付マンションであれば減価は一つですが、分離型マンションの場合、土地と建物の双方からか、建物のみから減価をなすかという問題もありますし、100戸の共同住宅のうちの1戸の部屋の事故の影響が100戸の1棟建物およびその敷地の価格にどのくらい影響を及ぼすかという問題もあります。1棟全体の減価割合を一つの部屋の減価

第7章　不動産鑑定・評価の簡易手法

割合から求める場合には、隣接部屋、階下の部屋の減価も考慮して判断すべきことになります。共用廊下やエレベーター内等の共用部分における事故をどう考えるかという論点もあります。

　なお、マンションは戸建住宅と異なり、取壊し、建替えの想定が自然ではなく、買受人は自由に取り壊すことはできないことと、戸建住宅より賃貸借に供しやすいという二面性を考慮する必要があります。さらに、マンションにおいて、対象専有部分には事故はないが、同一建物内、同一階層内、隣接室内、階の上で事故があったときの減価についても考慮すべきこととなります。この場合の減価割合も、地域住民による事故事実の認知度、知名度によって大きく異なることになります。

　⑤　**事故物件と競売市場**

　事故物件は上記により、心理的側面を中心にした減価を考慮した評価額によって競売市場で公開されることになります。

　一方、競売市場にはQ137②で後述する「競売市場のパラドックス」が存在します。これは、瑕疵ある物件ほど、競売市場においてはかえって売れるという逆説を示すものですが、事故物件もこの例にあてはまります。要するに、事故物件は相応の減価が折り込まれているので、買受希望者は割安と判断し、入札に意欲的になるという現象です。この傾向は裏付けとなる公開情報もなく、確実なことはいえませんが、競売市場における事故物件の売れ行きは悪くないようです。したがって、市場性減価割合も過大な減価とすべき必要性は少ないといえます。かつては事故による心理的嫌悪感を過大視して、減価割合も大きくしていたようですが、近年における競売市場における売却率好調傾向に鑑みると、減価割合の査定は慎重にすべきであると思われます。

394

第7　特殊な物件の鑑定・評価の簡易手法（Q128）

Q128　農地の評価はどのようにするのですか

（A）　農地に対する差押えは認められていますが（農地規10条1項）、
農地法上の農地または採草放牧地の買受けの申出をするにあたっ
ては、原則として、買受適格証明書を必要とし、買受申出にあたっては
制限があります（民執規33条）。また、農地の評価にあたっては農地評
価の目的、現況地目の判断、価格に関する資料の収集が必要となりま
す。

解説

1　農地評価の目的

　一般に農地を評価する局面は、差押えによる換価、公共用地
取得、取引等の場合となりますが、農地法の規定により農地取
得にあたっては一定の制限があることから、通常の宅地の場合と比較して農
地を評価する場合は限定的となります。

　一般に農地を道路事業のために買収する場合等においては、公共用地取得
目的として農地を農地としてではなく、公共用地転用目的の評価となります。
道路事業だけではなく、空港、河川、公園等の都市計画事業に供する場合も、
評価目的の前提は同様になります。

　一方、差押えによる公売、競売による換価のための評価は、農地を農地と
して評価することとなります。農地を農地として鑑定評価することは、不動
産の鑑定評価に関する法律52条1号により、不動産の鑑定評価の範疇より外
れますが、そもそも不動産の鑑定評価に関する法律の適用を受けない差押え
の評価においては、農地を農地として評価することとなります。

　もっとも農地の鑑定評価の適用除外については、昭和38年の不動産の鑑定
評価に関する法律の施行時点において、将来的には農地の鑑定評価を鑑定評
価に含めることが附帯決議されていたことと、農地の鑑定評価も鑑定評価に
組み入れることが予定されていることが決まっています（「土地・不動産活用
のための鑑定評価の充実」国土交通省土地・建設産業局地価調査課平成28年5月）。

　農地法の規定に鑑み、取引のための評価にあたっては、その取引が農地を
農地としてか、農地を宅地としてか、または農地を宅地以外の非農地として

395

第7章　不動産鑑定・評価の簡易手法

の取引であるか等の目的を明確にする必要があります。

②　現況地目の判断

　農地は現況主義であり、農地か否かの判断は現況に基づいて判断されることになります。したがって、登記上の地目、固定資産税課税上の地目は、農地であるか否かの決め手になり得ず、現況でのみ判断すべきことになり、登記上の地目は農地のままであっても、現況が宅地であれば宅地という扱いになります。休墾地、耕作放棄地、開墾中の土地、未墾状態の土地等、判断が紛らわしい土地もありますが、紛らわしいときは、執行官または執行裁判所は農業委員会への照会を経て、農地であるか否かを決めることになります。農業委員会の判断した地目が現況と異なるときは、執行実務にあっては農業委員会による判断地目が優先されることになりますが、農業委員会が判断した地目が公開されることはありません。

③　農地の価格に関する資料

　農地価格に関する情報は、近年急速に整備されてきています。重要なものとしては次の四つをあげることができます。

①　「田畑売買価格等に関する調査結果」一般社団法人全国農業会議所

②　「田畑価格及び賃借料調」一般財団法人日本不動産研究所

③　地価調査研究会『土地価格比準表〔七次改訂〕』、同『土地価格比準表の手引き〔七次改訂〕』〔住宅新報社〕

④　全国農地ナビ（一般社団法人全国農業会議所　https://www.alis-ac.jp/）

　以上の①～③は、価格に関する情報として有益であり、地方ごと、地域ごと、田か畑かの価格の相違が具体的に数字として示されており有用性は高く、作成元も信頼できる公共機関、公的機関であり、歴史もあり、定評があります。

　上記の④の全国農地ナビは価格に関する直接の情報は含まれていませんが、農地に関する詳細情報が見やすく、わかりやすく表示されていますので便利です。

　農地の差押評価例については、公売、BIT情報が有用です。これらのインターネット情報は日々、見やすいように、利用しやすいように更新がなされています。

396

4 農地の評価

　農地の差押え時の評価方法としては、全国競売評価ネットワークによる「農地等及び林地の評価指針」（注）が重要となり、競売の評価は当該指針にのっとって評価されることになります。

　不動産鑑定評価の方法としては、取引事例比較法による比準価格が圧倒的に重視される評価方法となりますが、事例数が多くない、ないしは規範性ある事例が多くない等の障壁があり、事例の選択も容易ではないという特色があります。

　農地は純農地、都市近郊農地、中間農地の相違によっても価格は異なるだけではなく、田か畑、規模、作物の種類、集落との接近性、農道状態、傾斜の方向・角度、土壌やかんがいの良否、災害危険性、宅地化の可能性等についても大きく左右されます。獣害被害も深刻化し、獣害による離農例も多く、価格への影響も大きいので、獣害に関する情報入手も重要となります。

　なお、競売市場においては、農地は売れにくいことが一般的とされ、競売市場修正も5割程度考慮されることもあります。

　　（注）金融法務事情1718号40頁〔金融財政事情研究会〕に掲載。

Q129　山林の評価はどのようにするのですか

A　山林の競売評価においては、全国競売評価ネットワークの「農地等及び林地の評価指針」に鑑みた評価がなされることになります。

　山林の評価についても、原則としては、取引事例比較法による比準価格によって評価をなすことが実務となります。

解説

　資料としては、一般財団法人日本不動産研究所発行の「山林素地及び山元立木価格調」が有名でかつ歴史があります。毎年3月末現在のものが10月頃に発刊され、インターネット等により有償で入手可能です（http://www.reinet.or.jp/?page_id=396、政府刊行物全国官報販売協同組合）。

第7章　不動産鑑定・評価の簡易手法

Q130　被災地の評価はどのようにするのですか

A　地震等の被災地の評価につきましては、公益社団法人日本不動産鑑定協会のものだけでも、「証券化対象不動産の継続評価における平成28年熊本地震の影響に関する評価上の取扱いについて」、「避難指示区域における不動産の価格等調査のための運用指針」、「東日本大震災の被災地における不動産の価格等調査のための運用指針（No.1 〜No.3）」等の多くの指針等があります。

解説　内閣府による「災害に係る住家の被害認定基準運用指針」は、昭和43年の「災害の被害認定基準の統一について」に基づいているもので、評価とは別次元の住家被害認定のためのものです。

　福島第一原子力発電所および福島第二原子力発電所の事故による土地建物等の財物については、事業者による基準によって賠償されることとなっています。

　災害関連に関する評価については、専門家の関与なくして中立性、公平性、公正性を保持することが難しいので専門家の活用が一般的となります。これは評価、鑑定、補償、賠償かの整理、対象に営業権、営業補償等の不動産本体以外も含まれるか等の整理、そして、すでに起きてしまった災害だけではなく、これから発生する災害についても視野に入れて慎重に考える必要があるからです。

398

第8　その他の留意事項（Q131）

第8　その他の留意事項

Q131　賃料の鑑定・評価はどのようにするのですか

A　賃料には土地の賃料（地代）と建物の賃料（家賃）があります。さらに、賃料は新規賃料と継続賃料とに分けられます。新規賃料とは、新たな賃貸借等（賃借権もしくは地上権または地役権に基づき、不動産を使用し、または収益することをいう）の契約において成立するであろう経済価値を表示する適正な賃料をいい、継続賃料とは、不動産の賃貸借等の継続に係る特定の当事者間において成立するであろう経済価値を適正に表示する賃料をいいます。

仮差押え、差押えの局面で賃料の評価をなすことはありませんが、強制管理または民事執行法180条2項の担保不動産収益執行をなす場合には現行賃料の妥当性等の検証が必要な場合もあるので、ここで簡単にみていくこととします。

解説

1　地　代

地代の評価方法としては簡便的には周辺地域における地代事例と比較する方法がメインになります。不動産鑑定評価基準においては積算法、収益分析法も記載されていますが、簡易的というのであれば近傍地代事例と比較する方法が一般的となります。他に、公租公課倍率法、活用利子率による方法等があります。

2　家　賃

家賃の鑑定評価の方法としては、新規家賃の場合には、積算法、賃貸事例比較法、収益分析法等があり、継続家賃の場合には、差額配分法、利回り法、スライド法、賃貸事例比較法等があるという不動産鑑定評価基準の説明がありますが、簡便法としては、近傍同種同規模の建物家賃と比較する方法によることと思われます。この方法の活用にあたっては、おおむねの家賃水準を判定できる程度の多くの事例を収集する必要があることと、共益費との関係

399

第7章　不動産鑑定・評価の簡易手法

に留意すべきことになります。共益費との関係とは、家賃に実質的な共益費が含まれている場合等、家賃は低額に抑えつつも高額な共益費の授受により、総収入を稼得している場合があるので、共益費も考慮に入れないと比較ができないことによります。

　また、非住宅用途の家賃には消費税が課せられますので、消費税抜きへ事例家賃も統一しておくことが必要になります。さらに、留意すべきは、敷金、保証金、権利金等の一時金の額を高額にする代わりに月額家賃を抑える場合もあること、一括前払い、相殺、極端に低廉な家賃等においては、正常な建物賃貸借とはみなせない可能性が高いことに留意が必要となります。

　店舗にあっては、内装のないスケルトン状態における賃貸借が一般的ですので、スナック等の飲食店舗における内装や造作付き賃貸借の場合とは賃貸市場は異なります。

③　家賃における新規と継続の違い

　よくある話が、賃料増額交渉の中で、近傍家賃の水準と比較すると対象建物の家賃は低いから値上げを妥当とする建物賃貸人側の主張があり、その主張をよく吟味すると、近傍家賃とは新たに募集している家賃の事例であり、賃貸借を継続している継続家賃ではないということが少なくありません。

　これから新たに貸そうとする家賃と、賃貸借を継続している家賃とは、性格も市場も異なるので単純比較はできません。通常は新規賃料のほうが高いことが一般的なので、新規賃料の水準に継続賃料を合わせる必要はありません。新規賃料には新規賃料の事例を、継続賃料には継続賃料の事例と比較すべきですし、継続賃料には、長年の賃貸借当事者の固有の事情があるでしょうから、占有始期やその他の状況の把握も重要となります。家賃と一口に言っても新規賃料と継続賃料とは市場が異なり、土俵も異なります。

④　家賃と都市再開発法の政令式

　家賃には、土地使用料、すなわち地代も含まれていることは、建物の使用は土地使用を伴うことに鑑みてもわかることと思います。また、家賃は、借地権付建物であることと土地付建物であることとを区別していません。

　家賃の鑑定評価は上記②で説明したとおりですが、ここでより厳密に家賃の意味、すなわち、家賃を構成する項目に分けて家賃の額を定める法令を紹介したいと思います。それは、市街地再開発事業において、従前の建物所有

400

者（建物賃貸人）が地区外へと転出を希望しつつも、従前の建物賃借人がその
まま地区内に留まって賃貸借関係の継続を希望する場合の標準家賃の設定方
法を規定している都市再開発法です。都市再開発法施行令30条1項では次の
とおり規定しています。

　「施行者が施設建築物の一部を賃貸しする場合における標準家賃の概算額
は、当該施設建築物の一部の整備に要する費用の償却額に修繕費、管理事務
費、地代に相当する額、損害保険料、貸倒れ及び空家による損失をうめるた
めの引当金並びに公課（国有資産等所在市町村交付金を含む。）を加えたものと
する」。さらに、第2項では、「前項の施設建築物の一部の整備に要する費用
は、付録第二の式によつて算出するものとする」とし、第3項では、「第1項
の償却額を算出する場合における償却方法並びに同項の修繕費、管理事務費、
地代に相当する額、損害保険料及び引当金の算出方法は、国土交通省令で定
める」としています。

　付録第二とは、$C1 = (CbA1 \div \Sigma Ai) + \Sigma C' bRb1$ の算式で示されます。

　「ただし、C1：その者が取得することとなる施設建築物の一部の整備に要
する費用、Cb：当該施設建築物の整備に要する費用のうち施設建築物の共用
部分以外の部分に係るもの、C'b：当該施設建築物の整備に要する費用のう
ち施設建築物の共用部分でRb1に対応するものに係るもの、A1：その者が取
得することとなる施設建築物の一部の床面積、Ai：当該施設建築物に属する
各施設建築物の一部の床面積、Rb1：その者が取得することとなる各施設建
築物の共用部分の共有持分の割合、備考：A1及びAiについては、各施設建
築物の一部の同一床面積当たりの容積が異なるときは、必要な補正を行うも
のとする」としています。

　この場合、家賃は評価ではなく、単純に政令式どおりに計算していくこと
になりますので、市場賃料との乖離については原則として考慮される余地は
ありません。この政令式の意味は、家賃は地代と経費との合計値により示さ
れるということです。この政令式が規定されている以上、不動産鑑定評価に
よる等、政令式と異なる計算は認められないことになります。

　公営住宅の家賃は、公営住宅法16条1項本文で「公営住宅の毎月の家賃は、
毎年度、入居者からの収入の申告に基づき、当該入居者の収入及び当該公営
住宅の立地条件、規模、建設時からの経過年数その他の事項に応じ、かつ、

第7章　不動産鑑定・評価の簡易手法

近傍同種の住宅の家賃（次項の規定により定められたものをいう）以下で、政令で定めるところにより、事業主体が定める」として、第2項では、「近傍同種の住宅の家賃は、近傍同種の住宅（その敷地を含む）の時価、修繕費、管理事務費等を勘案して政令で定めるところにより、毎年度、事業主体が定める」としています。

　そして、近傍同種の住宅の家賃については、公営住宅法施行令3条で「近傍同種の住宅（その敷地を含む）の複成価格（当該住宅の推定再建築費の額から経過年数に応じた減価額を除いた額として国土交通省令で定める方法で算出した価格及びその敷地の時価をいう）に国土交通大臣が定める1年当たりの利回りを乗じた額、償却額、修繕費、管理事務費、損害保険料、貸倒れ及び空家による損失を埋めるための国土交通省令で定める方法で算出した引当金並びに公課の合計を12で除した額とする」としています。

　都市再開発法が「地代相当額＋経費等」を標準家賃としているのに対して、公営住宅法は「純賃料＋経費等」を家賃としているので、少し齟齬がありますがおおむね同様の計算方法となっています。

Q132　収益還元法にはどのような方法がありますか

A　　収益還元法にはいくつかの方法がありますが、直接還元法とDCF法（Discounted Cash Flow）の二つの方法が代表的で汎用性が高く、有名ですので、この二つの方法についてみていくこととします。

　なお、この二つの方法は一口に収益還元法として一括していますが、内容は大きく異なります。また、他に簡便法としては粗利回り法があります。

解説

① 収益還元法の適用

　収益還元法は多くの物件に適用することができ、自用の住宅でも適用できますが、適用可能であることと収益還元法による収益価格が重要であることとは意味が異なります。一般戸建住宅のような非

402

第8 その他の留意事項（Q132）

収益物件は収益還元法の試算は可能でも試算された収益価格は中心的な試算価格とはなり得ないことになります。歴史的建造物、文化財等に至っては収益性との関連がないので収益還元法の適用はできませんし、借地権付建物、特異なデザインの建物、賃貸借の想定が困難な地域に存する戸建住宅も収益還元法の適用は限定的となります。

他にも明らかな違法建築物、既存不適格建築物、老朽化著しい建物、賃貸に供するためには大規模修繕工事等を要する建物、土壌汚染された土地建物、特殊用途で賃貸想定が困難な建物、土地建物の適合状態が不良で賃貸市場における競争力が劣る場合等においては、収益還元法の試算は不要とされることが一般的です（注）。

② 直接還元法

収益還元法のうち直接還元法は、一定期間の純収益を、純収益に対応した還元利回りによって還元して収益価格を求める方法であり、「P＝a／R（P：収益価格、a：一定期間の純収益、R：還元利回り）」の算式で表すことができます。

直接還元法は単年度の総収益から単年度の総費用を控除した残余の純収益を還元利回りで永久還元して収益価格を求める方法で、基本的かつ一般的な方法として鑑定評価実務に浸透しています。理論的にも活用にあたっても簡便でわかりやすく、試算しやすい収益還元法です。

③ DCF法

DCF法はキャッシュフローに着目して、保有期間に対応する純収益と、保有期間経過後の売却を想定した復帰価格の現在価値との合計をもって収益価格とする方法です。算式は次のとおりです。

$$P = \sum_{k=1}^{n} \frac{a_k}{(1+Y)^k} + \frac{P_R}{(1+Y)^n}$$

（P：求める不動産の収益価格、a_k：毎期の純収益、Y：割引率、n：保有期間、P_R：復帰価格）

復帰価格とは、保有期間満了時における不動産価格を示し、保有期間経過後の純収益を保有期間満了時における還元利回り（最終還元利回り）で還元して求めます。

403

第7章　不動産鑑定・評価の簡易手法

　DCF法は実収入と経費のキャッシュフロー表を基礎として試算することになりますが、キャッシュフロー表は、不動産取得後何年間か保有し、その後売却するというストーリーを立案することにより作成します。保有期間は5年、7年、10年のいずれかにすることが多いのですが、保有期間を長く設定すればするほど保有期間経過後の売却が将来時点になりますので、将来の見込売却額は不安定、不確定となります。将来の売却額の不確定要素が強いと収益価格の信頼性が揺らぎ損なわれますので、あまり長期の保有想定は収益価格の信頼性、説得力を落とすことになるので、3年から7年間程度の保有想定が採用されることが中心となります。

④　粗利回り法

　直接還元法、DCF法の不動産鑑定評価手法は、収益をネットで（純収益として）とらえることにその特色があります。一方、不動産業者はネットではなく粗利回りで収益をとらえる慣行があります。粗利回りとは、総収益の不動産価格に対する比率なので、総収益を粗利回りで除すと不動産価格が求められることになります。

　還元利回りが純収益に対応するのに対して、粗利回りは総収益に対応するもので、粗利回り法は緻密さに欠けるという欠点がありますが、簡便的に不動産価格の概算を求めることができるメリットがあります。なお、利回りが高いことは、利益が大きい、投資効果が高いといわれますが、リスクが高い物件、老朽物件においては利回りは高くなるので、利回りが高いことは、投資のメリットが高いということを必ずしも意味しているわけではないことに留意が必要です。

　粗利回りは、単に利回り、取引利回り、想定利回り等ということもありますが、還元利回り、期待利回りとは明確に区別されています。還元利回り、期待利回りは総収益ではなく、純収益に対応しています。

　　（注）東京競売不動産評価事務研究会『競売不動産評価マニュアル〔第3版〕』121頁〔判例タイムズ社〕。

404

第8　その他の留意事項（Q133）

Q133　開発利益と開発不利益とは何ですか

A 　道路等の公共用地の整備、開発行為等により発生する付加価値を開発利益といいます。土地に帰属する利益のみを特に開発利益とする場合もあります。具体的には、公共事業、都市基盤整備事業、都市開発、土地区画整理事業、市街地再開発、都市計画事業、大規模開発、開発行為等によって発生する地価上昇を示します。

　一方において、開発に要した原価（費用）が膨らみ、時価を超過して実質赤字となること、すなわち、開発によって不利益が生じる場合を開発不利益ということがあります。

解説

① 開発利益

　一般に狭小街路沿いのある土地が大通り沿いに面している土地と一体開発されることになると、大通り沿いの土地価値となり、狭小街路沿いとしての土地価値は跳ね上がることになります。

　従前の狭小街路沿いの狭小画地は市街地再開発事業の施行によって、狭小画地所有者は労することなく、開発による資産価値上昇のメリットを享受することになります。この再開発事業施行によって発生する受益は、従前資産額に対応する権利床価格と施行後の新資産の時価との差として地区内権利者が享受することになります。

　未公開株を取得後、株式が上場し株価が跳ね上がった場合にたとえるとわかりやすいかもしれません。

　かつて大いに議論された開発利益還元論、受益者負担原則により、何の労もなく地価上昇のメリットを享受することに対して否定すべきという社会風潮を生み出しました。一方において開発利益還元論は、土地所有権が絶対、不可侵、強権として根強く浸透しているわが国における地権者優位の土地本位制と真っ向から対立することになります。

　仮差押え、差押え時の評価においては、開発利益を考慮することは原則としてないと思われますが、仮差押え、差押え対象物件の中には、開発途中で頓挫した物件、地上げ頓挫ないしは地上げ中の案件、用地買収交渉を失敗し

405

第7章　不動産鑑定・評価の簡易手法

た物件、開発主体が破綻した物件等もあるので、開発利益を考慮すべき場合もあります。

② 開発不利益

開発によって地価上昇を享受できるメリットを開発利益とするなら、開発によって発生するデメリットを開発不利益といいます。

市街地再開発事業を施行したものの、施行中に不動産価値が下落した場合、事業費が予算を大幅に超過して膨らんだ場合、キーテナントが事業撤退した場合、参加組合員たるデベロッパーが撤退した場合、その他地区の事情や経済情勢等によって、地権者の権利床価格が時価を超過した場合、保留床処分ができなかった場合等を開発不利益といいます。開発途中で埋蔵文化財、土壌汚染、地中埋設物等が発見され、対策に多大な時間と費用を要し採算がマイナスに転じたような場合も同様に考えることができます。ただし、これらの場合における開発不利益は地区内地権者、事業者に帰属し、地域一帯としてはむしろ予定通りの開発利益が生じることになります。

一方において、嫌悪施設建設等による地価下落を甘受しなければならないデメリットを開発不利益ということもあります。また、老朽化して廃墟と化した旅館や病院、倒壊の危険性が高い建物、危険有害な建物、建築や解体途中で工事頓挫、工事放棄、放置された大型建物、犯罪・事件・事故地、災害危険性が高い地域、軍事基地、土壌汚染地等は開発ではない不動産単体ですが、類似の影響が見込まれる場合があります。

仮差押え、差押え時の評価においては、開発不利益となりそうな市街地再開発事業の計画がある、これらの物件が近くに存している、ないしは建設開発計画がある場合には、一定のリスク、市場性減価を見込んだ評価によって対応する場合があるという実務になります。

③ 限定価格

不動産鑑定評価基準においては、合理的な市場における正常価格の他に限定価格を求めるべき局面について説明されています。限定価格とは「市場性を有する不動産について、不動産と取得する他の不動産との併合または不動産の一部を取得する際の分割等に基づき正常価格と同一の市場概念の下において形成されるであろう市場価値と乖離することにより、市場が相対的に限定される場合における取得部分の当該市場限定に基づく市場価値を適正に表

406

示する価格」と説明され、一種の開発利益に近い概念であり、隣地買収、貸家およびその敷地を借家人が買い取る場合等によって生ずる増分価値が反映されている価格ということになります。

ただし、競売市場においては、隣地所有者や借家人が買い受けても、増分価値は考慮されていない売却基準価額を基礎としていますので、隣地所有者や借家人が買い受けた場合には、増分価値が生ずることになります。なお、その増分価値に対して課税、還元要請、賦課金徴収その他の負担がなされることはありません。

ただし、古代インド法典においては、「競売によって価格が増大したら、価格の上昇分は税金とともに国庫に帰すべきである」（注）という記述もみられます。

> （注）カウティリヤ・上村勝彦訳『実利論──古代インドの帝王学（上）』
> 269頁〔岩波書店〕。

Q134　付帯費用にはどのようなものがありますか

Ⓐ　不動産鑑定評価基準においては、原価法の試算にあたって、通常の土地、建物単体の価格だけでなく、付帯費用を考慮することが説明されています。通常の付帯費用は、土地に帰属する土地取得費、土地に直接帰属する付帯費用、建物に直接帰属する取得費用、建物引渡しまでの諸費用、業者利益等があげられます。

原価法においても期間概念が考慮され、再調達原価として、「通常の付帯費用」が考慮されることになりますが、その点、付帯費用には建物引渡までの期間に対応するコストが含まれること、建物引渡までの期間に対応するコストは分譲マンション等、最終需要者に至るまで開発事業者が介在するものだけでなく、自己建設、自己使用が一般的な不動産において同様に考慮しなければならないとされています。

第7章　不動産鑑定・評価の簡易手法

解説

①　付帯費用の意味

　原価法にも期間概念を取り込むこととし、再調達で考慮すべき「通常の付帯費用」として次の2点を明確にしています。

①　付帯費用には建物引渡しまでの期間に対応するコストが含まれる。

②　建物引渡しまでの期間に対応するコストは、分譲マンション等、最終需要者に至るまでに開発事業者が介在するものだけではなく、自己建設、自己使用が一般的な不動産においても同様に考慮しなければならない。

　発注者が直接負担すべき通常の付帯費用としては、土地に関しては公共公益施設負担金、開発申請諸経費等が、建築に関しては設計監理料、建築確認申請費用、登記費用等があげられ、さらに、建物が竣工し、開発・販売業者もしくは建築業者から建物の引渡しを受け、使用収益が可能な状態になるまでの期間に対応するコストとして、下記①から⑤に例示する費用についても、適切に計上しなければならないとされています。

①　建物引渡しまでの資金調達費用（借入金利および自己資本に対する配当率）

②　発注者の開発リスク相当額

③　発注者利益（開発者利益・機会費用）

④　分譲住宅・マンション等の販売費、広告宣伝費

⑤　土地の公租公課、地代（開発期間中の固定資産税・都市計画税（借地の場合は地代）相当額）

⑥　貸家およびその敷地の評価において賃貸中の不動産としての再調達原価を求める場合のテナント募集費用

　上記①資金調達費用および②開発リスク相当額は、分譲マンションや投資用不動産等の開発事業者によって開発されることが一般的な不動産の再調達原価を求める場合だけでなく、自己建設、自己使用が一般的な不動産であっても、開発にかかる機会費用と捉えることにより同様に発生するものと捉えることができます。なお、資金調達費用は、建築費および発注者が負担すべき費用に相当する資金について、土地建物を再調達する価格時点すなわち建物引渡しまでの期間に対応する金利等です。

　②の開発リスクとは、建物引渡しまでの期間における開発計画において予測しなかった事態（遅延、変更、中止等）により、損失が発生するリスク（可

408

能性）を意味し、不確実な損失に関して、通常想定される危険負担率を費用として表示するものです。

③の発注者利益は、通常、開発事業者が介在する場合に認識され、自己建設では発生しない費用と考えられます。なお、これらの費用を「含まれる場合がある」としているのは、たとえば、工期が非常に短い自用の建物等においては、資金調達費用や開発リスク等がほとんど発生しない場合や、築後かなり経過した旧建売住宅における開発者利潤のように、市場分析により、当該付帯費用に対応する市場価値が価格時点において認められないと判断できる場合があり、その場合には、鑑定評価報告書にその判断理由を明記することによって、当該付帯費用相当額の査定および減価修正の過程を省略することもできるとされています。

②　土地に係る付帯費用

土地に係る発注者が直接負担すべき通常の付帯費用としては、公共公益施設負担金、開発申請諸経費、引渡しまでの土地公租公課、資金調達費用、標準的な開発リスク相当額および開発者利益等が該当します。また、開発業者が介在する場合においては、販売費および広告宣伝費等も含められます。

③　建物に係る付帯費用

建物に関して発注者が直接負担すべき通常の付帯費用としては、建物引渡しまでの資金調達費、開発リスク、販売費および広告宣伝費、建物取得費、業者利益、設計監理料、建築確認申請費用、登記費用等があげられます。

なお、建物の再調達原価については、対象不動産の存する地域の価格時点における単価を基礎とした直接工事費を積算し、これに間接工事費および請負者の適正な利益を含む一般管理費等を加えて標準的な建設費を求め、さらに発注者が直接負担すべき通常の付帯費用を加算して再調達原価を求めるものとするとされています。

仮差押え、差押え時における評価では、建物において付帯費用が考慮される局面は限定的、すなわち、建物に関する付帯費用に対応する市場価値の認定が困難である場合が多いことと、民事執行法に基づく競売市場における換価という性格、趣旨に照らすと、建物に関する付帯費用の考慮は消極に解される場合が多いと考えることができます。

第7章　不動産鑑定・評価の簡易手法

4 建物およびその敷地に係る付帯費用

建物およびその敷地については、更地または借地権の価格に発注者が直接負担すべき通常の付帯費用を加算した額を求め、この価格に建物の再調達原価を加算して求めるものとされています。

一方において、土地、建物に係る付帯費用相当額を、付帯費用を含まない土地建物一体の価格に加算する方法もあり、土地、建物と、建物およびその敷地にそれぞれ付帯費用を考慮することは付帯費用の二度加算になるので、適切ではないことになります。

なお、業者利益等、開発リスク、資金調達費等の付帯費用は、土地か建物かのいずれかに帰属するか不明である場合においては、建物およびその敷地として考慮する実務があります。

Q135　執行妨害とはどのようなことをいうのですか

A　仮差押え、差押えにあたっては、執行妨害に留意する必要があります。目的不動産の所有者はすでに管理能力と意欲を失っていることが多いので、所有者に代わって、職業的な整理屋、取立屋、事件屋、占有屋として、不当な利益を得る目的で目的不動産にかかわってくる人々がいます。このように執行の公正を阻害することを執行妨害といいます。

かつてのように、地方裁判所の不動産売却場を競売屋等といわれる暴力団系の人々が談合等の目的で埋め尽くしている状況は現在ではみられませんが、依然として執行妨害問題はあり、執行妨害に関する問題は古くて新しい問題とされています。

解説

1 執行妨害の方法

執行妨害の方法としては、大きく分けると、買受人に対抗できる賃借権の設定、目的外物件の建設、直接または間接の占有の三つに整理することができます。

いずれにしても、執行妨害によって評価額の下落を意図することにより、

安く競売不動産を手に入れようとするといった目的があります。

　具体的には、更地の目的不動産に対してプレハブ等の簡易建物を築造するケース、産業廃棄物や建築資材等の撤去困難なものを大量に投棄するケース、小規模の無人店舗や無農薬野菜店舗等を建て物品販売や営業するケースが多いように思われます。

　たとえば、ある更地上の一部に簡易物件を建設して、借地権に基づく占有を主張して、更地の評価額を底地として低額に誘導しようとする執行妨害が典型的とみられます。

　また、建物に占有権原を擬制して占有屋が占有して占有減価によって評価額を低きに導こうとする手口も常套手段です。割り込み型サブリース、転々借等、実態として占有屋によるものか、正常なものか見分けがつかない場合も少なくありませんが、評価における占有減価の考慮は占有屋の意図に沿うことになることから、執行妨害においては占有減価の考慮は例外的な扱いとなっているとみることができます。

　また、よくある手口としては、差押え対象物件上や周辺に同和団体や右翼の街宣車が駐車してある等の買受け意欲を削がれるような外形を意図的に作り出して、競合する買受希望者を減らそうとするものもあります。

② 執行妨害対策

　執行妨害対策としては、民事執行法55条の保全処分という民事上の対応がある他に、強制執行行為妨害等罪（刑96条の3第1項）、強制執行妨害目的財産損壊等罪（同法96条の2）、封印等破棄罪（同法96条）、暴力団対策法による中止命令を活用した対応例もあります。

　民事執行法は執行妨害の対応を考慮した改正を経ていますので、より執行妨害は介在しにくくなっており、現在では占有屋、事件屋、競売屋、ブローカー等の存在が予想されるような動きは少なくなってきている感があります。

　一方において、競売市場において取得した競売不動産が暴力団事務所等の用に供されている傾向があることを踏まえて、民事執行法改正が検討されていることは前記Q83①で記載したとおりです。

③ 一括競売

　民法389条の一括競売とは、土地の抵当権者が土地に設定された抵当権を実行するにあたって、土地上の建物に抵当権が設定されていなくても、土地建

第7章　不動産鑑定・評価の簡易手法

物を一括して競売を申し立てることを認めた制度で、建物収去による社会経済損失と執行妨害の回避の要請と抵当権の実効性確保を目的として設けられた制度です。

平成15年民法改正により、抵当権設定後に抵当地に建物が建造された場合には、抵当権設定者以外の者が建物築造した場合であっても、建物所有者が抵当地について抵当権者に対抗することができる権利を有する場合を除き、土地の抵当権者が建物も一括して競売することができることとされました。

一括競売の要件としては、抵当権設定当時に土地上に建物が存在していないことと、抵当権設定後に抵当地に建物が建造されたことの2点を要します。

評価としては、まず法定地上権の正否については、原則通りの対応、すなわち、法定地上権が成立しない判断により評価をなし、土地と建物を個別評価か一括評価かについては、個別売却をすることが明らかな場合を除いて、原則として一括売却を前提とする一括評価が東京地裁民事執行センターの実務となっています（注）。

なお、本項については、高木新二郎監修・民事執行保全処分研究会編『執行妨害対策の実務〔新版〕』〔金融財政事情研究会〕を参照しました。

　（注）東京地方裁判所民事執行センター実務研究会編著『民事執行の実務〔第三版〕不動産執行編（上）』377頁〔金融財政事情研究会〕。

Q136　民事保全法・民事執行法の不服申立制度にはどのようなものがありますか

Ⓐ　民事保全法による救済措置としては、保全異議、保全取消し、保全抗告、即時抗告があり、民事執行法による主な救済措置としては、執行抗告と執行異議があります。ここでは不動産の調査、評価に限定してみてみます。

解説

①　保全異議

民事保全法の不服申立制度は保全異議、保全取消し、保全抗告、即時抗告の四つを定めていますが、保全異議が中心となります。保全異議とは、債務者が保全命令の申立てを認める決定に対して不服

412

第8　その他の留意事項（Q136）

を有する場合に、命令を発した裁判所に対して行う不服申立てです（民保26条）。

　異議事由としては、被保全権利がない、保全の必要性がない、保全命令の内容が不当である等の例が考えられますが、債権者に立てさせた担保の額が低額すぎる、仮差押え解放金が高額すぎる等の事由も異議事由に含まれると考えられます。

　② 執行抗告

　民事執行法は主な不服申立方法として、執行抗告と執行異議の二つを規定しました。

　執行抗告は、執行異議と異なり、執行裁判所が行った民事執行の手続に関する裁判のうちで、民事執行法で執行抗告ができる旨の規定がある場合に限り行うことができます。執行抗告の審理は原則として上級審が行うことになります。

　具体的に執行抗告が認められるものとしては、執行抗告の原審却下決定（民執10条8項）、執行手続の取消決定（同法12条1項）、費用不納付による申立却下決定（同法14条5項）、競売申立却下決定（同法45条3項）、配当要求却下決定（同法51条2項）、売却のための保全処分（同法55条6項）、売却許可決定・売却不許可決定（同法74条1項）、売却許可決定取消しの申立てについての決定（同法75条2項）、買受人のための保全処分（同法77条2項）、引渡命令の申立てについての決定（同法83条4項）、開始決定前の保全処分（同法187条）等が規定されています。執行官の執行処分に対しては執行抗告は認められていません。

　執行抗告を提起できるのは、執行により不利益を受ける者であり、執行当事者に限定されませんので、第三者であっても可能となります。

　③ 執行異議

　執行異議は、民事執行法の不服申立ての中で執行抗告をすることができないものが対象となりますので、執行官の執行処分およびその遅怠についても対象となります（民執11条1項）。したがって、執行異議は執行抗告と異なり、執行に関する不服全般を対象としますので、売却基準価額の決定、一括売却等についても、執行異議の対象となり、調査や評価についての不服は原則として、執行抗告ではなく執行異議の対象となります。執行異議は執行処分に

413

第7章　不動産鑑定・評価の簡易手法

よって直接に法律上の不利益を受ける者であって、執行当事者に限定されないことは、執行抗告と同様ですが、執行抗告と異なって、審理は上級審ではなく執行裁判所自身が行います。

執行異議の手続としては、執行裁判所に対して書面を提出することが原則となりますが、例外として、口頭での申立てができる場合もあります（民執規8条1項）。

異議申立てにあたっては理由を明らかにしなければなりません（同規8条2項）。

なお、執行異議の申立てによって執行手続が停止することはありません。執行停止を求めるためには、執行裁判所に対して、執行停止等の仮の処分を求めることになります（民執11条2項・10条6項）。

Q137　競売市場の売却率の状況はどのようになっていますか

A 　競売市場において売却率はことのほか好調で、売却率100％程度の高水準が維持されている地方裁判所も多いようで、しかも、安定的に何年間も維持されています。

以下については、不動産競売物件情報サイト（BIT＝Broadcast Information of Tri-set system）によって公開された情報を参考にしています。

解説

1　競売市場分析

ここで実際にどのように競売市場が機能しているか、具体的にみてみることとします。東京地方裁判所本庁において平成28年の1年間に競売市場で売却に付された事件について、BITで公開された情報を整理すると、次のような結果が得られました。

414

第8　その他の留意事項（Q137）

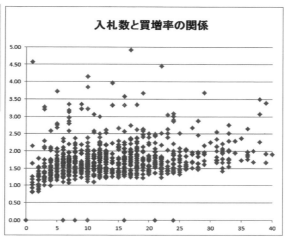

　なお、上記データは土地、戸建て、マンションの全物件を含みます。買増率とは、売却価額の売却基準価額に対する比率であり、売却価額を売却基準価額で除した値です。また、入札数と買増率の関係は上記のとおりです（縦軸が買増率、横軸は入札数）。ただし、特異なデータ除去のため10倍以上の買増率は除去しています。グラフを見ると、特に入札数と買増率との間に相関関係がみられず（相関係数0.217）、買増率は入札数の影響を受けることなく1.5から2.0の間に集中していることがわかります。これは、買受希望者の多くは売却基準価額に対して1.5倍から2.0倍の入札額で競売市場に参入していることを示しています。なお、もう少し緻密に分析すると、物件選別よりも、とりあえず入札しておこうという博打的な入札者が一定数いることがわかる興味深い分析もあります（注）。

　上記の売却率75.6％は、取下げ、停止、延期、変更と合わせて100％近くになり、売却に付して売却に至らなかった不売は6件に過ぎません。いかにして競売市場は売却率が高く、入札が殺到し、高値売却となっているか、おわかりのことと思われます。

　② **競売市場のパラドックス**

　競売市場に参入する買受希望者の入札行動は、動機も目的もバラツキがあり、一概にはいえませんが、上記の競売市場の好況によって実際に落札に至ることは極めて難しいことがわかることと思います。売却基準価額より相当

415

第7章　不動産鑑定・評価の簡易手法

乖離した高額入札を果たさなければ、落札できないという落札困難性を指摘することができます。

この競売市場の趨勢によって、落札を狙う買受希望者、特に転売目的の業者は、一般的に人気の高い物件に入札しても落札できる見通しは立ちにくいという判断によって、逆に人気が低い物件、すなわち、訳あり物件、事件事故物件、係争物件に入札して落札する行動を選択することになります。これらの問題物件は、人々が避ける傾向にあることから競争相手が少なく、落札という目的が達成できることを見込んだ入札行動を入札者は選択するということです。加えて、これらの問題物件は、問題があるゆえに評価額を低廉な水準としているので、入手しやすく、リノベーション後の転売等による業者利益の拡大が図られているというメリットも大きいという特性があります。したがって、入札希望者は問題物件をあえて選好して入札していく傾向があり、その結果、問題物件ほど競り上がって買増率も上昇し、高値で落とされるという事態が生じます。問題があるゆえに市場性減価等を考慮して評価額を低額にしているのに、結果は、むしろ逆に高額になってしまうという逆説が生じてしまうことを、筆者の造語ですが、「競売市場のパラドックス」といいます。

この傾向があることにより、本来は買受希望者が入札を躊躇するような、たとえば、不自然死があった事故物件であっても、市場性減価の割合を超えた高額で入札が果たされることにより、事故物件は高額で入札される傾向にあることになります。

むしろ評価の過程において市場性減価等により低額への誘導は不要ではないかと思える競売市場の特性があります。

③　**競売市場への誤解**

競売市場においては、高い売却率が長らく維持されているという極めて効率的な取引市場として機能しており、BIT、新聞広告、執行裁判所等における売却情報の公開も充実しており、誰もが参入しやすい整備された公正な市場として仕上がっており、かつての談合屋、ブローカー等がたむろしていた売却場の雰囲気はもはやありません。

一方において、このような極めて効率的に機能している競売市場の特性を知ることなく、いまだに競売にかかると「不当に安く処分されてしまう」と

416

いう誤解が社会に蔓延しており、金融機関や債権者といった専門業者でさえ、そのような古い固定観念をもっている場合もあり、「だから任意売却」という任意売却誘導が宅地建物取引業者によって大きく宣伝・誘導されています。任意売却のメリットも確かにありますが、競売に付した場合のデメリットが誇張され過ぎている傾向があるようにみえます。競売市場は高い売却率を誇っている等の優れた市場であり、最終落札額も高額で、一般の取引市場よりも高額で落札されている物件も少なくなく、加えて、後順位担保権者、参加差押債権者その他の権利調整、配当も裁判所の公務としてなされるという極めて大きなメリットがあります。

　競売に付すと安く処分されてしまうというのは、市場が現在ほど整っていなかった以前の状況のことであり、競売では一律に安く処分されるというのは、明らかに誤った考えであるといわざるを得ません。

　特に問題物件等、一般の取引市場では取引成約が困難な物件も競売市場では高値落札が可能というように、一般取引市場よりも優れた利点も大きいことは極めて重要なことであると思われます。

　また、競売不動産の評価においては、競売市場修正により２～３割減価することが多く、執行裁判所が決定した売却基準価額に対して最高額で入札した札が落札することになりますが、この競売市場修正によって、競売不動産は時価の７割程度で売却されてしまうという誤解も根強くあるようです。

④　競売市場活用の提言

　以上のように、競売市場は極めて効率的に機能しているので、一般の取引市場における売却が困難である物件の売却促進、遺産分割問題、空き家問題に対して、競売制度を活用した流通促進が提言されてしかるべきであると思います。

　競売に付するには、現行法においては債務名義や抵当権の存在等の一定の要件を要しますが、この要件を拡大し、競売市場をより活用しやすく、競売に対して売却促進を図ることができるように、制度設計を改良して、国民経済、社会に質するような改善を提言したいと考えています。

　欧米ほどではなかった民間オークションも、市場拡大が予想されますが競売市場ほどの効率性、公平性、公的性の要求は困難であることから、競売市場のより自由な活用は、流通促進に極めて有効に働くものと予想することが

可能と思われます。

　競売市場の改善とは別に、新たな公的不動産取引市場の創設も射程に入れた議論も同時並行としてなされることも有用であると思われます。いずれにせよ、効率的に機能している競売市場はわが国最大の公的不動産取引市場であるので、その活用の拡大は国民社会によって有意義に働くものと予想することができます。とりわけ、遺産分割局面、近年大きな話題となっている空き家問題に対しては、競売市場活用提言は大きな布石、打開策になると信じてやみません。

　現行法においても、形式競売として「留置権による競売及び民法、商法その他の法律の規定による換価のための競売については、担保権の実行としての競売の例による」（民執195条）と定めており、共有物分割、遺産分割等のために競売市場が利用されているものの、その数は少なく充分に利用されているとは言い難い現実に鑑みると、効率性に優れた競売市場の趨勢は社会にもっと広く周知すべきであると個人的に思っています。

　　（注）曽我一郎「東京区部における競売マンション選好に関する分析」金融
　　　　法務事情2022号74頁〔金融財政事情研究会〕。

第8　その他の留意事項（Q138）

Q138　競売制度改革はどのようになっていますか

Ａ　　　バブル崩壊により不良債権の累積額が巨額に鬱積した頃の日本では、不良債権の処理のことが国内最大かつ喫緊の課題でした。不良債権処理促進というスローガンのもとで、不良債権処理遅滞の原因追究の一環として、競売の制度設計にその改良点があるのではないかと矛先が向けられました。要するに、不良債権処理が一向に進まないのは、競売手続において問題点、改善点があるから、その点を是正すれば、不良債権処理は進むという論法です。

　不良債権処理という課題は、太平洋戦争敗戦以来の国内最大の最重要課題であり、国家破綻の危機さえあったので、その対策検討について政治、司法、学界、民間等、さまざまな分野から熱心な議論が展開されることになりました。

　そこで、現在の競売制度に不良債権処理の上で障害となる事由があるとすればそれは何か、それをいかにして除却するかが検討され、わが国の競売制度は他国と比較してどうなのかの学術的検討もされました。

①　明るい競売制度改革

解説　　　平成20年に自民党司法制度調査会は担保不動産の処分について、裁判所による競売にかける前に民間主導で売却する「任意売却」の手続を簡素化する方針を検討したことがあります。担保権者全員の同意がなくても、すべての抵当権を抹消、売却できるという制度導入の検討です。

　現行法においては任意売却にあたっては、担保権者全員の同意を要しますので、その点を改善すべく所有者、売却に同意した担保権者による裁判所に抵当権抹消の許可申立てを可能にし、同意しない担保権者は一定期間内に競売を申し立てしない場合等には裁判所が任意売却を認めるという検討であり、自民党は民間主導の任意売却を促進して、裁判所による競売手続の効率化を意図しました。

　自民党司法制度調査会の「明るい競売プロジェクトチーム（佐藤剛男座長）」

419

第7章　不動産鑑定・評価の簡易手法

がこの新提案を具体的に検討しましたが、司法競売の優位性のもとで実現することはありませんでした。

② 競売制度研究会報告

わが国では、競売はもっぱら裁判所によって実施されていますが、米国その他の諸外国における民間競売制度についての調査およびわが国の競売制度の改善策として、取り入れるべき点はないかについての検討をするために、閣議決定を受ける形で、法務省民事局の下に学者中心の競売制度研究会が発足しました。平成17年12月には第1回が開催され、平成20年3月に報告書が出されました。

そこで議論の末、わが国においては、主に以下のA案からD案の四つとしてまとめられました（注）。

A案は、完全非司法競売型として、裁判所の関与が全くないアメリカの制度そのものですが、研究の途中で撤回され最終的な検討対象からは除外されています。

B案は、任意売却崩れ対応型というべきもので、仮登記担保類似型として、担保権者が帰属清算あるいは処分清算によって換価を行い、担保権者は債務者に対して清算義務を負うというものです。

C案は、民間競売型として、3点セット類似のものを前提として抵当権者やその受託者が実行をなし、部分的に裁判所関与があり、かつ価格下限規制があるというやり方です。

D案は、自由選択型として、抵当権設定時点で、抵当権者、債務者、所有者との合意によって実行方針を選択するという非常に広い手続のオプションを認める方法です。

以上のABCD案について、それぞれのメリット、デメリットが検討されましたが、結論としては、B案を支持する委員が比較的多数でありつつも、研究会としては一つの意見としてまとめることは断念して、一定の方向性を示さずに研究会の報告書はまとめられました。

③ 司法競売の優位性

「裁判所の競売は遅く、費用がかかり、低廉に売却されてしまい、債権者にとっても所有者にとってもデメリットが大きいから、裁判所の競売ではなく任意売却を選択すべきである」という誤解が今でも多いようです。インター

第8　その他の留意事項（Q139）

ネットにおいても競売と任意売却のメリット、デメリットが比較され、任意売却へと誘導するような記載が目立ちますが、その記載の多くは、競売市場における実態とは異なります。

　民間競売や任意売却に対して、裁判所の競売は「司法競売」と言いますが、司法競売は高い売却率が安定的に長らく継続しているという極めて効率的に機能し、その売却価額は売却基準価額を遠く離れた高額水準であり、「低廉な価格で売却されてしまう」という理解は誤解であるとしか言いようがありません。

　　（注）本項は、山本和彦「民事執行に関する２、３の話題」新民事執行実務
　　　　７号51頁以下〔民事法研究会〕を参考に執筆しています。

Q139　海外の競売制度はどのようになっていますか

A　競売制度研究会は、海外の競売を研究し研究結果をまとめました。以下ではその成果の一部の概要、主に評価の部分についてを紹介します。

解説

① ドイツ

　ドイツでは、司法競売が原則であり、紛争が生じない限り司法機関が関与することはない私的任意売却の選択肢もあるとしています。ただし、任意売却の試みはあっても、債務者＝所有者が現に居住する物件では合意ができないことが多いようです。評価にあたっては最低限価額申出制度があり、執行裁判所が不動産の価額（取引価額）を確定し、また、鑑定人が作成した評価書が公開されます。鑑定人は評価書作成のために物件を調査しますが、強制立入権はないので、債務者が立ち入りを拒んだ場合には、外観と公的書類のみから取引価格を算定します。なお、執行官の現況調査制度もありません。

② フランス

　裁判所関与の少なさがフランス競売制度の大きな特色であり、差押えは債権者が支払催告を債務者に送達し、それを公示することによって差押えの効

421

第7章　不動産鑑定・評価の簡易手法

力が発生します。

　評価制度はなく、差押債権者が売却価額を設定し、それ以上の額で買い取る者がない場合には差押債権者が自ら買受義務を負うという形で処理されます。

　また、裁判所による物件明細書作成もなく、差押債権者が売却条件明細書の作成をなすこととなります。なお、日本の執行官制度と異なって、フランスの執行士は自由専門職であり、現況調査は裁判所とは無関係としてなされています。

　差押債権者による売出価額は、一般に相当低廉なものとされるので、市場換価再チャレンジの機会を与え、裁判所による売出価額修正の機会の付与という修正の拡大、強化の改正がされています。

③　イングランド

　モーゲージ（Mortgage）と呼ばれる担保制度の実行手続としては、請戻権喪失手続、法定売却手続、裁判所以外の売却、レシーバーの専任、占有の取得の五つの方法があります。

　このうち、裁判所以外の売却がモーゲージの実行方法として最も一般的で、実行にあたって裁判所の関与はほとんどなく、不動産評価をどこまで正確に行うかは、担保権者の裁量的判断によります。一方で、担保権者には適正価格売却義務を課せられているので、この義務を果たすため、専門家の鑑定評価を受け、適切な情報公開をなす等の市場価値把握に努めなくてはならないとされています。

　イングランドではモーゲージ担保制度において、強力な権限が担保権者に与えられているので、裁判所の関与は極めて少ないことにその特色があります。

④　アメリカ

　アメリカは州によって競売制度は異なりますが、一括していうと、アメリカにおける非司法競売制度がわが国の競売制度の不効率性の指摘に引用される特徴があるとされています。アメリカでは、担保権、抵当権を設定する契約を行う際には、債権者と債務者との契約により、債務者が債務不履行に陥った場合に、抵当権者や第三者が売却できるとする権限が与えられることが多いようです。そしてその手続の中には裁判所は関与せず、差押え、調査、

422

３点セット、評価もないのですが、一方において、アメリカでは裁判所で競売開始に至るには、裁判所の判決が必要であり、時間を要し煩雑であることによって司法競売が敬遠され、非司法競売が選択されることが多いという実態があります。

要するに、アメリカと日本では司法競売に付すか否かの判断の前提が大きく異なっているので単純比較できず、弁護士への依頼もなく、抵当権の登記だけで競売申立てが可能な日本と、高額な弁護士費用、時間、煩雑を要するアメリカの司法競売とを同一土俵に乗せて比較できないということです。なお、アメリカ・マサチューセッツ州においては、非司法競売であっても、抵当権設定者が軍隊や沿岸警備の任務に従事する前に抵当権設定した場合には、一定期間抵当権実行ができないという保護規定があります。

また、ルイジアナ州はアメリカの１州とはいえ、全米で唯一大陸法系の州であり、不動産目的の抵当権実行は司法競売のみ行うことが可能であり、非司法競売によることはできないことは、記憶に留めておくべきことでしょう。

⑤ 海外競売制度のまとめ

競売制度研究会の報告を読むと、個人的にはわが国の競売制度との相違は、競売制度そのものの制度設計の違いではなく、不動産登記制度をはじめ、担保制度、司法制度全般に関する慣習の相違に根拠を有していると目される場合が多いように思われます。特に登記制度は、公信力を引き合いに出すまでもなく他国との相違点が少なくありません。

また、司法競売とは訴訟手続を経た判決を要する競売であることも、抵当権登記のみで実行可能な司法競売であるわが国と異なることに鑑みると、わが国の抵当権実行とは海外の非司法競売的な側面を有しており、司法競売と非司法競売との比較という構図は諸外国とわが国とでは同じ土俵にのっていない感があります。

さらに、非司法競売においては、海外においては民間専門家が大きな割合を果たすこと、最終的に買受人が所有権を取得する割合が低いこと等の不安定リスクも大きく、費用や時間の側面のみを重視し、非司法競売の優位性を説くことは極めて危険であると思われます。

本項は、「各国における競売制度」金融法務事情1803号、1806号、1809号、1811号、1814号、1817号、1821号〔金融財政事情研究会〕および新民事執行

第 7 章　不動産鑑定・評価の簡易手法

実務 7 号〔民事法研究会〕を参考にしました。

　法務省のサイト（http://www.moj.go.jp/content/000011278.pdf）においても、「競売制度研究会報告書」として公開されています。

コラム 9

国際訴訟とデポジション

　国際訴訟の証人について、筆者の経験した事件を紹介したいと思います。

　事件の起こりは、都内の不動産会社が不動産取得費をアメリカの金融機関からの融資により資金調達したところ、その金融機関が不動産会社に対して必要な義務を履行していないとして訴え、損害賠償を請求したという事件です。筆者は、融資対象となった都内の不動産を鑑定評価した立場として国際訴訟の証人（デポジション）として法廷に立つことになり、アメリカ大使館にて証人尋問を受けました。アメリカ大使館内のある部屋において、参加者は筆者の他に、アメリカの大学で法律を教えている敏腕弁護士、通訳、録音操作係、そして女性が 1 人の計 4 名ですべてアメリカ人でした。ビデオカメラを前にして、日本語が堪能な国際弁護士が筆者にいろいろ質問して、筆者が発した答えを通訳が英語にして収録し、アメリカ本国の裁判官が確認するというものです。1 時間程度かかりましたが、これは通訳が介在し二重の会話となるため、正味は長い時間ではなかったと記憶しています。

　争点は、筆者がなした鑑定評価にはどれほど信憑性があるかということを、同一物件に対して他の日本人の不動産鑑定士が作成した英文鑑定評価書との齟齬を確認しながら進めていくというものでした。

　デポジションにあたっては、いくつかの注意がはじめに告げられます。それは、①発言は通訳するので、長く喋るのではなく短くコンパクトに区切ること、②聞かれたこと以外に発言しないこと、必要以上に喋らないこと、③質問者の質問に無理に答えなくてもよいこと、④質問の意味がわかりにくいときは、聞き返してよいこと、⑤ゆっくり喋りかつ喋っている口元を隠さないこと、以上です。

　筆者の説明が功を奏したのかどうかわかりませんが、結果としては和解が成立したとのことで一件落着となりました。これはもう15年程前の体験ですが、あの日以外、後にも先にもアメリカ大使館に入ったことはありません。

第8　その他の留意事項（Q140）

> ## Q140　不動産の環境性能を評価する基準にはどのようなものがありますか
>
> **A**　不動産について環境性能を評価する基準としては、アメリカの LEED、イギリスのBREEAMが有名ですが、わが国においては CASBEEがあります。
>
> 　現在においては、不動産と環境は密接な関係にあり、環境側面への考慮は不可欠となっています。

解説

① CASBEE

　財団法人建築環境・省エネルギー機構内に設置された委員会において開発が進められている評価システムを、CASBEE（キャスビー、建築物総合環境性能評価システム）といいます。

　CASBEEでは、仮想の境界を敷地境界や最高高さ等によって設け、この仮想境界で区分される境界内と境界外に分けて評価をなします。境界内では建築物の環境品質・性能（Q）を評価し、境界外について建築物の環境負荷（L）を評価し、（Q1／LL）の指標としてBEE（Buliding Enviromental Efficienty、環境性能効率）の値によって、大変優れている、良い、やや劣る、劣の5段階の格付けがなされます。

　環境品質・性能（Q）が高ければ高いほど、環境負荷（L）が低ければ低いほど高い評価が得られることになります。

② 建築物環境計画書制度とマンション環境性能表示

　マンションによる温暖化対策推進の目的により、東京都は建物環境計画書制度の一部として、マンション環境性能表示を創設しました。

　対象マンションは、延べ床面積5,000㎡超のマンションで、2,000㎡以上は任意提出で、分譲か賃貸かは問いません。評価の項目としては、「建物の断熱性」、「設備の省エネ性」、「太陽光発電・太陽熱」、「建物の長寿命化」、「みどり」の5項目で、評価結果は公表され、広告に表示すること等が義務付けられています。

③ 温室効果ガス排出総量削減義務と排出量取引制度

東京都が2010年4月に導入した「温室効果ガス排出総量削減義務と排出量

425

取引制度」の対象事業所は、燃料、熱、電気等のエネルギー使用量が原油換算で年間1500キロリットル以上の事業所であり、義務者は原則として所有者です。

　この削減義務は第一次的に所有者が対象ですが、すべてのテナントに所有者削減義務に協力しなければならないという二次義務があり、さらに、一定規模以上のテナントには温暖化対策計画書を作成、提出し、温暖化対策促進義務が課されます。

　温室効果ガスの事業所別削減義務は、オフィスビル等と地域冷暖房施設では削減率8％、地域冷暖房施設を多く利用している事業所6％、それ以外の事業所、工場等は6％ですが、詳細は東京都環境局のホームページに掲載されています。

　削減義務については、排出量取引により削減することもできます。排出量取引の種類には、超過削減量（他の対象事務所が義務量を超えて削減した量）、都内中小クレジット（都内の中小規模事務所が省エネ対策の実施により削減した量）、都外クレジット（都外の事務所における削減量（一定の期限付き））、再エネクレジット（再生可能エネルギーの環境価値（グリーンエネルギー証書、RPS法における新エネルギー等電気相当量、生グリーン電力供給等）があります。

Q141　強制執行における市場性減価にはどのようなものがありますか

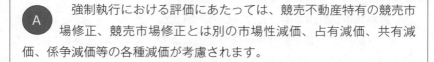

　強制執行における評価にあたっては、競売不動産特有の競売市場修正、競売市場修正とは別の市場性減価、占有減価、共有減価、係争減価等の各種減価が考慮されます。

1　競売市場修正

　不動産競売事件における競売市場は、一般の取引市場と異なって、次に示すような特性があります。
① 売主である所有者の協力が得られないことが常態であること
② 競売物件であるための心理的抵抗感があること
③ 内覧制度を活用しないと物件内覧をできないこと、さらに内覧制度に

は各種の制限があること

④　入札にあたっては保証金を要し、かつ残代金も指定期日までの即納を要する等の制約があること

⑤　物件の引渡しを受けるためには法定の手続をとらなければならない場合があること

⑥　情報提供期間が短いこと

⑦　瑕疵担保責任がないこと

以上の特性によって、競売市場は一般の取引市場とは異なる市場になり、競売市場特有の一定の減価を考慮すべきこととなります。この減価を競売市場におけるリスク、競売不動産取得に伴うリスクを意味することとなりますが、一方においてリノベーションを経た転売等による業者利益を考慮した卸売価格、仕入価格としての性質がある側面との表裏の関係にあります。

翻っていうと、競売市場において一定の減価を考慮され低廉な水準である売却基準価額を基礎として、買受希望として入札した以上は、競売不動産特有のリスク、一般市場との比較における欠点、短所、各種制約を受け入れ、承諾したということになります。

一般の取引市場は、売主は売却意思があり、取引に協力し、売主が知っている情報を買主に伝達し、または媒介業者はこれらの伝達をなしますので、一般の取引市場と異なることを充分に踏まえて競売市場に参入すべきこととなります。

現況調査や評価にあたっての調査は、所有者の協力がないままの限られた情報のみによる調査になることから、買受希望者への情報である３点セットの内容は、その制約下にあることを前提として入札することとなります。競売市場修正（競売市場減価ともいいます）の減価率は、地域によっても、物件によっても異なりますが、20％〜30％を中心に、20％〜50％の幅があります。

一方、競売市場は効率的に機能し、売却率、買増率ともに高水準であることはＱ137のとおりであり、競売市場修正の減価率も縮小方向への是正が検討されてしかるべきということになります。

２　市場性減価

競売市場特有の競売市場性減価とは別に、何らかの理由により市場性の後退が見込まれる場合（売れにくいと予想される場合）には、市場性減価が競売

第7章　不動産鑑定・評価の簡易手法

不動産の評価にあたって考慮される場合があります。たとえば、目的物件が借地権付建物、底地である場合、事故物件、土壌汚染の疑いが強い物件等、何らかの理由、事情、現況によって市場性減価が見込まれる場合が該当します。

これらに該当する場合には、市場性減価の名目で一定の減価をなすこととなりますが、減価割合は20％～30％を中心に10％～40％程度の幅があるといえますが、事情によって個別的判断となります。

なお、ここでいう市場性減価は競売市場修正とは別のものであることに留意が必要で、市場性減価には競売市場修正は考慮されていません。

この市場性減価についても、Ｑ137②で説明した「競売市場のパラドックス」があるので、過剰な減価は慎むべきことになりますし、執行妨害事由にあたっては、市場性減価の考慮が妨害者の意図どおりになってしまうという視点からの検討も要します。なお、減価事由によって、土地、建物のどちらに対して考慮すべきか、または、双方に考慮するかについての検討を要しますし、数式の順番としては、市場性減価は、競売市場修正より前に考慮すべきことになります。

③　占有減価

物件に占有の実態がある場合の占有減価については、すでにＱ120①で述べたとおり、積算価格の試算過程において考慮する場合もありますが、むしろ占有減価の考慮はないことが原則という実務が強い傾向にあります。翻っていうと、占有者の存在によって減価発生の見込みが可能な場合に限って、占有減価の考慮が容認されると考えることになります。

占有減価は、借家権減価とは異なり、借家権の内容を考慮しないでなす、より抽象的、画一的な減価ですが、占有の事実によって市場性減退が見込まれる場合においては、占有減価ではなく市場性減価として考慮する方法もあります。

特に、減価が見込まれる特殊な入居者がいる場合、周辺の標準的な賃料よりも低廉な賃料が授受されている場合、賃貸借条件が標準的でなく特異な場合等、買受人の立場からみて減価の見込みが可能な場合には占有減価の考慮が首肯されることになります。

428

第8　その他の留意事項（Q141）

④　共有減価

目的物件の持分のみが対象であった場合、市場性減退を見込むことは一般的であるといえます。持分のみ取得しても共有関係の制約下にあることは否めず、共有であることのデメリットを反映させる必要があり、共有減価の考慮が要求されます。

さまざまな減価要因の中でも、共有であることは、極めて確実な減価事項であり、他の持分権者による買受けでもない限り、共有関係が継続することは、買受希望者が極めて少数にならざるを得ないことによっています。

ただし、この共有減価は、競売市場において、持分のみを買受人が取得する場合を想定した減価であり、遺産分割のための鑑定評価等の場合のように、共有であっても共有減価を要しない場合もあることに留意を要します。また、共有であっても、持分のみが対象でなく、全持分が目的物件となっているときは共有減価は考慮すべきではありません。

なお、たとえば、小口投資ホテル、共有持分出資形態をとった不動産小口商品のような物件にあっては、共有減価というよりは、市場性減価として減価を考慮することが標準であるといえます。また、債券、株式のように投資目的となった金融商品としての不動産は、共有であることが常態であり、かつ減価要因もないので、特に減価の考慮は不要となります。

⑤　係争減価

訴訟、非訟事件、調停等において紛争中、または紛争が懸念される物件については、将来における権利不安定、時間と費用の考慮、訴訟に伴うリスクを考慮した減価をなすことが標準となります。特に判決が出るまでの間の不安定リスクの考慮は大きな減価要因として把握することが可能です。

借地権が目的物件であるときは賃料不払いがあれば、地代代払許可がない限り、借地契約解除が予想できるので、将来の紛争を見込んだ一定の減価の考慮が要せられることになります。この係争減価は競売市場修正とは別個で考慮すべきとなりますが、市場性減価とは同じ趣旨となりますので、係争減価をなすか、それとも市場性減価をなすかとなり、二重に減価はしないことになります。もっとも減価の名目の区分なので、名目のいかんはあまり意味はありません。係争減価割合は訴訟進行状況に応じて異なることになり、均一ではないことになります。

429

第7章　不動産鑑定・評価の簡易手法

コラム10

森友学園問題にみる土地価格の減価

　土地の減価といえば、学校法人森友学園が国から取得した土地価格が市場価格を大きく離れた価格で譲渡されていたことをめぐり、政界の口利きがあったかどうかの疑惑が大きく報道されました。正常な土地価格は不動産鑑定士の鑑定評価額約9億円でしたが、国土交通省は地中ごみの存在等による減価を考慮し、最終的に約1億円で譲渡することとなったため、政界との癒着が疑われました。

　この森友学園問題にみるような9割引に近い減価というのは、実は民事執行法上の評価では珍しいことではありません。地中埋設物の撤去費用、土壌汚染浄化費用を考慮すると、大きく減価がなされ、場合によっては減価額のほうが大きくなることさえあります。特に地方の地価の低い地域では、既存建物の解体費、整地費、原状回復費、工作物撤去費、樹木伐採費等のほうが土地価格を超えることさえあり、取引が進まず、地域活性化の停滞、空洞化という現象が食い止められないという深刻な問題があります。

　森友学園の土地は仮差押えされているので、やがて競売に付されて売却されていくでしょう。今後どのように評価され、どのような人が落札してどのように利用されるのか興味があります。

Q142　仮差押えと配当に関する事例にはどのようなものがありますか

A　仮差押えと配当に関する事例については、仮差押登記後の不動産譲渡後に本執行に移行した場合や、他の債権者が配当を要求してきた場合等さまざまなケースがあります。

　ここでは、具体的な事例をあげて紹介します（注）。

第8　その他の留意事項（Q142）

解説

① **仮差押えの本執行において、一般債権者が配当要求して
　　きた場合**

　　仮差押債権者Ａが債権100万円を被担保債権として債務名義
を得て本執行に移行したとき、一般債権者Ｂが債権500万円の債務名義をもっ
て配当要求してきた場合に、売却代金が300万円であったときの配当は、Ａ配
当300万円×100万円／（100万円＋500万円）＝50万円、Ｂ配当300万×500万
円／（100万円＋500万円）＝250万円となります。

② **仮差押登記後の不動産譲渡後に仮差押えが本執行に移行した場合**

　Ａは100万円の債権のうちの一部50万円を非担保債権として仮差押登記した
ところ、第三者に不動産が譲渡された。Ａは100万円について債務名義
を得て本執行に移行した場合、売却代金が500万円のときの配当は、Ａは100
万円の弁済金交付を受け、残金の400万円は剰余金として債務者に交付すべき
となります。

　Ａの仮差押えの被保全債権は50万円ですが、100万円について債務名義を得
て本執行を行っているので、100万円について配当要求したと同様に考えるこ
とができるからです。

③ **仮差押債権者が被保全債権以外の債権の債務名義により強制競売を申
　　し立てた場合**

　債権者Ａが売掛債権100万円を被担保債権として仮差押えをなした後に同
じ債務者に対して貸金債権400万円の債務名義を得て強制競売を申し立てた場
合で売却代金が300万円のときの配当としては、Ａに対して300万円を交付す
ることになります。

　本来、300万円×400万円／（100万円＋400万円）＝240万円が貸金債権400万
円に対応し、売掛債権100万円に対しては、300万円×100万円／（100万円＋
400万円）＝60万円が対応するので、60万円を供託しておき、将来、仮差押え
が執行移行要件を満たすと60万円を売掛金債権に対して交付し、仮差押え失
効の場合には貸金債権に対して交付することになりますが、ここでは債権者
は１人なので、300万円全額について弁済交付手続がなされます。

④ **仮差押登記後の所有権移転後の仮差押債権者による本執行移行のと
　　き、他の債権者が配当要求してきた場合**

　債権者Ａが100万円を被保全債権として仮差押えした後に所有権が移転さ

431

第7章　不動産鑑定・評価の簡易手法

れ、Aは100万円につき債務名義を得て本執行に移行したとき、別の債権者B
が同一債務者（旧所有者）に対して、300万円で配当要求した場合で、売却代
金320万円のときについては、A320万円×100万円／（100万円＋300万円）＝80
万円、B320万円×300万円／（100万円＋300万円）＝240万円となります。

　要するに、Bの配当要求は有効であり、Aの債権100万円とBの債権300万
円とは同順位として配当受給資格を有することになるので、債権額に応じて
按分配当を受けることになるということです。

　⑤　**仮差押え既登記不動産に対して、他の債権者が強制競売を申し立て、**
　　　別の債権者が配当要求した場合

　債権者Aが100万円を被保全債権として仮差押えをなし、債権者Bは500万
円の債務名義で強制競売を申し立て、債権者Cは有名義債権400万円で配当要
求してきた場合で、売却代金が800万円のときの配当は、次のようになりま
す。

　ABCはいずれも一般債権として同一順位ですので、売却代金800万円を各
債権額で按分した額が配当額となりますので、A80万円、B400万円、C320万
円となります。A80万円については、仮差押えの段階ですので、執行供託（配
当留保供託）されます。

　⑥　**仮差押え登記不動産に対して、抵当権設定登記された後に仮差押債権**
　　　者が勝訴により確定判決を得て本執行に移行したところ、他の債権者が
　　　配当要求してきた場合

　債権者Aは債権100万円により仮差押登記をなし、債権者Bは1000万円の抵
当権登記をなした。

　その後Aは100万円の債務名義により本執行移行した。そこへ債権者Cが有
名義債権400万円の配当要求をしてきたときで、売却代金1000万円のときにつ
いては、配当を受けるべき債権者は誰かについて検討を要することになりま
す。

　Bの抵当権はAの仮差押えに後れるので、Aの仮差押えが効力を失ったと
きに限って配当を受けることができるに過ぎません。一方、Aの勝訴は確定
していますので、Bは配当を受けることができないことになり、AとCが、
それぞれ100万円、400万円の配当を受け、残りの500万円については、剰余金
として債務者に交付されることになります。

432

第8　その他の留意事項（Q142）

（注）本項の事例は、裁判所書記官研修所『不動産執行における配当に関する研究〔裁判所書記官研修所実務研究報告書〕』592頁以下〔法曹会〕に掲載されている事例を参考にしました。

コラム11

戸長制度と強制執行

　明治初期の強制執行は差押命令を受けた戸長が公売を実施し、裁判所に配当金を提出する扱いであり、担保登記も戸長が担当している等、戸長に事務が集中していました。戸長とは、明治政府が地方統治のために定めた戸籍法により各地を区により便宜区画し、各区に戸長、副戸長を置き、区に区分した地域の事務を執り行っていましたが、その役職を戸長といいます。戸長は郡長、区長の下に位置し、府県によって任命される各町村の長でした。

　裁判の強制執行自体、江戸時代以来、村町役人によって担われ、明治21年の市制および町村制に移行すると、戸長に市町村長が代わり、民事裁判の執行事務は市町村長およびその指示を受けた市町村長吏員が行うこととなり、その後は執達吏によってなされることとなりました。

　戸長が執行を担っていた戸長制度のもとでは執行妨害はなく、執行妨害はむしろ時代が下って、村町役人が関与しなくなった明治中期以降に発生した病理現象でした（注）。

　（注）園尾隆司『民事訴訟・執行・破産の近現代史』163頁〔弘文堂〕他

433

〔事 項 索 引〕

【英数】

CASBEE（キャスビー）　*425*

ＤＣＦ法　*402*

JAREA-HAS（ジャリアハス）　*367*

ＰＣＢ（ポリ塩化ビフェニル）　*185*

３条目録　*283*

【あ行】

アスベスト　*184, 230*

粗利回り法　*404*

明渡猶予　*379*

一物四価　*19*

一括競売　*411*

違反建築　*189*

依頼者プレッシャー通報制度　*344*

入会地　*273*

インスペクション　*194, 195*

ウィーン条約　*292*

液状化　*107*

温泉権　*288*

【か行】

海外資産　*30*

外交特権　*295*

外交プロトコル　*296*

開発登録簿　*64*

開発不利益　*405*

開発法　*336*

開発利益　*405*

価格等調査ガイドライン　*307, 343*

過去時点　*303*

貸宅地割合　*147*

ガス　*134*

仮差押解放金　*5*

仮処分解放金　*5*

仮登記担保法　*166*

慣習法上の権利　*286*

鑑定人　*22*

既存不適格建築物　*169*

既得権　*255*

朽廃　*144, 145*

休眠担保権　*50*

強制管理　*6, 9*

行政代執行　*190*

共同担保目録　*43, 44, 79*

共有　*46*

共有減価　*429*

共有持分　*15, 70, 270*

形式的競売　*9*

係争減価　*429*

競売市場　*414*

競売市場修正　*426*

競売制度改革　*419*

下水道　*134*

現価率　*362*

検査済証　*130*

建築計画概要書　*64, 81, 169, 170, 191*

限定価格　*406*

権利金認定課税　*351*

権利能力なき社団　*70, 71*

権利変換手続開始の登記　*97*

鉱業権　*286*

航空法　*123, 124*

公示価格　*19, 329, 330, 331*

工場財団　*14, 165, 166, 282, 285*

434

工場抵当権　*164, 165, 282, 283*
更新料　*142, 358, 359*
公信力　*41*
効用比　*387*
コース勘定　*264*
個室付浴場業　*253*
戸数認定　*174*
固定資産税評価額　*19, 300*
固定資産物件証明　*52*
ゴルフ場　*261*
コンセッション　*290*

【さ行】

裁決手続開始登記　*96*
財産開示制度　*35*
財産調査　*28, 29*
財産特定　*32*
再調達原価　*362*
再評価　*316*
先取特権　*235*
山林　*120, 397*
敷地延長　*276*
自己信託　*69, 267*
事故物件　*245, 392*
死獣捨場　*94, 239*
市場性減価　*426*
市場代行機能　*18*
慈善信託　*70*
執行異議　*413*
執行抗告　*413*
執行妨害　*206, 410*
実勢価格　*19*
地盤調査　*107*
借地条件変更承諾料　*142, 143, 360*
借家権　*278, 372, 376*

借家権価格　*372*
収益還元法　*15, 402*
証拠収集　*11*
使用借権　*148, 353*
上水道　*133*
譲渡承諾料　*142, 361*
消防法　*170*
所持機関　*177*
人工知能　*312, 340*
信託宣言　*69*
森林簿　*64*
水利権　*287*
請求債権基準説　*3*
セットバック　*113*
占有減価　*375, 428*
占有者認定　*174*
占有補助者　*177*
専用使用権　*234*
増改築承諾料　*142, 143, 359*
相続税路線価　*19, 304*
相当の地代　*350*
ソーラーパネル　*200*
底地　*146*

【た行】

耐震基準　*182*
台帳証明　*64, 81, 169, 170, 191*
滞納管理費　*389*
建替え決議　*230*
建物診断　*194*
建物同一性　*180*
建物認定要件　*209*
短期賃借権　*149, 217, 218, 221, 222, 375*
担保不動産収益執行　*9*
地縁団体　*70, 72*

地上権　*143*
地代　*357, 399*
地代滞納　*144*
地代等の代払い　*145*
地中埋設物　*103*
地目　*92, 396*
中古住宅　*193, 366*
中古マンション　*382*
超過　*323*
直接還元法　*402*
通行地役権　*151*
定着物　*14, 210*
電波法　*123, 125*
投下資本収益率　*337*
東京都建築安全条例　*123, 128*
同和　*66*
特定緊急輸送道路　*126*
都市計画道路予定　*99*
土壌汚染　*105*
土地台帳　*63, 79, 93*
トランクルーム　*233*
取り壊し最有効使用　*24, 368*
取引慣行　*345*
取引事例　*341*
取引事例比較法　*15, 317*
度量衡法　*16*
ドローン　*12, 74, 121, 201*

【な行】

内覧制度　*178*
ナショナルトラスト　*269*
名寄帳　*52*
農地　*120, 395*

【は行】

売却基準価額　*316*

売却単位　*326*
被災建物　*198*
被災地　*398*
被差別部落　*65*
評価単位　*325*
評価の順番　*327*
標準地比較方式　*339*
引渡命令　*219*
風俗営業施設　*250*
付帯費用　*407*
不動産投資信託　*18, 268*
不服申立　*412*
ブルーマップ　*43*
弁護士法23条の2の照会　*58*
保安林台帳　*65*
法人格否認の法理　*55*
法定外公共物　*95, 122*
法定地上権　*152*
法定賃借権　*165*
法定転借権　*165*
暴力団事務所　*240*
保護樹木　*172*
補充評価　*316*
保全異議　*412*

【ま行】

埋蔵文化財包蔵地　*101*
マンション敷地売却制度　*231*
未登記附属建物　*202, 203*
民事信託　*69*
民法上の賃借権　*150*
無償返還の届出　*350, 351*
無剰余　*321*
無地番　*74*
無道路地　*24*
名義書換料　*142, 361*

目的物基準説　*3, 4*

【や行】
家賃　*399*
用途変更　*131, 371*

【ら行】
ラブホテル　*251*

留置権　*380*
立木　*14, 25, 45, 85, 121, 164*
路線価方式　*333*
路線価割り戻し法　*334*

【わ行】
「割り込み型」転貸借　*280*

＜著者略歴＞

曽我　一郎 （そが　いちろう）

昭和39年生まれ　　　平成10年不動産鑑定士登録

［主要な著書］

『収用関係法律税務質疑応答集』（共著。第一法規）

『不動産関係法令質疑応答集』（共著。第一法規）

『競売不動産評価の理論と実務〔第2版〕』（共著。金融財政事情研究会）

［論　文］

「さんまエクスプレス・東京区部における競売マンション選好における分析」金融法務事情2022号（金融財政事情研究会）

「未登記附属建物等の調査」新民事執行実務14号（民事法研究会）

「不動産概念の再構築とその逸脱」Evaluation45号（プログレス）

ほか多数

［役職等］

国土交通省地価公示鑑定評価員、東京都地価調査鑑定評価員、東京国税局鑑定評価員、固定資産税鑑定評価員、東京地方裁判所評価人候補者、東京地方裁判所鑑定人候補者、東京地方裁判所鑑定委員、東京家庭裁判所鑑定人候補者、文部科学省原子力損害賠償紛争審査会専門委員、不動産鑑定士調停センター調停人候補者、第一東京弁護士会仲裁センター仲裁輔佐人、東京簡易裁判所民事調停委員

［事務所］

〒160－0023　東京都新宿区西新宿8－14－19

曽我不動産鑑定事務所

電話　03－3361－0794　　　FAX　03－3361－0795

ケースブック保全・執行のための不動産の調査

平成29年8月9日　第1刷発行

定価　本体4,200円＋税

著　　者　曽我　一郎
発　　行　株式会社　民事法研究会
印　　刷　文唱堂印刷株式会社

発行所　**株式会社　民事法研究会**

〒150-0013　東京都渋谷区恵比寿3-7-16
TEL 03(5798)7257〔営業〕　FAX 03(5798)7258
TEL 03(5798)7277〔編集〕　FAX 03(5798)7278
http://www.minjiho.com/　info@minjiho.com

落丁・乱丁はおとりかえします。ISBN978-4-86556-175-3 C2032 ¥4200 E
表紙デザイン：袴田峯男

民事裁判の実践的手引書

第3版では、賃金、時間外手当・解雇予告手当請求訴訟、消費者契約関係訴訟を追録！

要件事実の考え方と実務〔第3版〕

加藤新太郎・細野 敦 著　　　　　　　　　（A5判・402頁・定価 本体3500円＋税）

抽象・難解な基本原理を、要件事実をツールに理解を促進！ 民事訴訟の「見える化」を実現！

民事訴訟の基本原理と要件事実

田中 豊 著　　　　　　　　　　　　　　　（A5判・424頁・定価 本体3500円＋税）

迅速・的確に訴状をはじめとした訴訟関係書類の作成が実現できる実践的手引書！

簡裁民事訴訟事件要件事実マニュアル

園部 厚 著　　　　　　　　　　　　　　　（A5判・596頁・定価 本体5500円＋税）

最新の法令・判例、簡裁実務を踏まえた標準プラクティスブックの最新版！

簡裁民事事件の考え方と実務〔第4版〕

加藤新太郎 編　　　　　　　　　　　　　　（A5判・627頁・定価 本体4800円＋税）

当事者の主張・立証活動により裁判官はいかなる心証を形成し、判断・認定に至るかを解明！

事実認定の考え方と実務

田中 豊 著　　　　　　　　　　　　　　　（A5判・272頁・定価 本体2300円＋税）

裁判官のなすべき正確な事実認定のあり方と訴訟代理人の主張・立証活動のあり方を紛争類型別に解説！

紛争類型別 事実認定の考え方と実務

田中 豊 著　　　　　　　　　　　　　　　（A5判・313頁・定価 本体2800円＋税）

発行 ㊞ 民事法研究会　　〒150-0013 東京都渋谷区恵比寿3-7-16
（営業）TEL 03-5798-7257　FAX 03-5798-7258
http://www.minjiho.com/　　info@minjiho.com

専門訴訟講座シリーズ

極めて専門性の高い知識・能力を必要とされる交通事故訴訟の、理論・実務・裁判から要件事実まで網羅！

専門訴訟講座① 交通事故訴訟【品切れ・改訂中】

塩崎　勤・小賀野晶一・島田一彦　編　　　　　　　（Ａ５判・971頁・定価 本体7500円＋税）

請負、売買、不法行為訴訟を中心に建築をめぐる紛争の法理・実務・要件事実を詳解！

専門訴訟講座② 建築訴訟〔第2版〕

松本克美・齋藤　隆・小久保孝雄　編　　　　　　（Ａ５判・1004頁・定価 本体8500円＋税）

商法下の法理と実務を検証し、保険法下での紛争解決の法理・実務・主張責任を論究！

専門訴訟講座③ 保険関係訴訟

塩崎　勤・山下　丈・山野嘉朗　編　　　　　　　（Ａ５判・791頁・定価 本体6800円＋税）

「法理」を研究者が、医療機関、患者側双方の「実務」を弁護士が、「審理」を裁判官が解説！

専門訴訟講座④ 医療訴訟

浦川道太郎・金井康雄・安原幸彦・宮澤　潤　編　　（Ａ５判・744頁・定価 本体6600円＋税）

最新の論点・判例分析、訴訟類型ごとの実務と要件事実を研究者・裁判官・弁護士が詳解！

専門訴訟講座⑤ 不動産関係訴訟

塩崎　勤・澤野順彦・齋藤　隆　編　　　　　　　（Ａ５判・892頁・定価 本体7200円＋税）

平成23年改正特許法下での理論・実務を展望し、法理・実務・裁判と要件事実を詳解！

専門訴訟講座⑥ 特許訴訟〔上巻〕〔下巻〕

大渕哲也・塚原朋一・熊倉禎男・三村量一・富岡英次　編〔上巻〕（Ａ５判・833頁・定価本体7700円＋税）〔下巻〕（Ａ５判・755頁・定価本体6800円＋税）

多様な利害関係の適切・公正な調整を図るための「理論」「実務」「要件事実と裁判」を詳解！

専門訴訟講座⑦ 会社訴訟──訴訟・非訟・仮処分──

浜田道代・久保利英明・稲葉威雄　編　　　　　　（Ａ５判・1000頁・定価 本体8500円＋税）

利害関係人間の公正・平等を図り、組織や財産価値を保全し、迅速な解決に至る指針を詳解！

専門訴訟講座⑧ 倒産・再生訴訟

松嶋英機・伊藤　眞・園尾隆司　編　　　　　　　（Ａ５判・648頁・定価 本体5700円＋税）

発行 民事法研究会

〒150-0013　東京都渋谷区恵比寿3-7-16
（営業）ＴＥＬ03-5798-7257　ＦＡＸ03-5798-7258
http://www.minjiho.com/　　info@minjiho.com

最新実務に役立つ実践的手引書

最新の判例を織り込み各種文書の証拠開示基準の理論的・実務的検証をさらに深化させた決定版！

文書提出命令の理論と実務〔第2版〕

山本和彦・須藤典明・片山英二・伊藤　尚　編　　　　（Ａ5判上製・672頁・定価　本体5600円＋税）

訴訟手続での電子メール等電磁的記録、パソコン、USBメモリ等の記録媒体の取扱いを提示！

電子証拠の理論と実務——収集・保全・立証——

町村泰貴・白井幸夫　編　　　　　　　　　　　　　　（Ａ5判・387頁・定価　本体3800円＋税）

訴訟実務の必修知識・ノウハウ、訴訟実務の現場、実情等をわかりやすく解説！

実戦　民事訴訟の実務〔第5版〕
——必修知識から勝つための訴訟戦略まで——

升田　純　著　　　　　　　　　　　　　　　　　　（Ａ5判・621頁・定価　本体4700円＋税）

各訴訟の法的性質・機能とそれらの関連性、訴訟の争点、主張立証、訴訟手続上の留意点を網羅的に解説！

執行関係訴訟の理論と実務

内田義厚　著　　　　　　　　　　　　　　　　　　（Ａ5判・265頁・定価　本体3000円＋税）

不動産をめぐる取引と成年後見・財産管理に関連する税務の知識・登記実務の指針を網羅！

ケースブック不動産登記のための税務〔第8版〕
——売買・贈与・相続・貸借から成年後見・財産管理まで——

林　勝博・丹羽一幸　編　　編集協力　大崎晴由　　（Ａ5判・332頁・定価　本体3500円＋税）

会社法、独占禁止法、企業結合基準、商業登記規則等の改正、最新の実務動向に対応して改訂！

会社合併の理論・実務と書式〔第3版〕
——労働問題、会計・税務、登記・担保実務まで——

編集代表：今中利昭　編集：赫　高規・竹内陽一・丸尾拓養・内藤　卓　（Ａ5判・624頁・定価　本体5400円＋税）

発行　民事法研究会

〒150-0013　東京都渋谷区恵比寿3-7-16
（営業）TEL 03-5798-7257　FAX 03-5798-7258
http://www.minjiho.com/　　info@minjiho.com